权威·前沿·原创

皮书系列为
“十二五”“十三五”国家重点图书出版规划项目

中国社会科学院创新工程学术出版项目
北京市哲学社会科学研究基地智库报告系列丛书

京津冀蓝皮书

BLUE BOOK OF
BEIJING-TIANJIN-HEBEI

京津冀发展报告（2018）

ANNUAL REPORT ON BEIJING-TIANJIN-HEBEI METROPOLITAN REGION DEVELOPMENT REPORT (2018)

协同发展的新机制与新模式

祝合良　叶堂林　张贵祥 等／著

社会科学文献出版社
SOCIAL SCIENCES ACADEMIC PRESS (CHINA)

图书在版编目（CIP）数据

京津冀发展报告. 2018：协同发展的新机制与新模式 / 祝合良等著. -- 北京：社会科学文献出版社，2018.7

（京津冀蓝皮书）

ISBN 978-7-5201-3048-6

Ⅰ.①京… Ⅱ.①祝… Ⅲ.①区域经济发展-研究报告-华北地区-2018 Ⅳ.①F127.2

中国版本图书馆 CIP 数据核字（2018）第 147546 号

京津冀蓝皮书
京津冀发展报告（2018）
——协同发展的新机制与新模式

著　　者 / 祝合良　叶堂林　张贵祥 等

出 版 人 / 谢寿光
项目统筹 / 恽　薇　高　雁
责任编辑 / 王玉山

出　　版 / 社会科学文献出版社 · 经济与管理分社（010）59367226
地址：北京市北三环中路甲 29 号院华龙大厦　邮编：100029
网址：www.ssap.com.cn
发　　行 / 市场营销中心（010）59367081　59367018
印　　装 / 三河市龙林印务有限公司

规　　格 / 开 本：787mm×1092mm　1/16
印 张：19.25　字 数：290 千字
版　　次 / 2018 年 7 月第 1 版　2018 年 7 月第 1 次印刷
书　　号 / ISBN 978-7-5201-3048-6
定　　价 / 89.00 元

皮书序列号 / PSN B-2012-262-1/1

为贯彻落实中共中央和北京市委关于繁荣哲学社会科学的系列指示精神，北京市社科规划办和北京市教委自2004年以来，依托首都高校和科研机构的优势学科领域，建设了一批北京市哲学社会科学研究基地。研究基地在优化整合社科资源、资政育人、体制创新、服务首都改革发展等方面发挥了生力军作用，为首都新型高端智库建设进行了积极探索，做出了突出贡献。

围绕新时期首都改革发展的重点和热点问题，北京市哲学社会科学规划办公室与社会科学文献出版社联合推出“北京市哲学社会科学研究基地智库报告系列丛书”，旨在推动研究基地成果深度转化的同时打造首都新型智库拳头产品。

京津冀蓝皮书
编委会

主要编撰者简介

祝合良（主编）

经济学博士，首都经济贸易大学教授，博士生与博士后合作导师，科研处处长、中国流通研究院院长、中国品牌研究中心主任、中国黄金研究中心主任。商务部特聘流通专家、品牌专家，中国流通三十人论坛（G30）成员，中国商业经济学会副会长，中国商业史学会副会长，中国贸易经济教学研究会副秘书长，中国人民大学中国商标品牌研究院专家，北京市顺义区政府品牌顾问等。主要研究领域和方向：产业经济、流通经济、品牌经济与黄金经济。主持和参与国家社会科学基金、国家自然科学基金、北京市社科基金、北京市教委、商务部、工信部、北京市商委、上海期货交易所等单位委托的科研项目40多项。出版各类著作35部，在《管理世界》、《财贸经济》、《人民日报》（理论版）、《光明日报》（理论版）、《经济日报》（理论版）等报章杂志上发表论文120多篇，其中多项成果获奖。专著《中国期货市场的规范与发展》，2014年获北京市第十三届哲学社会科学优秀成果一等奖；主编的《中国品牌发展报告（2006）》，2009年获教育部颁发的第五届高等学校科学研究优秀成果奖（人文社会科学）三等奖；主编的《现代商业经济学》和《品牌创建与管理》获北京市精品教材奖。曾获北京市属高等院校拔尖创新人才、长城学者等称号，并获得首都劳动奖章。

叶堂林（副主编）

经济学博士，首都经济贸易大学城市经济与公共管理学院教授、区域经济学博士生导师、特大城市经济社会发展研究院副院长、北京市经济社会发展政策研究基地执行主任。北京市属市管高校学术中青年骨干，首都经济贸易大学首批经贸学者、后备学科带头人、优秀中青年骨干教师，北京市自然科学基金评审专家，北京市科委入库评审专家等。多次获北京市委组织部“北京市优秀人才”培养资助。主要从事京津冀协同发展、首都经济圈的研究与教学工作。主持、参与完成了国家级、省部级项目10余项，出版专著7部，发表核心期刊以上论文40多篇，撰写了多篇国家级内参和成果要报，有关研究成果多次获中央领导和北京市领导的重要批示。首都经济贸易大学优秀主讲教师，多次获首都经济贸易大学优秀教学效果奖。主持课题有：国家社会科学基金重大项目“基于区域治理的京津冀协同发展重大理论与实践问题研究”（17ZDA059）、北京社会科学基金重点项目“京津冀协同发展体制机制创新研究”（17GLAL002）、北京社会科学基金特别委托项目“北京城市功能疏解与首都圈城镇体系研究”（13JDCSD003）、北京社会科学基金面上项目“‘十二五’期间京津冀产业升级整合研究”（09BfJG269）等。专著有：《京津冀都市圈理论与实践的新进展》（2009）、《“十二五”时期京津冀发展研究》（2010）、《世界贸易组织规则下我国农业保护政策研究》（2011）、《京津冀产业发展升级研究》（2011）、《京津冀发展报告（2014）——城市群空间优化与质量提升》（2014）、《北京建设世界城市与京津冀一体化发展》（2014）、《京津冀协同发展的基础与路径研究》（2015）等。

张贵祥（副主编）

理学博士，首都经济贸易大学城市经济与公共管理学院教授，区域经济学专业博士生导师，中国自然资源学会资源经济专业委员会副秘书长，中国区域科学协会理事，北京市属市管高校中青年骨干教师，教育部人文社科基金、中国科学院博士后科学基金项目评审专家。主要从事区域规划、生态城市规划、首都城市与京津冀都市圈、生态区位与水生态补偿等研究和教学工作。近几年主持国家社会科学基金重大项目子课题，主持并完成了教育部人文社会科学基金、北京市自然科学基金、北京市哲学社会科学基金等省部级课题5项，主持北京市委组织部优秀人才资助项目、市教委人文社科项目、市社科联课题3项，主持大兴区城市化发展规划、朝阳区促进人口资源环境相协调问题研究、北京市取水许可与水资源有偿使用制度调研与评估课题3项。发表学术论文70余篇，2013年专著《首都跨界水源地经济与生态协调发展模式与机理》荣获北京市第十二届哲学社会科学优秀成果二等奖。

摘　要

纵观世界，建立跨域协调机制是提升地区竞争力的重要途径；审视国内，探索跨域协调机制是实现区域协调发展的必然选择；聚焦京津冀，创新跨域协调机制是实现协同发展的有效方式。京津冀协同发展这一国家发展重点战略实施4年来，在取得显著成效的同时，也面临着诸多问题，如北京"大城市病"尚未得到明显缓解、生态环境压力依然严峻、区域发展差距还相当悬殊、城镇体系尚不完善、公共服务落差明显，解决这些问题当务之急是实现区域协同的机制与模式创新。当前京津冀区域合作主要推动力还是来自政府，尚未形成基于政府、市场和社会公众等多元参与的治理机制与治理模式。本报告系统梳理了产业、生态、公共服务等领域在推进京津冀协同发展方面的做法及经验，重点探讨了如何通过创新驱动和财税体制变革推动区域协同发展，归纳总结了雄安新区、北京城市副中心、中关村自主创新示范区、天津自由贸易区等在推动京津冀协同发展中的模式与机制，试图找出协同发展过程中存在的问题及短板，并提出相应的对策建议。

本报告以研究"京津冀协同发展的新机制与新模式"为主题，构建了包括协同基础、协同行动、协同关键和协同目标四个部分的区域协同发展机制与模式分析框架，由总报告、分报告、专题报告三部分，共11章内容组成。总报告系统梳理了协同发展相关理论及国内外城市群协同发展的具体经验，构建了包括协同基础、协同行动、协同关键和协同目标四个部分的区域协同发展机制与模式分析框架。提出要素禀赋与空间分异是实现协同发展的基础，区域内自组织和区际合作行为是协同发展的具体行动，完善和创新协同机制与协同模式是实现协同发展的关键，实现功能互补、融合、协调的高水平协同是协同发展目标。从总体水平看，京津冀协同水平稳步提升，城市群空间联系呈现“中心—外围”格局；从协同机制与进展看，在产业协同方面，三地产业分工格局初步显现，北京发挥了核心引领和辐射外溢作用；在创新协同方面，政策机制不断创新，三地协同创新成果激增；在生态治理协同方面，形成了补偿主体以中央为主和补偿方式以经济和技术补偿为主的生态补偿机制；在公共服务协同方面，三地教育医疗养老协同进展突出，公共服务差距呈缩小态势。在财税制度协同方面，中央推动财税政策一体化，三地“双边合作”构建财税协调机制。从协同模式看，主要包括雄安新区的政府规划建设的集中承载地高质量发展模式、北京城市副中心的政府主导的集中承载地功能融合发展模式、中关村示范区的跨行政区协同创新模式和天津自贸区的制度溢出示范区模式等。分报告由创新驱动机制与模式、产业协同发展问题与对策、生态协同发展模式与机制、财税制度创新机制与模式四个专题报告组成，对京津冀协同发展重点领域的机制与模式进行系统梳理，得出基本判断和关键问题，并提出对策建议。专题报告对京津冀协同指数、北京疏解整治促提升、北京城市副中心建设与发展、雄安新区建设与发展、天津自贸区发展机制五大领域进行了专项分析。

本报告的主要建树：

第一，进行了京津冀区域创新驱动的机制与模式研究，在系统梳理创新驱动的相关理论和国外创新型国家与地区发展经验的基础上，构建“京津冀创新驱动评价指标体系”作为分析框架，对京津冀区域的创新能力与创新环境进行综合评价，并提出京津冀地区实现创新驱动发展的对策建议。

第二，进行了京津冀产业协同发展的问题及对策研究，总结了京津冀地区产业协同发展过程中暴露出的多重障碍和困境，如在中国经济下行压力下，京津冀的产业动力和创新动力发生弱化效应、协同发展所需要的软件和硬件的不协调且滞后于产业一体化的内在要求等。并分析了成因：一些地方政府在一定程度上误解了基本目标，导致了京津冀地区协同创新战略扭曲；市场一体化建设滞后；创新体系和产业政策体系存在较大差距，造成创新激励与产业政策不相容的矛盾；过度依赖自上而下的设计和行政权力推动，市场没有发挥应有的作用。同时，本报告提出了解决问题的一些建议和方向，以推进下一步京津冀地区的产业协同发展。

第三，进行了京津冀生态协同发展模式与机制研究，构建了多因素、多层次的生态文明评价指标体系，分析了京津冀三地2006～2016年10年间的生态文明建设状况，并对比分析了三地生态文明建设的差距和协同发展状况。得出：北京市生态文明建设最佳，且优势呈扩大态势；天津市次之，但河北与天津的差距不断缩小。在此基础上，提出：应优化环境保护协同机制，坚持绿色发展路径，完善区域共建机制和多元化补偿机制。

第四，进行了京津冀财税制度创新的机制与模式研究，对财政推进京津冀协同发展的作用机理进行了分析，认为三地政府应联合提供区域性公共产品；对推进区域协同的财税制度创新做了深入的分析，提出了中央政府主导、北京市主导、京津冀三地合作共建、河北省创新财政资金统筹等财税制度创新模式。认为：中央和京津冀三地政府应充分利用国内外债券和资本市场；利用财政的杠杆作用，积极探索市场化运作模式。

第五，进行了京津冀协同指数研究，运用统计数据和企业大数据，对京津冀协同发展进行了基于联系度、均衡度、融合度三个方面的测度，得出：京津联系最为密切，河北石、唐两市在区际联系中优势明显；京津冀地区教育、医疗、创新均衡度上升，经济均衡度下降，居民生活均衡度变化不显著；京冀融合度较高，京津次之，津冀较低等结论。在此基础上，提出了推动京津冀充分均衡发展、高质量协同发展和公共服务均等化等对策建议。

第六，进行了京津冀信息产业协同发展研究，运用企业大数据和统计数据，通过对信息产业企业注册资本、企业资本空间流向、主营业务收入等指标进行分析，得出：京津冀信息产业自2014年以来呈加速发展态势，其中北京在信息产业方面优势明显；京津冀三地的计算机服务和软件业企业均具有很强的活力；京津冀累计资本互投呈持续上升态势，北京已成为资本互投的辐射中心。

第七，进行了北京疏解整治促提升机制与模式研究，通过梳理国内外疏解整治的成功做法，运用产业梯度系数分析北京产业疏解的基本现状及主要问题，并从市容市貌、交通和社区三个方面分析了自“疏解整治促提升”

专项行动开展以来北京城市整治成效及面临的问题，结合北京城市新总规，提出了通过立“小法”解决北京整治难点问题，强化城市设施定期更新，让城市美丽历久弥新等对策建议。

第八，进行了北京城市副中心的形成机制与实现路径研究，通过对通州经济发展现状和建设历程以及城市副中心形成条件的分析，阐述了北京城市副中心形成的机制：以市级行政事业单位转移为起点，带动基础设施建设，提高公共服务供给水平，拉动中心城区功能疏解，最终形成产业与城市良性互动的城市综合体。探讨了北京城市副中心形成发展的路径：提升综合承载力，吸引北京非首都功能的疏解；加速要素流动，促进产城融合；完善城市综合功能；构建现代化产业发展体系。提出了北京城市副中心在未来的发展中，应加快建设基础设施，增加公共服务供给；实现通州与廊坊北三县的协同发展；畅通与主城区的交通联系；促进北京市域外生产要素在副中心集聚等对策。

第九，进行了推进雄安新区建设与发展的机制与模式研究，其建设模式主要有绿色生态宜居新城区建设模式、创新驱动发展引领区建设模式、协调发展示范区建设模式、开放发展先行区建设模式、共享发展模式、城市规划建设模式、绿色智慧新城建设模式。雄安新区发展建设中，必须打破传统体制机制束缚，推动行政管理、生态环保、创新驱动、协调发展、开放发展、高端高新产业发展、高端人才引入和培养、可持续的投融资、依法依规实施管控、住房的租售并举等多方面体制机制创新，使之成为体制机制改革创新的先行区和示范区。

第十，进行了天津自贸区推动京津冀区域发展的机制效应研究，认为天津自贸区推动京津冀区域经济发展主要应通过制度溢出机制、服务平台机制以及产业联动机制进行具体分析，并利用个体固定效应模型对天津自贸区之于京津冀地区和上海自贸区之于长三角的带动效应进行实证研究与横向对比。以此分析了天津自贸区带动京津冀协同发展存在较大差距的主要问题在于利益协调机制的缺失、极化效应和产业联动效应不强等。另外从构建高层次利益协调工作机制、申报自由贸易港、培育优质营商环境和妥善处理开放与风险监管关系四个方面提出了进一步发挥天津自贸区带动京津冀协同发展作用的对策建议。

第十一，针对主要问题，提出相应对策。京津冀协同发展目前尚存在以下问题：一是在发展水平上，河北亟待提升，京冀内部城乡差距有待缩小；二是在产业协同上，津冀产业存在同构现象，市场机制发育不足；三是在创新协同上，创新要素配置失衡，联合创新机制尚未形成；四是在生态协同上，政府与市场失调，补偿标准与方式不完善；五是在财税制度协同上，协商机制尚不完善，公共服务的常态化供给机制仍需优化。在此基础上，本报告提出以下对策建议：一是创新协同机制，促进京津冀城市群实力提升与经济结构优化。具体包括打造京津冀协同创新共同体、构建产业转移对接机制、完善京津冀生态补偿机制、建立公共服务均等化机制、探索财税协调机制。二是创新协同模式，促进京津冀城市群空间优化与均衡发展。具体包括优化北京“一核”与“两翼”的空间结构促进区域协调发展，深化天津自贸区对接京津冀的合作模式发挥制度示范和溢出效应。

本报告是京津冀三地专家学者通力合作的智慧结晶，作者来自首都经济贸易大学、中国人民大学、河北经贸大学、天津行政学院等单位。本报告也是北京市经济社会发展政策研究基地年度研究报告。北京市经济社会发展政策研究基地成立于2007年11月，是由首都经济贸易大学和北京市政府研究室（北京市经济社会发展研究中心）共同创办和建设的北京市哲学社会科学重点研究基地，是北京市决策咨询、决策支持和公共政策研究机构。研究基地有效整合了政府与高校的科技、人才和信息资源，为首都高校“立足首都、服务首都”搭建了重要平台。研究基地依托区域经济学、城市经济学、产业经济学和公共管理学，研究领域和方向主要包括首都发展战略、京津冀协同发展、大都市治理与区域协调机制、非首都功能疏解与空间优化、资源生态与绿色发展等，总体定位是建设成为研究首都经济社会发展的国内一流的理论高地、北京市政府决策咨询和政策研究的重要智库。研究基地在二期建设（2010～2012年）和三期建设（2013～2015年）北京市哲学社会科学重点研究基地验收中，均获得“优秀基地”称号。本报告还是北京市哲学社会科学基金项目“京津冀发展报告（2018）——京津冀协同发展的新机制与新模式”（项目编号：17JDYJA025）、国家社会科学基金重大项目“基于区域治理的京津冀协同发展重大理论与实践问题研究”（项目编号：17ZDA059）和北京市教委创新团队项目“京津冀产业协同发展研究”的阶段性成果，同时获得了首都经济贸易大学特大城市研究院京津冀研究中心、城市群系统演化与可持续发展的决策模拟研究北京市重点实验室资助。

Abstract

Throughout the worldsetting up a cross-domain collaborative mechanism is an important way to enhance regional competitiveness. From the domestic perspective exploring cross-domain collaborative mechanism is an inevitable choice for achieving regional collaborative development. Focusing on the region of Beijing - Tianjin - Hebei innovating cross-domain collaborative mechanism is an effective path to realizing collaborative development. The Strategy of Beijing - Tianjin - Hebei Collaborative Development has implemented for four years. Meanwhile numerous problems have also been accompanied. For example, firstly, metropolitan disease has not yet been relieved significantly in Beijing. Secondly, the pressure on the ecological environment remains severe and regional development gaps are still quite significant. Thirdly, the urban system is still imperfect and the disparity of the public service is obvious. Therefore, it is crucial for innovating regional collaborative mechanisms and modes for resolving above issues. Nowadays, the dynamic of Beijing - Tianjin - Hebei regional cooperation has been still from the government. On the other hands, multi-governance mechanisms and modes based on cooperation between government, market and communities have not been formed. This book has been reviewed experiences in promoting Beijing - Tianjin - Hebei collaborative development in the fields of industries, ecology, public services and etc. It is focused on how to promote regional collaborative development through strategy of innovation-driven development and the reform of fiscal and tax system. It is also summarized mechanisms and modes of promoting Beijing - Tianjin - Hebei collaborative development of Xiong'an New Area, Beijing sub-center, Zhongguancun Science Park and Tianjin Pilot Free Trade Zone and tried to find out problems and weakness in the process of collaborative development. Then, corresponding countermeasures and suggestions have been put forward.

This bookconsists of general report, sub-reports, special topic reports and appendices, amounting 10 research reports as the theme of Beijing – Tianjin – Hebei Collaborative Development Mechanisms and Modes. It was constructed the analysis framework of regional collaborative development mechanisms and modes which includedfour parts as basis, performance, sticking point and target of collaborative development. General report was reviewed theories of collaborative development and the specific experiences of the aboard and the domestic urban agglomerations collaborative development and constructedthe analysis framework of regional collaborative development mechanisms and modes which included four parts as basis, performance, sticking point and target of collaborative development. Then, some conclusions were proposed as follow. Firstly, factor endowment and spatial differentiation are the basis of collaborative development. Secondly, regional self-organizations and interregional cooperation are the concrete actions. Thirdly, improving and innovating synergistic mechanisms and modes are the crucial to achieve collaborative development. Last but not least, realizing high level synergy with complementary function, fusion and coordination is the target of collaborative development. From the overall perspective, the synergy level of Beijing – Tianjin – Hebei collaborative-development has improved steadily and then urban agglomerations have been presented as central-periphery pattern in the spatial connections. From the perspective of synergy mechanisms and progresses, the layout of industrial divisions in Beijing – Tianjin – Hebei has been formed and Beijing has played a key role in radiation spillover in terms of industrial synergy. The policy mechanisms have been continuously innovating and collaborative innovation achievements between Beijing, Tianjin and Hebei have increased dramatically in terms of innovation and synergy. The ecological compensation mechanism has been formed that the compensation subjects are mainly centralized and the compensation methods are mainly based on economic and technical compensations in terms of ecological governance coordination. It made a great progress in collaborative development of education, health care and elderly care in Beijing – Tianjin – Hebei in terms of public service synergy and then the gap between regions has narrowed. According to the integration policy of fiscal and taxation promoted by the central government it was build the fiscal and taxation collaborative mechanisms as bilateral cooperation in terms of synergies between the fiscal and taxation systems. From the perspective of collaborative modes, it mainly includes the high-quality development mode of centralized bearing sites planned by the central government in Xiong'an New Area, the government-led integrated development mode of centralized bearing sites in Beijing sub-center, the collaborative innovation mode of cross-administrative zones in the Zhongguancun demonstration area and the system spillover demonstration zone mode in Tianjin Pilot Free Trade Zone.

The main contributions and viewpoints are as follows:

1. The innovative dynamic mechanisms and modes of Beijing - Tianjin - Hebei region have been researched. Based on systematically summarizing innovative dynamic theories and development experiences of foreign innovative countries and regions, Beijing - Tianjin - Hebei innovative dynamic evaluation indicators system has been established to analyze and evaluate the innovative abilities and innovative environments, then the countermeasures and suggestions for achieving innovative dynamic development in Beijing - Tianjin - Hebei have been proposed.

2. The issue of industries collaborative development of Beijing - Tianjin - Hebei has been researched. Then the multiple obstacles and difficulties accompanying by progress of industries collaborative development of Beijing - Tianjin - Hebei have been summarized, such as under the pressure of economic downturn in China, the weakening effect of industries and innovation motivation in Beijing - Tianjin - Hebei, the inconsistency of the software and hardware required for collaborative development and the inherent requirements lagging behind industrial collaboration. The causes have been analyzed as follows. Firstly, some local governments have misunderstood the basic goals to result in the distortion of collaborative innovation strategies of Beijing - Tianjin - Hebei. Secondly, the gaps between regions were existing in innovation systems and industrial policies systems caused incompatible contradiction between innovative incentives and industrial policies. Lastly, it did not play the due role in market because of over-reliance on top-down design of system and administrative driving power. Then, some suggestions and plans to resolve the problems have been put

forward to motivate the industries collaborative development of Beijing – Tianjin – Hebei.

3. The modes and mechanisms of ecological collaborative development of Beijing – Tianjin – Hebei have been researched. It established a multi-factor and multi-level ecological civilization evaluation indicators system. It analyzed the ecological civilization status from 2006 to 2010 and compared the differences of the ecological civilization progress and collaborative development between Beijing, Tianjin and Hebei. It was concluded that the status of the ecological civilization of Beijing was the best and the advantages were showing an expanding trend. It followed by Tianjin, but the gap between Tianjin and Hebei was narrowing continuously. Based the above, some suggestions were proposed as optimizing the environmental protection collaborative mechanism, continuing to carry out the green development path and improving the regional co-construction mechanism and the multiple compensation mechanism.

4. The innovative mechanisms and modes of fiscal and taxation in Beijing – Tianjin – Hebei have been researched. According to the analysis of the mechanisms of the fiscal taxation motivating Beijing – Tianjin – Hebei collaborative development, it is explored that the local governments of Beijing – Tianjin – Hebei should provide regional public goods. The in-depth research of motivating regional collaborative fiscal taxation system innovation has been analyzed and then the innovative taxation systems such as central and Beijing government-led, Beijing – Tianjin – Hebei cooperation and Hebei Province financial fund co-ordination have been proposed. Therefore, central government and local governments of Beijing, Tianjin and Hebei should use both domestic and foreign bonds and capital markets. Also, it is important to explore market-oriented operation modes by the leverage of finance.

5. Beijing – Tianjin – Hebei collaborative indicators have been researched. The standards of connections, equilibriums and integrations of Beijing – Tianjin – Hebei collaborative development have been measured by statistical data and enterprises big data. Some conclusions have been drawn up. Firstly, there were the closest connections between Beijing, Tianjin and Hebei. Secondly, there were obvious advantages of interregional relations in Shijiazhuang and Tangshan in Hebei

Province. Thirdly, the degrees of equilibrium of education, health care and innovation in Beijing – Tianjin – Hebei region have increased whereas economic degree of equilibrium has declined. Lastly, the degrees of integration between Beijing and Hebei were higher than between Beijing and Tianjin and the degrees between Tianjin and Hebei were lowest. Based on above, some countermeasures have been proposed as promoting harmonious, high-quality and collaborative development in Beijing – Tianjin – Hebei and equalization of public services.

6. The issue of information industry in Beijing – Tianjin – Hebei has been researched by both enterprises big data and statistical data. According to analysis of the indicators about the registered capital of information enterprises, the spatial flow of enterprises capital and the main business income, some conclusions have been drawn. Firstly, it has been accelerating in Beijing – Tianjin – Hebei information industry since 2014 and there was an obvious advantage in Beijing. Secondly, the enterprises of computer services and software had strong vitality in Beijing – Tianjin – Hebei. Lastly, cumulative mutual capital investments have increasedcontinuously in Beijing – Tianjin – Hebei and Beijing has become a radiation center of capital mutual investments.

7. The study on mechanisms and modes of the promotion and improvement of Beijing's remediation and rectification has been conducted. According to literature review of successful case studies about remediation and rectification both in domestic and aboard, it analyzed the basic status and major problems of industries reconciliation using the industrial gradient coefficient. Then it also analyzed since the launch of the special action of "relief, rectification, and promoting improvement" the effectiveness and issues faced by Beijing's urban remediation from the aspects of appearance, traffic and community combined with The Overall Urban Planning of Beijing (2016 – 2035). Therefore, some suggestions have been proposed that resolving the difficulties of remediation in Beijing should establish "small laws" and strengthen urban facilities for regular update in order to never fading charms of the city.

8. The research on the formation mechanisms and implementation paths of Beijing's urban sub-center was conducted. According to the analysis of Tongzhou District's economic development status, construction history and the formation

conditions of urban sub-centers, it explained the formation mechanisms of sub-center in Beijing as follows. As the starting point of the municipal administrative institutions transfer, it could motivate infrastructure construction, improve the level of public service supply, stimulate non-capital functions ease and eventually the city complex with positive interaction between industries and city has been formed. Also, the development path of Beijing's urban sub-centers was explored. Firstly, it should increase the overall carrying capacity to promote non-capital functions ease of Beijing. Secondly, it should accelerate the factors flow to promote the integration of cities and towns. Lastly, it would build modern industries development system through improving urban comprehensive functions. Some suggestions have been proposed. In the future development progress of Beijing's urban sub-center it should expand the constructions of infrastructure and public services supply to realize the collaborative development between Tongzhou District and three counties affiliated Langfang. At the same time, it would promote the production outside Beijing agglomerating in the sub-center through unblocking the traffic connections with the main city.

9. A study was conducted on the mechanisms and modes for promoting the construction and development of the Xiong'an New District. The construction modes include the green ecological livable new urban construction mode, the innovation-driven development lead construction mode, the coordinated development demonstration mode and the open development pioneer construction mode, shared development mode, urban planning and construction mode and green smart new city construction mode. In the development of Xiong'an New District, it must break the shackles of traditional institutional mechanisms, promote administrative management, ecological protection, innovation-driven development, coordinated development, open development, high-end high-tech industry development, introduction and cultivation of high-end talents, sustainable investment and financing, and legal compliance. The implementation of management and control, the simultaneous sale and rental of housing, and many other institutional and institutional innovations have made it as an area of advancement and demonstration for the reform of institutional mechanisms.

10. The Tianjin Free Trade Zone was promoted to promote the regional

economic development of the Beijing - Tianjin - Hebei region, and the Tianjin Free Trade Zone was promoted to provide a detailed analysis of the Beijing - Tianjin - Hebei region's economy through system-overflow, service-platform and industry-linked mechanisms, and to use individual fixed effects. The mode conducts empirical studies and horizontal comparisons of the driving effects of the Tianjin Free Trade Zone in the Beijing - Tianjin - Hebei region and the Shanghai Free Trade Zone in the Yangtze River Delta. Based on this analysis, the major problems in the Tianjin Tianjin Free Trade Zone to promote the coordinated development of Beijing, Tianjin and Hebei are the lack of interest coordination mechanism, the polarization effect and the industry linkage effect is not strong. Finally, from the four aspects of constructing high-level interests coordination working mechanism, declaring a free trade port, fostering a high-quality business environment, and properly handling the relationship between openness and risk supervision, it is proposed that the Tianjin Free Trade Zone be further promoted to promote the coordinated development of Beijing, Tianjin and Hebei.

11. For the main issues, propose corresponding countermeasures. The following problems still exist in the coordinated development of Beijing, Tianjin, and Hebei: Firstly, at the level of development, Hebei is in urgent need of improvement. The gap between urban and rural areas should be reduced. Secondly, in the industry synergy, there is an identical phenomenon in the industry of Tianjin and the development of market mechanisms is insufficient. Thirdly, in terms of innovation and synergy, the unbalanced allocation of innovative elements and the formation of a joint innovation mechanism have not yet been established. Fourthly, there is an imbalance between the government and the market in terms of ecological coordination, and the compensation standards and methods are not perfect. Fifthly, in the financial and taxation system synergy, the negotiation mechanism is still not perfect. The normalized supply mechanism for services still needs to be optimized. Based on this, the report proposes the following countermeasures: First, the innovation and coordination mechanism will promote the improvement of the strength of Beijing - Tianjin - Hebei urban agglomeration and the optimization of economic structure. Specifically, it includes the creation of a Beijing - Tianjin - Hebei collaborative innovation community,

the establishment of industrial transfer docking mechanisms, the improvement of Beijing – Tianjin – Hebei eco-compensation mechanism, the promotion of the equalization mechanism for public services, and the exploration of fiscal and tax coordination mechanisms. The second is the innovative collaborative mode to promote the optimization and balanced development of Beijing – Tianjin – Hebei urban agglomeration. Specifically, it includes strengthening the spatial structure of Beijing's "one core" and "two wings" to promote regional coordinated development and deepening the cooperation mode of Tianjin and Beijing – Tianjin – Hebei where the Tianjin Free Trade Zone is docked to give play to institutional demonstrations and spillover effects.

This book is the fruit of the wisdom of experts and scholars from Beijing, Tianjin and Hebei. The authors are experts and scholars who are mainly form Capital University of Economics and Business, Renmin University of China, Beijing Normal University, Heibei University of Economics and Business andTianjin Administrative Institute. The book is the stage result for following projects: "Research on the Coordinated Development in Beijing – Tianjin – Hebei Region — Collaborative Development Mechanisms and Modes Research" which is supported by Beijing Social Science Foundation (Project No. 17JDYJA025) and "Research on Major Theoretical and Practical Issues of the Collaborative Development of Beijing – Tianjin – Hebei" which is sponsored by National Philosophy and Social Science (Project No. 17ZDA059) and "Research on Industrial Collaborative Development of Beijing – Tianjin – Hebei" which is supported by Beijing Education Commission Innovative Team Project. It is also funded by Beijing Economic and Social Development Policy Research Base, Academy of Metropolis Economic and Social Development of CUEB and Beijing Key Laboratory of Megaregions Sustainable Development Simulation.

目 录

Ⅰ 总报告

Ⅱ 分报告

Ⅲ 专题报告

皮书数据库阅读**使用指南**

CONTENTS

I General Report

II Sub-reports

III Special Topic Reports

总 报 告

General Report

B.1 京津冀协同发展的机制与模式研究*

祝合良　何晶彦**

摘　要： 随着北京城市副中心和雄安新区高质量发展进程的日益推进，京津冀城市群进入协同发展的深化阶段。本文通过梳理理论研究和国际城市群协同发展的具体经验，构建了包括协同基础、协同行动、协同关键和协同目标四个部分的区域协同发展机制与模式分析框架。提出要素禀赋与空间分异是实现协同发展的基础，区域内自组织和区际合作行为是协同发展的具体行动，完善和创新协同机制与协同模式是实现协同发展

* 注：本文为北京社会科学基金重点项目“京津冀发展报告（2018）——京津冀协同发展的新机制与新模式”（项目编号：17JDYJA025）、国家社会科学基金重大项目“基于区域治理的京津冀协同发展重大理论与实践问题研究”（项目编号：17ZDA059）和北京市教委创新团队项目“京津冀产业协同发展研究”阶段成果。本文获北京市经济社会发展政策研究基地资助。

** 作者简介：祝合良，首都经济贸易大学科研处处长，教授，博士生导师，研究方向：产业经济学；何晶彦，首都经济贸易大学博士生，研究方向：区域经济学。

的关键，实现功能互补、融合、协调的高水平协同是协同发展目标。在此基础上具体分析京津冀协同发展机制与模式的现实情况，得出主要结论。目前三地的协同发展仍存在以下问题：一是河北发展水平亟待提升，京冀内部城乡差距较大；二是津冀产业存在同构现象，市场机制发育不足；三是三地创新要素配置失衡，联合创新机制尚未形成；四是生态补偿存在政府与市场功能失调，补偿标准与方式不完善；五是财税协商机制尚不完善，公共服务的常态化供给机制仍需优化。为此，本文提出要通过创新协同机制和协同模式两条路径来促进京津冀城市群实力提升与经济结构优化，推进空间优化与协调发展。

关键词： 京津冀　协同发展　协同机制　协同模式

一　研究背景与研究意义

（一）纵观世界——建立跨域协调机制是提升地区竞争力的重要途径

当前，世界竞争格局发生重大变化，竞争日趋激烈。市场主体经历了由个体竞争向团队竞争的转变；市场组织经历了由企业竞争向价值链竞争、产业竞争向产业链竞争的转变；区域空间经历了由单个城市竞争向城市群竞争的转变。在这种背景下，世界各国、各地区纷纷融入区域融合发展的浪潮，积极探索多边合作组织、合作论坛等区域融合发展的新机制，从而实现区域自身和整体的利益最大化。如 G20 峰会、亚洲经济合作组织的博鳌亚洲论坛、亚太经合组织的领导人非正式会议等，都是为跨行政边界的国家或地区搭建的区域合作机制与平台。这些沟通与协调机制的建立在一定程度上避免了地区冲突，有效地促进了区域经济合作，提升了地区整体竞争力。

（二）审视国内——探索跨域协调机制是实现区域协调发展的必然选择

探索跨行政区边界的合作机制不仅是国际性的前沿课题，也是我国现阶段迫切需要研究的重要领域。我国经济发展已经由改革开放以来的“调动行政单元积极性”的发展阶段过渡到“突破行政区划联合发展、协同发展”的区域发展阶段。随着市场经济体制的逐步完善，政府管理体制改革也初见成效。“分灶吃饭”这种行政区独立发展的模式已接近瓶颈，政府和市场主体都认识到实现跨区域多元主体的合作才是实现共同发展的必经之路。当前，政府、企业和理论界跨区域的合作积极性空前高涨，而要实现跨行政区的合作，关键是要构建一套常态化的合作机制与沟通机制，保持多元主体的利益最大化。

（三）聚焦京津冀——创新跨域协调机制是实现协同发展的有效方式

完善和创新跨域协调机制是实现京津冀协同发展的关键环节。京津冀作为一个区域整体，其协同发展面临着生态空间、交通设施、公共服务的协同供给与协调配置，同时也面临着北京的“大城市病”、三地生态问题、区域发展差距悬殊、城镇体系结构失衡、公共服务水平落差明显等现实瓶颈。要解决京津冀城市群面临的区域发展不协调、不平衡问题，依然通过简单的跨区域合作或发挥北京核心城市的辐射外溢作用是远远不够的。当务之急是聚焦体制机制改革创新。中央及京津冀三地政府从统筹多元化的跨区域市场主体，从总体规划、消除行政壁垒、构建统一市场等方面积极有序推进协同发展，三地在产业合作、生态共建、服务共享等方面协同成效显著。但是，京津冀区域合作的动力仍然主要来自自上而下的政府推力，自下而上的市场推力仍需进一步挖掘。如何构建区域政府与市场合力的协同机制？如何创新产业、科技、生态、交通、财税体制等领域的跨域协调机制？这些都是实现京津冀协同发展亟待研究的重大课题。

二 理论基础与分析框架

（一）理论探讨

城市群的协同发展机制本质上是一套保障城市群内部要素自由流动与高效配置、产业有序转移与配套服务、科技成果异地转化与推广、公共服务均等化、生态共建共享的复合系统。具体来看，城市群协同发展机制是经济系统、社会系统、生态系统、空间分工系统的相互联系与耦合（毛汉英，2017；王浩等，2017），包括产业疏解、转移与承接机制（马淑萍，2016；王辉、张明，2016；周桂荣、任子英，2017）、城乡系统耦合与空间分工机制（王建廷、黄莉，2015）、环境协同治理机制（郭炜煜，2016；李惠茹等，2016；何树臣等，2016）；人口调控、结构优化与基本公共服务均等化保障机制（高树兰，2016；辜胜阻等，2017；李国平、罗心然，2017）；交通基础设施联通机制（李玉涛，2015；孙明正等，2016）；创新主体协同机制等（陈诗波等，2015；李京文、李剑玲，2016；颜廷标，2016；郭斌，2016）。因此，要实现城市群的协同发展，需建立和创新长效机制，使城市群内部各城市立足比较优势，发挥"$1+1+1+\cdots>n$"的协同效应，实现城市群整体经济、社会、生态的综合效益最优化。

推进京津冀城市群协同发展的当务之急是创新协同发展机制与模式。一方面是要建立统筹三地的协调机制。在政府层面，目前京津冀地区在政府的横向协调方面已经建立联席会议制度，未来应探索建立城市群管理协调模式，完善统筹"三地四方"的协调机制，同时要编制并公布京津冀协同发展的专项规划（方创琳，2017）。在市场层面，跨区域商会、协会、联盟等市场组织引导要素高效配置的机制有助于非首都功能的异地对接和区域市场融合（周立群，2016）。在土地利用方面，《全国土地利用总体规划纲要

(2006～2020年)》的出台客观要求京津冀在耕地保有量、基本农田保护面积、建设用地总规模三个方面进行相应调整,因此建立城乡统一的建设用地市场,制定土地整理和复垦的政策,来满足京津冀三地差异化需求势在必行(高国力,2017)。另一方面是要创新协同发展新模式。在传统的北京单中心结构模式、京津双核的"双城联动"模式(周立群,2016)基础上,创新协同发展新模式。如建设多圈层的"反磁力中心",出台新城、中小城市和小城镇等"反磁力中心"对特大城市核心区人口吸引的政策,以解人口调控之困(孙久文,2016)。再如雄安新区的集中疏解地模式。但雄安新区要建成非首都功能的集中承载地,必须创新土地利用模式、投融资模式、人才吸引模式以及同周边地区融合发展模式(孙久文等,2017)。

(二)国际经验

1. 英国东南部城市群:顶层设计与多维规划的生态协同治理机制

在2000年,英国东南部城市群(大伦敦地区)空气污染十分严重,不仅包括工业污染的排放,同时包括生活废气排放。部分地区居民拥有机动车数量超过80%,道路交通对氮氧化物排放贡献率达80%,一氧化碳排放贡献率达98%。大伦敦地区通过顶层设计和多项规划建立起城市群生态协同治理机制,有效实现了英国东南部城市群生态环境的优化。

第一,以城市群为整体,创建综合管理局统筹规划和治理生态环境。2000年伦敦城市群成立大伦敦政府和大伦敦管理局(GLA),负责统筹32个行政单元的生态管理事务。GLA制定了《大伦敦地区空间发展战略规划》(以下简称《大伦敦规划》),组建绿色产业部门,同时设立碳基金、环境改善基金和绿色能源基金等"绿色"财政项目。第二,调整城市群土地供给结构,保障城市群绿色空间。一是建设绿带环工程。1938年的《绿带法》提出将大伦敦城市群的第三环建成直径16千米绿带环,并以此作为城市居民的休闲空间;明确要求绿色空间(私人花园、运动场地、高尔夫球场、森林公园等)和水面的面积要达到2/3。二是建设绿色廊道。2004年"绿带"的概念演化为"绿色空间",即绿色植被所覆盖的基础设施及城市空间。第三，制定严格的制度政策，保障生态治理成效。一是制定严格的绿色减排目标。《大伦敦规划》中提出，2013～2016年减排2/5，远期目标到2030年实现零排放。二是建立空气质量监测制度。具体的措施是建立空气质量管理区，对交通要道、车站和大型停车场的空气质量进行实时监测和评价，对排放超标的地区和企业进行公示并严厉处罚。三是建立规范详细的废弃物处理制度。管理局将垃圾分为工业垃圾、生活垃圾和商业垃圾三类，并制定详细的分类处理标准。严格要求工业垃圾和商业垃圾的回收利用率要高于20%，对于生活垃圾再细分为厨房和花园垃圾类、玻璃类、油类、纸类、金属类和塑料类，由政府免费向居民发放分类垃圾袋，居民负责生活垃圾的分类堆放，再由垃圾回收部门进行统一回收，建立起循环经济体系。四是建立绿色生产生活体系。政府以清洁能源技术为依托，实现交通体系和产业体系的绿色化升级，并鼓励市民绿色出行，保障了经济系统生态化发展。

2. 日本东京城市群：中央主导的区域性行政协调机制

东京城市群是由单中心向多中心多圈层演化而形成的紧凑型城市体系。核心城市东京也面临过由于集聚不经济导致的贫富悬殊、环境污染、治安混乱、社会失序等“大城市病”现象。企业家主导制造业技术密集化升级和政府主导卫星城、轨道交通项目建设的双向行动，共同推动功能向外圈层疏解，并形成千叶县、埼玉县等多个次中心卫星城，共同构成紧密联系的城市群系统。这种网络化结构的形成不仅得益于高密度的轨道交通体系，更得益于中央政府主导下的区域性行政协调机制。

中央主导建立首都圈规划。日本政府自20世纪50年代兴起“首都圈整备规划”后，经历1958年、1968年、1976年、1986年、1999年五次调整，形成了较为完备的区域空间规划指导体系，为日本政府进行首都圈层的规划提供了政策指导和法律依据。现行的这套规划体系是以政府规划部门为核心，以法律体系和配套政策为保障构成的规划系统。在机构设置方面，成立隶属中央、统筹地方的规划核心——大都市圈整备局。1976年成立隶属中央国土厅下的大都市圈整备局，负责主持和领导各项规划工作、协调各地方政府规划部门的规划权责。这种做法不仅保证了首都圈规划和全国性规划体系的一致性，更与地方政府形成主导与从属的关系，有利于规划指令的执行。在立法保障方面，制定多项法律政策确保规划实施。如1950年的《首都圈建设法》，1953年的《首都圈整治法》，以法律形式将“东京都”规划为一个整体，并赋予东京都建设委员会以管理和监督的职权，统筹管理东京都地区的规划建设事务，有效保障规划的落实。在政策配套方面，政府加大财政金融配套政策的实施力度。政府制定了多项政策，加速工业、教育和部分商务功能设施向周边地区分散疏解。如设立财政转移支付制度，制定疏解企业的税收减免政策，设立产业转移专项基金等。

跨行政区划的区域协作机制。东京城市群探索出“锥形”区域性协调机制，即“垂直机制”的中央—地方行政体制和“水平机制”的地方政府及自治组织横向沟通协调机制。“垂直机制”即“中央—地方”的行政垂直性管理机制。这种权力的集中和分散在规划实施的过程中有利于避免重复沟通，同时形成了中央与地方政府有效协调机制。“水平机制”即地方自治体间的区域性协作机制。其主要形式一方面包括正式体制内设立的联合组织、联席会议制度，如1947年的《地方自治法》赋予各级地方政府自治职能，并提出地方政府可以建立协调委员会、跨区域联合组织、委托咨询等形式的协作机制，协商处理区域性规划与建设问题；另一方面包括正式体制外的跨区域协议会，如解决东京都市圈规划问题的“东京都市圈交通规划协议会”、自发建立的“关东地方行政联席会议”、“首都圈港湾合作推进协议会”等联席会议机制。“水平机制”有效提高了地方组织处理区域问题的针对性和灵活性。

3. 大巴黎地区城市群：政府主导的功能分散化疏解模式

与北京情况相似，巴黎在其城市规模不断扩大的过程中也面临过城市无序蔓延、功能混杂导致环境严重污染等难题。政府正式把大巴黎地区城市群视为一个整体，统筹规划破解巴黎“大城市病”，实现城市群内部高效联动。

一是政府强制工业外迁，推进功能疏解。第二次工业革命后，工业企业在城市近郊自发聚集带来城市规模无序蔓延导致的“大城市病”问题。1932年法国第一次以法律形式打破行政区域壁垒，将以巴黎圣母院为中心半径35公里的区域设为大巴黎地区，制定严格的控制性政策，如限制中心区产业迁入、组织工业企业外迁、以提高税收的方式淘汰低端工业企业、鼓励服务业向中心城区聚集等。巴黎“工业分散”战略的实施，不仅有效解决了“大城市病”问题，更促进了远郊区和新城的工业发展，形成了从巴黎西郊至法国西部的现代化制造业带。二是规划建设卫星城，降低中心城区人口密度。1960～2000年，巴黎政府制定一系列规划（见表1），如《巴黎地区整治规划管理纲要》（1960年）规划沿城市主要发展轴和交通轴建设卫星城市，在近郊形成多个“反磁力中心”，从而疏解城市中心区人口；《巴黎大区国土开发与城市规划指导纲要（1965～2000）》提出疏散中心区的人口和低端工业企业，在近郊区建设相对独立的大型住宅区，在城市建成区边缘建成9个商贸、服务、交通副中心，在距巴黎市中心20～30公里的东西两侧，与塞纳河平行的两条发展轴上，建立5座新城，以转移部分城市功能，促进中心城区人口向外转移。从1960年起，巴黎市区人口呈现下降趋势。三是建成以巴黎为中心的交通网，促进城市群内外部协同联动。巴黎城市群形成了以高速铁路、城市地铁、高速公路，直至步行道路和各种交通转换枢纽为干线和节点的立体化交通网络。同时建成了巴黎至伦敦、布鲁塞尔、阿姆斯特丹、科隆及德国西部等地的1小时航线圈，成为欧洲大都市连绵区的交通枢纽。

表1　大巴黎地区城市群规划编制历程

编制时间	规划背景	指导思想	规划思路
第一次（1934年）	巴黎郊区扩散现象严重	人为“限制”城市向郊区扩散	限制城市扩散，限定城市建设用地范围，严格保护现有空地和重要历史景观地段等非建设用地，以作为未来城市发展的储备地
第二次（1956年）	由于“二战”影响，第一次规划仅部分实施，且实施中多次被改动		划定城市建设用地范围，限制其空间扩展，同时降低巴黎中心区密度，提高郊区密度，促进区域均衡发展
第三次（1960年）	建成区蔓延趋势没有减缓，大型住宅区向巴黎郊区集中		未来巴黎地区城市发展的重点不是继续扩展而是对现有建成区进行调整，并利用企业扩张或转产的机会建设新的城市发展极核

续表

编制时间	规划背景	指导思想	规划思路
第四次（1965年）	1964年行政区划调整，巴黎地区政府成立，辖区面积扩大至1.2万平方公里	积极“拓展”城市空间，实现区域协调发展	摒弃单中心放射状布局，建设副中心，发展多中心的大都市格局，沿塞纳河两岸构建两条平行的城市发展轴线，规划建设新城
第五次（1976年）	1960年后，人口增长放缓，全球经济衰退，开始关注自然环境问题		在强调城市扩展和空间重组的同时，主张加强自然空间保护，建设综合性、多样化的城市，形成沿两轴线布局的多中心空间格局
第六次（1994年）	全球经济结构重大调整，法国经济低迷，欧盟成立		区域规划指导思想从以规模为主向以质量为主转变；深化区域概念，注重人文因素；关注巴黎大区与其他大区的协调发展；保护自然环境，建立快捷交通

资料来源：根据相关信息整理。

（三）分析框架

基于上述理论分析，本文构建了包括协同基础、协同行动、协同关键和协同目标四个部分的区域协同发展机制与模式分析框架（见图1）。

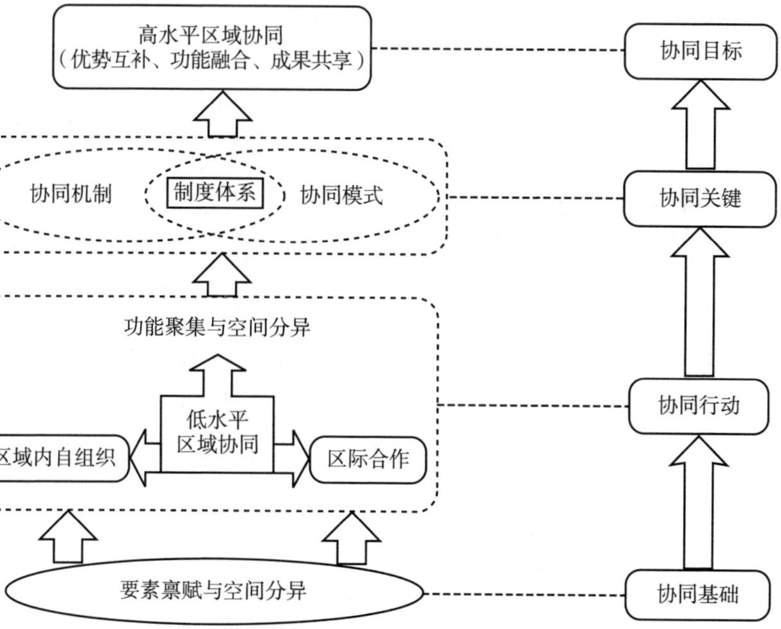

图1　区域协同发展机制与模式分析框架

1. 协同基础：要素禀赋与空间分异

要素禀赋与空间分异是所在区域经济活动的自然前提。首先，要素禀赋形成区域比较优势。每个区域具有不同的要素禀赋优势，如中国东部地区具有资本集聚优势、西部地区具有自然资源集聚优势、北京具有科技创新资源集聚优势等。这些以要素禀赋为基础形成的各区域生产的比较优势，塑造了区域经济活动特色。其次，要素禀赋的比较优势是经济活动空间分异的形成基础。企业利用要素禀赋的比较优势，在要素所在区域进行生产必将节约运输成本，获得更大的利润。同时，相同类型的企业也会随之进入该区域进行生产，形成专业化集聚。从宏观层面看，经济活动形成“块状”集聚态势，呈现要素和经济活动集聚的空间分异现象。最后，集聚经济的空间分异为区际合作与区域协同发展提供条件。各子区域利用比较优势进行生产活动，要素和商品在区域内自由流动，通过区际贸易与合作实现区域整体的利益最大化。

2. 协同行动：区域内自组织和区际合作

区域协同发展依赖于区域经济主体的协同行动。当研究对象为离散空间①的某一空间单元时，经济活动特定的要素禀赋下会形成范围经济和规模经济，促使厂商增加要素投入，扩大生产规模，获取更多利润。范围经济和规模经济必将产生马歇尔外部性的专业化集聚效应，吸引同类厂商集聚，形成专业化集聚经济。而在某些区位条件更具比较优势的空间单元，专业化集聚将吸引相关上下游产业集聚，产生雅各布斯外部性的多样化集聚效应，形成多重功能综合集聚经济。在双重外部性的共同作用下形成区域经济的特色，从而造就了区际经济活动的空间分异特征。当研究对象为全部离散空间时，由于地理邻近性和空间异质性的存在，各子空间单元在要素流动和产品、技术贸易等方面产生跨区域合作关系，形成多种功能在子空间单元分散集聚的低水平区域协同发展。

---

① 离散空间是指可以组成更大范围研究区域的互不重叠的空间单元的有限组合，可以分为具有同质性空间特征的形式区域和异质性空间特征的功能区域。详见：威廉·安德森《经济地理学》［M］，北京：中国人民大学出版社，2017。

3. 协同关键：协同机制与协同模式

在低水平协同发展状态下，各子空间单元仅呈现要素间歇性流动和产品技术贸易等方面的初级合作，并未形成要素自由流动、资源合理配置的常态式、密切型联系机制。同时功能的空间分异化集聚也会导致特定空间单元的集聚不经济，造成环境污染、交通拥堵、人地矛盾等“大城市病”现象。因此，要深化区域合作，打破低水平的区域协同，关键是要统筹各子空间单元的利益关系，一方面要从产业、生态、公共服务、交通、城镇体系等多个方面共同发力，构建高层次的常态化协调机制和利益保障机制，实现区域整体的利益最大化；另一方面要创新区域协同发展模式，以调整各子空间单元功能定位为突破口，错位发挥政府与市场的作用，优化区域空间结构，建立功能互补、“多点”支撑的区域协调发展格局。

多层次多领域的协作机制保障区域长效协同。要实现由低水平协同向高水平协同的演进，关键是要构建一套常态化协调机制，使各方利益得到有效保障，从而实现区域内及区际协同行动的持续运转。从微观视角看，协同行动的实质是劳动力、资金、技术和企业家才能等要素的区际流动。而市场机制是调节资源合理与优化配置的主要方式，如价格调整机制、供求调节机制和竞争机制等。通过市场的自发调节，各生产要素实现在区域内的高效配置，实现效益最大化。从宏观视角看，协同行动体现在经济结构的调整与优化上。一是交通设施联结机制。政府主导规划并建设的区际公路、铁路、内河航运以及面向区外的港口群和机场群交通网络不仅可以降低交易成本，同时有利于促进要素流动、增长极向增长轴转变，发挥集聚经济的轴带效应，进而形成城市群网络体系，实现要素的优化配置和高效利用。二是产业转移与对接机制。包括市场自发调节机制和政府引导机制。市场调节资源的空间布局形成特有的产业集聚格局，在已有的功能集聚态势下，形成区际产业链条。政府引导机制包括产业转移对接机制和产业协作机制。其中，转移对接机制是由政府按照各区域的功能定位，以资金扶持、服务平台建设、政策优惠等方式引导产业在区域间流转的机制，目的是使产业布局更加高效合理；产业协作机制是政府理顺产业链条，引导产业创新并补齐缺失环节，实现各区域产业优势互补、分工协作、协调发展的机制，目的是促进区域产业升级、链接与集群化发展。三是科技合作与成果共享机制。包括市场推动的信息服务平台、技术交易市场、投融资合作机制和政府推动的科技成果异地转化、人才跨境与交流、政府 R&D 资金投入等机制。四是生态补偿与保护机制。生态环境问题往往是市场失灵的重要表现。政府主导的跨域国土空间用途管制制度、环境准入与退出机制、环境监测预警与跨域共治机制、上下游生态补偿机制、跨域环境联查与执法机制等可以有效弥补市场失灵，实现区域整体生态环境共建共享。五是公共服务均等化机制。政府推动教育、医疗、社保、公共空间与基础设施建设等向欠发达地区倾斜，以完善的公共服务保障体系凝聚高端要素，保持区域发展的活力，引导优质公共服务资源向欠发达地区倾斜，实现区域公共服务均等化。六是城镇体系与空间优化机制。中心城市与所在区域的关系体现在极化和辐射两个方面。集聚经济促使各级城市形成不同水平的规模扩张，核心城市依赖交通、产业、科技、生态、公共服务等方面的协同联动机制对节点城市发挥着辐射外溢作用，形成“金字塔”形城镇体系。在政府与市场合力推动下，各级城市呈现功能互补与融合联动发展，以实现功能在空间优化布局，从而形成紧密联系的城市群网络体系，推动区域整体向创新、协调、绿色、开放、共享方向发展（见图 2）。

创新协同模式是调整和优化区域空间结构的有效途径。一是卫星城模式。卫星城是在中心城市（区）外围建立的为分散中心城市的人口和部分经济功能而建立的新城。现代卫星城要实现分担中心城区部分功能的目标，一方面通过现代化快速轨道交通网络与中心城市（区）相连，保证经济功能与中心城市的互补与融合。另一方面则更加重视引入新型业态和提供高水平公共服务功能、生活性基础设施和生态空间，实现卫星城向功能完善、职住均衡的新城方向发展。如英国伦敦的田园式卫星城莱奇沃斯（Letchworth）和威尔温田园城（Welwyn Garden City）、美国纽约的商业生活式卫星城布鲁克林（Brooklyn）、布隆克斯（Bronx）等。二是示范区模式。由政府主导建立示范区，并给予政策优惠，旨在以示范区为试点，尝试体制机制改革创

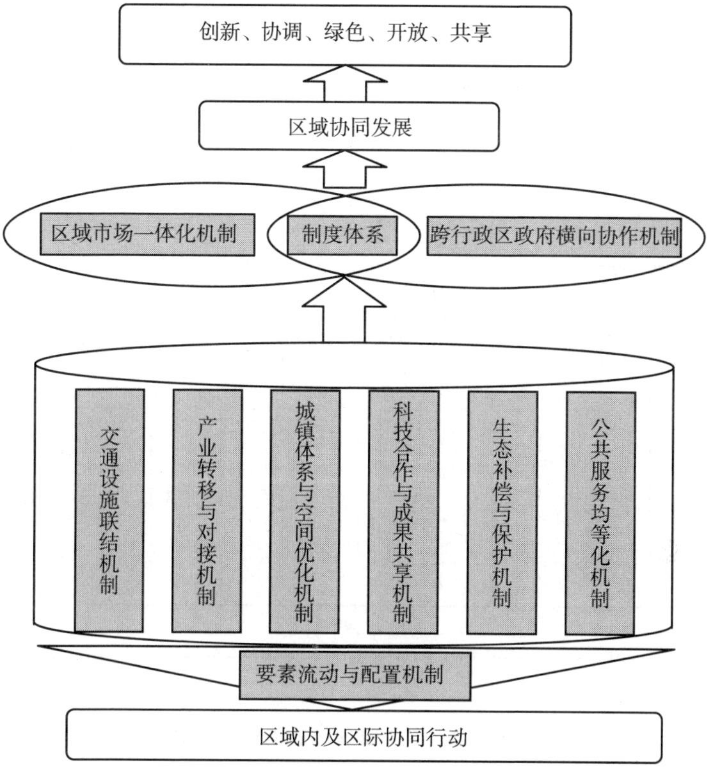

图 2　区域协同发展机制的构成机理

新，并在更大范围内进行推广应用。如中关村示范区、上海自贸区、天津自贸区、国家级经济技术开发区等制度创新试点区域。三是集中疏解模式。由政府发挥规划和调控的主导作用，将一个地区的功能集中疏解或转移到另一个区域的模式，目的是调整与优化区域的空间格局，实现功能的有序分布与结构优化。如日本政府主导规划建设的筑波科学城等。四是分散布局模式。由于集聚不经济导致企业自发或兼有政府行政调控手段的功能从一个区域外迁至其他区域的模式。这种模式往往出现在市场机制较为完善的地区，且多表现为工业企业由于地价过高，由原有的城市中心区迁至远郊区或后发优势地区，形成新的功能集聚区和“次中心”城区。如法国巴黎沿塞纳河畔兴建的多个卫星城，集聚了原来巴黎市中心的工业企业和从业工人，形成多个“次中心”新城；日本东京城市群在私人投资运行的铁路沿线形成的新城等。上述四种模式的共同点均是在政府与市场作用下，将功能在特定空间内疏解或优化，形成新的增长极，共同构成功能互补与融合的协同发展统一体，以空间结构合理优化助力实现高水平协同发展（见图3）。

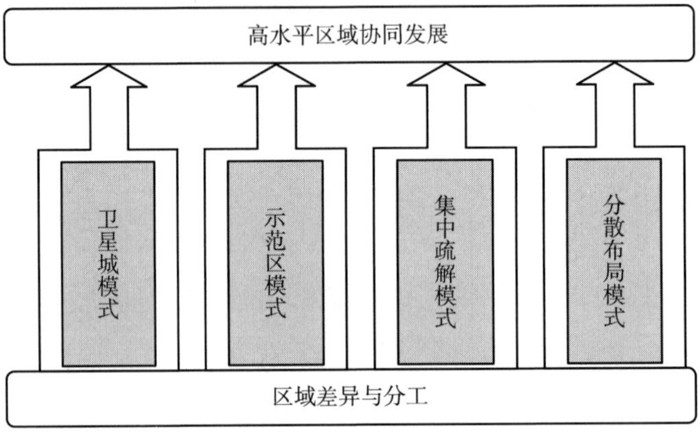

图3　区域协同发展模式的构成机理

4. 协同目标：实现功能互补、融合、协调的高水平协同

区域协同发展的最终目标是实现各子空间单元功能互补、有序融合与协调发展的高水平协同态势。要实现这个目标就要发挥政府与市场的合力，构建区域一体化的常态化机制，实现以下三个分目标。一是区域要素自由流动一体化。以市场机制促进生产要素的配置、空间组合优化以及要素组合的质量、规模和效率向更高层次发展。二是区域经济功能互补与融合。以要素优化配置为基础的功能集聚必将带来区域经济空间分异，各子空间单元需要构建并创新协同机制与模式，实现功能互补与融合，使区域形成有机统一体。三是构建区域一体化常态机制。以制度设计统筹政府与市场、中心与外围、经济社会生态、跨域多主体等多维度的利益关系，建立常态化机制来保障各方利益最大化，进而实现区域高水平协同发展。

三 协同进展与主要问题

（一）总体进展

三地空间联系稳步提升，总体呈现“中心—外围”格局。从经济的空间联系度看，北京、天津、廊坊三地间的经济联系较强，呈现“南北疏、中心密”的特点。根据测算，北京与天津、北京与廊坊的经济联系度明显高于与其他城市的经济联系度；河北各地级市中，石家庄、保定两地与其他城市的联系度相对较高。从交通的空间联系度看，北京、天津、石家庄是京津冀地区的重要辐射中心。2017 年京津石三地与各地级市的联系度较高。其中北京交通联系度总量最大；石家庄次之；天津居于第三位。保定、唐山、邯郸紧随其后。而张家口、承德与各地级市联系相对较弱。从资金的空间联系度看，北京始终发挥辐射外溢作用。2014 ~ 2016 年，北京对津冀的投资额是天津对京冀投资额的 9.3 倍，是河北对京津投资额的 7.1 倍（见表 2）。

表 2 2014 ~ 2016 年京津冀三地资本流动情况

单位：亿元

年份	北京对外投资		天津对外投资		河北对外投资	
	天津	河北	北京	河北	北京	天津
2014	339.6	156.0	51.2	18.9	69.9	44.0
2015	785.8	656.7	203.1	31.6	107.8	43.2
2016	1537.3	1701.9	165.8	84.1	352.5	113.8
合计	2662.7	2514.6	420.1	134.6	530.2	201.0

资料来源：龙信企业大数据。

（二）协同机制与进展

1. 产业协同：产业分工格局初步显现，北京发挥核心引领和辐射外溢作用

新增企业行业分布呈现的分异格局反映了三地的产业分工。北京产业偏重科技研发与服务环节。2012 年至 2017 年 10 月，北京的科学研究和技术服务

业新增企业数占北京全部新增企业总数的31.58%，居于首位，占京津冀地区科学研究和技术服务业新增企业总量的66.59%。天津产业偏重批零和商务服务环节，科学研究与技术服务业发展迅速。2012年至2017年10月，天津的批发和零售业新增企业数量占天津全部新增企业数量的27.54%，居于首位；科学研究和技术服务业新增企业数占比为22.41%，居于第二位；租赁和商务服务业新增企业数量占比13.94%，居于第三位。此外，受到天津自由贸易区成立和金融创新运营示范区建设的带动，天津金融业新增企业注册资本总额占天津新增企业注册资本总额的20.41%。同时，这也说明天津的商务和金融服务功能活力突出，研发能力正在增强。河北产业偏重生产制造环节。2012年至2017年10月，批发和零售业新增企业数量占河北全部新增企业数量的30.6%，居于首位；制造业新增企业数量占比为16.7%，位居第二，占京津冀地区制造业新增企业总量的84.89%；制造业新增企业注册资本总额占河北新增企业注册资本总额的16.19%，位居第一（见图4）。说明河北在京津冀地区主要承担生产制造功能。

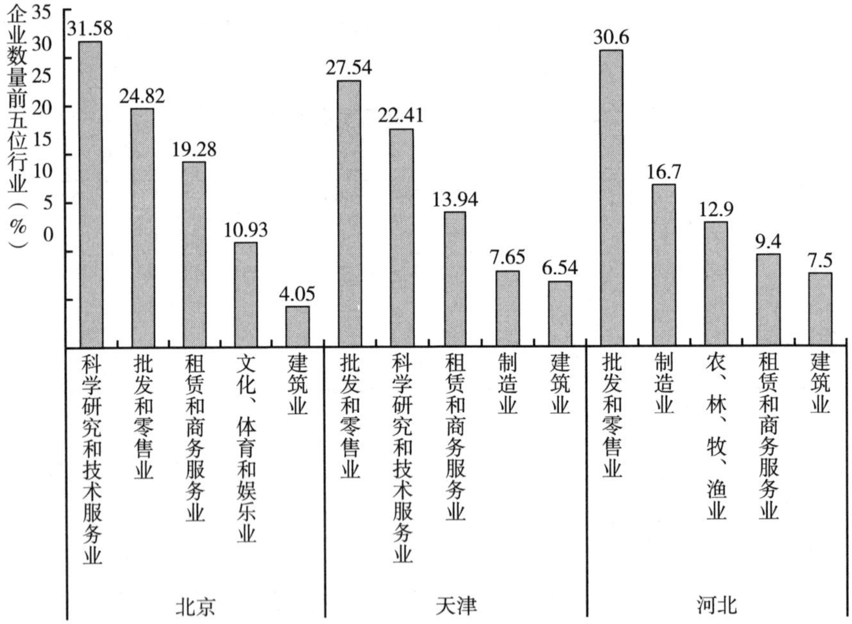

图4　2012年至2017年10月京津冀三地新增企业数量TOP5行业分布

资料来源：龙信企业大数据。

北京的核心引领和辐射外溢作用凸显。从接受京企投资的企业注册资本总额看，北京企业在天津的投资相对高于河北。2012 年至 2017 年 10 月，津冀两地该类企业的注册资本总额为 11034. 84 亿元。其中，天津该类企业的注册资本总额为 6303. 70 亿元，占总额的 57. 12%；河北该类企业注册资本总额为 4731. 14 亿元，占总额的 42. 87%。2016 年津冀两地该类企业的注册资本总额合计 3438. 34 亿元，同比增长 61. 79%。其中，2016 年天津该类企业的注册资本总额达 2193. 31 亿元，是 2012 年（518. 58 亿元）的 4. 2 倍；河北该类企业的注册资本总额达 1245. 03 亿元，是 2012 年（396. 36 亿元）的 3. 1 倍（见图 5）。从接受京企投资的企业行业分布看，租赁商务服务业和金融业成为北京对津冀投资的热门行业。2012 年至 2017 年 10 月，天津该类企业主要集中在租赁和商务服务业、金融业、科学研究和技术服务业（见图 6），注册资本额占总额的比重分别为 41. 25%、31. 64% 和 8. 38%；河北该类企业则集中在租赁和商务服务业、金融业和建筑业，注册资本额占总额的比重分别为 30. 57%、15. 15% 和 10. 56%。综上所述，北京企业对津冀资本输出力度不断加大，尤其是自 2014 年以来，北京企业对津冀的投资增长幅度大幅提升，直接助推三地产业协同。

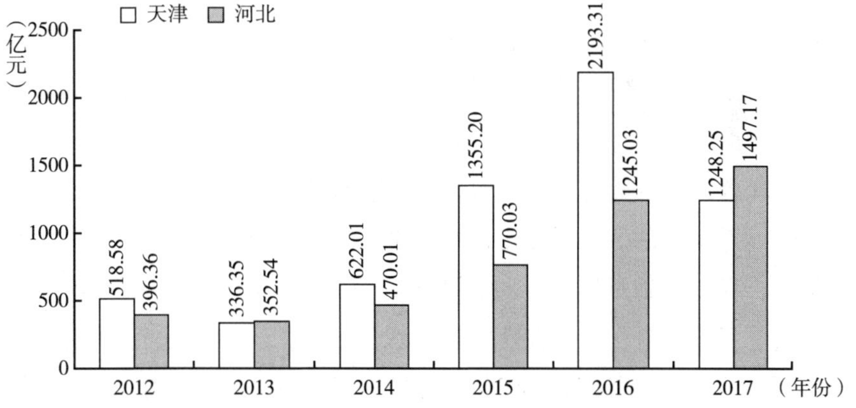

图 5　2012 年至 2017 年 10 月津冀两地接受京企投资的企业注册资本额

2. 创新协同：政策机制不断创新，三地协同创新成果激增

京津冀三地政府创新体制机制，有效推动产学研协同创新共同体建设。

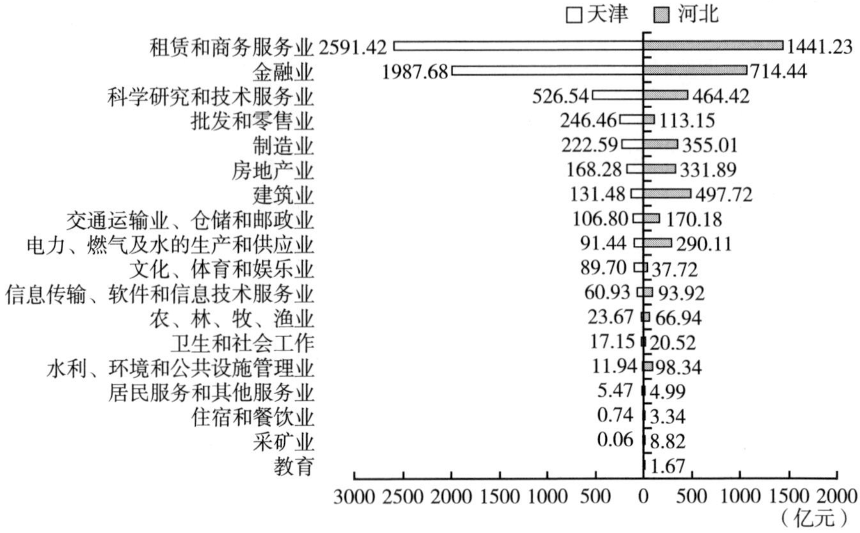

图6　2012年至2017年10月津冀两地接受京企投资的企业注册资本的行业分布

北京出台了《北京市"十三五"时期能源发展规划》《首都科技创新券资金管理办法》等多项政策，"京冀联合建成新能源与智能电网装备产业检测认证服务平台""区域农业科技协同创新体系建设与科技示范项目"等多类创新平台相继落成。这些政策重点聚焦企业与京津冀高校和科研院所建立共同开展技术研发、成果转化等持续创新的新机制，有效推动了京津冀区域内资源共享，新能源、新材料、新一代信息技术、医药健康、大数据与云计算等产业升级或合作平台搭建，推动构建京津冀现代能源体系，促进三地生产动能的转化。天津出台了《天津市促进科技成果转化条例》《天津市"新型企业家培养工程"实施意见》等相关政策，为三地政产学研协同创新共同体构建创新了多项机制，同时有效促进了三地企业家、学者的交流与合作。河北出台了《河北·京南国家科技成果转移转化示范区建设实施方案（2017－2020年）》《河北省创新调查制度实施细则（试行）》《支持中央驻冀科研院所科技成果转化的若干措施（试行）》等相关政策（见表3），倡导建立京津冀科技统计联席会议制度，共同研究构建京津冀协同创新统计指标体系，开展协同创新统计调查和监测评价。成立京南国家科技成果转移转化示范区，促进三地科技成果在示范区转化推广。综合来看，三地协同创新机制的完善有效推动了联合创新成果的高效产出。

表 3　2017 年京津冀三地涉及协同创新的相关政策

地区	名称	出台时间
北京	《发挥中关村节能环保技术优势，推进京津冀传统产业转型升级工作方案》	2017. 07. 11
	《北京市"十三五"时期能源发展规划》	2017. 07. 19
	《加快科技创新构建高精尖经济结构系列文件》	2017. 12. 20
	《首都科技创新券资金管理办法》	2018. 04. 09
天津	《天津市技术转移示范机构管理办法（试行）》	2017. 11. 14
	《天津市促进科技成果转化条例》	2017. 07. 26
	《天津市"新型企业家培养工程"实施意见》	2018. 02. 08
河北	《河北省科学技术厅建设创新型县（市、区）工作指引》	2017. 07. 06
	《河北·京南国家科技成果转移转化示范区建设实施方案（2017－2020 年）》	2017. 08. 07
	《河北省创新调查制度实施细则（试行）》	2017. 12. 22
	《支持中央驻冀科研院所科技成果转化的若干措施（试行）》	2017. 12. 30

资料来源：京津冀三省市政府科技部门网站。

三地企业协同创新成果迅猛增长，北京始终发挥核心引领作用。从三地企业联合创新成果总量看，2012 年至 2017 年 10 月，京津冀三地企业联合专利申请量和授权量分别达 23313 件和 17289 件。其中，2016 年三地企业联合专利申请量和授权量分别为 8255 件和 5195 件，同比增长 95.4% 和 93.9%，分别是 2012 年的 6.8 倍和 7 倍（见图 7），说明三地企业联合创新步伐明显加快，联合创新成果激增。从分合作区域（京津、京冀、津冀、京津冀[①]）的企业联合创新成果产出量看，2014 年至 2017 年 10 月，京津和京冀企业联合创新产出量为 14863 件，占三地联合创新产出总量（15342 件）的 96.88%。其中，2014 年至 2017 年 10 月，京津两地企业联合创新产

① 是指参与联合创新企业的工商注册所在地。

出量为6107件，占三地联合创新产出总量的39.81%，京冀两地企业联合创新产出量为8756件，占三地联合创新产出总量的57.07%，津冀两地企业联合创新产出量为389件，占三地联合创新产出总量的2.54%，京津冀企业联合创新产出量为90件，占总量的0.59%。综合来看，京津、京冀两地企业联合创新成果产出量较多，而津冀与京津冀企业的联合创新成果产出量相对较少。这反映出北京企业在联合创新中发挥了核心带动作用，京津冀创新合作亟待提升（见表4）。

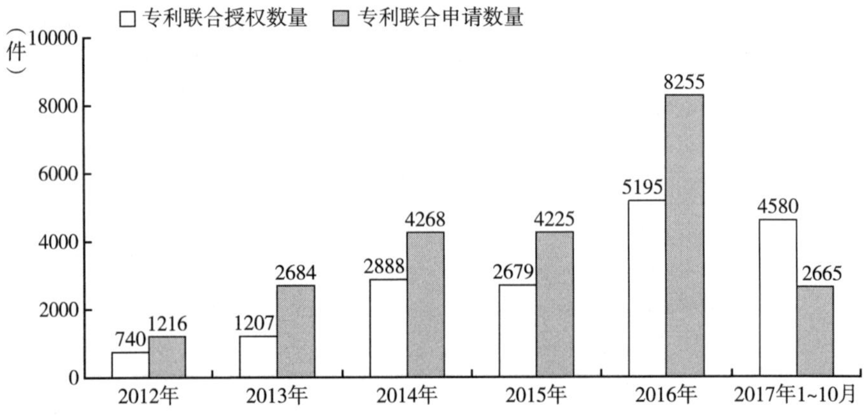

图7　2012年至2017年10月京津冀三地企业联合专利申请量和联合专利授权量年度变化情况

资料来源：龙信企业大数据。

表4　2014年至2017年10月京津冀三地企业联合专利创新产出情况

单位：件

年份	京津	京冀	津冀	京津冀
2014年	946	1878	58	6
2015年	1055	1549	61	14
2016年	2322	2719	125	29
2017年1～10月	1784	2610	145	41
总计	6107	8756	389	90

资料来源：龙信企业大数据。

3. 生态治理协同：补偿主体以中央纵向补偿为主，补偿方式以经济和技术补偿为主

生态环境恶化是京津冀城市群共同面临的难题。而要破解这一现实问题，需要三地统筹规划，重点聚焦西北部生态涵养区生态补偿机制的完善。在生态环境协同治理方面，北京市同张家口、承德两市对接，签署了《京津冀水污染突发事件联防联控机制合作协议》《京津冀协同发展林业有害生物防治框架协议》，共同研究制定北京市生态功能红线划定工作方案，共同实施京津风沙源治理、三北防护林建设、太行山绿化、退耕还林、京冀林木有害生物联防联治项目等一批重点工程。目前，以北京、张家口为主的京津冀西北部地区初步形成了以中央纵向补偿为主，地方横向补偿为辅，经济和技术为主要补偿方式的跨区域生态补偿机制。

第一，形成以中央为主、地方为辅的补偿主体。根据张家口市财政局的数据，2009～2016 年，中央对张家口市的生态转移支付从 1.89 亿元迅速增长到 9.45 亿元，增幅达到 400%（见图 8）。地方政府配套资金（河北省及张家口市）迅猛提升，从 2009 年的 0.23 亿元大幅提升至 2015 年的 0.53 亿元（见图 9）。且张家口市环保支出增幅远高于张家口市地区生产总值（GDP）和财政收入增幅。2001～2015 年张家口市风沙源防治、退耕还林还草等重点工程投资总额达到 30.47 亿元。其中，中央财政资金达 27.56 亿元，占总投资的 90.45%；地方政府财政资金达 2.91 亿元，占总投资的 9.55%。第二，形成以经济和技术补偿为主的补偿方式。张家口市现行的生态补偿方式主要分为两类，一类是经济补偿，主要包括中央直接生态补偿资金、横向补偿资金、生态奖补等；另一类是技术补偿，主要包括人员培训、技术设备等生产资料补偿。从项目来看，主要包括风沙源治理、退耕还林还草、巩固退耕还林还草、北京水源保障等。资金来源主要以政府财政资金投入为主。

4. 公共服务协同：教育医疗养老协同进展突出，公共服务差距呈缩小态势

京津冀三地在教育合作、医疗服务、社会保障等方面取得明显进展。在教育协同方面，京冀签署《京冀两地教育协同发展对话与协作机制框架协

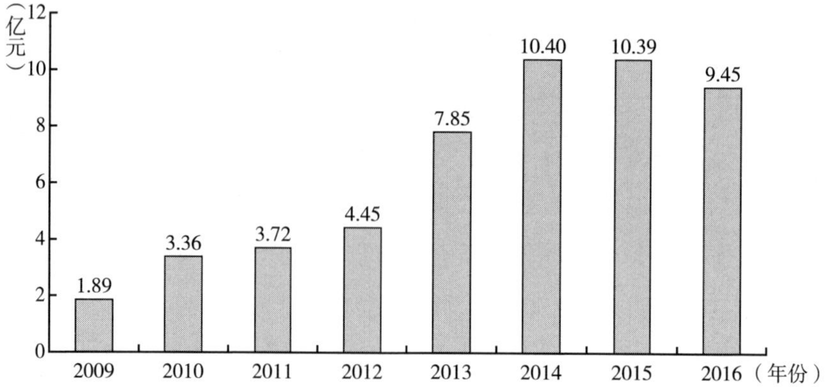

图 8　2009～2016 年张家口市接受中央补助生态功能区转移支付资金规模

资料来源：张家口市财政局提供的 2009～2016 年中央生态功能区财政转移支付数据。

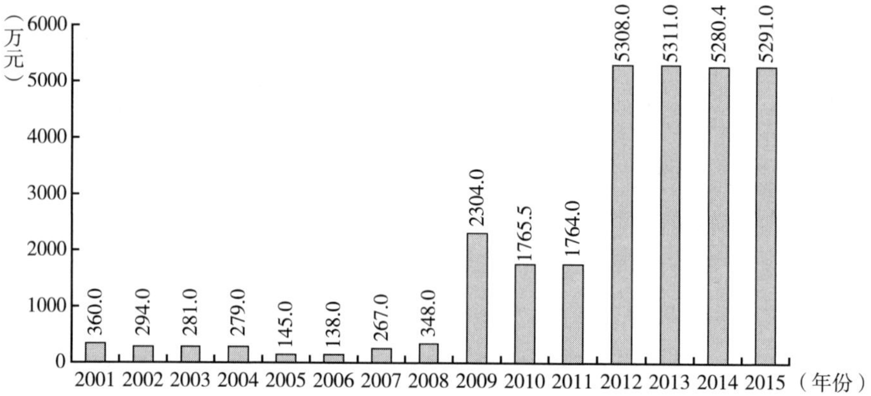

图 9　2001～2015 年地方政府配套资金

资料来源：张家口市财政局数据。

议》《京冀大学生思想政治教育工作协作方案》等教育合作协议，鼓励在京高等学校通过设立新校区、学科共建、师生异地交流等模式，开展跨京津冀的教育合作项目。成立京津冀协同发展联合创新中心等多个高校联盟组织，促进三地教育与人才交流。在医疗跨域合作方面，京津两市分别与河北签署卫生计生事业协同发展、卫生应急、疾病预防控制等合作协议，共同探索解决医师异地执业、医保结算等难题。北京积极建立医院对口帮扶机制。截至2018年3月，约有320家医院与京津医院开展合作，26家医疗机构与京津实现检验结果互认，45家实现医学影像检查资料共享，并吸引北京专家1000余人到河北开展诊疗活动，服务群众达7万余人次①，缓解了北京的医疗运行压力。在养老服务方面，三地基本实现了城乡居民养老保险制度在政策标准、异地服务、信息互认等环节的统一。

三地教育医疗服务差距明显缩小。从教育水平来看，北京与河北每10万人口高等学校平均在校生数的比值由2008年的3.73降低至2016年的2.29；天津与河北的比值由2008年的2.50下降至2016年的1.85；北京与天津的比值由2008年的1.49降低至2016年的1.24。从医疗卫生水平来看，京冀之间差距缩小最为显著，北京与河北每万人医疗机构床位数的比值由2008年的2.33下降至2016年的1.12；北京与天津每万人医疗机构床位数的比值由2008年的1.48下降至2016年的1.28；津冀间的比值呈波动态势。

5. 财税制度协同：中央推动财税政策一体化，三地“双边合作”构建财税协调机制

中央推动京津冀财税政策协同。一是税收管理与政策一体化。2014年7月，国家税务总局专门成立京津冀协同发展税收工作领导小组，建立三地互认的政策管理制度、信息共享交换、涉税争议协调机制等。具体建立了三地统一的执行口径和管理标准，建立三地互认的政策管理制度，统筹税收政策措施，探索三地非行政审批类涉税事项“同城通办”，建立协调解决机制以协调税收管辖权等问题。二是中央对京津冀地区特别是河北省财税扶持力度加强。如2016年中央转移支付对河北省转移支付2448.5亿元，比2015年增加188.1亿元。中央的大气污染防治资金下达河北省40.1亿元，占全国总量的35.9%。再如财政部把河北省列入资源能源型省份补助范围，河北省获得补助资金11亿元。2017年8月，中央将京津冀纳入了生态功能区转

① 《河北320家医院与京津合作》，《北京日报》2018年4月13日，http：//zhengwu.beijing.gov.cn/zwzt/jjjyth/hbxx/t1515948.htm。

移支付的范畴。

三地"双边合作"创新财税协调机制。一是三地的"双边合作"财税机制。北京与天津签署《关于加强推进市场一体化进程的协议》《关于共同推进天津未来科技城京津合作示范区建设的合作框架协议》《交通一体化合作备忘录》。加大财政投入，提供各类公共产品，推进与天津的双边合作。北京与河北签署《关于共同推进河北雄安新区规划战略合作协议》，具体落实教育、医疗、交通、金融业务的对接。天津与河北签署《河北省人民政府、天津市人民政府关于积极推进河北雄安新区建设发展战略合作协议》，加大财政投入力度，与河北省共同提供雄安新区辖区范围内的公共产品，完善津雄的交通路网建设。二是三地联合共建的财税机制。已取得的突出进展是京津冀三地政府联合出资与铁路总公司按 3∶3∶3∶1 的比例共同组建了京津冀城际铁路投资公司，进行交通路网建设；京津冀政府财政共同合作提供京津冀区域性公共管理公共产品等。

（三）协同模式与路径

1. 雄安新区：政府规划建设的集中承载地高质量发展模式

2018 年 4 月公布的《河北雄安新区规划纲要》中明确提出，雄安新区作为北京非首都功能疏解集中承载地，要建设成为高水平社会主义现代化城市、京津冀世界级城市群的重要一极、现代化经济体系的新引擎、推动高质量发展的全国样板。一是构建现代化经济体系，打造创新驱动发展引领区。通过集聚京津及国内外创新要素资源，发展高端高新产业，布局一批国家级创新和协同创新平台，推动产学研深度融合和以科技创新为核心的全面创新，建成创新发展引领区和综合改革试验区。二是加强生态环境建设，构建绿色生态宜居新城区。规划"一淀、三带、九片、多廊"的生态格局，通过实施生态修复，开展环境综合治理，划定生态保护红线、永久基本农田和城镇开发边界，统筹绿色廊道和景观建设等措施，构建蓝绿交织、清新明亮、水城共融、多组团集约紧凑发展的生态城市布局。三是集中承接北京非首都功能，打造协调发展示范区。雄安新区具体承接著名高校和高端医疗机构在新区设立的分校与分院；国家级科研院所与创新平台；金融机构、现代物流、电子商务等企业总部；信息服务、设计、创意、咨询等高端服务领域的优势企业；新一代信息技术、生物医药和生命健康、节能环保、高端新材料等领域的央企及创新型民营企业、高成长性科技企业；中关村科技园在新区设立的分园。通过集中承接北京非首都功能疏解，有效缓解北京“大城市病”，发挥对河北省乃至京津冀地区的辐射带动作用，打造要素有序自由流动、主体功能约束有效、基本公共服务均等、资源环境可承载的区域协调发展示范区，成为高质量发展的增长极，为优化京津冀城市群空间结构、建设京津冀世界级城市群提供支撑。四是深化对外开放，打造开放发展先行区。通过深化行政体制、财税金融、土地管理制度、人才人口管理等方面的改革，积极扩大对内对外开放。优化提升北京国际交往中心功能，构筑对外交流平台，为提升京津冀开放型经济水平做出重要贡献。

2. 北京城市副中心：政府主导的集中承载地功能融合发展模式

北京城市副中心是北京市党政机关和市属行政事业单位的集中承载地，其形成的动力是政府实施非首都功能的集中疏解，这也推动北京城市副中心向功能融合的新城发展。首先，北京“四套班子”转移，有效推动城市副中心各种配套设施和基础设施的完善。其次，高水平配套基础设施和公共服务促进产城融合。配套基础设施的完善和公共服务供给能力的提高，将进一步改善副中心的区位条件，从而吸引各要素流向副中心，促进副中心产业集聚，形成职住平衡、宜居宜业的新城。最后，文化和生态功能保障副中心高质量发展。《北京城市总体规划（2016 年 –2035 年）》提出城市副中心将突出水城共融、蓝绿交织、文化传承的城市特色，坚持以人民为中心，实现绿色交通、生态市政、民生共享、风貌景观等专项系统的多规合一。商务服务、文化、休闲、生态等功能的完善必将促进副中心成为国际一流的和谐宜居之都示范区、新型城镇化示范区、京津冀区域协同发展示范区。

3. 中关村示范区：跨行政区协同创新模式

中关村国家自主创新示范区依托海淀园核心区，在津冀乃至全国多个省份建立园区，以相同的激励政策推进协同创新。一是依托科技资源，凝聚创新力量。中关村示范区在北京已经形成“一区十六园”的发展格局，依据北京各功能区的发展目标，结合园区所在区域的发展基础和优势资源，形成不同的集成创新方向。首都功能核心区分园的互联网金融和文创产业快速崛起，形成了以现代服务业为主体，以设计服务、出版创意、科技金融、智慧产业为主要特色的产业格局。城市功能拓展区分园以技术创新引领“高精尖”，大数据产业、文创产业、现代商务服务业、软件和信息服务业、以石墨烯为代表新材料产业、百度等277家软件企业总部和全球研发中心在此集聚，具有高端、高效、微能耗、零污染的低碳化特征。城市发展新区分园新兴产业集群呈“井喷式”发展，现代观光农业、生物医药产业、电子信息、高端装备制造、节能环保产业蓬勃发展，“阻尼弹簧隔振器”等一系列自主研发的技术日新月异。生态涵养发展区分园积极打造高精尖产业，自主研发的先进纳米技术推动新材料和纳米印刷打印新工艺的高新绿色经济快速发展。二是形成“一链三带多社区”多个创新策源地，促进技术外溢和产业升级。“一链”是开展跨区域园区链建设试点。“三带”是产业跨区域优化布局。“多社区”是实施创新社区共建。中关村核心区通过技术研发与专业、产业异地转移对接、创新创业项目孵化等协同创新模式，沿京津、京保石、京唐秦三条发展主轴辐射布局多个创新功能集聚区，有效推动了天津滨海中关村科技园、曹妃甸等一批科技园区和产业基地建设。截至2018年1月，中关村企业在天津、河北设立的分支结构超过6100家，输出技术合同成交额470多亿元①，协同创新成效显著。

4. 天津自贸区：制度溢出的示范区模式

天津自贸区是以“可复制、可推广”的制度创新为核心任务的示范区。“边试点、边总结、边推广”的制度溢出方式已获得突出进展，多项机制已率先在区域内复制，然后在全国推广②。在政府职能转变方面，自贸区成立

---

① 《中关村企业在津冀设立分支机构突破6100家》，《北京商报》2018年1月27日，http://finance.ifeng.com/a/20180127/15952292_0.shtml。

② 2016年11月，国务院印发《关于做好自由贸易试验区新一批改革试点经验复制推广工作》的通知，其中天津自贸区包含19项成功经验。

行政审批局，实施审管分离、接管分离，并建立商事登记网审系统。在投资管理制度方面，实施准入前国民待遇 + 负面清单的管理办法；行政审批集中统一，实施“一照一码一章一票一备案”一天办结的行政管理模式，设立专门化境外投资平台直接管理境外投资事务，提高了投资管理效率。在金融服务方面，开展离岸金融和融资租赁等服务，为京津冀企业拓宽融资渠道、降低融资成本、扩展服务业领域，提供了更多便利性。在对接京津冀方面，实施“一个机制、三个推动、三个一体化、一批项目”的“1331”工程①，搭建通关服务和口岸物流一体化平台、金融服务和监管协同化平台、区域整体资源要素集聚化平台，实现三地资源整合和通关物流管理服务的一体化。截至 2017 年 3 月底，北京企业到天津自贸试验区投资项目 4192 个，投资额 3021.37 亿元，河北企业到天津自贸试验区投资项目 2653 个，投资额 467.08 亿元；京冀企业投资占同期天津自贸区投资项目总量的 21.82%，投资总额的 31.07%。在贸易便利化方面，试点开展京津冀检验通关服务和口岸物流一体化，搭建跨境电商公共服务平台，直接减少了 3 个工作日的出口货物通关时间和降低了近 30% 的通关成本。

（四）主要问题

1. 发展水平：河北发展水平亟待提升，京冀内部城乡差距有待缩小

三地发展不均衡不协调主要体现在以下两个方面。一是经济发展水平落差扩大。以人均 GDP 衡量，2007 ~ 2016 年京津冀地区的加权变异系数由 2007 年的 0.3464 上升至 2016 年的 0.5150，说明经济发展水平总体呈上升趋势。从人均 GDP 的比值看，北京与河北的人均 GDP 比值由 2007 年的 3.06 下降至 2012 年的 2.39 又上升至 2016 年的 2.74；与天津的差距总体呈上升态势，天津与河北的人均 GDP 比值由 2007 年的 2.44 上升至 2016 年的 2.67。说明京津冀三地发展水平呈现梯度差异，且差距呈扩大态势。二是京

① 2016 年 3 月，自贸区领导小组办公室制定《天津自贸试验区服务京津冀协同发展工作方案》。

冀两地城乡差距扩大。从城镇居民与农村居民人均可支配收入的比值看，北京由2013年的2.606下降至2016年的2.567，河北由2013年的2.419下降至2016年的2.370；天津由2013年的1.888下降至2016年的1.848。而2016年全国城镇居民与农村居民人均可支配收入的比值为2.72。京冀两地城乡收入差距远远大于天津，仅略低于全国平均水平，说明京冀内部城乡收入水平仍存在较大差距。

2. 产业协同：津冀产业存在同构现象，市场机制发育不足

第一，投资动力不足导致天津制造业增速骤降。2017年天津的第二产业固定资产投资增速仅为5.5%，低于2013年近11个百分点。受投资动力不足的影响，2017年天津工业部门规模以上工业增加值增速降至2.3%，天津高技术产业（制造业）市场竞争能力明显弱化。第二，津冀均将装备制造业定位为主导产业。2017年，在规模以上工业中，天津的装备制造业增加值增长3.6%，占规模以上工业的35.6%；河北的装备制造业增加值比上年增长12.1%，占规模以上工业的比重为27%。第三，市场化进程缓慢导致产业协同难以推进。政府行政力量一直是京津冀产业协同发展的主导力量，因此实体经济大多集聚在产业园区，未能形成有效的上下游关联和具有竞争力的产业链。这主要是市场机制缺失和三地市场一体化进程缓慢造成的，从而导致三地的产业过度依赖于政府功能定位和产业规划，未能形成依靠市场力量配置资源且分工明确的产业链，因此也无法形成有效的产业转移和对接机制。

3. 创新协同：创新要素配置失衡，联合创新机制尚未形成

创新要素配置的空间失衡导致京津冀创新能力呈现日益扩大的梯度差异。北京具有雄厚的创新要素集聚基础和资源富集优势；天津高技术产业发展基础良好，潜力巨大，且在技术交易方面与北京的合作日益密切，具有较好的科技成果转化环境；河北创新要素集聚度偏低，在技术研发能力和创新环境方面与京津存在较大差距。这种资源的空间错配靠市场力量无法调节，需要政府构建有效机制进行调控。从联合创新产出看，津冀与京津冀的联合创新始终处于劣势地位。这一方面是创新能力梯度差导致，另一方面是缺乏

联合创新的利益分配与成果收益分享机制，创新成果利益分配机制及分配方式的不明确直接降低了三地创新主体参与联合创新的积极性。

4. 生态协同：政府与市场失调，补偿标准与方式不完善

京津冀现行的生态补偿机制存在以下突出问题：一是补偿主体以中央政府补偿为主，尚未形成多元化的补偿主体结构。政府补偿中以中央补偿为主（占九成），地方配套资金占很小比重，企业化的市场补偿机制和非营利性社会组织参与机制尚属空白，同时缺乏常态化的横向补偿机制。二是补偿标准过低，尚未建立依据生态投入和运营成本确定补偿标准的机制。当前京津冀生态补偿多以项目为载体，缺乏可持续性；补偿标准过低，对补偿客体激励不足，而且不能随着成本和价格因地制宜、适时调整；区内不同地区补偿标准差距悬殊。三是补偿方式单一，尚未形成市场化的补偿机制。补偿方式多以中央纵向补偿、项目补偿为主，缺乏基于生态资源交易的市场化补偿方式。综上所述，现行的生态补偿机制的不完善，其核心问题是没有处理好三个关系，即政府补偿与市场补偿的关系、直接成本与机会成本的关系、“输血”与“造血”的关系。正是在补偿主体、补偿标准和补偿方式等方面没有处理好这些关系，导致生态涵养地区发展能力不足、生态涵养功能发挥不充分。

5. 财税制度协同：协商机制尚不完善，公共服务的常态化供给机制仍需优化

一是三地“多边合作”机制尚不完善。京津冀城市群的协调发展，在很大程度上取决于各城市规划部门的规划编制能力、政府之间的政策执行水平以及财政间的预算准备和执行状况。当前，京津冀三地政府在建立横向财税协调体制方面的直接对接相对较少，导致政策执行中虽形成了很多共识，但是实际落地的协调机制仍需完善。上下级财税部门的联络比较弱，无法做到及时跟踪、适时调整政策。二是推动公共服务均等化的常态化财政供给机制尚未形成。目前，三地公共服务均等化的措施主要包括教育医疗合作、文化旅游共建、精准扶贫共参三个方面。但财政供给多以“项目式”配置为主要方式，常态化的公共服务均等化供给机制有待进一步建立和完善。

四　实现路径与对策建议

党的十九大报告指出要“实施区域协调发展战略”，“建立更加有效的区域协调发展新机制”。这是对我国区域发展的新要求，是新时代解决人民日益增长的美好生活需要和不平衡不充分的发展之间的矛盾的重要途径。京津冀作为我国三大城市群之一，亟须创新体制机制实现经济结构优化与功能提升，提升城市群整体实力；还需要通过探索协同发展新模式，融入新机制，促进城市群内部的功能分工和结构优化，实现城市群内部协调发展。

（一）创新协同机制，促进京津冀城市群实力提升与经济结构优化

1. 构建协同创新共同体

一是要搭建京津冀创新资源信息共享平台。依托“互联网 +”与大数据技术，建立“京津冀创新要素服务平台”。为创新要素的供给与需求搭建桥梁和互通机制。二是要构建创新主体交流机制。在人才交流方面，通过高校设立异地分校、开设跨域高校联合培养项目、共同承担课题研究、定期召开学术论坛、组建国外访学团等途径，为三地科研人员搭建学术交流平台；在研发投入方面，政府一方面提高 R&D 经费的投入强度，另一方面设立专门性研究课题，与高校、企业、科研院所按比例出资共同支持科技研究。在企业创新创业方面，鼓励其创办附属研究院。给予科技型企业异地（特别是在河北）设立分公司、子公司税收优惠政策和金融机构贷款支持政策，鼓励高校科研人员在科研院所、企业入股分成和在津冀创办科技型企业。三是要完善科技创新成果转化推广平台。由三地科技部门协调，建立“京津冀科技成果转化与推广平台”和“京津冀技术交易市场”，将三地现存的技术交易平台隶属到“京津冀技术交易市场”之下，共同为创新成果的交易、转化和推广提供科技服务和承载空间。

2. 构建产业转移对接机制

一是以构建区域一体化要素市场为基础。在劳动力要素流动方面，建立

京津冀区域的人才服务保障体系。运用大数据建立京津冀人力资源信息共享与服务平台，将供给与需求有效对接，降低人才流动风险。在资本流动方面，对接三地功能定位，建立产业资本与金融资本、财政资本跨域流动机制。在区域技术市场方面，在“京津冀技术交易市场”下统一进行技术流转与交易，并构建区域产权交易联盟。二是以产业转移、对接和产业链延伸为抓手。首先要制定京津冀产业指导目录，加快津冀承接平台建设。其次，要立足三地功能定位，引导企业业务的错位发展；制造业方面要依托北京科技资源优势和津冀先进制造业基础，天津应加大技术要素和资本要素投入，做大做强高技术产业。最后，形成产业链并扩展延伸。京津应向产业链高端环节延伸，引导、支持民营企业、国有企业强化研发活动，加快培育在全球价值链高端领域的渗透力和竞争力。将产业链中低端配套放在河北，通过构建产业集群、延伸产业链条，实现区域产业深度合作。三是以配套服务机制为保障。建立如区域内户籍、社保等相互认证制度等，吸引劳动力因地就业和资本跨域转移。

3. 完善京津冀生态补偿机制

一是完善市场运作的生态补偿机制。市场补偿是政府补偿的有益补充，是促进生态补偿机制实现有效运转的关键。建议加快推进生态资源价值化，建立和完善碳排放权交易、排污权交易等市场化运作机制，同时鼓励民间组织和个人以购买京津冀生态彩票、居民自发植树造林、慈善捐赠或者向碳基金组织购买碳汇、采取低碳生活模式等方式，为生态环境建设贡献力量。完善生态产品资格认证制度。以对高质量生态产品高付费的方式，形成一种由消费者埋单的生态服务付费机制。二是完善生态补偿标准的确定机制。一方面可以综合考虑投入成本、机会成本和服务质量来确定生态补偿标准。在明确地区的发展阶段、地区补偿的承受能力和市场价格变化等前提下，生态补偿上限为发展阶段和社会所能承受的最大限度，生态补偿下限应至少能弥补生态补偿直接成本；另一方面也要考虑生态涵养区为承担生态主体功能区的主要功能而丧失的经济发展机会可能带来的收益。

4. 完善公共服务均等化机制

一是建立公共服务对接共享机制。在医疗方面，推进三地医疗服务信息公开透明，建立跨行政区的网络预约挂号机制，同时保障三地社保体系的无缝对接。加快在京医疗机构在天津、河北设立分院，促进医疗资源均衡配置。在教育方面，加大政府投资力度，推进津冀两地博物馆、科技馆等重大科教基础设施的建设，同时建立“科技游览”一卡通，并对专业性人群进行试点开放，促进科技教育资源共享。二是建立高层次医疗、科技、教育人才共享机制。建立三地教育医疗的定向对接机制，如学生异地教育学分互认、教师互派挂职、取得重大科技成果人员异地挂职与授课、疑难疾病联合攻关、重大疾病联合会诊等机制，有效推进教育医疗资源的共享。

5. 探索财税协调机制

一是建立京津冀财政统一规则。建议在京津冀探索建立区域预算一致规则。具体包括预算与政策、预算与现金管理、具体的财政收支活动等方面的统一规则。二是创新适合京津冀区域的横向转移支付制度。在现有的横向转移支付制度基础上，建议扩展京津对河北的财政转移支付方式，以合理方式“抽肥补瘦”，抑制地区间差距扩大。三是建立财税政策实施效果评价机制。通过建立指标体系，对京津冀三地的财政、税收政策的实施效果进行评价，及时发现不足，补齐政策短板，提高区域性财税政策的实施质量。

（二）创新协同模式，促进京津冀城市群空间优化与均衡发展

1. 强化北京“一核”与“两翼”的空间结构，促进区域协调发展

北京高质量发展应紧紧围绕首都功能定位，立足全局，有序疏解非首都功能、优化提升首都功能，建设好政治中心、文化中心、国际交往中心、科技创新中心。同时借助非首都功能疏解，强化北京城市副中心和雄安新区的极化与辐射作用。一是高标准建设北京城市副中心并带动周边区域发展。要发挥副中心行政办公区的示范带动作用，带动中心城区其他相关功能和人口

疏解。促进行政功能与生态宜居、文化旅游、商务服务等功能的有机结合，处理好副中心与中心城区的关系。进而带动北京南部、天津北部、廊坊北三县的崛起。二是实现雄安新区的高质量发展。从行政管理机制、生态环保机制、创新驱动机制、开放发展机制、高端人才引入和培养机制、投融资机制等方面进行创新，保障非首都功能的集中承载，建成绿色生态宜居新城区、创新驱动发展引领区、协调发展示范区、开放发展先行区，努力打造贯彻落实新发展理念的创新发展示范区。进而发挥其带动冀南地区崛起的辐射外溢作用，实现区域整体的空间结构优化与协调发展。

2. 深化天津自贸区对接京津冀的合作模式，发挥制度示范和溢出效应

一是对接京津冀，构建高效畅通的工作协调机制。通过建立沟通联络协调机制、风险评估和风险防范机制、与雄安新区对接机制等方面的合作制度，打破行政壁垒、实现公共服务均等化、要素流动市场化，从而发挥自贸区对京津冀的辐射带动作用。二是辐射京津冀，积极申报自由贸易港。自由贸易港意味着京津冀地区可获得最高的对外开放平台，吸引整个东北亚的海运货物到此集结、转运，或加工和仓储，更好地发挥极化辐射带动作用。因此建议加快推进自由贸易港的申报工作。三是示范京津冀，提供人才引进的政策样板。自贸区要完善人才引进政策，创新人才落户、激励和发展的保障机制，优化高级专业人才的发展环境，改善住房、子女教育、医疗保障等方面的配套条件，推广完善管理层期权持股等激励制度。建立自贸试验区人才信息库，给予高端外籍专家永久居留权，为三地引入尖端人才提供样板。

参考文献

［1］毛汉英：《京津冀协同发展的机制创新与区域政策研究》［J］，《地理科学进展》2017 年第 36（01）期，第 2～14 页。

［2］王浩、李新春、沈正平：《城市群协同发展影响因素与动力机制研究——以淮海城市群为例》［J］，《南京社会科学》2017 年第 5 期，第 17～25 页。

［3］马淑萍：《进一步完善北京产业疏解政策》［J］，《北京观察》2016 年第 9 期，第 42～43 页。
［4］王辉、张明：《京津冀协同视角下河北省承接首都功能疏解和产业转移的研究》［J］，《统计与管理》2016 年第 4 期，第 88～90 页。
［5］周桂荣：任子英：《区域产业功能定位重构及协同发展机制创新——以京津冀为例》［J］，《区域经济评论》2017 年第 1 期，第 75～80 页。
［6］王建廷、黄莉：《京津冀协同发展的动力与动力机制》［J］，《城市发展研究》2015 年第 22（05）期，第 18～23 页。
［7］郭炜煜：《京津冀一体化发展环境协同治理模型与机制研究》［D］，华北电力大学（北京）博士学位论文，2016。
［8］李惠茹、杨丽慧：《京津冀生态环境协同保护：进展、效果与对策》［J］，《河北大学学报》（哲学社会科学版）2016 年第 41（01）期，第 66～71 页。
［9］何树臣：《京津冀水源涵养功能区的横向生态补偿途径探讨》［J］，《国土绿化》2016 年第 6 期，第 48～49 页。
［10］高树兰：《京津冀基本公共服务协同发展与财税政策支持探讨》［J］，《经济与管理》2016 年第 6 期，第 12～17 页。
［11］辜胜阻、王建润、吴华君：《京津冀协同发展中的人口问题研究》［J］，《经济与管理》2017 年第 31（01）期，第 10～13 页。
［12］李国平、罗心然：《京津冀地区人口与经济协调发展关系研究》［J］，《地理科学进展》2017 年第 1 期，第 25～33 页。
［13］李玉涛：《京津冀地区基础设施一体化建设研究》［J］，《经济研究参考》2015 年第 2 期，第 28～47 页。
［14］孙明正、余柳、郭继孚、李先、周凌：《京津冀交通一体化发展问题与对策研究》［J］，《城市交通》2016 年第 14（03）期，第 61～66 页。
［15］陈诗波、王书华、冶小梅等：《京津冀城市群科技协同创新研究》［J］，《中国科技论坛》2015 年第 7 期，第 63～68 页。
［16］李京文、李剑玲：《京津冀协同创新发展比较研究》［J］，《经济管理》2016 年第 2 期，第 13～17 页。
［17］颜廷标：《基于中观视角的京津冀协同创新模式研究》［J］，《河北学刊》2016 年第 2 期，第 149～154 页。
［18］郭斌：《京津冀都市圈科技协同创新的机制设计——基于日韩经验的借鉴》［J］，《科学学与科学技术管理》2016 年第 37（09）期，第 37～48 页。
［19］方创琳：《京津冀城市群一体化发展的战略选择》［J］，《改革》2017 年第 5 期，第 54～63 页。
［20］周立群：《“双城联动”引领区域协同发展》［N］，《中国社会科学报》2016 年 7 月 15 日（005）。

[21] 高国力：《京津冀协同发展土地开发利用对策》[J]，《开放导报》2017年第1期，第46~50页。
[22] 周立群、王庆芳：《实施京津冀协同发展需处理好五个关系》[J]，《领导之友》2017年第1期，第64~68页。
[23] 孙久文：《京津冀协同发展的目标、任务与实施路径》[J]，《经济社会体制比较》2016年第3期，第5~9页。
[24] 孙久文、张可云、安虎森、贺灿飞、潘文卿：《“建立更加有效的区域协调发展新机制”笔谈》[J]，《中国工业经济》2017年第11期，第26~61页。

分　报　告

Sub－reports

B.2
京津冀区域创新驱动的机制与模式研究

戚晓旭*

摘　要： 党的十九大报告提出，创新是引领发展的第一动力，是建设现代化经济体系的战略支撑。京津冀地区具有地域相邻、经济依存、资源互补的特征，且创新资源密集，经济发展方式正处于由传统要素驱动向创新驱动转变的关键阶段。《京津冀协同发展规划纲要》中提出要将京津冀地区打造成为“全国创新驱动经济增长新引擎”，本文基于上述现实要求并在系统梳理国内外创新驱动的相关理论及评价方法的基础上，构建“京津冀创驱动评价指标体系”作为分析框架，对京津冀区

* 作者简介：戚晓旭，首都经济贸易大学城市经济与公共管理学院博士后，讲师。研究方向：区域经济、京津冀协同发展。

域的创新能力与创新环境进行综合评价，并提出京津冀地区实现创新驱动发展的对策建议。

关键词： 创新驱动 创新环境 指标体系

一 研究背景

党的十九大报告提出，创新是引领发展的第一动力，是建设现代化经济体系的战略支撑，已成为全社会的共识。要瞄准世界科技前沿，强化基础研究，实现前瞻性基础研究、引领性原创成果重大突破。同时，十九大报告把“加快建设创新型国家”纳入建设现代化经济体系的组成部分，并强调“创新是建设现代化经济体系的战略支撑”。目前，科技进步对我国经济增长的贡献率达到了56.2%，我国创新能力已跃升到世界第22名，是前25位中唯一的中等收入经济体。

聚焦京津冀地区，北京作为我国人才技术最为密集的地区之一，科技创新能力全国领先。随着京津冀协同发展战略的推进落实，以北京为重点，京津冀地区科技创新协同在“力度”和“速度”等方面都取得了历史性的突破。

以构建创新体系为目标推进区域协同创新共同体建设。2014年，京津冀三地政府科技部门共同签署《京津冀协同创新发展战略研究和基础研究合作框架协议》，并成立了北京协同创新研究院。2016年6月，《京津冀系统推进全面创新改革试验方案》经国务院批复，明确了依托中关村国家自主创新示范区、北京市服务业扩大开放综合试点、天津国家自主创新示范区、中国（天津）自由贸易试验区和石（家庄）保（定）廊（坊）地区的国家级高新技术产业开发区及国家级经济技术开发区的发展基础和政策先行先试经验，进一步促进京津冀三地创新链、产业链、资金链、政策链深度融合，建立健全区域创新体系，推动形成京津冀协同创新共同体①。

① 2016年6月24日国务院下发《国务院关于京津冀系统推进全面创新改革试验方案的批复》。

以中关村国家自主创新示范区为载体推进区域创新平台建设。中关村国家自主创新示范区依托海淀园核心区，在津冀乃至全国多个省份建立园区，以相同的激励政策推进协同创新，形成跨行政区协同创新模式。通过“一链三带多社区”多个创新策源地，促进技术外溢和产业升级。“一链”是开展跨区域园区链建设试点。中关村与津冀联合，共建天津滨海—中关村科技园、石家庄（正定）集成电路产业基地、宝坻京津中关村科技城等，探索跨区域科技创新园区链建设模式及合作机制。“三带”是产业跨区域优化布局。中关村将重点沿京津—张承廊布局京津冀大数据走廊，沿京保石布局集成电路、智能硬件和生物医药产业带；沿京唐秦布局节能环保、智能制造和新材料产业带。通过市场机制跨区域布局协同发展产业带，培育战略性新兴产业集群。“多社区”是实施创新社区共建。在天津滨海新区、宝坻，河北石家庄、保定等地打造具备完善的创新教育、技术研发、技术转移、创业孵化、科技金融及居住配套等综合服务功能的创新社区，推动形成新的类中关村创新创业生态系统。目前，中关村的协同创新模式有效推动了天津滨海中关村科技园、曹妃甸等一批科技园区和产业基地建设。

以企业联合创新为导向推进区域创新驱动模式建设。根据龙信企业大数据检测，2014 年以来京津冀三地专利联合申请量和联合授权量均有突飞猛进的增长，尤其是 2014 年，这两项指标分别是 2013 年的 2.6 倍和 2.4 倍。2016 年 1 ~ 10 月，三地联合专利申请量和授权量分别达到 3967 件和 2695 件，相当于 2013 年全年的 2.2 倍和 2.4 倍。当前，京津冀三地专利联合申请及联合授权集中分布在基础设施（电力、热力、燃气及水生产和供应业）、科学研究和技术服务业、采矿业、制造业四大行业，其专利联合申请量及联合授权量分别占总量的 83.0% 和 83.2% 。

从科技教育领域来看，北京加快优质资源向津冀转移布局。目前北京与津冀各地方共签署教育合作协议 21 个，实施合作项目 30 余个。2014 ~ 2016 年，河北省 58 所职业学校与京津 225 家企业开展校企合作，互派交流项目超过 500 个；组建了京津冀地区 4 个高等教育联盟、2 个协同发展研究机构、3 个特色职教集团，景山学校曹妃甸分校 2016 年 9 月顺利开学，北京五中、八一学校、史家小学廊坊和保定分校建设有序推进。2016年底，京津冀三地科协签订京津冀科普资源共享合作协议，未来北京丰富的科普资源将走进天津和河北的社区以及青少年科普机构，助力区域全民科学素质的提升。

二　指数评价与测度结果

（一）指标体系

实现京津冀区域创新驱动的发展目标是时代赋予的战略需求，也是经济发展的迫切要求，肩负着打造全国创新驱动经济增长新引擎的重要使命。京津冀地区面临着大城市病、生态环境恶化、资源短缺和经济严重失衡等现实问题，亟须创新发展理念，革新发展思路。因此，培育新动能，实现创新驱动迫在眉睫。2014 年《京津冀协同发展规划纲要》明确提出要将京津冀区域打造成为“全国创新驱动经济发展的新引擎”；2015 年 9 月《关于在部分区域系统推进全面创新改革试验的总体方案》提出要以京津冀为重点地区“率先实现创新转型”。因此，实现京津冀创新驱动不仅是需求导向，也是政策导向。本文以坚持问题导向与目标导向相结合、整体监测与重点监测相结合、统计数据分析与大数据分析相结合为原则，构建京津冀创新驱动指标体系对三地创新驱动发展的能力和环境进行测度，以此掌握京津冀创新驱动发展过程中的现状及问题，及时了解并分析发展短板，为探索京津冀地区创新发展的路径提供理论依据和监测平台。

本文基于创新驱动相关原理，根据京津冀地区客观现实状况，借鉴国内外相关研究成果，选取了创新能力和创新环境两个子系统构建京津冀创新驱动评价指标体系。在创新能力评价中，构建了创新投入能力、创新产出能力、创新成果绩效 3 个二级指标（维度）11 个三级指标的指标体系；在创新环境评价中，构建了经济环境、知识环境、公共服务环境和制度环境 4 个二级指标（维度）11 个三级指标的指标体系（见表 1）。

表 1　京津冀创新驱动评价指标体系

一级指标	二级指标	三级指标
创新能力（水平效率）	创新投入能力	R&D 人员全时当量（人年）
		平均每个科研机构拥有 R&D 人员数量（人）
		R&D 经费投入强度（%）
		企业 R&D 经费支出占 R&D 内部支出比重（%）
		高新技术类企业数量（个）
	创新产出能力	每万名 R&D 人员 SCI 收录科技论文数量（篇）
		每万名 R&D 人员三项专利授权量（件/万人年）
		技术市场成交额（亿元）
	创新成果绩效	劳动生产率（元/人）
		高技术产品进出口贸易（亿元）
		高新技术产业产值占地区 GDP 比重（%）
创新环境（综合条件）	经济环境	人均地区生产总值（亿元）
		现代服务业产值占比（%）
	知识环境	科技馆当年参观人数（万人次）
		年新增科学类图书出版数量（万册）
		R&D 经费投入强度（%）
	公共服务环境	每万人卫生机构床位数（张）
		每十万人口高等学校平均在校生数（人）
		普通高中师生比（教师人数 =1）
		每万人拥有执业医师数（人）
	制度环境	创新驱动、科技创新等方面的发展规划
		区域协同创新的制度和政策

资料来源：2012～2017 年《中国科技统计年鉴》、《北京统计年鉴》、《天津统计年鉴》和《河北统计年鉴》、《全国及各地区科技进步统计监测结果》。

（二）测度结果

本文主要采用熵值法确定各指标的权重，对京津冀创新驱动评价指标体系中的 2 个一级指标（创新能力和创新环境）和京津冀地区的创新能力和创新环境进行定性分析和定量测度。

1. 能力测度：三地呈现创新梯度差异，协同创新水平稳步提高

本文从京津冀三地的创新投入能力、创新产出能力和创新成果绩效

3 个二级指标和 11 个三级指标对京津冀创新驱动能力进行测度（见表 2）。

表 2　京津冀创新驱动能力评价指标体系

一级指标	二级指标	三级指标
创新能力	创新投入能力	R&D 人员全时当量(人年)
		平均每个科研机构拥有 R&D 人员数量(人)
		R&D 经费投入强度(%)
		企业 R&D 经费支出占 R&D 内部支出比重(%)
		高新技术类企业数量(个)
	创新产出能力	每万名 R&D 人员 SCI 收录科技论文数量(篇)
		每万名 R&D 人员三项专利授权量(件/万人年)
		技术市场成交额(亿元)
	创新成果绩效	劳动生产率(元/人)
		高技术产品进出口贸易(亿元)
		高新技术产业产值占地区 GDP 比重(%)

资料来源：2012 ~2017 年《中国科技统计年鉴》、《北京统计年鉴》、《天津统计年鉴》和《河北统计年鉴》、《全国及各地区科技进步统计监测结果》。

根据表 2 中的 11 个三级指标，对相关数据进行标准化处理，进而采用熵值法对其赋权并测得京津冀创新驱动能力的指数得分，其结果见表 3。

表 3　2011 ~2016 年京津冀创新驱动能力单项及综合得分

年份	地区	创新投入能力	创新产出能力	创新成果绩效	综合得分
2011	北京	0. 9366	1. 0000	0. 9379	0. 9691
	天津	0. 5055	0. 1658	0. 9801	0. 4278
	河北	0. 3446	0. 0551	0. 2310	0. 1744
2012	北京	0. 9315	1. 0000	0. 8894	0. 9563
	天津	0. 5309	0. 1709	0. 9991	0. 4569
	河北	0. 3556	0. 0553	0. 2019	0. 1695
2013	北京	0. 9180	1. 0000	0. 8651	0. 9478
	天津	0. 5516	0. 1740	0. 9755	0. 4574
	河北	0. 3809	0. 0521	0. 1885	0. 1646

续表

年份	地区	创新投入能力	创新产出能力	创新成果绩效	综合得分
2014	北京	0. 9089	1. 0000	0. 8681	0. 9476
	天津	0. 5830	0. 1948	0. 9970	0. 4757
	河北	0. 4053	0. 0601	0. 1975	0. 1712
2015	北京	0. 9025	1. 0000	0. 7538	0. 9121
	天津	0. 5906	0. 2090	0. 9907	0. 5047
	河北	0. 4235	0. 0947	0. 1965	0. 1972
2016	北京	0. 9260	1. 0000	0. 9264	0. 9627
	天津	0. 5783	0. 2167	0. 9911	0. 5161
	河北	0. 4176	0. 1024	0. 1737	0. 1931

资料来源：根据2012～2017年《北京统计年鉴》、《天津统计年鉴》、《河北经济统计年鉴》、《中国科技统计年鉴》和三地经济社会发展统计公报的数据测度得出。

1. 综合得分——北京高于津冀，三地呈现梯度差距

从创新驱动能力综合得分来看，呈现北京最高、天津次之、河北最低的态势，且北京领先地位显著，与津冀呈现梯度差距。2011～2016年，北京始终保持在0. 9000分以上的水平，天津保持在0. 4000～0. 5500分区间，河北均低于0. 2000分。其中，2016年北京创新驱动能力综合得分为0. 9627分，天津为0. 5161分，河北为0. 1931分，北京的创新驱动能力高于天津近一倍，更远高于河北。

从创新驱动能力综合得分差距来看，2011～2016年京津冀三地基本保持稳定差距。北京始终优于津冀；天津与北京的差距呈先扩大再缩小的趋势；河北与天津的差距始终保持2. 7倍左右（见图1）。创新驱动能力的综合得分反映了北京作为京津冀地区核心城市在创新能力方面的整体水平与津冀处于不同的档次，核心地位十分突出。

2. 结构分析——北京创新投入主体多样化，已成创新策源地

从创新投入能力分析，北京优势突出，创新投入主体呈现多样化。2016年，北京的创新投入能力得分为0. 9260分，高于天津（0. 5783分）和河北（0. 4176分）。2011～2016年，北京的得分保持在0. 9000分以上的水平，天津保持在0. 5000～0. 6000分区间，河北保持在0. 3000～0. 4500分区间（见

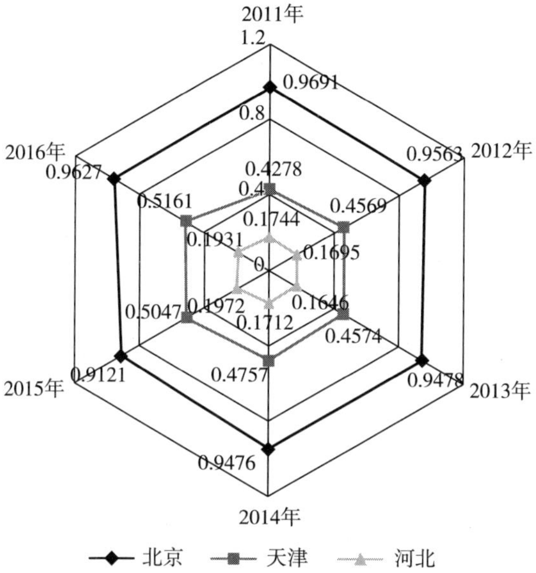

图1　2011～2016年京津冀创新驱动能力综合得分

图2）。北京在创新投入能力方面优势突出，天津次之，河北最弱，三地创新投入能力的差距有逐步缩小的态势。

从创新投入的内部结构分析，北京的优势突出体现在R&D经费投入强度和R&D人员全时当量方面。2016年，北京R&D经费投入强度为5.96%，远高于津（3.00%）冀（1.20%）；用于基础研究和应用研究的经费比重分别为14.22%和23.45%，高于天津的5.63%和11.06%，以及河北的2.10%和8.71%；R&D人员全时当量达253337人年，分别是津冀的2.12倍和2.27倍。因此，北京从经费到人员的创新投入强度都保持领先。但从企业创新投入方面来看，北京的企业R&D经费投入占比为37.97%，远低于天津的76.88%和河北的83.18%，说明北京的创新投入主体呈现多样化趋势，而天津、河北则形成以企业为主体的创新投入格局。

从创新产出能力分析，北京一枝独秀，已成为京津冀地区的创新策源地。2016年，北京的创新产出能力得分为1.0000分，远远高于天津（0.2167分）和河北（0.1024分）。2011～2016年北京的创新产出能力得分均保持在1.0000分的高位，说明北京在创新产出方面处于绝对优势地位（见图3）。

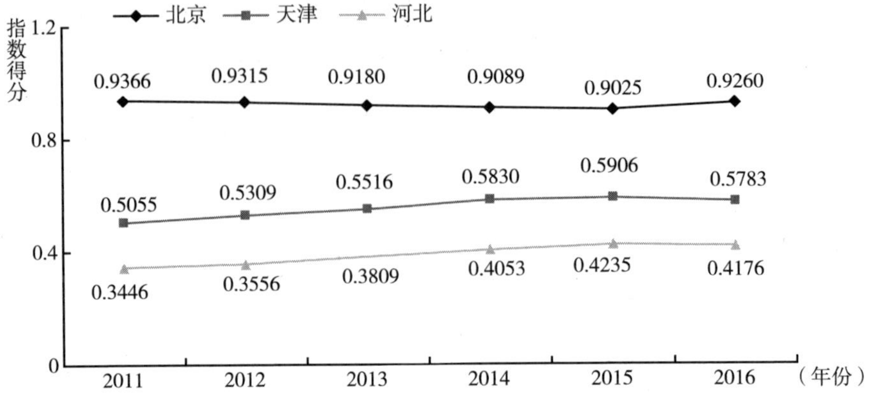

图2　2011～2016年京津冀创新投入能力得分

从创新产出内部结构分析，北京的原始创新能力与技术交易活跃度具有绝对优势。2016年在每万名R&D人员三项专利授权量方面，北京达2694件/万人年，数量分别是天津（2243件/万人年）的1.20倍和河北（1813件/万人年）的1.49倍；在技术市场交易方面，北京为3940.80亿元，是天津（602.30亿元）的6.54倍、河北（249.30亿元）的15.81倍，充分说明北京技术交易活跃度较高。因此，北京已经成为京津冀地区的创新策源地，技术外溢效应开始显现。天津的创新产出能力高于河北，津冀在技术创新方面发展势头良好。

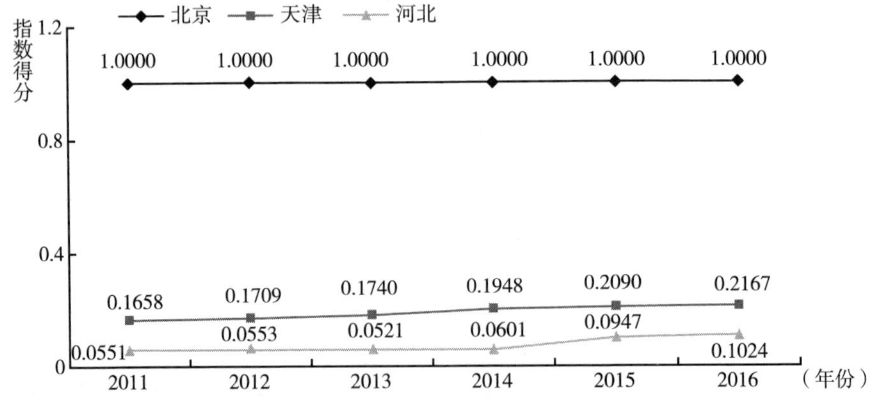

图3　2011～2016年京津冀创新产出能力得分

从创新成果绩效分析，天津的高技术产业逐步形成规模效应。创新成果绩效主要反映了知识创新和技术创新成果在经济发展中的转化应用水平。2016 年，天津创新成果绩效得分为 0.9911 分，高于北京（0.9264 分）和河北（0.1737 分）。自 2011 年以后，天津的创新成果绩效得分反超北京并呈现差距逐年加大的态势，体现了天津由于科技型企业发展迅速，在技术研发和成果转化方面展现出突出的能力（见图 4）。

从创新成果绩效内部结构分析，天津在高技术产业方面优势明显。2011～2016 年，天津的高技术产业主营收入占地区 GDP 的比重始终高于北京。2016 年达 21.03%，高于北京（17.31%）3.72 个百分点；天津的高新技术产品出口额呈上升态势，自 2014 年逐渐超过北京。2016 年达 2448.68 亿元，是北京（2319.28 亿元）的 1.06 倍，充分说明高技术产业是天津的优势产业，具有强大的规模效应。

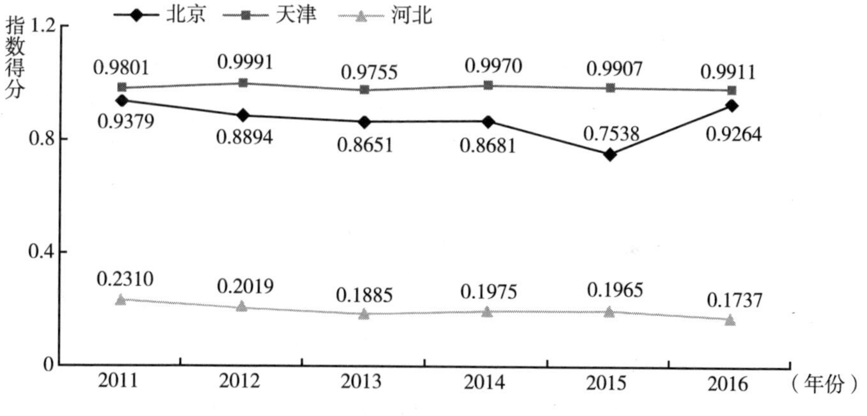

图 4　2011～2016 年京津冀创新成果绩效得分

（三）环境保障：北京优势显著，津冀创新环境正在优化完善

本文从经济环境、知识环境、公共服务环境、制度环境 4 个二级指标和 11 个三级指标对京津冀创新环境保障能力进行测度，其中经济环境、知识环境和公共服务环境采用定量的方法进行测度，制度环境采用定性的方法进行评价（见表 4）。

表 4　京津冀创新环境保障能力评价指标体系

一级指标	二级指标	三级指标
创新环境（综合条件）	经济环境	人均地区生产总值(亿元)
		现代服务业产值占比(%)
	知识环境	科技馆当年参观人数(万人次)
		年新增科学类图书出版数量(万册)
		R&D 经费投入强度(%)
	公共服务环境	每万人卫生机构床位数(张)
		每十万人口高等学校平均在校生数(人)
		普通高中师生比(教师人数 =1)
		每万人拥有执业医师数(人)
	制度环境	创新驱动、科技创新等方面的发展规划
		区域协同创新的制度和政策

资料来源：根据 2012 ~2017 年《北京统计年鉴》、《天津统计年鉴》、《河北经济统计年鉴》、《中国科技统计年鉴》和三地经济社会发展统计公报的数据测度得出。

根据表4 中的9 个三级指标（不包括制度环境维度下的2 个三级指标），对相关数据进行标准化处理，进而采用熵值法对其赋权并测得京津冀创新环境保障能力的指数得分，其结果见表5。

表 5　2011 ~2016 年京津冀创新环境保障能力单项及综合得分

年份	地区	经济环境	知识环境	公共服务环境	综合得分
2011	北京	0. 9773	1. 0000	0. 9770	0. 9959
	天津	0. 7440	0. 1094	0. 6575	0. 2128
	河北	0. 4957	0. 0668	0. 4166	0. 1343
2012	北京	0. 9682	1. 0000	0. 9783	0. 9951
	天津	0. 7355	0. 1206	0. 5519	0. 2171
	河北	0. 4605	0. 0932	0. 4090	0. 1578
2013	北京	0. 9699	1. 0000	0. 9782	0. 9954
	天津	0. 7660	0. 1377	0. 6571	0. 2397
	河北	0. 4554	0. 0879	0. 4108	0. 1496
2014	北京	0. 9711	1. 0000	0. 9725	0. 9945
	天津	0. 7900	0. 1439	0. 5318	0. 2383
	河北	0. 4462	0. 0719	0. 4181	0. 1417

续表

年份	地区	经济环境	知识环境	公共服务环境	综合得分
2015	北京	0.9920	1.0000	0.9558	0.9941
	天津	0.8052	0.1184	0.5281	0.2165
	河北	0.4279	0.0742	0.4417	0.1434
2016	北京	0.9976	1.0000	0.9458	0.9909
	天津	0.8860	0.1853	0.5309	0.3044
	河北	0.4266	0.2097	0.4744	0.2723

1. 综合得分——北京居领先地位，三地差距逐步缩小

从综合得分情况分析，京津冀三地的创新环境保障能力呈现北京最高、天津次之、河北最低的稳定态势。2011～2016年，北京的创新环境保障能力综合得分遥遥领先，始终保持在0.9900分以上，天津保持在0.2000～0.4000分区间，河北保持在0.1000～0.3000分区间。其中，2016年北京创新环境保障能力综合得分0.9909分，较2015年略有回落；天津为0.3044分，河北为0.2723分，两地得分提升迅速，三地差距逐步缩小。

从创新环境保障能力指数差距变动态势分析，2011～2016年三地基本保持稳定差距。北京始终优于津冀；天津与北京的差距呈先扩大再缩小的趋势；河北与天津的差距呈先缩小后扩大再缩小的趋势（见图5）。创新环境保障能力的综合得分反映了北京作为京津冀地区核心城市的创新环境总体水平与津冀处于不同的档次，核心地位十分突出。

2. 经济环境

实现创新驱动发展需要一定的经济基础。从经济环境得分来看，京津冀三地的经济环境保障能力呈现北京最高、天津次之、河北最低的持续态势。2011～2016年，北京的经济环境保障能力综合得分领先态势明显，始终保持在0.9600分以上，天津得分也保持在高分区间（0.7000～0.9000分），河北处于0.4000～0.5000分区间。其中，2016年北京经济环境保障能力综合得分为0.9976分，达到历年最高点；天津为0.8860分，较2015年小幅提升；河北为0.4266分，比2015年略有下降；京津

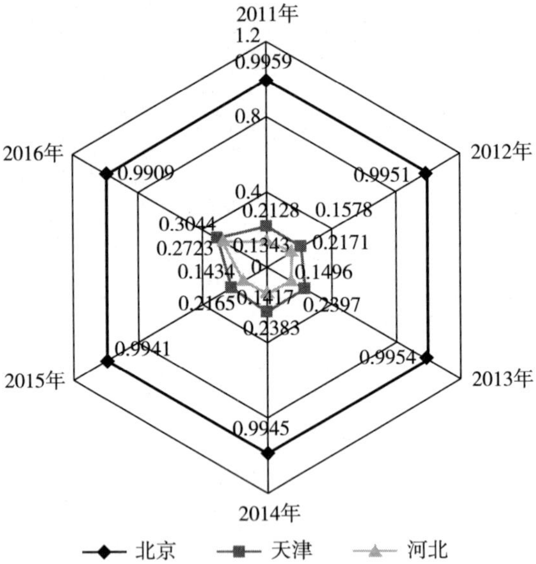

图 5　2011～2016 年京津冀创新环境保障能力综合得分

差距逐步缩小，从 2015 年相差 0. 1868 分缩小至 2016 年的 0. 1116 分，但京冀、津冀之间的差距仍然较大（见图 6）。

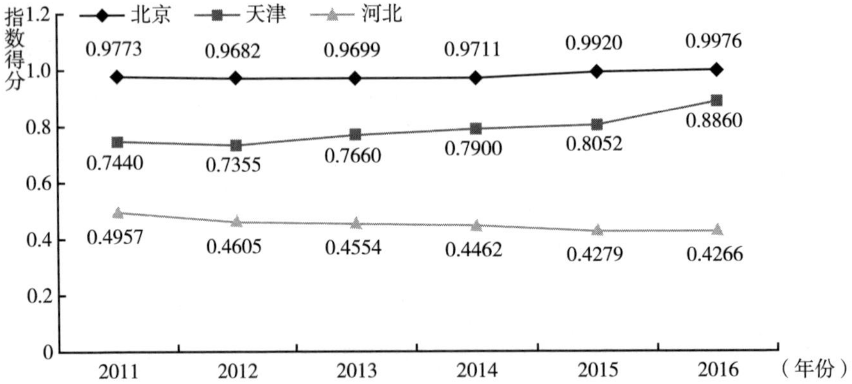

图 6　2011～2016 年京津冀经济环境保障能力得分

从人均地区生产总值来看，京津冀三地均呈现逐年上升态势，天津高于京冀，河北与京津差距明显。2016 年，京津冀人均地区生产总值分别是

2011 年的 1.40 倍、1.35 倍和 1.26 倍，经济实力逐年提升。随着近年来经济发展进入“新常态”，三地人均地区生产总值增速有所放缓。但从经济水平分析，河北人均地区生产总值却远低于京津，2016 年仅为天津（115052 元）的三分之一强。经济水平差距过大会进一步导致人才向京津集聚，产业转型升级缺乏需求、技术等内生动力，从而使河北的发展阶段滞后于京津。因此，河北的经济水平亟待提高（见图 7）。

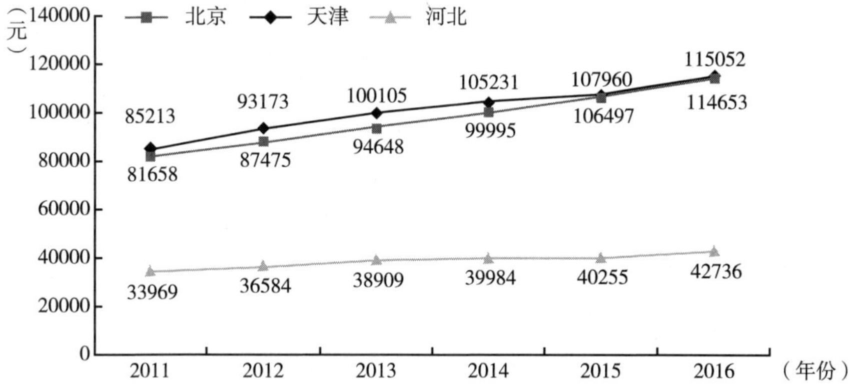

图 7　2011～2016 年京津冀人均地区生产总值

3. 知识环境

良好的知识环境是开展创新活动的文化土壤。从知识环境得分来看，京津冀三地的知识环境保障能力呈现北京得分遥遥领先、天津次之、河北前期得分最低后期发力增长迅猛的态势。2011～2016 年，北京的知识环境保障能力综合得分具有绝对优势，始终保持在 1.0000 分；天津得分处于 0.1000～0.2000 分区间；河北 2011～2015 年在三地中得分最低处于 0.0500～0.1000 分区间，2016 年得分超过天津跃升至 0.2000 分以上（0.2097 分），津冀之间差距逐步缩小（见图 8），充分说明河北近年来知识环境发展趋势向好，有利于创新活动的开展。

从科技馆年参观人数分析，2011～2016 年，北京的科技馆年参观人次均超过 400 万，天津保持平稳态势，河北呈逐年上升趋势。其中，2016 年

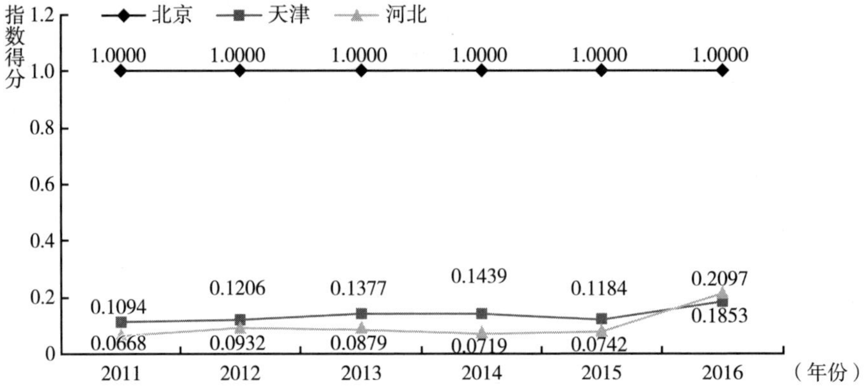

图 8　2011～2016 年京津冀知识环境保障能力得分

三地的参观人次均达到最高点，北京为 480 万人次，是天津的 10.21 倍、河北的 2.79 倍；天津增速平缓，河北 2016 年增速迅猛，较 2015 年增加了 173%。从科技类图书出版数量来看，北京处于持续快速上升态势，2015 年达到 4595 万册，2016 年有所下降（2870 万册），但仍远高于天津与河北，北京在科技基础设施与公众参与科技类活动的意识方面均优于津冀。北京云集了国内优质高校与高学历科研人才，所创造的科技成果通过知识外溢作用反作用于社会，形成了重视创新、尊重科学的良好社会氛围。2011～2016 年，天津年新增科学类图书出版数量整体呈平稳上升趋势，河北呈先增后降再增的波动态势，其中 2016 年较上一年度（62 万册）增加了 4.3 倍达 327 万册。由此可见，河北的科技基础设施与民众参与意识近年来有了长足进步，营造了良好的知识环境，大大有助于吸引更多的高学历、高技能人才到当地发展（见图 9、图 10）。

4. 公共服务环境

优质的公共服务环境是吸引高技术人才与开展创新活动的基础条件。从公共服务环境得分来看，京津冀三地的公共服务环境保障能力北京占据领先地位，天津与河北呈逐年稳步提升态势。2011～2016 年，北京的公共服务环境保障能力综合得分具有绝对优势，稳定保持在 0.9400 分以上，天津得

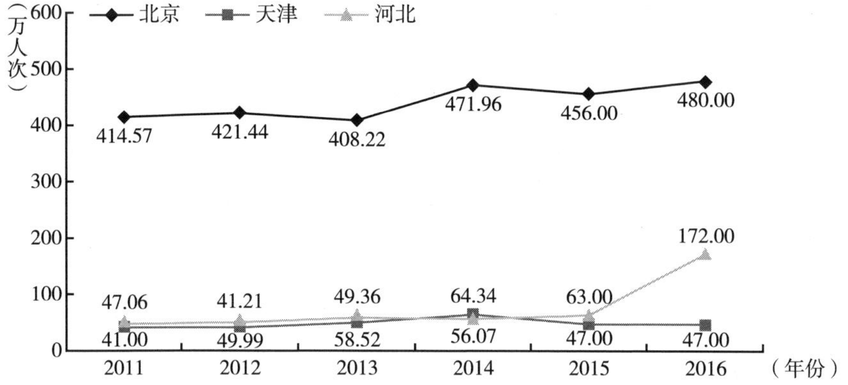

图 9　2011~2016 年京津冀科技馆当年参观人数

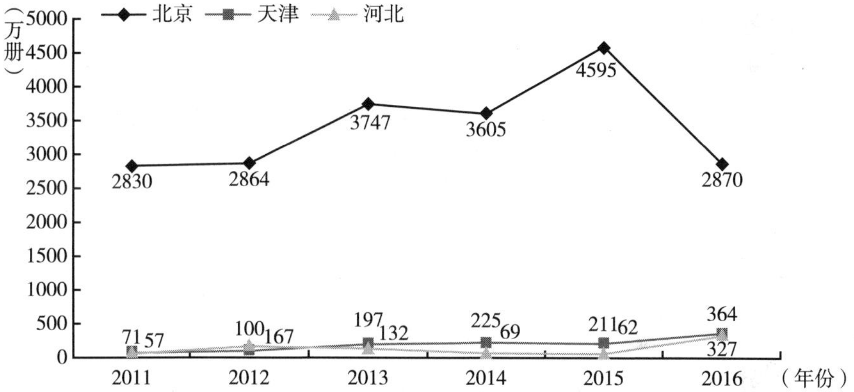

图 10　2011~2016 年京津冀科技类图书出版数量

分处于 0.5000 ~ 0.7000 分区间；河北在三地中得分最低处于 0.4000 ~ 0.5000 分区间，但 2016 年河北得分（0.4744 分）仅与天津（0.5309 分）相差 0.0565 分，津冀之间差距逐步缩小（见图 11），充分说明河北近年来公共服务环境明显改善，有利于吸引高端人才及开展更大范围的创新活动。

在教育服务方面，北京高等人才集聚优势大于津冀。2016 年北京每十万人口高等学校平均在校生人数为 5028 人，是天津（4058 人）的 1.24 倍，河北（2129 人）的 2.36 倍，高等人才后备力量明显优于津冀；从人数变化

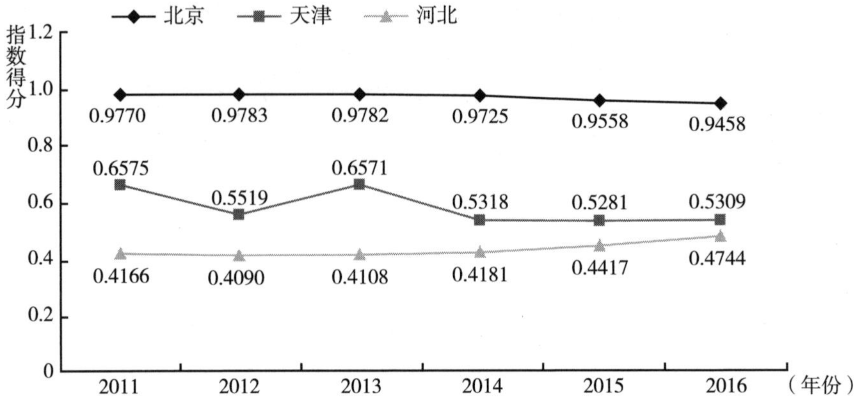

图 11　2011～2016 年京津冀公共服务环境保障能力得分

趋势分析，2016 年北京和天津每十万人口高等学校平均在校生人数分别较 2011 年略有下降，降幅分别为 10.3% 和 6.26%，与两地严格实行计划生育政策以及低人口出生率存在相关性；河北每十万人口高等学校平均在校生数稳步提升，2016 年该指标较 2011 年增长了 9.22%，高等人才数量有明显增长。北京的教育资源集聚度和丰裕度远远高于津冀，促进了高等人才的集聚。津冀培养的高等人才数量正呈逐年增长的趋势，但与北京的差距仍然很大（见图 12）。

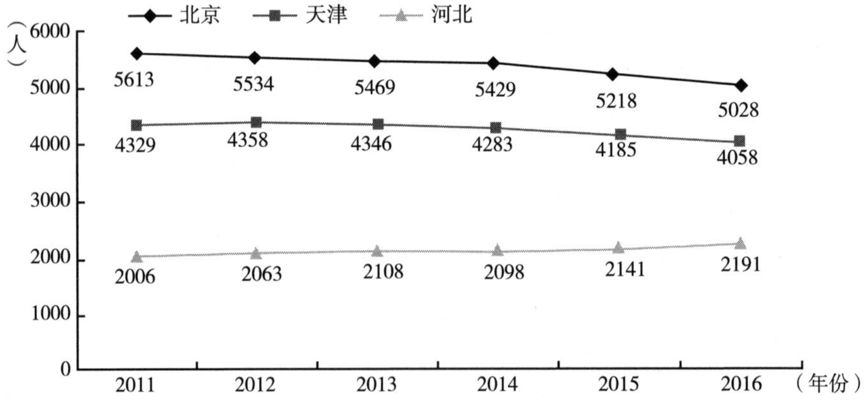

图 12　2011～2016 年京津冀每十万人口高等学校平均在校生数

在医疗卫生服务方面，北京明显优于津冀，津冀差距呈缩小态势。从每万人拥有执业医师数来看，2016 年北京为 66 人，高于天津（24 人）和河北（24 人）的医疗卫生服务水平；从 2011 ~2016 年三地医疗服务水平变化趋势分析，2016 年北京和河北每万人拥有执业医师数分别较 2011 年增长了 17. 86% 和 26. 32% ，天津则略有下降，降幅为 20% 。其中，河北增幅最大，至 2016 年与天津每万人拥有执业医师数持平（24 人），充分说明河北的医疗服务水平正在逐步提高，逐渐形成有利于吸引创新要素资源集聚的医疗公共服务环境（见图 13）。

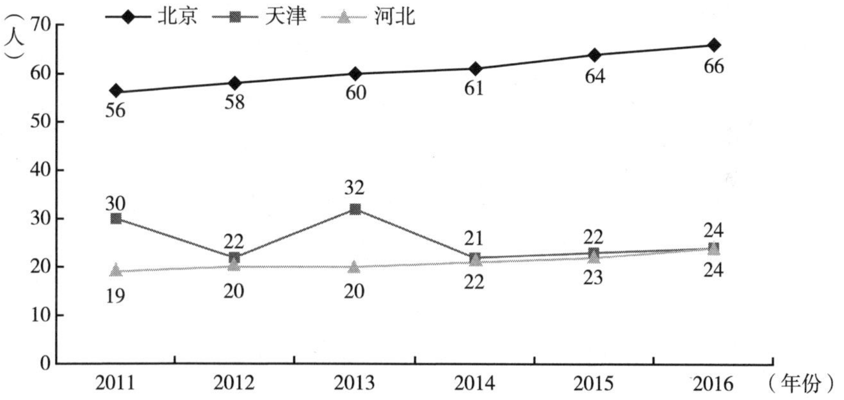

图 13　2011 ~2016 年京津冀每万人拥有执业医师数

4. 制度保障

（1）北京以中关村为依托，全面优化科技创新的政策环境

《京津冀协同发展规划纲要》中对北京的目标定位是“全国科技创新中心”，截至 2018 年 1 月，中关村企业在天津、河北设立的分支机构超过 6100 家，输出技术合同成交额 470 多亿元①，协同创新成效显著。中关村国家自主创新示范区依托海淀园核心区，在津冀乃至全国多个省份建立园区，依托科技资源，凝聚创新力量，以相同的激励政策推进协同创新。中关村示

① 《中关村企业在津冀设立分支机构突破 6100 家》，北京商报 2018 年 1 月 27 日，http：// finance. ifeng. com/a/20180127/15952292_ 0. shtml。

范区在北京已经形成“一区十六园”的发展格局，依据北京各功能区的发展目标，结合园区所在区域的发展基础和优势资源，形成不同的集成创新方向。北京依托中关村示范区，从战略规划、产业支撑、人才激励、资金管理、成果保护、体制改革和创新环境等多个方面制定科技创新政策。目前，中关村的协同创新模式有效推动了天津滨海中关村科技园、曹妃甸等一批科技园区和产业基地建设。

（2）天津通过引进人才、科研院所和支持科技型企业为抓手，着力发展高新技术产业

天津具备高新技术产业的发展基础和政策环境。高新技术产业的核心是创新型人才、科技型企业和企业家的培育。天津从高新技术企业认定、人才和科研院所引进、科技成果激励、科技型企业扶持等方面制定了多项政策。以天津自贸区为例，逐步形成了以“可复制、可推广”的制度创新为核心任务的示范区。“边试点、边总结、边推广”的制度溢出方式已获得突出进展，多项机制已率先在区域内复制，然后在全国推广①。在政府职能转变方面，自贸区成立行政审批局，实施审管分离、接管分离，并建立商事登记网审系统。在投资管理制度方面，实施准入前国民待遇 + 负面清单的管理办法；行政审批集中统一，实施“一照一码一章一票一备案”一天办结的行政管理模式，设立专门化境外投资平台直接管理境外投资事务，提高了投资管理效率。在金融服务方面，开展离岸金融和融资租赁等服务，为京津冀企业拓宽融资渠道、降低融资成本、扩展服务业领域，提供更多便利性。在对接京津冀方面，实施“一个机制、三个推动、三个一体化、一批项目”的“1331”工程②，搭建通关服务和口岸物流一体化平台、统筹管理放简化和服务化平台、金融服务和监管协同化平台、区域整体资源要素集聚化平台，实现三地资源整合和通关物流管理服务的一体化。

---

① 2016 年 11 月，国务院印发《关于做好自由贸易试验区新一批改革试点经验复制推广工作》的通知，其中天津自贸区包含 19 项成功经验。

② 2016 年 3 月，自贸区领导小组办公室制定《天津自贸试验区服务京津冀协同发展工作方案》。

（3）河北重视培育农业创新，依托雄安新区打造创新驱动发展引领区

河北具有较雄厚的农业基础，和京津相比科技资源有所欠缺，创新能力略显不足。因此，基于本省现状颁布了《河北省农业科技创新“十三五”规划》、《河北省农业科技成果转化资金项目管理办法》等规划与政策来提高农业生产率。2018 年 4 月公布的《河北雄安新区规划纲要》中明确提出，雄安新区作为北京非首都功能疏解集中承载地，构建现代化经济体系，打造创新驱动发展引领区。通过集聚京津及国内外创新要素资源，发展高端高新产业，布局一批国家级创新和协同创新平台，推动产学研深度融合和以科技创新为核心的全面创新，建成创新发展引领区和综合改革试验区。同时，集中承接北京非首都功能，打造协调发展示范区。雄安新区具体承接著名高校和高端医疗机构在新区设立的分校与分院；国家级科研院所与创新平台；金融机构、现代物流、电子商务等企业总部；信息服务、设计、创意、咨询等高端服务领域的优势企业；新一代信息技术、生物医药和生命健康、节能环保、高端新材料等领域的央企及创新型民营企业、高成长性科技企业；中关村科技园在新区设立的分园。通过深化行政体制、财税金融、土地管理制度、人才人口管理等方面的改革，积极扩大对内对外开放。主动服务北京国际交往中心功能，构筑对外交流平台，为提升京津冀开放型经济水平做出重要贡献。

三　主要结论及对策建议

基于京津冀创新驱动评价指标体系的定量分析与对京津冀创新制度环境进行的定量分析，本文综合评估分析了京津冀三地的创新驱动发展水平，得出以下主要结论，并对京津冀地区实现创新驱动提出对策建议。

（一）主要结论

1. 从创新能力看，北京领先地位突出，天津成果转化具有优势，但区域创新资源配置不均

北京已成为京津冀地区的创新策源地，创新投入能力最强且侧重知识和

技术的原始创新，创新产出能力最高；天津渐成京津冀地区科技成果产业化基地，创新成果转化能力最强，高新技术产业呈现规模效应；河北形成以企业为主体的创新投入格局，但整体创新能力偏弱，自主创新能力和技术开放度均不足。京津冀区域创新资源配置不均衡现象严重，一个区域的创新资源主要包括创新要素（包括创新投入和创新产出）和创新主体两个方面①。在创新投入方面，北京的优势突出体现在R&D经费投入强度和R&D人员全时当量方面。2016年，北京R&D经费投入强度为5.96%，远高于津（3.00%）冀（1.20%）；用于基础研究和应用研究的经费比重分别为14.22%和23.45%，高于天津的5.63%和11.06%，以及河北的2.10%和8.71%；R&D人员全时当量达253337人年，分别是津冀的2.12倍和2.27倍。因此，北京从经费到人员的创新投入强度都保持领先。但从企业创新投入方面来看，北京的企业R&D经费投入占比为37.97%，远低于天津的76.88%和河北的83.18%，说明北京的创新投入主体呈现多样化趋势，而天津、河北则形成以企业为主体的创新投入格局。在创新产出方面，北京每万名R&D人员三项专利授权量都远远高于天津和河北。在创新主体方面，不论是高校和科研机构的知识创新能力还是企业的技术创新能力，京津冀三地差距都很大。以京津冀高等院校为例，京津冀三地的高等院校在层次、规模、经费投入、成果转化率等方面差距明显。

2. 从创新环境看，北京“虹吸效应”显著，但反哺津冀的“溢出效应”有待提升

在京津冀协同发展过程中，北京“虹吸效应”显著，汲取了大量津冀两地的发展资源，促进自身发展。但是反哺河北的“溢出效应”效果却不明显，造成三地经济社会发展的严重不均衡现象。北京的经济环境、知识环境和公共服务环境始终占据领先地位，与津冀存在梯度差距。北京作为全国的政治中心、文化中心、科技创新中心和国际交往中心，集聚了众多优质的

① 马树强、金浩等：《河北省经济发展报告（2015）——京津冀协同发展与河北战略》［M］，社会科学文献出版社，2015。

教育、医疗、文化资源，建立起完善的金融和中介服务体系，对高端人才和创新资源具有强大的“虹吸效应”，创新的集聚效应远大于扩散效应。天津与河北创新环境欠佳，创新成果区域内转化生产力的能力不足，创新链与产业链对接融合不充分，亟待通过综合措施优化提升。同时，河北经济落后也成为实现创新驱动发展的阻碍。

3. 创新资源共享机制尚未建立且共享程度不足

在京津冀三地创新资源配置严重不均的情况下，除了要培育和壮大科技创新主体、增加创新投入外，实现京津冀三地创新资源共享也是解决这一问题的重要途径。但是，当前京津冀区域尚未建立完善的创新资源共享机制，没有形成区域科技人才制度衔接，没有建立京津冀大型仪器设备共享、科技情报资源共享等创新资源共享平台，无法实现科技人才、科技资源及科研成果在区域内的共享，在一定程度上阻碍了科技创新带动区域发展的进程。

（二）对策建议

立足创新发展目标和三地比较优势，以雄安新区的设立为契机，通过非首都功能疏解发挥北京的创新策源地知识溢出效应，发挥天津自贸区对接京津冀的协调机制作用，助力三地实现协同创新。

1. 加快非首都功能疏解步伐，促进三地产业转型升级

北京的非首都功能疏解到津冀，一方面有助于北京腾退旧动能发展空间，拓展创新动能的发展空间，吸引国际创新要素、高精尖企业总部和高端现代服务业在京发展，构建高精尖经济体系。另一方面有助于北京加强与津冀地区科技合作与成果交流，形成知识外溢效应，助力打造全国科技创新中心；天津立足高新技术产业优势基础，吸引高端制造业和先进制造业在滨海新区集聚，扩大规模经济效应。深化天津自贸区对接京津冀，通过建立沟通联络协调机制、风险评估和风险防范机制、与雄安新区对接机制等方面的合作制度，打破行政壁垒、实现公共服务均等化、要素流动市场化，从而发挥自贸区对京津冀的辐射带动作用；河北目前的创新能力较弱，应以非首都功

能疏解与雄安新区设立为契机，以高梯度地区的先进技术武装河北的产业，引进京津的先进制造业在河北集聚发展，为河北的产业结构优化和产业转型注入活力，助力三地尽快实现协同创新。

2. 打造京津冀协同创新共同体，加快实现三地协同创新

构建有序协作的协同创新共同体是实现三地协同创新的核心。首先，要搭建京津冀创新资源信息共享平台。运用“互联网 +”、大数据与云计算技术，建立“京津冀科技创新资源共享网络平台”。推动创新资源信息、创新需求信息、科技基础设施信息的互联互通。其次，要构建创新主体交流机制。在人才交流方面，通过高校设立异地分校、开设跨域高校联合培养项目、共同承担课题研究、定期召开学术论坛、组建国外访学团等途径，为三地科研人员搭建学术交流平台；在研发投入方面，政府一方面提高 R&D 经费的投入强度，另一方面设立专门性研究课题，与高校、企业、科研院所按比例出资共同支持科技研究。在企业创新创业方面，鼓励其创办附属研究院。给予科技型企业异地（特别是在河北）设立分公司、子公司税收优惠政策和金融机构贷款支持政策，鼓励高校科研人员在科研院所、企业入股分成和在津冀创办科技型企业。最后，要完善科技创新成果转化推广平台。通过三地技术市场一体化改革，建立“京津冀科技成果转化与推广平台”和“京津冀技术交易市场”，现有的三地技术交易平台转化为其分支机构，统一布局成果转化流向，联合各级经济技术开发区和科技企业孵化器，共同为创新成果的交易、转化和推广提供科技服务和承载空间。

3. 建立雄安新区吸纳培育创新型企业与吸引人才的体制机制，促进高技术产业落地生根

首先，建立吸引和培育创新型企业的体制机制。雄安新区必须着力构建吸引和培育更多的创新型企业的体制机制。以优惠政策和机制吸引国内外创新型、高科技型企业落地雄安。在引进高端高新企业的同时，制定扶持政策，集中力量发展本地具有优势的创新型产业，加紧培育本地创新型企业，形成具备区域特色和优势的创新型企业群落。制定并完善促进现代服务业发

展的优惠政策，构建生产性服务业、新兴服务业、文化与科技融合、科技服务业政策体系，引入高端服务业。提供优质公共服务、改革住房保障模式等措施，为发展高端高新产业创造良好的条件。其次，以“企业总部”为重点的高端企业引进机制。根据《京津冀协同发展规划纲要》的要求，北京向外疏解的非首都功能，也包括企业总部。其中在京国家认定的高新技术企业1220家的企业总部，应作为引进的重要对象。建议在雄安新区规划建设总部企业基地创新产业园，为企业总部提供信息交流、人才资源、投融资、科技研发、科研成果转化、品牌形象等综合发展空间，鼓励央企、跨国公司在雄安设立总部，形成以跨国公司地区总部、国内大企业总部、研发机构、营销机构等为核心的总部集聚地。鼓励支持军民融合产业，促进国防科技工业与地方经济资源共享融合发展。最后，构建引进和培育一批创新型、研究型大学的体制机制。构建起国际化开放式创新型高等教育体系。按照“教育 + 科技 + 产业”模式，在实施一流学科培育计划、引进和培育高水平师资、与境外著名高校共建特色学院、打造世界一流高职教育等诸方面进行积极探索。

4. 深化天津自贸区对接京津冀的合作模式，发挥制度示范和溢出效应

一是对接京津冀，构建高效畅通的工作协调机制。通过构建沟通联络协调机制、风险评估和风险防范机制、与雄安新区对接机制等方面的合作制度，打破行政壁垒、实现公共服务均等化、要素流动市场化，从而发挥自贸区对京津冀的辐射带动作用。二是辐射京津冀，积极申报自由贸易港。自贸港意味着京津冀地区即可获得最高的对外开放平台，吸引整个东北亚的海运货物到此集结、转运，或加工和仓储，更好地发挥极化辐射带动作用。因此建议加快推进自由贸易港的申报工作。三是示范京津冀，提供人才引进的政策样板。完善人才引进政策，创新人才落户、激励和发展的保障机制，优化高级专业人才的发展环境，改善住房、子女教育、医疗保障等方面的配套条件，推广完善管理层期权持股等激励制度。建立自贸试验区人才信息库，给予高端外籍专家永久居留权，为三地引入尖端人才提供样板。

参考文献

[1] 迈克尔·波特：《国家竞争优势》[M]，北京：天下文化出版公司，1996。

[2]《中华人民共和国国民经济和社会发展第十三个五年规划纲要》，中国政府网，2016年3月18日。

[3]《国家创新驱动发展战略纲要》，中国政府网，2017年1月18日。

[4]《国家中长期科学和技术发展规划纲要（2006～2020年）》，中国政府网，2006年2月9日。

[5] 樊杰、刘汉初：《“十三五”时期科技创新驱动对我国区域发展格局变化的影响与适应》[J]，《经济地理》2016年第1期，第1～9页。

[6] 辜胜阻、刘江日：《城镇化要从“要素驱动”走向“创新驱动”》[J]，《人口研究》2012年第6期，第3～12页。

[7] 潘家华、魏后凯：《城市蓝皮书：中国城市发展报告 No.5：迈向城市时代的绿色繁荣》[M]，北京：社会科学文献出版社，2012。

[8] 王兰英、杨帆：《创新驱动发展战略与中国的未来城镇化建设》[J]，《中国人口、资源与环境》2014年第9期，第163～169页。

[9] 文魁、祝尔娟：《京津冀发展报告（2015）——京津冀协同创新研究》[M]，北京：社会科学文献出版社，2015。

[10] 李习保：《中国区域创新能力变迁的实证分析：基于创新系统的观点》[J]，《管理世界》2007年第12期，第18～30+171页。

[11] 李国平：《加快构建京津冀区域协同创新体系》[J]，《区域经济评论》2016年第2期，第35～36页。

[12] 中国科技发展战略研究小组：《中国区域创新能力评价报告》[M]，北京：科学技术文献出版社，2015。

[13] 杨开忠：《京津冀协同发展战略使命和责任的定位》[N]，《光明日报》2015年1月28日。

[14] 马树强、金浩等：《河北省经济发展报告（2015）——京津冀协同发展与河北战略》[M]，北京：社会科学文献出版社，2015。

B.3
京津冀产业协同发展的问题、原因与对策

张 杰*

摘　要： 自中央提出京津冀产业协同发展以来，京津冀产业协同发展取得了一定的成果，但同时也暴露出了一些问题。经过长期的实地调研、观察和思考，总结出京津冀地区产业协同发展过程中暴露出的多重障碍和困境，如在中国经济下行压力下，京津冀的产业动力和创新动力发生弱化效应、协同发展所需要的软件和硬件的不协调且滞后于产业一体化的内在要求等，并分析了形成此状况的原因：一些地方政府在一定程度上误解了基本目标，导致了京津冀地区协调创新战略的扭曲；市场一体化建设的滞后；创新体系和产业政策体系存在较大差距，造成创新激励与产业政策不相容的矛盾；过度依赖自上而下的设计和行政权力推动，市场没有发挥应有的作用。同时，提出了解决问题的一些建议和方向，以推进下一步京津冀地区的产业协调发展。

关键词： 京津冀产业协同发展　机制体制障碍　多重困局　改革方向

---

* 作者简介：张杰，中国人民大学中国经济改革与发展研究院教授，博士生导师，中国人民大学首都发展与战略研究院副院长，中国人民大学国家发展与战略研究院研究员，主要研究领域为产业经济学、创新经济学与中国经济发展。

一　现阶段京津冀产业协同发展中暴露出的机制体制障碍与多重发展困局

从京津冀三地推进京津冀产业协同发展战略的工作实效来看，协同发展面临诸多制约因素特别是机制体制性障碍因素，导致京津冀三地在推进产业转移、产业一体化以及构建创新链分工体系的协同发展进程中，面临众多的可持续发展问题以及亟待解决的机制体制改革问题。

（一）京津冀区域一体化的产业动力和创新动力发生弱化效应，对京津冀产业协同发展造成了一定程度的负面冲击

1. 对北京经济和产业发展动力弱化效应的分析

首先，作为京津冀区域一体化核心的北京在产业发展动力方面出现了一定程度的减弱态势，同时导致相关产业的创新发展动力同步呈现逐步弱化态势，这将对北京未来发展进而对京津冀产业协同发展后续动力的形成产生突出的负面影响。

一方面，在加快推进疏解非首都功能以及清理“散乱污”企业和整治工业大院的综合作用下，北京产业投资动力发生了一定程度的弱化趋势，特别是全社会以及制造业、第三产业投资动力弱化效应显著，这就意味着，北京市的经济新旧动能转换过程面临较为突出的阻碍机制。具体来看，北京市2014年、2015年、2016年和2017年，全社会固定资产投资同比增速分别为7.5%、5.7%、5.9%和5.7%，2015年之后一直在较低位水平徘徊（见图1）。与此同时，在2014年、2015年、2016年和2017年，制造业固定资产投资同比增速分别为-25%、5.1%、4.4%和-0.7%，在经历了2014年的急剧下滑和2015年的小幅度反弹后，又开始处于逐步下滑通道之中（见图2）。更为关键的是，第三产业作为首都北京的主导产业，也面临产业投资动力弱化的现象。在2014年、2015年、2016年和2017年，第三产业固定资产投资同比增速分别为7.8%、7.8%、6.1%和4.2%，也处于逐步下

滑的通道之中（见图3）。而且，由图4可进一步观察得出北京制造业投资动力的下滑主要是由民间投资动力下滑引起的。

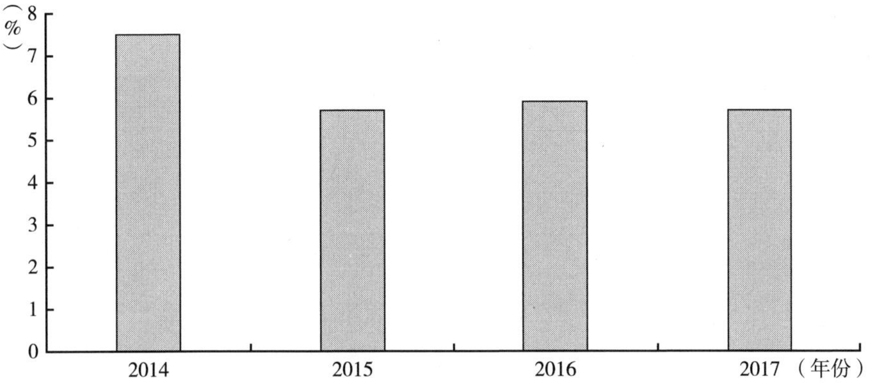

图1　北京市全社会固定资产投资同比增速变化趋势

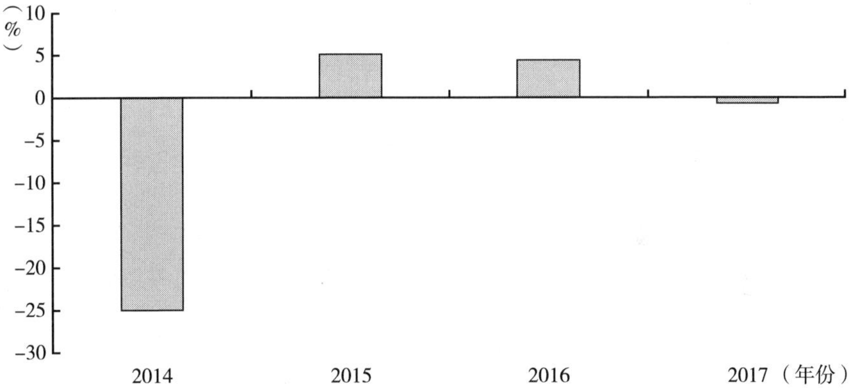

图2　北京市制造业固定资产投资同比增速变化趋势

另一方面，北京的高精尖产业结构尚未形成对首都经济的核心支撑力量，仍然处于经济新旧动能转化的过程中，由于缺乏制造业的强力支撑，工业部门和创新研发部门的创新研发动力在相当程度上也呈现弱化以及反弹乏力的态势。具体来看，2015年、2016年和2017年1～11月，北京市工业部门R&D经费内部支出同比增速分别为17.4%、1.4%和6.8%，呈现急剧下

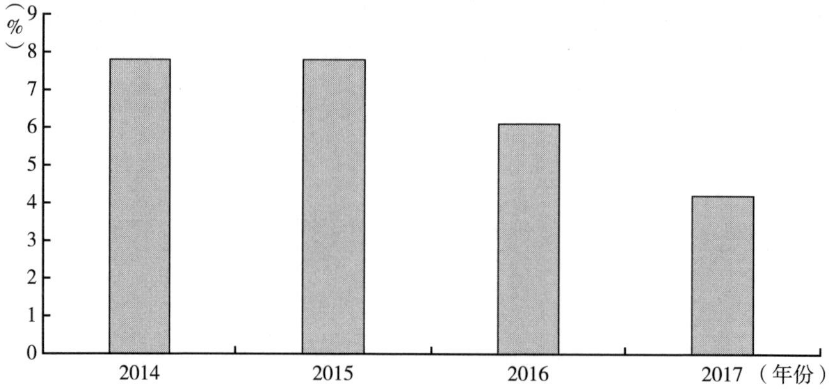

图3　北京市第三产业固定资产投资同比增速变化趋势

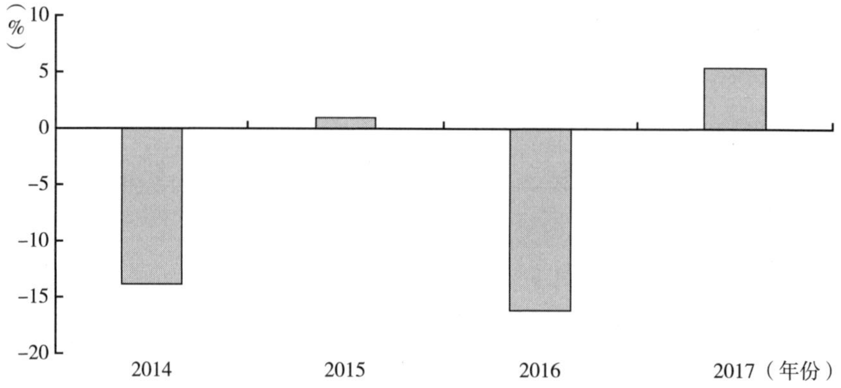

图4　北京市民间制造业固定资产投资同比增速变化趋势

滑有小幅反弹的态势。而且，同期，科学研究和技术服务业 R&D 经费内部支出同比增速分别为5.6%、0.4%和0.7%，呈现大幅下滑的态势。进一步来看，2015 年、2016 年和 2017 年，北京市科学研究和技术服务业固定资产投资同比增速分别为-30.6%、-18.1%和1.2%，呈现由大幅负增长向小幅正增长反弹的态势（见图5）。

综合以上分析，尤为需要高度关注的是，当前北京各区在推进经济新旧动能转换以及构建高精尖产业结构过程中，一定程度上存在新旧产业衔接断

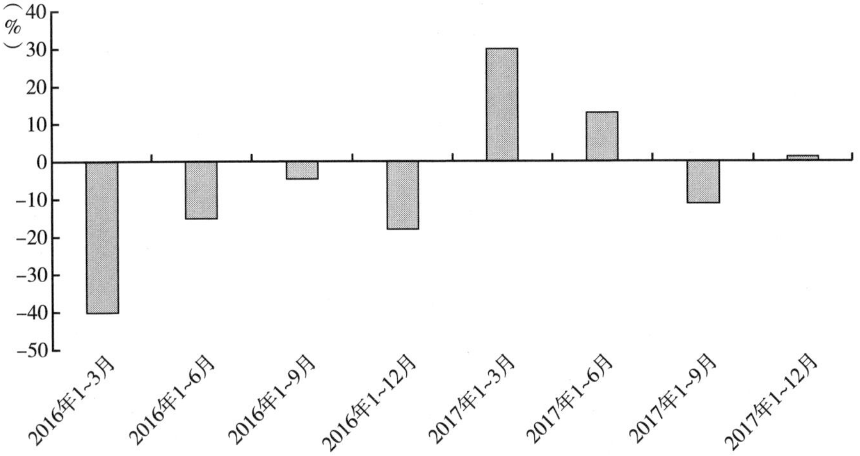

图5 北京市科学研究和技术服务业固定资产投资同比增速变化趋势

裂和经济发展停滞风险。在北京市全力推进“腾笼换鸟”和疏解整治促提升的过程中，新旧产业衔接的完成程度和实现时间仍存在相当程度的不确定性。而且，北京的金融业等高端服务业发展也已经面临“天花板”格局乃至额外的金融风险，导致北京在推进高质量经济发展进程中，进一步增加了其动力的弱化效应。北京作为京津冀产业协同发展和创新协同体系的主要推动者和领头羊，其自身产业和创新动力的弱化，必然会深刻影响京津冀的产业协同发展和创新协同体系的构建与推进。

2. 对天津经济和产业发展动力弱化现象的分析

天津定位为京津冀发展战略中“全国先进制造研发基地”，其以制造业为主的实体产业部门的发展动力也呈现一定程度的弱化现象。这再次表明，制造业部门作为推动京津冀区域一体化发展的基础性动力作用已弱化，势必对京津冀产业协同发展战略的深入推进产生明显的负面冲击效应。

第一，天津市以制造业为主的实体经济部门出现投资动力弱化现象。天津市在2013年和2014年第二产业固定资产投资增速同比分别为16.4%和15.1%，然而，在2015年第二产业固定资产投资增速骤降至5.1%，在2016年和2017年也仅有6.5%和5.5%（见图6）。

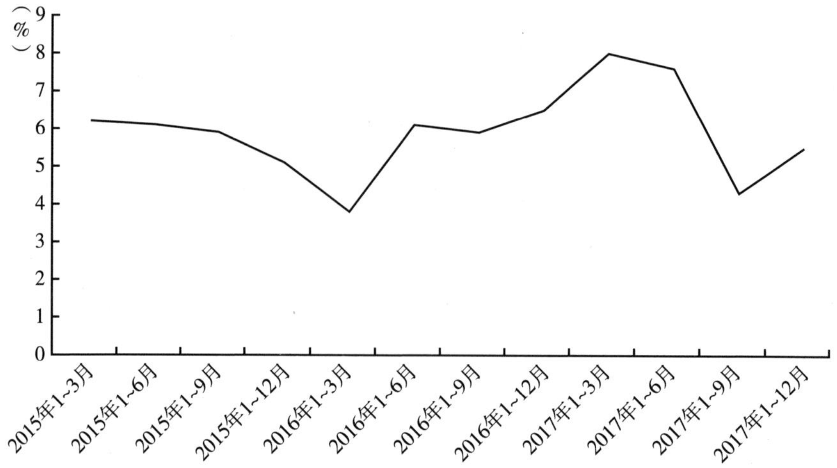

图 6　天津市第二产业固定资产投资同比增速变化趋势

第二，天津市工业部门增加值创造能力也持续弱化。天津市规模以上工业企业增加值同比增速由 2013 年的 13% 下降到 2014 年的 10.1%，又逐步下降到 2015 年的 9.3%，直至下降到 2016 年的 8.4% 和 2017 年的 2.3%。天津市规模以上工业增加值增速呈现的快速下滑的态势深刻表明，天津市工业部门的发展动力处于逐步弱化的态势（见图 7）。

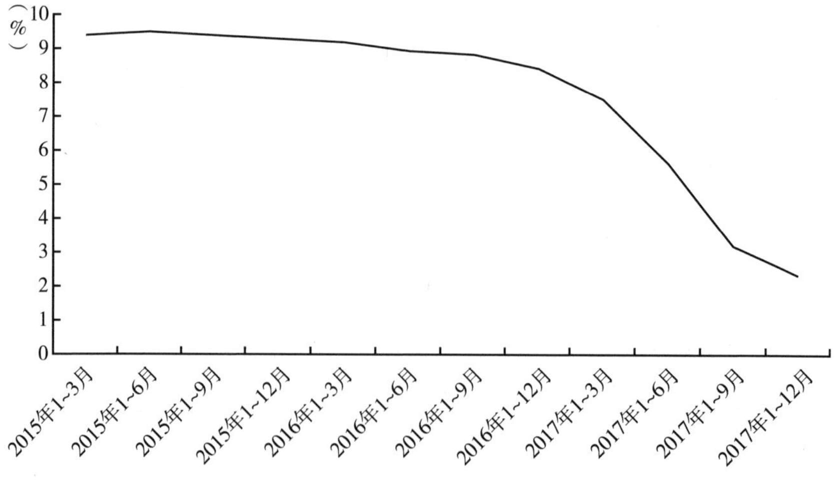

图 7　天津市规模以上工业增加值同比增速变化趋势

第三，天津市高技术产业（制造业）市场竞争能力同样呈现一定程度的弱化现象。天津市高技术制造业的产值增速，由 2013 年的 16.5% “断崖式”下降到 2014 年的 3.5%，2015 年更是出现负增长至 -2.7%，2016 年天津市高技术制造业产值增速出现小幅上升，增速由负转正为 0.2%，2017 年恢复到 4%（见图 8）。这些数据表明，天津市高技术制造业的市场竞争能力也出现了弱化现象。

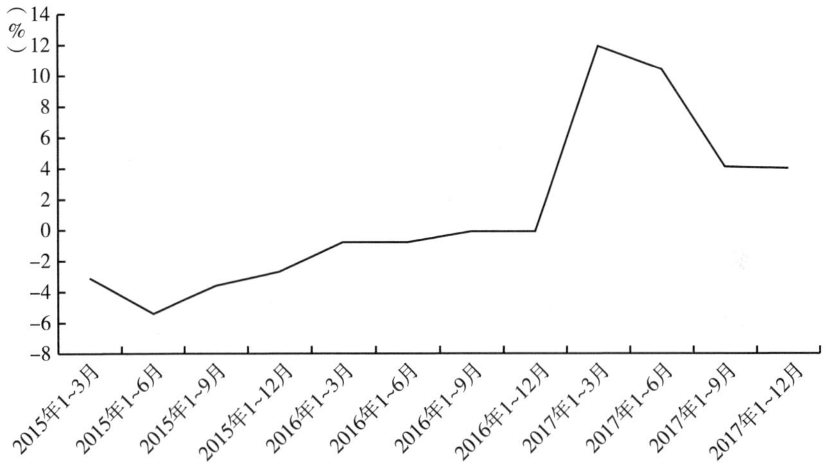

图 8　天津市高技术产业（制造业）增加值同比增速变化趋势

3. 对河北经济和产业发展动力弱化现象的分析

在北京不符合首都定位的一般制造业企业加速向首都圈外转移的情形下，河北工业部门的发展动力却表现出逐步弱化的态势。这说明河北工业部门的转型升级和可持续发展，面临多重的机制体制障碍，这对京津冀产业协同发展战略中河北“产业转型升级试验区”的发展定位必然会产生显著的负面效应。

河北省工业增加值增速呈现“断崖式”下滑以及增速低位徘徊的局面，反映出工业部门增长动力弱化的严峻现实。具体表现在：第一，河北省规模以上工业增加值增速 2013 年为 10%，2014 年急剧下降到 5.1%，2015 年又继续下降到 4.1%，2016 年和 2017 年仅分别为 3.4% 和 3.8%（见图9）；第二，河北省工业部门固定资产投资增速也呈现“腰斩式”下滑，表明了工业发展动力和持续性的不足。河北省工业部门固定资产投资增速及其制造业固定资产投资增速2013年分别为18.2%和19.4%；2014年增速基本变化不大，分别为18.5%和19.4%；2015年增速出现明显下降，分别为12.3%和10.1%；2016年增速分别为7.6%和6.9%和2017年增速分别为2.5%和3.1%，继2015年之后又连续两年出现大幅下降（见图10）。这些数据表明，河北省可能自身相对滞后的营商环境以及高昂的制度性交易成本等，使其在京津冀产业协同发展进程中，未必具备承接北京制造业产业转移和发展先进制造业的内在能力和高端要素优势。

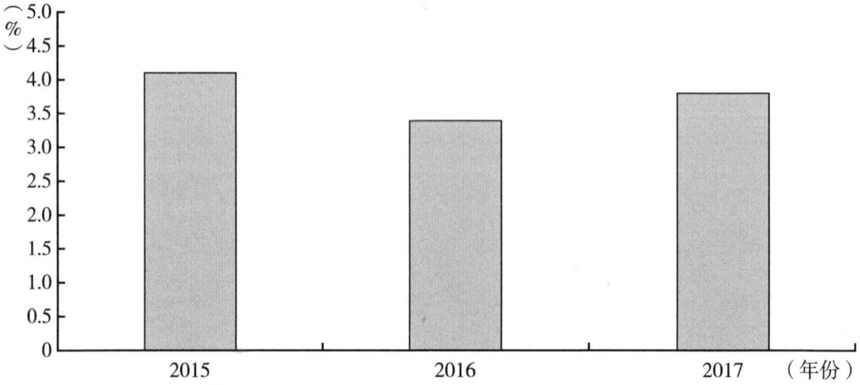

图9　河北省规模以上工业增加值同比增速变化趋势

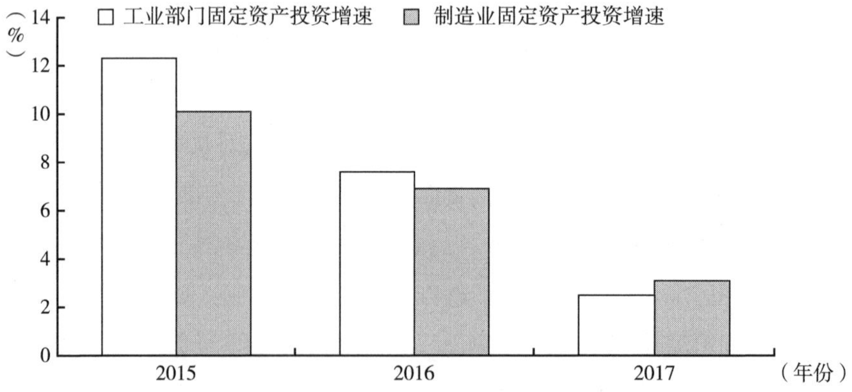

图10　河北省工业部门固定资产投资及其制造业固定资产投资同比增速变化趋势

（二）现阶段京津冀三地工业部门的发展也表现出各自的发展态势，而且在某些领域出现同质化竞争格局，尚未形成产业链有序分工和产业一体化协同发展格局

1. 对北京创新能力及辐射能力的分析

首先，北京市在实施“全球有影响力的全国科技创新中心”战略定位的进程中，面临诸多突出的阻碍因素，这使得北京市的自主创新能力尚未对自身经济发展新动力的形成和京津冀经济协同发展新动能的形成起到有效的支撑作用。

这方面具体表现为：第一，北京市的全球创新要素资源聚集能力、原始创新能力、创新成果转化能力正处于发展提高阶段，尚不具备有效的经济支撑作用和区域辐射作用。北京市创新对经济新动力的支撑作用还有很大提升空间：从 R&D 经费来看，2016 年北京市 R&D 经费为 1484.6 亿元，同比增长 7.3%，R&D 经费占全国 R&D 经费的比重为 9.4%，R&D 经费投入与地区生产总值的比值为 5.78%，位居全国各省区市之首，已连续五年保持在 5.7% 以上。按研究与试验发展人员（全时工作量）计算的人均经费支出为 58.6 万元，比上年增加 2.3 万元，处于全球领先地位。然而，从研发投入的结构角度来看，2016 年，北京全社会 R&D 经费投入中，基础研究的经费占全社会 R&D 经费的比重为 14.2%，比上年提高 0.4 个百分点，应用研究和试验发展经费占全社会 R&D 经费的比重分别为 23.4% 和 62.4%。北京基础研究经费占全国基础研究经费的比重超过 1/4（25.7%）。但从技术合同成交额来看，2015 年和 2016 年北京市技术合同成交额高达 3452.6 亿元和 3940.8 亿元，占全国的 35.1% 和 34.6%；从流向看，流向北京本市、外省市和出口技术合同项数呈“46∶52∶2”格局，分别为 34759 项、38928 项和 1278 项，技术合同成交额呈“三五二”格局，占比分别为 28%、51% 和 21%，即 1131.3 亿元、1997.2 亿元和 812.3 亿元，但是，其中流向省外地区中约为 70% 的技术辐射到京津冀区域之外，而真正辐射到京津冀区域之内的技术转移和产业化并不多。

第二，科技创新尚未对北京市“高精尖”经济结构以及经济新动力新动能的形成起到加速促进的作用。2015 年、2016 年和 2017 年，金融、信息和科技服务等产业对经济增长的贡献率均高达 70%。经济增长依靠金融、信息和科技服务等产业的事实表明，北京市“高精尖”经济结构和产业结构还未形成；同时，高度依赖高端服务业的产业结构、以金融为主的经济结构存在发展停滞和增速下滑的潜在风险，缺乏以制造业为主的实体经济部门的支撑，经济可持续发展也难以实现。北京市金融业固定资产投资同比增速 2015 年为 34.4%，然而，2016 年和 2017 年就急剧下滑到 –30.9% 和 –23.6%，这说明首都北京金融业发展面临着巨大风险问题（见图 11）。

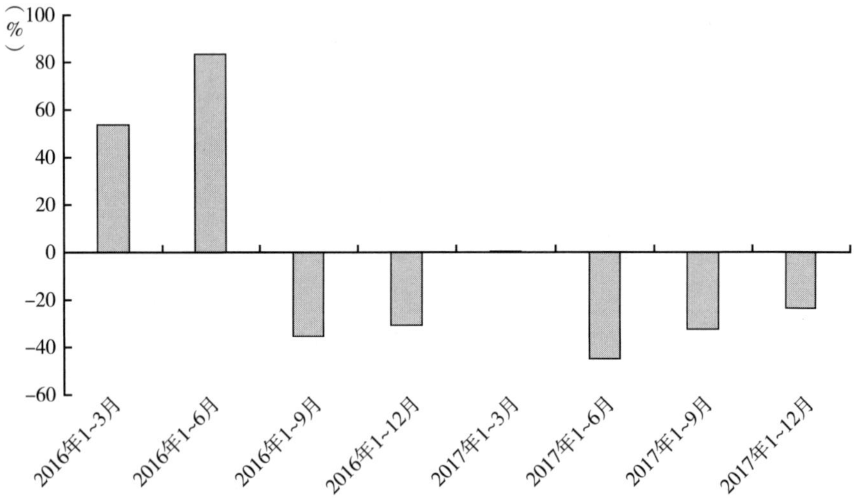

图 11　北京市金融业固定资产投资同比增速变化趋势

第三，北京市无论是在原始创新，还是在创新成果转化和产业创新等方面仍未实现市场在配置创新要素中起决定性作用。北京市自身的经济结构特征决定了北京市科技创新资源、资金的配置，主要还是以政府和国有企业为主体来进行，市场配置资源的决定机制还尚未建立并发挥作用。

2. 对天津河北产业同质化的分析

通过对天津和河北各自产业发展目标和政策举措的梳理，可以看出二者之间产业政策高度雷同，产业定位重叠，产业同质化严重，两个地区产业竞争加剧的重要现象。具体表现在：

第一，天津和河北均将装备制造业定位为主导产业，存在定位重叠的现象。河北省的“十三五”规划中，其产业发展重点是“发展交通运输装备、能源装备、工程及专用装备、基础零部件四大产业链，实现由零部件加工配套为主向成套整机带动、设备制造商向制造服务商、规模扩张向创新发展转型，装备制造业增加值占规模以上工业增加值的比重达到25%，成为全省第一主导产业”。2017年，河北省规模以上工业中的装备制造业增加值比上年增长12.1%，装备制造业可比价增加值占规模以上工业的比重为27%①。而天津市的“十三五”规划中，产业发展重点是“引导制造业朝着分工细化、协作紧密方向发展，建设全国先进制造研发基地。加快构建结构优化、布局合理、特色鲜明的产业体系，壮大发展装备制造、新一代信息技术、航空航天、生物医药、新能源、新材料、节能环保等高端产业，加快发展机器人、3D打印设备、智能终端、新能源汽车等新兴产业，改造提升现代石化、现代冶金、轻工纺织等传统产业”。2017年天津市规模以上工业中的装备制造业增加值增长3.6%，占规模以上工业的35.6%。

第二，两省份战略新兴产业以及高新技术产业定位存在部分重叠和产业同质化竞争的现象。河北省高新技术产业增长在经济增长动力中的作用日益凸显。2017年，高新技术产业增加值同比增长11.3%，占规模以上工业的比重为18.4%。其中，新能源、生物、电子信息、高端装备技术制造领域增加值分别增长17.2%、15.3%、14.9%和13.9%。2016年河北省高新技术产业完成投资1899亿元，同比增长16.3%，高于全省平均水平5.2个百分点，对全省固定资产投资的贡献率达到19.3%，拉动全省固定资产投资2.1个百分点。其中，生物技术、新能源和环保产业发展迅猛，分别增长29.6%、41.2%和42.5%②。高新技术产业投资4354.6亿元，同比增长

① 以上河北省相关数据均来自河北省统计局网站。

② 以上河北省相关数据均来自河北省统计局网站。

5.3%，占固定资产投资（不含农户）的比重为13.2%。其中，电子信息投资增长26.6%，新材料投资增长9.0%，环保产业投资增长36.0%。相比来看，天津市2017年高技术产业（制造业）增加值增长10.4%，快于全市8.1个百分点，对工业增长的贡献率达到64.6%。“三新”产业投资1926.15亿元，增长30.5%，占全市投资的比重为17.1%，比上年提高4.0个百分点。其中，高技术服务业投资增长66.6%。其中，计算机、通信和其他电子设备制造业，通用设备制造业，专用设备制造业，医药制造业，铁路、船舶、航空航天和其他运输设备制造业等行业的增加值同比增速分别为12.1%、10.8%、16.3%、15.9%和20%。

3. 具体政策操作问题的分析

在落实构建京津冀区域创新共同体以及推进区域协同创新中心的战略中，面临具体政策落实推进的难题，导致协同发展战略在执行中发生众多的变异和扭曲现象。

这方面具体表现为：第一，天津市“建设全国产业创新中心和国际创新城市”的战略目标与北京市构建“全球有影响力的全国科技创新中心”的战略定位，在一定程度上存在重合现象，易导致两市在创新资源上的激烈竞争，进而导致削弱两市创新能力的风险。在天津市的“十三五”规划中，定位为“坚持推动以科技创新为核心的全面创新，积极培育新产业、新业态、新技术、新模式，促进三次产业融合发展，构筑现代产业发展新体系，建设全国产业创新中心和国际创新城市”。而在北京市“十三五”规划中，定位为“要把发展基点放在创新上，增强创新发展能力，深入实施人才优先发展战略，率先形成促进创新的体制机制，从供给侧和需求侧两端发力，释放新需求，创造新供给，推动新技术、新产业、新业态蓬勃发展，构建‘高精尖’经济结构，加快建设具有全球影响力的国家创新战略高地，成为国家自主创新重要源头和原始创新主要策源地”。从表面上来看，天津市的定位“全国产业创新中心和国际创新城市”，不同于北京市的定位“加快建设具有全球影响力的国家创新战略高地，成为国家自主创新重要源头和原始创新主要策源地”。但是从两地的现实状况来看，京津两地地理上相互毗邻、院校和科研机构集中但又性质相近、产业结构类似且发展水平相近，这导致北京天津两地很难在创新驱动发展战略方面形成优势互补、各有特色的产业和创新格局，相反，较为容易导致同质化竞争现象。

第二，北京市也存在经济发展的区域不平衡，郊区地区形成了环市区的“经济不发达圈”和“环首都产业不发达带”，其经济发展也迫切需要市区产业转移的拉动。这必然在一定程度上也将削弱北京向域外进行产业转移的意愿，进而强化三地之间产业的同质化竞争现象。就北京自身经济发展不平衡的现实而言，最优的发展战略是将市区相关产业向北京郊区转移。只有当北京郊区区域的产业发展达到饱后，北京才真正具备了产业溢出能力，才真正有可能向河北和天津两地实施产业转移。北京市“十三五”科技创新战略规划中的具体定位为“首都自主创新中心区（城六区）重点推进基础科学、战略前沿高技术和高端服务业创新发展，而首都高端引领型产业承载区（城六区以外的平原地区）重点加快科技成果转化，推进生产性服务业、战略性新兴产业以及高端制造业创新发展”。由此可见，北京市发展战略的重点是将自身的郊区地区打造成战略性新兴产业、高端制造业以及先进制造业的聚集区，优先在北京区域内部形成产业和创新的循环发展体系。这将影响京津冀三地产业协同发展战略目标的实现，也将影响构建京津冀区域创新共同体以及推进区域协同创新中心的进程。

（三）京津冀产业协同发展所需要的硬件和软件方面的协调和融合不完整、不完善，是导致产业协同发展滞后的重要因素

当前，在落实京津冀协同发展战略的具体措施中，交通设施的一体化以及基础设施的均等化，是优先重点推进的方面。交通设施一体化以及基础设施均等化是推进京津冀一体化发展的基础条件，也是推进京津冀区域内的产业转移和产业协同发展的前提条件。从短期目标来看，消除区域间“断头路”，加快交通设施一体化以及基础设施均等化等方面的建设，构建一小时交通网络体系，必然有利于贯彻京津冀协同发展战略。同时也应深刻认识到制约京津冀协同发展战略的因素，不仅仅在于交通基础设施等硬件方面，更

在于市场机制、金融体系化、产业政策等软件方面。从长期的可持续发展角度来看，只有真正实施了这些软件方面的一体化建设，才能从根本上落实和推进京津冀一体化和产业协同发展战略。确切地说，这些软件方面的一体化建设，是京津冀一体化发展和产业协同发展的基础性条件以及必要条件。可是，从京津冀三地实际发展状况来看，三地在软硬件发展水平方面均存在显著的差异，甚至存在发展阶段的代际差异。更为突出的问题在于，京津冀三地对软件方面的认识存在显著的差异，这导致软件方面的一体化建设严重滞后于硬件方面的一体化建设。河北省社会发展水平、公共服务水平和质量上落后京津明显，在某些方面甚至呈现巨大落差，这势必会阻碍京津冀产业协同发展的推进。因此，迫切需要推出能有力推动区域协同发展的改革措施，破除区域壁垒、制度壁垒，真正实现资本、技术、人才、劳动力等生产要素区域间的自由流动和优化配置。加强制度建设和体制建设，建立优势互补、互利共赢的区域一体化发展制度体系，打造有助于区域一体化发展的体制机制高地。

（四）政府行政力量的主导模式，短期来看，具有一定的具体效果以及推进效应，但是长期来看，必然会对京津冀产业协同发展的可持续性造成一定的负面效应

首先，京津冀三地间的转移产业出现了“水土不服”现象甚至某些转移产业在当地发展失败的案例。我们从实地调研中发现，从北京转移到河北各地的工业企业和批发市场，出现了一定程度的“水土不服”乃至企业发展面临困局的现象。这种现象发生的主要原因是，一方面，部分迁移工业企业在当地遇到了核心技术工人流失、人才难招、市场流失等一系列发展难题；另一方面，当地市场机制不完善、政府机关办事效率低下等，导致出现较高隐性成本和制度性交易成本的发展困局。

其次，京津冀三地之间的区域性总体发展规划尚未有效形成和落地，各地区之间从自身的局部经济利益和发展利益出发，各自为政，相互竞争，导致三地间产业高度同质化。京津冀一体化绝不是津冀两地“被动地”、“坐

享其成式”地承接北京的相关产业转移。而是要以承接北京转移产业为契机，对接北京相关产业，提升自身的产业结构，并以点带面，促进自身经济结构转型升级、提升自身的公共服务水平和社会发展水平。津冀各地的地方政府需在此过程中打破本位意识，打破既有区域、行政壁垒，树立全新的发展观，立足京津冀一体化发展，找准彼此间合适的融合点，发挥自身特色，实现优势互补、协调分工，真正实现京津冀一体化发展。

再次，各地政府创办的工业园区，普遍存在产业单一、定位雷同、配套设施不足及无序恶性招商竞争等严峻问题，这使得依托工业园区进行产业转移，在短期内产生产业集聚效应、建成京津冀三地间分工明确的产业链等目标难以实现。同时工业园区建设的诸多问题，诸如功能发育不全、产业配套设施不足、产业定位和发展战略不明确等一系列问题，必然会严重影响京津冀产业协同发展战略的实施与推进。当前产业转移和产业的重新布局只是京津冀产业协同发展的初级目标，最终目标是要在京津冀之间形成产业链的有序分工，实现各园区可持续发展。各地方政府，如果不能充分利用京津冀三地产业协同发展的机会，实现产业结构的转型升级、经济发展新旧动能的转换，而是沉浸于过去的政绩观和发展观，盲目建设园区、引进项目追求短期的经济数据和政绩，满足于充当落后产业转移的承接者，这必将阻碍京津冀产业协同发展战略的深入推进。

最后，京津冀三地产业转移产生的各种利益冲突，已经成为阻碍京津冀产业协同发展最为突出的因素。京津冀协同发展的核心就是产业转移。但产业转移、产业一体化建设以及产业结构的转型升级，所涉及的最为核心的问题就是包括政府、社会、企业家和民众等诸多利益相关者的利益分配问题。因此，京津冀产业协同发展战略能否顺利推进在很大程度上取决于产业发展利益和转移企业税收如何分配的机制设计是否合理。以京津冀三地间政府税收利益分配为例，虽然该问题已取得了制度性改革的突破，但是可能存在的问题对实际执行仍然造成重重困难。2015 年 6 月财政部公布的《京津冀协同发展产业转移对接企业税收收入分享办法》，明确了京津冀区域中企业迁入地和迁出地的增值税、企业所得税、营业税这三大税种税收收入“五五分成”的制度安排，在政府财政利益层面扫除了京津冀区域间产业转移过程中因地区间税收利益博弈带来的合作障碍。然而，京津冀三地间产业的重新布局，必然涉及更为复杂、更为持续的利益冲突。我们从实地调研中就发现，该办法的实施面临众多意想不到的问题和障碍，实施效果相当有限。因此，利益冲突仍将是阻碍京津冀产业协同发展的最突出的因素，这迫切要求更为全面、更为深化的顶层改革和系统性改革，来加以破局和最终解决。

（五）北京在京津冀发展战略定位中存在维持短期发展任务和实施长期目标之间的冲突，存在发展“高精尖”经济结构和保障人力资本就业安全之间的双重矛盾

首先，短期发展任务和长期目标之间的冲突。一方面，从短期发展任务来看，北京市郊区地区产业发展动力的不足，形成了环绕市区的“首都贫困带”，这实际上反映了北京市区域内面临着发展不协调、不全面的客观事实。这预示着北京的产业转移应该是由北京核心区域先向北京郊区区域转移扩散，待郊区达到产业饱和后，才会向河北天津等区域转移扩散。同时保护京津冀生态环境的要求也不允许污染企业迁移到河北、天津等北京周边省市。种种原因导致京津冀产业协同发展的内在动力不足。另一方面，从长期的发展目标来看，河北与北京在技术、人才、市场环境、创新能力等方面相比，存在巨大落差，且这些能力和因素难以在短期内弥补，这就导致河北无法建立起与北京创新能力和“高精尖”经济结构中心相匹配的产业创新体系与先进制造业基础体系，而天津市在上述各方面虽与北京有差距，但差距不大，相对于河北省有极大的比较优势，必然对河北省产生竞争效应和虹吸效应，这使得河北省产业发展能力在京津冀区域进一步落后化、边缘化，最终必将损害京津冀协同发展战略的实施。

其次，现阶段北京面临着发展“高精尖”经济结构和保障人力资本就业安全之间的矛盾。具体表现在两个层面：一方面，北京正在打造的“高精尖”经济结构和产业结构，必然会塑造出“机器替代人、创新替代人、技术替代人”的新型产业结构，并通过产业结构传导至就业结构，从而形

成“高端低端就业扩张、中间就业空洞化”的就业结构特征，这就造成北京区域内“高精尖”产业结构与人力资本结构、就业岗位结构之间的难以忽略的内在矛盾和冲突。基于这样的客观事实，北京最优的产业结构转变逻辑应该是，在短期内选择“高技术复杂度 + 中等就业弹性”的产业结构，在长期内，北京应选择“高技术复杂度 + 高就业弹性”的产业结构。另一方面，北京市人口规划上限为 2300 万人，面临极大的就业安全保障问题，第三产业所提供的就业机会存在一定的局限性，比如“互联网 + ”、电子商务平台以及物流业等第三产业，并不能创造高收入、高人力资本就业岗位，金融业等第三产业也会对全要素生产率的可持续提高造成拖累效应，这就意味着，北京需要一定比重的“高精尖”制造业来维持就业安全和全要素生产率的可持续提升。

二 当前京津冀产业协同发展进程中多重困局产生的动因分析

第一，对京津冀协同发展的根本目标存在某种程度上的认识或者操作上的误区，导致京津冀区域一体化发展战略在实施过程中发生了一定程度的偏离甚至扭曲行为。

如何准确理解京津冀协同发展这一国家重大发展战略的含义？这是京津冀三地各级政府官员必须认真考虑和落实的核心问题。在我们看来，不能将京津冀协同发展战略简单甚至狭隘地理解为仅仅着眼于“有序疏解北京非首都功能”的工作任务，即疏解北京市的一般性产业特别是高消耗产业，疏解区域性物流基地、区域性专业市场等部分第三产业，疏解部分教育、医疗、培训机构等社会公共服务功能，疏解部分行政性、事业性服务机构和企业总部等四类非首都功能，也不能将之简单或狭隘地理解为将北京市常住人口控制在 2300 万人以内，以缓解北京“大城市病”等。我们应清醒地认识到，产业疏解及对北京市“大城市病”的治理，只是推进京津冀协同发展战略的初级目标。按照国家发布的《京津冀协同发展规划纲要》，京津冀区域内各级政府应该清醒地认识到，京津冀协同发展战略的总体目标以及终极目标，从短期到长期的内在逻辑应该是：对内对外深入开放先行区→创新发展示范区→中国的新型经济增长极→京津冀的世界级城市群。

第二，市场一体化建设的全面滞后，是京津冀产业协同发展进程中凸显多重困局的根本原因。

长期以来，京津冀三地之间，存在显著的市场壁垒以及产业同质化竞争现象，导致京津冀区域市场一体化远远滞后于产业协同发展以及经济一体化的需求，也导致了人力、资本、创新资源等关键要素的自由流动受到极大阻碍，并导致市场在配置资源要素时发生扭曲效应。京津冀三地长期处于市场分割特别是要素市场分割的状态，加之三地地理区位和要素资源禀赋差异使京津冀三地的市场化水平存在显著的差异性，并因为分割和明显的对比产生了放大效应和固化效应。以北京和河北为例，在两者间的市场化水平尤其是要素市场化水平存在显著差异性的条件下，单单依靠行政强制力来推动北京市向河北地区进行产业转移，一方面由于要素市场的长期割裂以及要素市场化发育水平的巨大鸿沟，那些习惯北京相对高水平的要素市场和按照市场化机制来运行的企业和产业被动地转移到要素市场化水平相对较低、市场机制不完善的河北地区，必然会产生市场不适应症，同时，面临无法获得维持企业可持续发展的各种高端要素的发展困局和障碍，进而导致转移的企业或产业市场竞争力退化乃至企业难以维持经营等现象的发生。这种现象已经在我们的实地调研中得到发现和验证。另一方面，京津冀三地一体化市场的割裂以及高端要素市场化发育水平的显著差异性，必然会对构建分工合理、竞争有序的京津冀创新链和产业链体系，造成无法忽略的负面效应。这些负面效应具体表现在，既会导致各种形式的创新资源和创新要素无法通过市场机制来发挥应有的作用，也会造成创新区域价值链的分工体系无法依靠市场配置机制得到有效的推进；既对北京市先行先试政策向天津河北的推广造成阻碍效应，也会对共建跨区域合作园区或合作联盟，打造京津冀科技创新园区链的发展任务造成抑制效应。因此，市场一体化特别是要素市场一体化的建设和推进，已经成为有效打造京津冀产业协同发展格局的重中之重的基础性工作。

第三，过度依赖政府行政力量主导，也是造成京津冀产业协同发展进程中多重困局和机制体制障碍频繁发生的重要原因。

如何正确认识京津冀的产业转移、关键要素流转、产业一体化协同发展的主导力量？是依靠政府，还是依靠市场？如何在不同阶段实施政府和市场两种机制的及时转换和有机平衡？对这些关键问题的理解和回答，客观上是理解和推动京津冀协同发展战略的基础性问题。在我们看来，一个较为合理的发展逻辑是，在京津冀协同发展的初级阶段，要通过产业疏解和产业重组来解决首都北京的“大城市病”问题，在这种特定的背景下，依靠政府行政力量作为疏解非首都功能、推进首都北京一般制造业的对外转移、强化京津冀产业协同发展的主导力量，具有一定的必要性和合理性。然而，在京津冀三地市场一体化体系尚未构建以及高端要素市场培育和发展存在巨大制度性落差的前提下，依靠顶层设计以及政府行政力量来推进首都产业对外转移以及京津冀三地产业协同发展，很容易演变成为对政府行政主导力量的过度依赖以及对政府干预发展模式的路径依赖。最终造成京津冀产业协同发展战略的政府主导模式，很难随着阶段性目标和产业协同发展任务的转变而发生相应的调整和变化，相反，却有可能被固化在过度依赖顶层设计方案主导、过度依靠政府行政力量推进的锁定和循环发展路径之中。最终会导致京津冀产业协同发展战略在推进过程中诸多机制体制障碍因素和经济社会风险的累积和发生。

第四，创新制度体系和产业政策体系的显著差异性，也是造成京津冀产业协同发展进程中多重困局频繁爆发的重要原因。

当前阶段，必须正视的一个事实是，京津冀各地经济发展水平的不同所导致的三地在产业政策体系和创新政策体系方面的不一致以及显著的差异性，也是造成现今京津冀产业协同发展面临重大障碍的重要原因。京津冀三地，特别是北京和河北之间，在产业政策层面、在政府对创新的重视程度层面、创新激励政策制度的制定和实行层面、知识产权保护法的执行力度、政府的财力以及相应的创新配套体系的制度化层面（比如金融市场体系和各种天使基金），均存在“断层式”的差距或落差。而且，由于创新制度和产业政策体系的不一致，以及所附带的政府行政效率和执行能力的显著差异性，必然会使京津冀三地各级政府在落实和推进产业协同发展战略的实施效果方面大打折扣，也必然会对“打造京津冀创新共同体，构建区域创新价值链分工体系，形成区域协同创新中心”等具体目标的落实，造成无法忽略的阻碍作用。

三　推进京津冀产业协同发展的进一步改革取向及相关建议

第一，积极把握和处理好京津冀产业协同发展战略推进和落实中统一思想和激发各级政府和基层主体创造力之间的平衡关系。

当前，京津冀协同发展的落实和推进，正处于攻坚克难、脱胎换骨的增长模式全新转变阶段，既面临国内外错综复杂的各种问题和风险挑战，也面临京津冀区域内自身各种机制体制障碍因素和利益藩篱的制约，这就尤为需要统一思想、凝聚共识。既要强化中央战略决策在推进和落实京津冀协同发展战略中的顶层设计和总体指导地位，特别是要在正确理解首都发展的核心要义以及京津冀协同发展的科学辩证内涵方面，取得绝对性的舆论主导作用。同时，科学的顶层设计并不排除各地政府、各级政府、基层政府和群众的主动创造力，相反，需要基层政府和群众的主动创造力和创新力来加以激发、完善和落实。在推进和落实京津冀协同发展重大国家战略的过程中，必然会面临各种各样的机制体制障碍因素和利益藩篱的阻碍，暴露出难以预测的种种问题、挑战和风险，尤为需要京津冀各地政府、各级政府、基层政府官员和群众，以打破自身利益藩篱和自我革新的勇气和智慧，以坚定的信念、无比的耐心和和风细雨式的工作态度，积极主动发挥想象力、创造力、执行力、落实力来加以破除和解决。

第二，明确和细化京津冀协同发展的阶段性目标和根本目标之间的关系，促进京津冀区域内各级政府准确把握短期和长期发展目标之间的平衡和转换。

从短期角度来看，京津冀协同发展战略的目标是，通过非首都功能目标下的产业转移和产业协同发展，来缓解首都所面临的诸多“大城市病”难题。但是，从长远视角来看，京津冀协同发展战略的根本目标是，通过建立政策互动机制、资源共享机制、市场开放机制这三大协同发展机制，通过构建创新资源平台、创新攻关平台、创新成果转移和产业化平台这三大类协同发展平台，通过开展先行先试政策推广试点、开展产业转型升级试点、开展生态文明建设先行试点、开展科技金融创新试点，建立京津冀的创新共同体系、形成区域协同创新中心，通过对落实创新驱动发展的“成功示范区”的全面建设，最终在中国的北方区域打造一个具有全球影响力和辐射力的创新型经济增长极以及世界级城市群。因此，基于这样的认识，对于京津冀协同发展战略规划的落实和实施，必须强化和突出改革思路和操作手段的阶段性变化的顶层设计思路，准确把握京津冀短期和长期阶段性发展目标的平衡和及时转换，逐步由缓解北京市“大城市病”的阶段性目标，尽快全面转向打造具有全球影响力和辐射力的新型经济增长极世界级首都大都市圈以及世界级城市群的根本目标。

第三，以雄安新区的设立和推进为契机，打破京津冀产业协同发展中的各种机制体制性障碍，全面加快推进京津冀产业协同发展战略的实施。

一个值得重视的认知误区是，将雄安新区的发展功能，狭隘地定义为北京非首都功能疏解的产业集中承载地，而从根本上忽略了雄安新区是强化首都核心功能、扩大北京作为全球影响力的全国科技创新中心功能的溢出效应，加快京津冀产业协同发展、推动京津冀产业转型升级的关键突破口和具体实施抓手。从短期来看，就是要通过打造具有“世界眼光、国际标准、中国特色、高点定位”的雄安新区，诱导和激励首都北京的部分教育、医疗、产业、总部经济（央企总部）等向雄安新区转移，为这些企业或产业的经营和发展，提供达到世界一流水平的市场和制度环境，进而从根本上解决首都的“大城市病”，让北京轻装上阵，聚焦自身的核心功能，更好地、更为持久地发挥中国这么一个全球大国的千年基业首都功能。从长远来看，设立雄安新区的重要目的之一，就是将之作为破解当前推进京津冀一体化发展进程中所暴露出来的种种机制体制问题和利益困局的关键突破口，作为在京津冀区域落实产业协同发展和创新驱动发展战略的重要引领者，作为将京津冀区域最终打造成中国经济增长动力极的重要实施抓手。具体来看，要将雄安新区与首都北京的产业融合发展方向，优先落实在创新链的前端环节和后端环节的对接、基础创新和应用创新的对接以及高端高新产业的创新链和产业链的对接方面。北京已经是众多高端创新要素资源、高端高新产业、基础创新研究机构、各层次创新研发人才以及支持创新的金融机构等最为集中的区域。迫切需要将首都北京的高端创新资源与周边区域的中下游创新环节对接、转化、辐射和衍生，尤其需要将北京的高端创新研究成果与周边地区的制造业体系实现密切配合和融合发展。因此，雄安新区的定位，首先要成为首都北京创新成果和创新产业化的汇集地，成为京津冀区域内的应用创新产业创新中心、高端高新制造中心、现代高端服务中心，成为绿色制造、先进制造、智能制造和高端高新制造全面融合发展的综合创新示范区和发展引领区，成为中国建设创新型现代化国家的心脏地带之一。

第四，通过约束政府行政权力对微观经济的不合理干预，降低制度性交易成本，实施制度供给的均等化，激发京津冀区域内的创业创新活力。

在京津冀产业协同发展全面进入创新发展、高质量发展、绿色发展、包容性发展、协同性发展的特定阶段中，对提升高端要素资源集聚能力以及打造全球领先的市场制度环境，提出了更高的要求，尤为需要发挥“有为政府”和“有效市场”相互结合的综合力量。对于打造首都的全球有影响力的科技创新中心任务中原始创新、基础研究以及关键核心技术等目标而言，政府支持的力量不仅不能弱化，相反更要得到强化。而对于打造高精尖产业体系以及加快重大科技成果产业化等目标而言，迫切需要加快深化“放管服”改革和优化营商环境，降低各种制度性交易成本，来对冲相对较高的工业用地成本、物流成本和能源成本等，弥补房地产价格和租房成本快速增长所带来的生活成本和生产成本，激发和塑造京津冀区域内的科技创新和高端化、协同化、协作化产业体系的独特市场优势和制度优势。具体来看，一方面，要主动通过对各类自主创新示范区、自贸区和保税区等改革试验区经验的归纳和提炼，在京津冀区域探索和加快实施政府“权力清单”“负面清单”行政体制改革模式。全面贯彻依法治国和将权力关在“笼子”里的总体战略，完善各级政府权力清单和责任清单，率先在京津冀区域开展和深化行政审批制度改革，全面规范各级政府的行政审批权力与行为，加快建立创新政策协调审查机制和调查评价制度。在京津冀区域全面推进统一的“五证合一、一照一码”登记制度改革，推进全程电子化登记与审核服务，加快完善京津冀一体化商事服务机制。另一方面，继续深化京津冀区域内的政府创新治理机制的改革试点和政策经验提炼，加快京津冀区域的各级政府由研发管理向创新服务职能的全面转变，加快由政府主导经济发展向引导经济结构的转型升级的全面转变，统筹科技、经济、产业、金融和专业科研机构等部门管理职能的全面融合，强化创新资源和创新要素在京津冀区域内的统筹配置以及科技创新政策、经济政策和体制机制改革的有效衔接。通过扭转和约束政府行政权力对微观经济的不合理干预，破除困扰京津冀经济可持续发展的政府主导发展模式，依靠大幅度降低制度性交易成本的综合性改革，最终在京津冀区域内逐步实现制度供给均等化的基础性改革目标，从而最终激发京津冀区域内的创业创新活力①。

第五，积极利用首都和雄安新区的机制体制改革创新机遇期与倒逼机制，确立和加快京津冀区域内以市场化一体化为导向的全面改革，夯实京津冀产业协同发展的基础性条件。

加快京津冀区域内市场一体化的全面改革与机制性体制性障碍因素的突破，营造公平竞争的市场化环境，激发市场配置资源的决定性作用，在京津冀产业协同发展战略的推进中起到根本性的主导作用；建立完善公平竞争审查机制，加大对京津冀区域内创新创业产生阻碍效应的垄断协议、滥用市场支配地位以及其他不正当竞争行为的查处和处置力度。主动用好市场准入的

① 部分内容参考张杰、郑若愚的《京津冀产业协同发展中的多重困局与改革取向》，《中共中央党校学报》2017 年第 4 期。

倒逼机制，提高生产环节和市场准入的相关标准，在京津冀区域内率先形成统一权威、公开透明的市场准入标准体系；全面破除创新资源、人力资本、金融资金、知识产权等关键要素在京津冀区域流动和配置的体制性机制性障碍因素，破除限制新技术新产品新商业模式发展的不合理准入障碍，加快产品市场一体化的建设，特别是要将加快要素市场一体化的建设作为重中之重的核心改革任务；为了更好地激发京津冀区域的创新驱动发展动力，激励创新技术的区域内转移和配置，建议设立和完善京津冀区域内的知识产权法院的巡回制度，强化一体化的知识产权保护服务体系，加快形成行政执法、司法审判、仲裁协调等多渠道维权保护模式的创新与改革。

第六，加快促进京津冀区域内一体化的现代金融体系以及功能互补的多层次、多样化资本市场的整合发展。

积极利用首都北京和雄安新区的现代金融体系以及金融市场对外开放的特区优势，重点打造金融和实体经济融合发展、多层次资本市场和制造业创新高度融合发展、金融支持创新链和产业链对接新模式，构建符合京津冀产业体系特征和经济发展内在要求的金融和创新融合发展的新模式。建议将雄安新区打造成为中国（特别是北方区域）的新型金融中心，建议加快成立“京津冀银行”或“雄安银行”，考虑在京津冀区域或雄安新区设立以服务实体经济为主的多样化的新三板、新四板以及场外交易中心，推动京津冀区域互联网金融创新中心的建设，强化统一的金融风险监管制度。逐步完善和强化社会资本筹集机制，鼓励京津冀区域率先发展“众筹、众包、众创、众扶”的新型直接融资模式。

第七，加大京津冀三地各级政府官员的相互任职和交流规模，主动推进实现京津冀三地各级政府行政执行能力和专业化服务能力的均等化。

当前深入推进京津冀协同发展战略的一个核心突破口是，通过加大京津冀三地中各个层次的政府官员相互任职和交流规模，以此加快推进和实现京津冀三地各级政府行政执行能力和专业化能力的均等化。特别是针对那些与市场化一体化建设、产业转移和协同发展、创新链协作分工体系以及高端要素市场培育和发展等方面紧密相关的专业化政府管理机构部门，着重加大北京向河北、北京向天津，天津向河北等交流方向的官员任职规模，特别是要加大河北的相应专业化政府行政管理机构官员，向北京和天津交流方向的任职和交流规模。

第八，加快设立京津冀三地联合的政府股权产业引导发展基金，加快成立京津冀科技成果转化投资基金，加快共建京津冀创新创业孵化中心。

针对京津冀区域内的产业转移以及创新成果的优先产业化目标，建议设立由三地省级政府按照一定的出资比例份额，通过引入民间资金投资和市场化专业运营机构来运营的新型政府股权产业引导发展基金。尤其鼓励京津冀区域内各个层次的政府，依靠产业转移对接和产业链分工体系的协同协作任务，设立各种类型、各个层面的联合的新型政府股权产业引导发展基金。特别是针对京津冀区域内“构建创新共同体，打造创新区域价值链，形成区域协同创新中心”的长远目标，加快成立京津冀三地政府联合性质的区域性科技成果产业化转移转化投资基金、加快共建京津冀层面的区域性创新创业孵化中心。

参考文献

[1] 孙久文、姚鹏：《京津冀产业空间转移、地区专业化与协同发展——基于新经济地理学的分析框架》[J]，《南开学报》（哲学社会科学版）2015 年第 1 期。

[2] 薄文广、陈飞：《京津冀协同发展：挑战与困境》[J]，《南开学报》（哲学社会科学版）2015 年第 1 期。

[3] 陆大道：《京津冀城市群功能定位及协同发展》[J]，《地理科学进展》2015 年第 3 期。

[4] 邓仲良、张可云：《北京非首都功能中制造业的疏解承接地研究》[J]，《经济地理》2016 年第 9 期。

[5] 崔晶：《区域地方政府跨界公共事务整体性治理模式研究：以京津冀都市圈为例》[J]，《政治学研究》2012 年第 2 期。

B.4

京津冀生态协同发展模式与机制*

张贵祥　赵琳琳　葛以恒**

摘　要： 京津冀生态协同发展是国家京津冀协同发展战略的重要组成部分，也是国家重要治国理念——生态文明建设的重点区域，研究意义重大。本文通过多因素、多层次的评价指标体系构建全面完整的生态文明评价指数，分析京津冀三地2006～2016年十年间的生态文明建设状况，并对比分析三地生态文明建设的差距和协同发展状况。数据表明，京津冀三地生态文明建设状况均呈好转趋势。不论是从发展态势、规制成效，还是从环境质量、生态宜居方面，北京市生态文明建设最佳，并与天津、河北有差距拉大趋势；天津市次之，河北省最低；天津与河北的差距不断缩小。在定量分析基础上，提出京津冀绿色发展机制、生态环境协同共建机制，以及市场化、多元化生态补偿机制。

关键词： 京津冀　生态文明指数　协同机制　联防联控　生态补偿

---

* 注：本文为国家社会科学基金重大项目“基于区域治理的京津冀协同发展重大理论与实践问题研究”（项目编号：17ZDA059）、北京市社科基金研究基地项目（项目编号：14JDZHB007）、北京市科委培育项目（项目编号：Z171100002217021）的阶段成果。

** 作者简介：张贵祥，首都经济贸易大学城市经济与公共管理学院，城市群系统演化与可持续发展的决策模拟研究北京市重点实验室，教授，博士生导师，研究方向：区域规划与生态经济；赵琳琳，首都经济贸易大学区域经济学专业博士生，研究方向：区域经济；葛以恒，首都经济贸易大学区域经济学专业硕士生。

生态文明建设历来是中华民族永续发展的千年大计，也是我国重要的治国理念。我国经济发展已进入注重内涵的高质量发展阶段，亟待转变社会发展方式、优化经济产业结构、转换增长动力，以绿色促发展。基于此，党的十九大提出，大力提升发展质量和效益，坚持人与自然和谐共生。深化生态文明改革，建设美丽中国，成为跨越关口、建设现代化国家这一百年战略目标的重要一环。

京津冀地区涵盖北京、天津两大直辖市和河北省 11 个地级市，是中国的政治中心、文化中心，中国北部经济的核心区，是地缘邻近的庞大的经济综合体。国土面积占全国的 2%，但人口占全国人口的 8%，GDP 占全国的 9.7%。推动京津冀地区协同发展不仅可以促进三地的可持续发展，对于打造和谐宜居的世界级城市群，引领中国城市群健康发展，优化中国区域经济发展格局具有重要意义，因此也成为重要的国家发展战略。

由于生态环境的整体性、经济发展的延续性等因素影响，京津冀地区自成一个“命运共同体”，水资源短缺，资源环境承载超限，雾霾频发，一度成为全国大气污染问题最尖锐的区域。人口、资源、环境以及发展之间的矛盾突出，函待在环境整治、人口统筹、绿色经济发展等方面展开合作。京津冀协同发展规划纲要中明确了京津冀协同发展的路线，强调要持续推进包括生态环保在内的三个重点领域率先突破，实现生态一体化。目前京津冀地区在清洁生产协同、空气清洁行动、大气污染联防联控、生态修复、能源发展改革、产业转型升级等方面展开了一系列的合作，并取得了一定的成果。本报告通过生态文明指数对京津冀生态文明发展状态进行评估，并进一步分析、总结和优化京津冀生态保护机制与模式。

一　生态文明指数

（一）研究综述

生态文明是继农业文明、工业文明之后逐渐为国内外所认可，并为之而奋斗的更高层次的人类文明，是“以人与自然、人与人、人与社会和谐、良性循环、全面发展、持续繁荣为宗旨的，以可持续发展为特征、以循环经济和生态良好为标志，集竞生、共生、再生、自生机制为一体的高级社会文明形态”①。生态文明建设既强调节能减排，保护生态环境，也注重生态环境的动态平衡，更致力于追求人类的可持续发展。其衡量指标即为生态文明指数，通过定量化衡量地区生态文明建设成果，检测生态文明建设进程，分析其发展的优劣势，进而制定生态文明建设目标，明确生态文明建设的方向、重点与难点，为高层决策、制度设计、政策制定提供精准的依据，是生态文明研究的重大课题。

从指数构成指标的多寡来看，有单一指标的指标体系和多指标的指标体系。如杨开忠在《中国各省市区生态文明发展水平报告》中运用单一指标生态效率指数（EEI）来衡量和比较中国各省的生态文明指数，2013 年报告中又加入环境质量指数（EQI）②。该种方法在实际操作中简单易行，但是系统性和全面性不足。目前更多的研究则是构建多指标的指标体系来进行衡量。

在指标体系的选取上，有依据国家政策标准《国家生态文明建设试点示范区指标》《国家生态文明试验区（福建）实施方案》等搭建评价指标体系，其指标体系涵盖面广，指标选取权威；有从生态文明的内涵入手构建生态文明评价指标体系。生态文明建设是要在人、自然、社会、经济发展之间构建一种和谐宜居、集约高效、绿色持续的发展格局，涉及面广。研究者对其外延理解的深度和广度不同，研究视角不同，所构建的生态文明指数也不同。如王会等从生态环境、生态型物质文明、生态型政治文明、生态型精神文明、与区域外部的关系五个单元构建指标体系③。该研究增加了生态足迹指标，衡量与区域外部的生态环境的交换关系，具有一定的合理性。有研究从逻辑推理角度展开，如利用 PSR（压力—状态—响应）模型从环境压力

① 彭向刚、向俊杰：《中国三种生态文明建设模式的反思与超越》［J］，《中国人口·资源与环境》2015 年第 25（03）期，第 12～18 页。

② 杨开忠：《谁的生态最文明——中国各省区市生态文明大排名》［J］，《中国经济周刊》2009 年第 32 期，第 8～12 页。

③ 王会、王奇、詹贤达：《基于文明生态化的生态文明评价指标体系研究》［J］，《中国地质大学学报》（社会科学版）2012 年第 12（03）期，第 27～31 页和第 138～139 页。

(Pressure)、环境状态(State)、响应措施(Response)三方面架构生态文明评价指标体系,[①] 等等。

研究的空间对象多对单个城市、省市等展开评估，或对多个城市、省市进行对比分析。目前基于区域生态文明评价体系，分析总结区域阶段性生态文明成果的研究较少和区域生态文明协调指数研究较少，分析区域生态文明内在耦合机制的研究更是少之又少，这也是本报告所要努力解决的问题。

（二）研究方法

1. 体系构建

在沿袭以往指标体系的基础上，根据生态文明的核心内涵，按照历年中国政府工作报告中对生态文明建设提出的具体要求，综合考虑构建指标体系时所依据的科学性、完整性、目标性、导向性、动态性和可操作性等原则，构建生态文明指数。

研究依据十九大报告中提出要推进绿色发展、着力解决突出环境问题、加大生态系统保护力度等工作部署，以“社会经济持续增长、资源节约环境保护、生态环境绿色宜居、监管调控行之有效”为目标，将生态文明指数分解为发展指数、环境指数、生态指数和管治指数（见表1）。

发展指数是以社会经济的可持续发展为目标进行具体指标的选取，考察了人均GDP、城镇化率、第三产业增加值占GDP比重、R&D经费支出占GDP比例、城镇居民人均可支配收入、农村居民人均可支配收入、人口密度七项指标，涉及产业结构、经济发展潜力和社会发展的核心内容，能够较为全面地反映一个地区物质文明发展的程度。

环境指数是对区域环境承载压力的度量，考察了工业固体废物综合利用率、城市大气环境良好率、生活垃圾无害化处理率、主要污染物排放、单位耕地化肥施用量、农药施用量六项指标，能较为直观地反映区域环境污染与

① 顾勇炜、施生旭：《基于PSR模型的江苏省生态文明建设评价研究》[J]，《中南林业科技大学学报》（社会科学版）2017年第11（1）期，第21~26页。

资源负荷状况。

生态指数是以生态环境的活力和宜居程度为度量目标，考察了人均水资源量、人均公园绿地面积、建成区绿化覆盖率、自然保护区占辖区面积比重、人均林木蓄积量（生物生产量）、森林覆盖率六项指标。

管治指数（绩效指数）是对控制和治理环境污染、能源消耗、生态退化等所作努力的成效进行度量，考察了环境污染治理投资占 GDP 比重、单位 GDP 能耗、人均环保投入等五项指标。该指数客观反映了政府在生态文明建设上的资金投入与政策制度的力度和强度，是当下区域生态文明建设水平的映射。

表 1　生态文明指数评价指标体系

系统层	准则层	指标层		单位	指标性质	权重
生态文明指数	发展指数	人均 GDP		元/人	正	0.03706
		城镇化率		%	正	0.03468
		第三产业增加值占 GDP 比重		%	正	0.06948
		R&D 经费支出占 GDP 比例		%	正	0.06578
		城镇居民人均可支配收入		元	正	0.03692
		农村居民人均可支配收入		元	正	0.03323
		人口密度		人/km^2	适度	0.06185
	环境指数	工业固体废物综合利用率		%	正	0.02258
		城市大气环境良好率		%	正	0.01383
		生活垃圾无害化处理率		%	正	0.01459
		主要污染物排放	二氧化硫	万吨	负	0.03113
			烟(粉)尘	万吨	负	0.02025
			化学耗氧量	万吨	负	0.02231
			氨氮	万吨	负	0.02243
		单位耕地化肥施用量		t/hm^2	负	0.00600
		农药施用量		万吨	负	0.05596
	生态指数	人均水资源量		m^3/人	正	0.04054
		森林覆盖率		%	正	0.06532
		人均林木蓄积量(生物生产量)		m^3/人	正	0.05616
		自然保护区占辖区面积比重		%	正	0.06055
		建成区绿化覆盖率		%	正	0.02447
		人均公园绿地面积		m^2/人	正	0.03046

续表

系统层	准则层	指标层	单位	指标性质	权重
生态文明指数	管治指数	环境污染治理投资占 GDP 比重	%	正	0.01594
		工业污染治理投资与工业增加值的比例	‰	正	0.03250
		单位 GDP 能耗降低率	%	正	0.03251
		人均环保投入	万元/人	正	0.05291
		环境污染治理投资与固定资产投资比例	%	正	0.04054

2. 测度方法

（1）原始数据处理

为保留原始数据之间的差异性，消除数据量纲影响，研究采用极值法对原始数据进行无量纲化处理。

对于正指标，

$$X_{ij} = \frac{X_{ij} - \min(X_{ij})}{\max(X_{ij}) - \min(X_{ij})}$$

对于负指标，

$$X_{ij} = \frac{\max(X_{ij}) - X_{ij}}{\max(X_{ij}) - \min(X_{ij})}$$

其中，x_{ij}表示第 i 年、第 j 个指标的数值，X_{ij}表示 x_{ij}极值化后的数值。

（2）确定指标权重

确定各指标的权重是本研究的重要环节，研究采用客观赋值法中的熵权法，确定各个指标的权重。

首先，计算熵值 E_{ij}。

$$E_{ij} = -k\sum_{i=1}^{m}(P_{ij} \times \ln P_{ij})$$

其中，$P_{ij} = \frac{X_{ij}}{\sum_{i=1}^{m} X_{ij}}$，$k = 1/\text{lnm}$，$m$ 表示年份数。

然后，计算熵权

$$W_j = \frac{1 - E_j}{\sum_{j=1}^{n}(1 - E_j)}$$

经计算，指标权重结果如表1所示。

(3) 生态文明指数测度

运用线性加权平均的方法得出每个子系统下各年份的生态文明指数。

$$S = \frac{\sum^{W \times X}}{n}$$

其中 S 表示生态文明指数，n 表示系统中指标的个数。京津冀生态文明指数如表2所示。

表2 2006～2016年京津冀生态文明指数

地区	年份	发展指数	环境指数	生态指数	管治指数	生态文明指数
北京市	2006	0.02864	0.02082	0.01986	0.01738	0.08669
	2007	0.02933	0.02110	0.01708	0.01567	0.08318
	2008	0.02983	0.02117	0.02002	0.01649	0.08751
	2009	0.03109	0.02137	0.02500	0.01060	0.08807
	2010	0.03143	0.02127	0.02368	0.01181	0.08819
	2011	0.03245	0.02088	0.02404	0.01084	0.08821
	2012	0.03372	0.02072	0.02524	0.01468	0.09436
	2013	0.03474	0.02116	0.02758	0.01291	0.09639
	2014	0.03566	0.02133	0.02903	0.01768	0.10369
	2015	0.03772	0.02084	0.02965	0.01549	0.10370
	2016	0.03935	0.02191	0.03092	0.01994	0.11212
天津市	2006	0.01562	0.02170	0.01259	0.00450	0.05441
	2007	0.01652	0.02204	0.01297	0.00575	0.05728
	2008	0.01736	0.02206	0.01341	0.01403	0.06686
	2009	0.01963	0.02206	0.01235	0.01339	0.06744
	2010	0.02124	0.02189	0.00638	0.00804	0.05755
	2011	0.02282	0.02171	0.00895	0.01024	0.06372
	2012	0.02405	0.02168	0.01208	0.01351	0.07132
	2013	0.02175	0.02089	0.01015	0.00910	0.06189
	2014	0.02268	0.02104	0.00866	0.01225	0.06463
	2015	0.02390	0.02132	0.00928	0.01123	0.06573
	2016	0.02635	0.02154	0.01062	0.00982	0.06834

续表

地区	年份	发展指数	环境指数	生态指数	管治指数	生态文明指数
河北省	2006	0.00896	0.00657	0.01436	0.00759	0.03748
	2007	0.00956	0.00722	0.01509	0.00744	0.03931
	2008	0.01007	0.00805	0.01765	0.01256	0.04833
	2009	0.01120	0.00878	0.02104	0.00928	0.05030
	2010	0.01169	0.00901	0.02301	0.01233	0.05604
	2011	0.01262	0.00417	0.02345	0.01158	0.05182
	2012	0.01359	0.00465	0.02490	0.01594	0.05908
	2013	0.01460	0.00380	0.02687	0.01625	0.06151
	2014	0.01565	0.00348	0.02458	0.01669	0.06040
	2015	0.01707	0.00609	0.02525	0.01346	0.06186
	2016	0.01838	0.00977	0.02779	0.01249	0.06843

资料来源：根据《中国统计年鉴》《中国环境统计年鉴》（2007～2017 年）整理。

（4）生态文明耦合协调指数测算

依据耦合理论，将耦合度公式应用于京津冀生态文明协同发展研究中，则京津冀生态文明协同发展第 i 个样本的耦合程度为：

$$CI = 1 - V$$

$V = SS/Y$，Y 是子系统综合得分的平均值，SS 为标准差。CI 表征生态文明建设的内部耦合程度。CI 越小，子系统之间的不平衡性越大，即区域子系统的发展越不协调，反之，区域子系统的发展越协调①。为反映生态文明建设的整体发展水平，引入耦合协调度模型。

$$\begin{cases} D_i = (CI_i \times T_i)^{1/n} \\ T_i = \sum \beta_j U_j \quad (\sum \beta_j = 1) \end{cases}$$

T_i 为第 i 个样本的生态文明发展水平，β_j 为待定系数，表征在生态文明建设中各地区、各子系统均发挥重要作用，令 $\beta_j = 1/n$。

D_i 为生态文明建设的耦合协调度（指数），反映在生态文明建设上的整

① 洪开荣、浣晓旭、孙倩：《中部地区资源—环境—经济—社会协调发展的定量评价与比较分析》[J]，《经济地理》2013 年第 33（12）期，第 16～23 页。

体协同效应或贡献。$D_i \in (0, 1)$，D_i 越接近 1，协调度越高，互动良好，整体协同效应越佳。D_i 越趋于 0，表明子系统之间耦合无序、对抗竞争，区域发展严重失调，协同效应低下①，如表 3 所示。

表 3 耦合协调度阶段划分

协调阶段	耦合协调度	阶段细分	协调水平
低水平耦合阶段	0 ~ 0.3	0 ~ 0.2	严重失调
		0.2 ~ 0.3	中度失调
拮抗阶段	0.3 ~ 0.5	0.3 ~ 0.4	轻度失调
		0.4 ~ 0.5	濒临失调
磨合适应阶段	0.5 ~ 0.8	0.5 ~ 0.6	勉强协调
		0.6 ~ 0.7	初级协调
		0.7 ~ 0.8	中级协调
高水平耦合阶段	0.8 ~ 1	0.8 ~ 1	高度协调

资料来源：刘超、陈祺弘：《基于协同理论的港口群交互耦合协调度评价研究》[J]，《经济经纬》2016 年第 33（05）期，第 8 ~ 12 页。

（三）京津冀生态文明指数的分析评价

1. 生态文明指数评价

（1）发展指数——发展势头良好，北京最佳，天津次之，河北最低

发展指数不仅是对地区经济社会发展的衡量，也是生态文明持续发展的支撑源泉。从地区来看，北京市发展指数最高，天津市次之，最低的是河北省。从指数结构来看，不管是人均 GDP 指标、居民可支配收入指标，还是第三产业的发展指标、R&D 经费的支出指标，北京市都要大大优于天津市和河北省。从时间序列上，除天津 2013 年发展指数下滑外，京津冀三地发展指数呈逐年上升趋势（见图 1）。这种良好的发展态势，为三地生态文明建设提供了良好的发展条件。

① 郝玉柱、褚婷婷：《京津冀口岸发展协同度研究》[J]，《经济纵横》2017 年第 12 期，第 107 ~ 116 页。

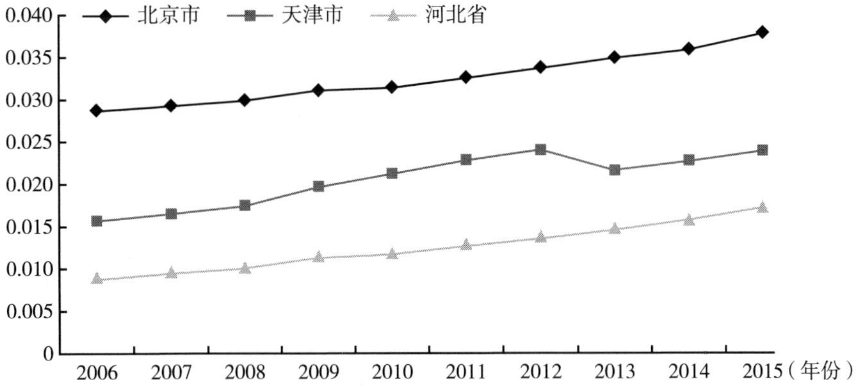

图 1　京津冀发展指数对比

资料来源：根据《中国统计年鉴》《中国环境统计年鉴》（2007～2017 年）整理。

（2）环境指数——北京、天津环境质量明显好于河北

环境指数是对地区环境质量的衡量。从地域上，北京在 2013 年开始超过天津，环境指数最高，其次为天津，与北京差距不大，最低的河北，2014 年环境指数最低时，仅为北京环境指数的 16.3%，与京津差距明显。整体上，环境指数呈波浪变动，京津冀三地环境质量都经历了好转、下降、再好转的波动过程，目前进入环境质量好转阶段。北京在 2009 年、2014 年达到两次峰值，表明此年份环境质量最好，2012 年跌至最低；天津在 2008 年达到峰值，2013 年为谷值；河北 2010 年达到峰值，2011～2014 年跌至谷底。从发展趋势上，北京、天津和河北分别从 2016 年、2014 年、2015 年开始环境指数升高，京津冀三地环境质量处于大幅改善状态（见图 2）。

（3）生态指数——北京、河北生态环境持续优化，且北京优于河北，天津最低，生态环境质量下滑后缓慢回升

生态指数反映的是生态环境的宜居程度。北京、河北生态指数明显高于天津，虽略有反复，但两地生态指数整体呈上升趋势。北京 2007 年生态指数现谷值，2009 年经历峰值，后不断上升，生态环境处于持续改善状态。河北 2010～2013 年生态指数几乎与北京持平，2014 年下跌，后回升，现低于北京，但差距在缩小。天津 2006 年、2007 年生态指数与河北基本

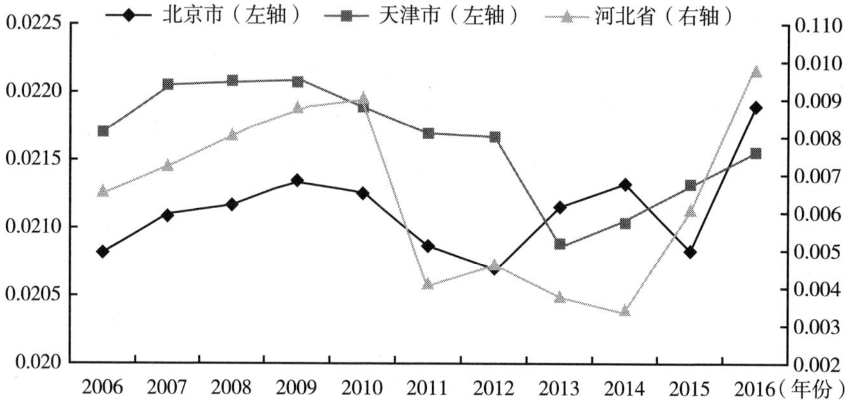

图2　京津冀环境指数对比

资料来源：根据《中国统计年鉴》《中国环境统计年鉴》（2007～2017年）整理。

持平，但此后生态环境质量不断下滑，2010年、2014年下跌幅度较大，后缓慢回升（见图3）。

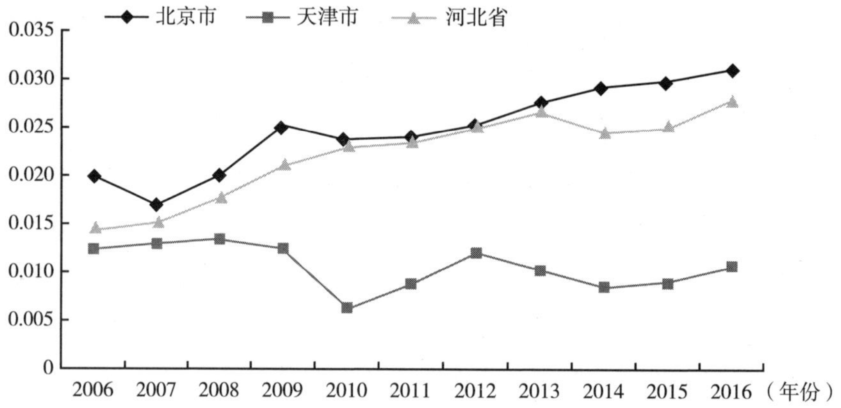

图3　京津冀生态指数对比

资料来源：根据《中国统计年鉴》《中国环境统计年鉴》（2007～2017年）整理。

（4）管治指数——北京管治最佳，呈上升趋势；天津、河北差距不大，有下降趋向

管治指数是对地区环境规制的力度与成效的反映。北京2014年开始超

过河北，管治指数最高，且呈上升趋势；河北的管治指数高于天津，两地均在2015年开始下降。三地环境管治指数变化较大，北京市管治指数先降后升，经历了2009～2011年的谷底之后在波折中上升，天津、河北则呈波浪式变动。两地在经历2014年管治峰值后，于2015年开始回落。环境管治方面呈现明显的地域差异（见图4）。

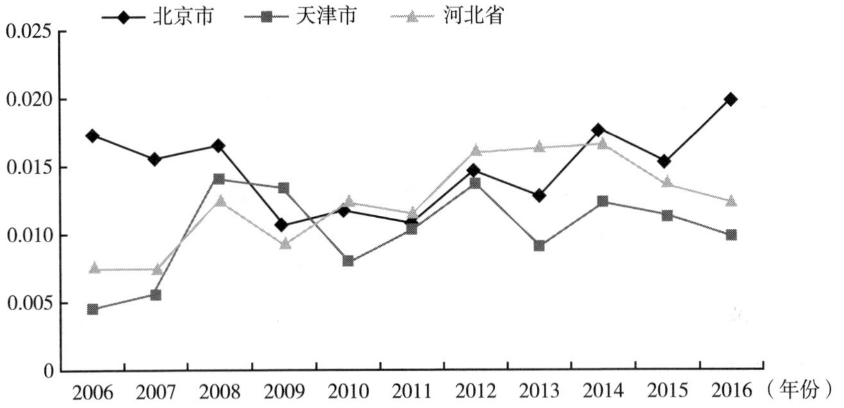

图4　京津冀管治指数对比

资料来源：根据《中国统计年鉴》《中国环境统计年鉴》（2007～2017年）整理。

（5）生态文明指数——北京稳步攀升，生态文明指数最高，天津次之，河北逐渐赶上并超过天津

从京津冀三地的生态文明指数看，三地整体上均呈上升趋势。其中北京市生态文明指数最高，天津市次之，河北省最低。北京、河北生态文明指数不断攀升，上升趋势明显。天津上升趋势不明显，与北京差距有拉大趋势，与河北的差距则不断缩小，2016年河北开始超过天津，其生态文明指数略高于天津（见图5）。

2. 生态文明耦合协调指数——区域协同程度仍有较大提升空间

生态文明建设在区域协同层面上的耦合协调度简称区域协同度，表征生态文明建设的区域协同发展耦合协调程度如何。京津冀区域协同度指数整体上呈不断增高趋势，表明京津冀之间合作在不断增强，协同发展趋势良好。但区域协同度介于0.3～0.4，处于拮抗阶段，且明显低于各地区的耦合协

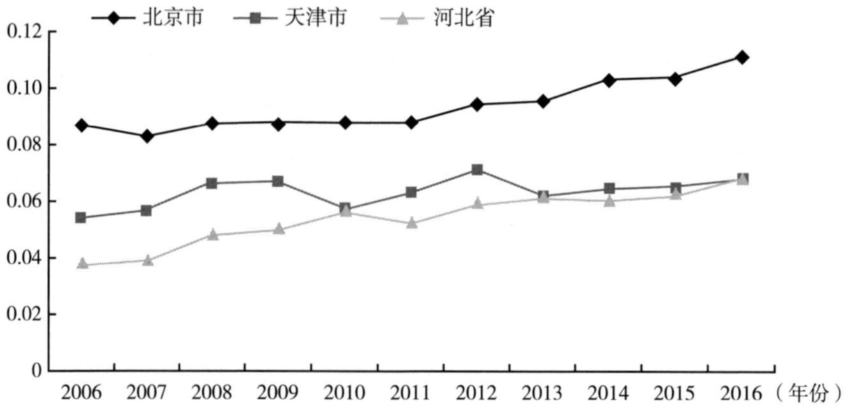

图 5　京津冀生态文明综合指数对比

资料来源：根据《中国统计年鉴》《中国环境统计年鉴》（2007～2017 年）整理。

调度，证明三地在生态文明建设上的协同程度轻度失调，协同发展水平仍有较大提升空间。

地区生态文明建设的耦合协调度反映地区内部经济—环境—生态—管治子系统之间的耦合协调程度如何。京津冀三地生态文明建设的耦合协调度均较低，其中北京市生态文明的耦合协调度最高，介于 0.4～0.6，基本上已进入磨合适应阶段，发展—环境—生态—管治子系统之间大多数年份已处于勉强协调水平；天津、河北则围绕 0.4 波动，属拮抗阶段，地区发展—环境—生态—管治子系统间的耦合协调程度呈现轻度失调或濒临失调，表明各部门之间合作互动较少，不利于地区整体发展。河北发展迅速，自 2014 年协调度持续增高，与天津差距逐渐缩小，2016 年超过天津。天津耦合协调度波动较大，且 2015 年、2016 年持续下降。

如图 6 所示，生态文明建设的区域协同度低于分地区的耦合协调度。京冀地区整体呈上升趋势，天津呈下降趋势，在时间序列上均呈现有规律的停滞、上升、再停滞、再上升趋势。每一个阶段的提升都建立在一定的积累基础上，表明生态文明的协同程度在不断增强，也表明生态文明建设的复杂性和艰巨性。

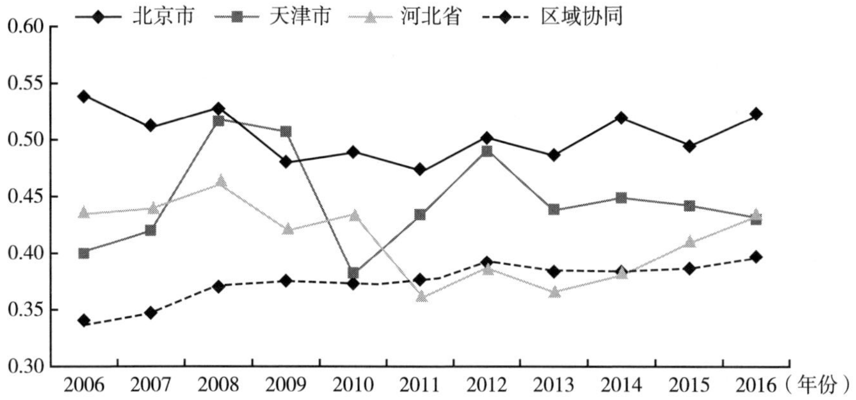

图 6 京津冀生态文明耦合协调指数对比

资料来源：根据《中国统计年鉴》《中国环境统计年鉴》（2007～2017 年）整理。

（四）小结

1. 整体上，发展势头良好

目前，京津冀生态文明建设和协同发展趋势良好，并取得一定进展。2006～2016 年，京津冀生态文明指数、生态文明建设协同发展的耦合协调度等指标持续增长，表明京津冀生态文明整体发展水平不断攀升，社会经济发展水平不断提高，环境保护与治理虽有波折，但进步较大，生态环境不断得到改善，管治力度不断增强、成效显著。同时，京津冀三地的空间协同程度不断提升。不管是京津冀三省市之间的空间协同，还是各省市发展—环境—生态—管治子系统之间的结构协同，耦合协调程度均有明显提升。

2. 生态文明发展不平衡，显露出空间不均衡特征

京津冀三地生态文明发展的地区差距明显，空间不均衡特征显露。北京生态文明状况最佳。不管是综合性的生态文明指数、生态协同程度，还是发展指数、管治指数和生态指数均领先于天津和河北。天津与河北生态文明指数相差无几，发展指数、环境指数天津高于河北，生态指数、管治指数天津低于河北。河北生态文明发展速度较快。尤其是河北生态文明建设的耦合协调程度越来越高，且发展速度最快，2016 年基本与天津持平。与北京、河

北相比，不管是生态文明指数，还是分项指标，天津进展都相对缓慢。

3. 生态文明区域协同初见成效，同时尚有提升空间

在区域协同层面上，京津冀生态文明协同发展不断增强，表明随着《京津冀协同发展规划纲要》等政策的实施，交通一体化等步伐的不断加快，京津冀之间合作不断增强，良性互动增加，联系更加紧密，协同发展初见成效。但是目前仍处于拮抗阶段，要实现真正意义上的协同发展还有较大提升空间。

4. 生态文明发展尚不充分

各地区生态文明建设的耦合协调程度普遍较低。耦合协调程度最高的是北京，尚处于勉强协调的磨合适应阶段，天津、河北耦合协调程度较低，处于濒临失调的拮抗阶段。证明各地区生态文明建设的整体发展水平不高。社会经济发展、环境质量、生态环境以及环境管治之间仍存在相互对立、竞争无序状况，整体发展混乱。发展—环境—生态—管治四个子系统间的关系达不到耦合协调的程度，区域资源也得不到有效配置，比较优势得不到充分发挥，区域更是无法得到充分发展，生态环境保护和污染治理工作也得不到加强。

二　京津冀生态协同建设的发展模式

2006～2016 年 11 年间，京津冀三地生态文明指数不断提高，区域内部、区域之间的耦合协调作用不断增强，且呈上升趋势。社会经济不断发展，生态环境、环境负荷以及管治成效都有不同程度的改善和提高。地区生态文明建设耦合协调程度不断增强，京津冀生态文明协同建设取得一定进展。区域协同发展生态文明建设水平得以提高，得益于京津冀在环境保护与机制设计等方面的实践，以及在实践过程中不断总结形成的发展模式。主要有：

（一）战略政策的顶层推进模式

2006 年至 2016 年 11 年间，京津冀生态文明指数、生态文明建设协同

发展的耦合协调程度等指标持续增长，且每一次的大幅提升均与国家区域政策的发布与实施有关。

为保证2008年北京奥运会成功举办，兑现绿色奥运的郑重承诺，环境保护工作上升到社会发展的战略高度。北京市专门制订《北京奥运行动规划生态环境保护专项规划》，国家环境保护部和北京、天津、河北、山西、内蒙古、山东6省区市成立了奥运空气质量保障工作协调小组，和北京、天津、河北共同制订《北京奥运会残奥会期间极端不利气象条件下空气污染控制应急措施》。2008年北京、河北、天津生态文明各指标较上年均有不同程度的增长，管治指数在2008年均达到峰值。同时北京、河北的环境指数和生态指数则继续升高，北京在2009年、河北在2010年达到峰值。奥运后效应依然显著。

2013年9月，国务院颁布并实施《大气污染防治行动计划》（简称“大气十条”），积极采取措施治理大气污染。这不仅是党中央、国务院推进生态文明建设、系统开展污染治理的重大战略部署，也是针对环境突出问题开展综合治理的首个行动计划。“大气十条”颁布实施后，2014年北京、河北、天津生态文明指数、环境指数、管治指数较上年均有不同程度的增长，管治指数在2013~2014年均由谷值升至峰值。

2014年京津冀协同发展成为重大的国家发展战略。2015年4月审议并通过的《京津冀协同发展规划纲要》中将生态环境保护工作列为优先突破的重点领域之一，并发布《中共中央国务院关于加快推进生态文明建设的意见》。9月，在中共中央办公厅、国务院办公厅印发的《关于在部分区域系统推进全面创新改革试验的总体方案》中，京津冀地区作为唯一的跨省级行政区域，被确定为八个试验区之一。国家政策高度支持京津冀的协同发展，到2016年京津冀生态文明协同发展指数增幅明显。

京津冀生态文明建设水平和协同发展水平的不断提高，离不开国家区域政策从顶层推进生态文明建设的有效支持。同时，生态文明建设任务艰巨，区域政策从战略层面推进生态文明建设具有一定的时间滞后性。

由此，历年来所推出的区域政策是中央政府发挥主导作用、协调京津冀各地区发展而采取的各种制度和举措，以解决市场在空间范围内资源配置失灵的问题。中央和地方政府为解决区域发展的重大问题，尤其是区域的均衡发展问题、绿色发展问题，以及区域生态环境的保护问题等，采取了一系列公共干预行为。

政策制度的顶层推进模式成为京津冀生态文明协同发展的主要推手和重要保障。从国家到京津冀三地政府在实践中不断摸索，出台了多项政策意见。各种指导意见、规划方案等为生态文明协同发展提供了战略方向；分级标准、行动计划则为生态文明协同发展过程进行了战略部署。这些与生态环境保护相关的法律和大量的生态、环境、资源方面的行政法规、地方法规、部委和地方行政规章等，为各级政府、企业、社会频繁互动合作提供了政策平台，为京津冀生态文明建设提供了有力的战略支撑、法律制度保障、资金支持。科学合理的发展政策推动了区域跨域治理进程，有助于加强京津冀区域间的协调和合作。

京津冀地区还不断完善财政补贴、以奖代补等多种形式的环境经济政策。实施燃煤电厂超低排放电价支持政策、燃煤锅炉清洁能源改造政策、促进老旧机动车淘汰更新方案、平原地区造林工程资金管理办法等环境保护政策，实行水环境区域补偿政策，促进各地政府加大投入、改善水环境质量。

（二）区域联防联控模式

严重的大气污染形势使京津冀地区对环境问题有了新的认识，只有三地开展区域协作，联手治理环境，才是科学、经济、高效的环保路径。自此，京津冀三地不断互动，形成独特的区域联防联控模式，生态文明发展水平得以持续提高。

1. 完善的区域联防联控机制

2008 年，京津冀第一次建立了三地协作基础上的大气污染区域联防联控机制。在国家环保部的指导支持下，京津冀在大气环境污染联防联控方面进行了诸多尝试和行动。尤其是奥运会筹备阶段后期启动了区域联动应急预案，停限产 1000 多家企业，确保了奥运会期间空气质量良好。

为解决区域持续性的雾霾肆虐等大气污染问题，2013 年颁布实施的《大气污染防治行动计划》，对各地重污染天气的监测预警体系、应急预案和应急措施等方面提出明确要求。2015 年京津冀进一步统一了重污染天气预警分级标准，在京津冀区域内实现了应急标准等级的统一、预警信息发布的统一、减排措施力度的统一、应急执法监管的统一。这种标准化行为，提高了京津冀区域环境污染治理的有效性和规范性。环保联防联控不断深化。

2. 不断扩展的联防联控领域

联防联控领域不断扩大。在大气污染防治协作基础上，京津冀地区不断推进水、土壤污染等更多领域的污染防治协作。继 2008 年大气污染联防联控初见成效之后，2014 年京津冀三地环保厅（局）签署《水污染突发事件联防联控机制合作协议》，京津冀区域开展水环境安全方面的联防联控。2015 年 11 月签署《区域环境保护率先突破合作框架协议》，确立大气、水、土壤污染防治为重点领域，通过重点领域率先联防联控，提高区域环境质量。之后，环境执法联动机制、机动车排放污染控制协同治理、水污染突发事件联防联控机制合作协议等有关文件也相继签署。

京津冀的环境保护、生态文明建设，不仅要在污染治理上联防联控，更应从生态角度主动合作。从“小环境保护”转向“大生态保育”，从大气污染防治走向水环境的保护、土壤修复、生态屏障的构建和维护，京津冀区域污染防治工作持续推进，并在实践中得到进一步深化。

3. 创新的联防联控模式

京津冀地区在长期的摸索过程中，形成了创新的联防联控模式。为更好地提高环境质量，达到更好的管治成效，京津冀以组织机构为抓手，以统一的污染防治等级标准等为依据，以重点领域的联防联控为率先突破的主战场，多区域多部门共同参与。从组织机构上，2014 年中央专门成立了京津冀协同发展领导小组和专家咨询委员会。其中领导小组是省部级层面之上的领导、协调机构，负责统筹联防联控各方，为区域管理制度层面的创新突破和区域生态环境的联防联控提供了协调机构和组织保障。在工作内容上，以

《京津冀协同发展规划纲要》为指导，牵头建立了京津冀大气、水、土壤等重点领域的污染防治协作机制，扎实推进区域环境污染治理、生态保护保育的联防联控。在区域协同上，统一重污染分级标准（如重污染天气预警分级标准），搭建区域信息共享平台，不断完善空气重污染预报会商和应急联动机制，以及河长制等水资源保护机制。在执法监督上，建立机动车污染防治区域协作专项机制，共同展开新车一致性检查，实施机动车排放违法行为异地处罚。

（三）新时代的区域协同模式

1. 动态的区域协同

2013 年，习近平在天津调研时提出，要加强京津合作，推动京津冀协同发展。2014 年，中央将京津冀协同发展上升到国家战略层面。同年国务院成立专门的京津冀协同发展领导小组以及相应办公室。2015 年 4 月，中共中央政治局会议审议并通过《京津冀协同发展规划纲要》，为推动京津冀协同发展提供了行动纲领和政策支持。

推出结对治污机制，共同发展。2016 年北京市投入 5.02 亿元支持保定、廊坊两市开展小型燃煤锅炉淘汰和大型燃煤锅炉治理。对推动京津冀地区环境质量的整体改善，起到较大的推动作用。天津主动承接非首都功能，2016 年与北京市签署建设滨海—中关村科技园合作协议，与河北省签署“1 + 4”合作协议，启动实施对口帮扶承德市工作，密切与京冀深度对接合作。全年引进京冀投资项目 2701 个，投资额 1994.09 亿元，占全市实际利用内资的 44.0%。区域协作不断深入。

2. 跨域的区域协同

在不能独善其身的“命运共同体”的共识下，京津冀地区生态文明建设上升到新的高度。不再局限于京津冀三地的生态文明建设，将周边山西、内蒙古、山东、河南等省份也纳入区域协同范围，在更大空间范围、更复杂的生态系统里进行生态文明建设的有益尝试。2017 年召开的京津冀及周边地区大气污染防治协作机制第十次会议，北京、天津、河北、山西、内蒙古、山东、河南等七省区市、56个市区县参加，共同致力于改善大气环境质量、解决突出大气环境问题，理顺整合大气环境管理职责，探索建立跨地区环保机构，深化京津冀及周边地区污染联防联控协作机制等。

不仅如此，在2016年联合国环境大会上，北京市与联合国环境规划署联合向全球发布《北京空气污染治理历程：1998～2013》报告，分享北京市大气污染治理工作成效与管理经验。与世界银行、亚洲开发银行合作，举办京津冀及周边地区空气质量管理政策国际研讨会，与意大利环境部、丹麦环境与食品部、美国加州环保局等签订了多项合作备忘录，定期组织技术交流培训、开展技术合作项目。

三　京津冀生态协同发展的优化机制与对策建议

京津冀生态文明指数研究结果表明京津冀生态文明协同发展仍存在不平衡、不充分等问题。针对这些问题，以“创新、协调、绿色、开放、共享”发展理念为指导，提出优化和创新京津冀生态文明协同发展的机制与建议。

（一）创新绿色发展机制

京津冀生态文明的区域协同水平和地区内部的耦合协调水平均有较大的上升空间，尤其是地区内部的耦合协调正处于拮抗阶段，存在轻度失调或濒临失调现象。社会经济发展、环境质量、生态环境以及环境管治之间的合作互补较少，相互作用较小。目前的京津冀协同发展研究和实践更多的讨论在交通、市场、生态环境保护等子领域的一体化或重点领域的率先突破，领域之间的协同合作或一体化尚需进一步探讨。京津冀区域协同发展应调适发展理念，将环境保护、环境管治与社会经济发展相结合，坚持绿色发展，满足“人们对美好生活的向往”，以促进区域整体的良性循环发展。坚持绿色发展，不仅是经济领域的一场变革，也将深刻影响地方政治生态和社会治理。要想实现绿色发展，需要不断地进行理念创新、产业和技术创新。

1. 绿色发展政策创新

2012 年党的十八大报告指出，应大力推进生态文明建设。着力推进绿色发展、循环发展、低碳发展，从源头上扭转生态环境恶化趋势，并写入党章。2017 年党的十九大报告指出，加快生态文明体制改革，建设美丽中国。其中“绿色”被提及 15 次，对绿色发展的重视程度可见一斑。

联合国环境规划署指出，绿色经济不是增长的负担，而是增长的引擎。环境投资能够对经济增长、均衡发展、扶贫减贫等做出贡献。政府是贯彻这一理念的强有力的制定者。京津冀政府应关注将绿色发展贯穿经济发展的始末，推动实施绿色经济发展的刺激方案和政策措施，以应对环境污染、生态退化、资源枯竭、经济衰退的多重危机。具体来说，应制定财税优惠政策、鼓励新能源、清洁生产、节能环保产业的发展；实施金融倾斜，利用政策性资金支持绿色产业、循环产业、环保产业发展；完善地方政府业绩考核标准制度，健全资源环境产权制度，实施环境标识与环境认证制度①。

2. 绿色产业升级

加快产业结构的转换、优化与升级是提高京津冀地区尤其是河北经济实力的关键所在，同时也是从根本上解决生态环境恶化的关键所在。应遏制产能严重过剩行业的盲目扩张，加大落后产能淘汰力度，引导过剩产能有序退出，调整优化能源生产和消费结构，严控化石能源消费增量，大力发展服务业和战略性新兴产业，加快兼并重组，优化产业布局。以发展潜力产品为突破口，通过择优扶强，重点培育，积极推广应用清洁生产等绿色技术，节能降耗，大力发展生态产业，改造提升传统产业。

配合北京非首都功能疏解战略、腾笼换鸟工程、雄安新区建设等的实施，天津、河北积极承接北京疏解产业，完成产业升级。制定产业发展规划，逐步淘汰高能耗、高污染的产业，大力发展节能减排的绿色产业，逐步形成绿色高效的产业结构形态。

---

① 郇庆治、李宏伟、林震著：《生态文明建设十讲》［M］，北京：商务印书馆，2014，第 244 ~269 页。

（二）创新区域均衡发展机制

发展的不平衡问题是京津冀地区协同发展的合作初衷，也是京津冀地区实现区域协同发展的难点与重点。北京的生态文明指数明显高于天津、河北，河北最低。2016年，北京市人均GDP是河北的近3倍。在高速发展的北京、天津北部，有河北省的22个国家级贫困县围绕着，形成环京津贫困带。尽管2018年河北省平泉市、平山县、青龙满族自治县、易县、盐山县、武邑县、阜城县、饶阳县、平乡县、威县、魏县11个国家贫困县（市）达到了贫困县退出标准，但相对贫困现象仍较普遍。经济发展悬殊、收入差距较大，区域协调的意愿降低，使得区域协同发展的进程缓慢，最终会伤害区域整体的发展。

区域协调发展，是要改变一枝独大的局面，打破路径依赖，实现整体的全面发展。发展过程中，注重更加均衡、更加全面。要想实现区域协调发展，前提就是要发挥市场机制的决定性作用，积极构建要素市场、资源市场、人才市场的一体化机制，探索污染治理与生态环境的市场机制，通过市场的调节作用，促进地区经济的均衡发展。

具体运作过程中，根据《京津冀协同发展规划纲要》，北京、天津、河北找准地位，发挥错位发展、产业联动、生态共享的协同发展机制。因地制宜，根据不同地区资源与生态环境特点，加强保护和整治，注重提高利用效益，确定不同的发展方向。北京着重于通过缓解大城市病问题、疏解非首都功能，引领京津冀地区产业结构的绿色升级，城镇体系的结构优化，基本公共服务的均等化等。以此为手段，从根本上解决生态环境的污染与破坏问题。河北重点在于实现资源资本化。明晰自然资源完整的产权和科学合理的价格，将资源转化为资产，实现对资源的市场化优化配置和有效转换，突出体现资源的价值增值，实现其经济效益、社会效益的最大化。天津寻求差异定位，积极主动融入，加强与北京、河北的联动，尽早实现同城化发展，加强与京冀的产业对接转移，优化产能，加快发展科技型企业，加大对生态环境的整治力度。

区域协调发展不仅是区域单元之间的协同发展，更是区域单元的协调发展。各个区域单元的社会—环境—生态—管治四个子系统之间的良性互动、协调共进机制是京津冀地区实现协同发展的重要内容。京津冀地区应明确资源环境的价值，以科技为支点，充分发挥制度、市场的激励与约束作用，创新管理体制机制，推动经济发展与环境保护良性互动，真正实现绿色发展。

（三）探索共建共享发展机制

从经济学角度看，生态环境作为公共物品，是区域共有、共享，也应共同参与、共同建设、共同发展的社会福利产品。应积极探索打造京津冀地区区域生态文明共建共享的发展机制。

共享共建发展，注重的是更加公平、更加正义。坚持共享共建，就是着力增加社会福利，解决社会公平正义问题。河北省作为京津冀生态环境支撑区，规划核心工作是积极改善大气、水、土壤和城乡环境，加快建设区域生态屏障，强化资源节约和综合利用，推进京津冀生态建设联动等，为京津冀区域可持续发展提供保障①。

为激励河北更好地完成规划任务，应破除实现社会公平正义的体制机制障碍，增进市场要素、人才、能源在本区域内的自由流动，减小区域间的收入差距，为生态文明建设提供发展动力。同时建立自然资源资产产权制度。明确各类自然资源产权主体权利，加快自然资源资产交易平台建设，构建权责明确的自然资源产权体系。改进资源利益分配格局，提高资源利益格局的合理性。建立京津冀一体化的碳排放交易市场、排污权交易市场，创新开发排污权抵押融资等绿色金融产品，实现充分发挥市场机制作用以较低成本完成节能减碳目标的重大体制创新。通过建立区域性碳排放、排污权交易市场，完善环境权益交易市场、丰富融资工具。打造京津冀一体化，坚持共享共建，是京津冀协同发展的出发点和落脚点。

---

① 张广昭、陈振凯：《五大理念的内涵和联系》［N］，人民网－人民日报海外版，2015 年 11 月 12 日。

充分利用互联网、物联网和大数据技术，设计生态信息共享机制，建立京津冀及周边地区污染防治信息的共享平台，实现区域空气质量、重点污染源排放等信息实时共享；建立大气、水、土壤等重点领域的污染防治协作机制，建立京津冀及周边地区水污染应急联席制度和信息通报机制，打造水污染突发事件长效协作机制；推进区域污染共同治理，发布实施推进成品油质量升级、推进电能替代、淘汰落后产能等政策文件。加快推进重点领域污染减排，继续加强燃煤污染治理，加大机动车污染控制，进一步淘汰落后产能。

（四）建立市场化多元化生态补偿机制

《京津冀协同发展规划纲要》中明确京津冀地区为全国生态修复环境改善示范区，河北环绕京津，生物多样性丰富，是京津地区的重要生态腹地。京津冀协同发展规划纲要将其定位为京津冀生态环境支撑区。为充分发挥生态功能，河北省专门制订《河北省生态环境支撑区规划》。河北省张家口市是典型案例。张家口因其特殊地理位置和生态环境，成为首都水涵养功能区和生态环境支撑区，为北京提供优质水源和空气，张家口为此已关闭污染企业600多家，停产治理300多家；累计退耕还林431.6万亩，占全市耕地总面积的1/4以上；发展太阳能、风能等清洁新能源，建立国家级可再生能源示范区。生态环境明显改善的同时，由于产业发展路径尚不明确，社会收入受到影响，经济发展水平较低。尽管冬奥会的举办会对当地经济产生一定的积极影响，但是保护生态环境的行为如果得不到有效激励，会限制生态环境保护工作的开展，也会阻碍区域均衡发展。河北环绕北京、天津的大多数县市均承担着这样的生态使命。

《国家重点生态功能区县域生态环境质量考核办法》（环发〔2011〕18号）、《国家重点生态功能区转移支付办法》（财预〔2014〕92号）明确了中央政府对重点生态功能区进行引导性补助。但是国家补偿标准偏低，而且协同发展区域的兄弟地方政府对生态功能区的补助援助进展缓慢。

目前，京津冀地区已达成同呼吸、共责任、齐努力的社会共识，认识到生态环境的保护绝不是一地所能作为的，而是需要大家的共同努力。跨区域的生态补偿是解决此类问题的最直接有效的手段。北京、天津与河北积极探索完善跨区域碳排放交易、跨界流域补偿等横向补偿机制，但大多都是临时性政策，京津冀亟须建立科学合理的生态补偿机制，把临时性补偿固化为符合市场规则的长效制度。

要想更好地保护环境，更高质量地提供生态公共物品，应设计符合双方意愿的、量化可行的生态补偿机制。京津冀亟须根据市场原则，革新现有的生态补偿标准，并推进生态补偿机制长效化。应研究建立自然资源和生态环境统计监测指标体系，探索定量化的自然资源和生态环境价值评价办法。让生态受益者支付相应的生态补偿费用，生态保护方得到补偿；同时对生态环境破坏者进行处罚，从而激励人们保护生态环境，实现社会公平公正。鼓励生态受益地区与保护生态地区、流域下游与上游通过资金补偿、对口协作、产业转移、人才培训、共建园区、生态移民等方式建立横向补偿关系。充分考虑市场供求、资源稀缺程度、资源的生态价值、代际公平等问题，建立科学合理的资源和环境有偿使用制度以及补偿制度。探索区域政府购买生态服务，农户保护生态环境、田园风光和古村镇风貌的补偿方式；完善环境改善与生态建设的奖励机制；试验开发权有偿转让，城市结对，与先进城市共同开发的补偿转让机制等。同时，应推进京津冀生态补偿型产业合作，这样既可以改善京津冀生态环境，也能减小区域间收入差距。

四　结论

（一）研究方法

首先，本研究以创新、协调、绿色、开放、共享五大发展理念为指导，遵循科学性、完整性、目标性、导向性、动态性和可操作性原则，选取科学可靠、代表性强、可操作的指标，确立生态文明指数，并通过发展指数、环境指数、生态指数和管治指数四个分项指数，量化评估地区经济社会发展、环境负荷、生态系统活力、管治成效四个子系统，构建科学、合理、全面的生态文明评价指标体系。

其次，为完善协同发展理论，量化区域协同和区域内部的发展协调程度，研究引入物理耦合理论，分析京津冀区域协同的耦合协调程度，以及省市社会—环境—生态—管治子系统之间的耦合协调程度。模型既反映了区域协同的整体协调程度，也反映了区域单元的协调发展水平，综合反映了区域生态文明发展是否均衡，是否充分，为跨区域的空间整合与内部机制优化提供依据。所得结论真实全面地反映了京津冀三地的生态文明建设状况。

（二）主要结论

作为区域整体协同发展改革引领区、生态修复环境改善示范区等，京津冀地区在长期的生态文明建设过程中积累了大量的实践经验，形成了独特的发展模式。在战略部署上，发挥顶层推进优势，形成了国家政策从战略层面逐步推进区域协同的发展模式；在可持续发展框架下，形成了从动态、跨域角度促进区域协同发展的创新模式；以及高效高质高起点地坚持区域联防联控的保护模式。

同时京津冀生态文明协同发展还存在不平衡不充分等问题。在此基础上提出创新绿色发展机制，区域均衡发展机制，市场化、多元化生态补偿机制，以及生态共享共建机制，以实现协同发展、促进融合、增强合力的要求。京津冀生态文明协同发展是一项动态的复杂机制，未来研究将持续追踪，深入分析。

参考文献

[1] 彭向刚、向俊杰：《中国三种生态文明建设模式的反思与超越》[J]，《中国人口·资源与环境》2015 年第 25（03）期，第 12 ~ 18 页。

[2] 申曙光：《生态文明及其理论与现实基础》[J]，《北京大学学报》（哲学社会科学版）1994 年第 3 期，第 31 ~ 37、127 页。

[3] 王会、王奇、詹贤达：《基于文明生态化的生态文明评价指标体系研究》[J]，《中国地质大学学报》（社会科学版）2012 年第 12（03）期，第 27 ~ 31 和第 138 ~ 139 页。

[4] 张文彬：《从国际合作视角看如何构建生态文明社会》[J]，《理论导刊》2013 年第 2 期，第 109 ~ 112 页。

[5] 杨开忠：《哪个省的生态更文明？——中国各省区市生态文明水平大排名》[J]，《中国经济周刊》2011 年第 12 期，第 34 ~ 39 页。

[6] 杨开忠：《谁的生态最文明——中国各省区市生态文明大排名》[J]，《中国经济周刊》2009 年第 32 期，第 8 ~ 12 页。

[7] 王红茹：《哪个省份生态更文明?》[J]，《中国经济周刊》2014 年第 25 期，第 52 ~ 57 页。

[8] 成金华、李悦、陈军：《中国生态文明发展水平的空间差异与趋同性》[J]，《中国人口·资源与环境》2015 年第 25（05）期，第 1 ~ 9 页。

[9] 程松涛：《关于我国生态文明发展水平的空间差异分析与趋同性探讨》[J]，《改革与开放》2016 年第 24 期，第 19、21 页。

[10] 顾勇炜、施生旭：《基于 PSR 模型的江苏省生态文明建设评价研究》[J]，《中南林业科技大学学报》（社会科学版）2017 年第 11（1）期，第 21 ~ 26 页。

[11] 郇庆治、李宏伟、林震：《生态文明建设十讲》[M]，北京：商务印书馆，2014，第 244 ~ 269 页。

[12] 张贵祥、陈润羊、胡曾曾、冯军宁：《京津冀生态文明指数研究》，载《京津冀发展报告（2017)》，社会科学文献出版社，2017，第 73 ~ 94 页。

B.5
京津冀财税制度创新的机制与模式研究

杨全社　李林君　刘叶莎*

摘　要： 财税政策是政府配置资源的基本手段。创新财税制度是京津冀三地政府打破行政分割，形成合力，加速实现一体化的重要推进器和基本保障。本研究首先对财政推进京津冀协同发展的作用机制进行了分析，指出三地政府财政要通过联合提供区域性公共产品加快区域一体化进程。其次，对推进区域协同的财政制度创新机制构建与主要模式演进过程做了深入的分析。从2014年开启京津冀协同发展进程以来，财税制度创新的机制和模式可以归纳为：一是中央政府主导强力推进的财税制度创新机制与模式；二是北京市主导的“双边合作”财税制度创新机制与模式；三是京津冀三地合作共建的财税制度创新机制与模式；四是河北省创新财政资金统筹管理机制与模式。在这四种机制和模式的基础上，中央和京津冀三地政府充分利用国内外债券和资金市场，发行债券和争取国外贷款，加大资金投入。同时创新政府投资方式积极探索市场化运作模式，充分利用财政的杠杆机制，发挥市场力量，推动各类资源要素在京津冀三地的流动，推动了一体化的快速发展。京津冀在中央政府的领导下，财税制度创新的机制和模式已初步形成。但是目前财税制度创新的机制与模

* 作者简介：杨全社，首都经济贸易大学财税学院教授，研究方向：财政税收；李林君，首都经济贸易大学财税学院讲师，研究方向：财政税收；刘叶莎，首都经济贸易大学财税学院硕士研究生，研究方向：财政税收。

式还需进一步完善，以推动财税制度不断创新，进一步增进三地协同发展效应，提高发展绩效。最后，针对上述问题，提出了相应的政策建议。

关键词： 京津冀 财税制度 创新 机制与模式

财政具有配置、分配与稳定三大职能。① 党的十八届三中全会提出，“财政是国家治理的基础和重要支柱”。2014 年 2 月 26 日习近平总书记在北京主持召开京津冀协同发展工作座谈会，标志着京津冀协同发展上升为国家重大战略。京津冀协同发展的关键在于打破一亩三分地的思维定式，形成参与各方的利益共同体。当前，京津冀三地政府为本辖区内居民提供公共产品面临的巨大财政压力以及追求各自的税收最大化的行为导致跨行政区公共产品供给匮乏、三地居民收入差距日趋拉大。因而，应从区域管理制度层面进行创新，从京津冀协同发展的视角而非各自行政区视角来设计激励相容的财政和税收制度，推动财税体制及机制创新，充分发挥财政这只“有形之手”在资源配置方面的职能，进而实现京津冀三地政府合作，形成发展共赢的局面。

一 理论基础与概念界定

在市场经济条件下，地方政府作为一个行政区域利益的代表，与市场经济中的其他行为主体一样，也在追求地方行政区域的利益最大化，以满足辖区内居民对公共产品的需求。因此，地方政府各自为政、行政分割的局面在所难免。为破解这一难题，往往需要进行顶层设计，统筹协调下一级地方政

① 〔美〕理查德·A. 马斯格雷夫（Richard A. Musgrav）等著《财政理论与实践》［M］，邓子基、邓力平译校，北京：中国财政经济出版社，2003 年 3 月。

府之间的竞争与合作关系；或者在多中心治理的格局下，创新政府间合作协商的财税制度体系，联合提供跨越行政区域的区域性公共产品。

（一）区域性公共物品与财税体制创新的理论分析

1. 区域性公共物品的供给和成本分担机制分析

区域合作与一体化（RCI）的效果可以通过区域合作与一体化过程中生产的区域性公共物品的数量和质量衡量（Devlin and Estevadeordal，2002）。图 1 显示了京津冀区域性公共产品最优供给和成本分担机制。在协调和成本分摊的情况下，区域性公共产品提供的总数量 Q_4 与总价格 P_4 相对应。这是区域性公共产品供应的最优或期望级别，在这一交点区域性公共产品供应的边际成本等于三地愿意为此付出的价格之和。如果没有这样的协调，河北与北京的公共产品数量将分别为 Q_3 和 Q_2，天津则会产生“搭便车”的行为（因为在平衡时，它的需求只有 Q_1），从而导致区域性公共产品的次优或不足。

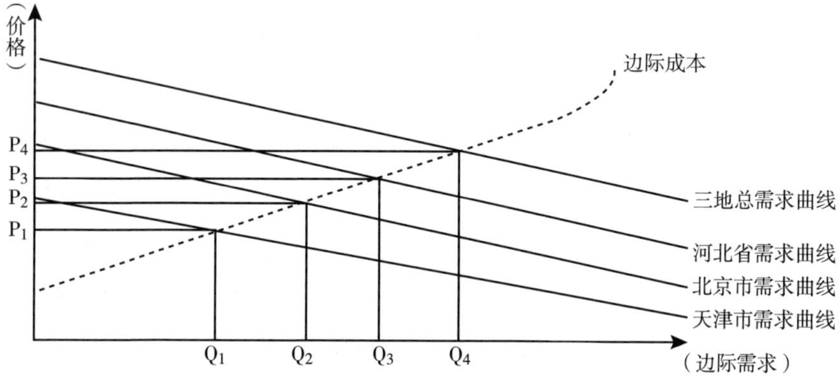

图 1　京津冀区域性公共产品最优供给和成本分担

2. 区域一体化的不同阶段对区域性公共物品需求的影响

Friedmann，John（1966）指出，区域一体化一般包含四个阶段。第一阶段是商品贸易一体化，第二阶段是要素一体化，第三阶段是政策一体化，第四阶段是区域完全一体化，即所有贸易、要素和政策在区域内实现统一。[①] 由于在不同发展阶段，对区域性公共产品的需求也不一样，因此，需要根据一体化的不同阶段，设计不同的公共产品供给政策。在商品贸易一体化阶段，区域性公共产品的供给应重点推动取消限制商品自由流动的各项措施；在要素一体化阶段，应重点推动要素的自由流动；在政策一体化阶段，应重点推动区域内政策的协同和政策融合。

3. 京津冀区域财税制度创新的策略分析

推进京津冀协同发展，其区域性公共产品的供给顺序为：首先，推动交通一体化、生态环保、区域经济发展等领域公共产品的供给，其次，再逐步推动公共政策的一体化。据此来确定不同时期公共产品的成本分担和融资机制。京津冀一体化过程中财政税收制度的设计和安排就是要针对不同类型的区域性公共产品，设计出不同的财政收入和财政支出制度，形成不同的筹资和支出模式，从而提供各种不同类型的公共产品，降低交易成本，为各类要素的自由流动创造条件，推动京津冀区域一体化不断走向纵深。

（二）概念界定

1. 京津冀公共产品的概念界定

区域性公共产品是指受益范围超越了单个行政管辖区域，为跨区域居民共同需要的公共产品。京津冀区域性公共产品就是指受益范围超越了京津冀三地各自行政管辖区域，为本地区以及其他一个或者两个区域居民共同需要的公共产品。毫无疑问，京津冀区域性公共产品也具备一般公共产品的特性，即非竞争性和非排他性两种基本属性（萨缪尔森，1971）。除了通常意义上有形公共产品之外，费罗尼（1999）指出，根据公共产品的性质、规则和标准，基础设施、公共部门制度、产权和政治以及社会凝聚力都是社会

① Friedmann, John (1966). *Regional development policy: a case study of Venezuela*. M. I. T. Press, Cambridge, Mass.

发展所需的公共产品。本文定义的京津冀公共产品就包括了有形的公共产品和费罗尼所界定的无形的制度性公共产品。

2. 京津冀区域性公共产品的划分

根据以上对区域性公共产品的界定，京津冀区域性公共产品主要包括以下四类：

一是京津冀区域纯公共产品。即具有严格公共性的产品，其利益具有完全的非竞争性和非排他性，也就是说，京津冀区域内的每个公民基于其公民身份都可以无偿享用的公共产品。这类公共产品包括：京津冀协同发展规划、京津冀协同发展的各类社会经济管理制度、京津冀区域基本医疗服务等。

二是京津冀区域俱乐部产品。即一般不具有消费的竞争性但通过一定的制度安排可以排除区域内其他人对该产品的消费的产品，也就是说，可以通过一定的技术将消费该产品的成员限制在京津冀这一特定的区域范围以内。这类区域性公共产品具有部分的公共性，其外溢性仅限于特定区域范围内的公民。因此，区域俱乐部产品不一定必须由政府财政来支持，可以根据“利益原则”通过向该产品的实际受益者收费来获取支持。这类产品包括有线电视、交通网络、通信网络、电力输送等。

三是京津冀区域公共资源。即具有消费的竞争性但没有排他性的物品。从现实的视角出发，将区域公共资源视为具有部分公共性的区域性公共产品。这类产品包括京津冀的环境、森林、公共渔场等。

四是京津冀区域混合产品。即区域内同时具有公共产品性质和私人产品性质的产品。随着市场经济的发展和社会自主性的不断提高，很多传统意义上需要政府提供的区域性公共产品现在可以通过市场主体和公民自组织提供，如由私人投资建设的跨越不同主体管辖范围的道路、桥梁等。

二　财税制度创新的主要机制与模式

伴随着国家层面的财税改革，京津冀财税制度创新由政府主导的外生创新模式逐渐向市场推进的内生创新模式转变。京津冀财税制度创新主要体现为如下几种模式。这些模式在时间上同时存在，有所重叠，但是各自都有较为明显的特征。

（一）中央政府主导强力推进的财税制度创新机制与模式

囿于京津冀协同发展初期三地政策分割，协调机制不畅的缺陷，中央政府主导强力推进的财税制度创新机制和模式是利用中央政府超脱三地政府利益的独立性以及权威性，由中央政府提供京津冀三地政府无力或者在原有体制下无法通过协商提供的京津冀区域性公共产品。这类公共产品主要是费罗尼所界定的无形的制度性公共产品，包括京津冀区域的各类规划纲要和工作协调机制等。

1. 中央财政支出用于京津冀区域行政管理类公共产品的供给。这类公共产品包括如下内容：

一是成立京津冀区域性公共产品供给的领导机构。2014 年 3 月 5 日，政府工作报告将“加强环渤海及京津冀地区协同发展”列为当年重点工作内容。2014 年 8 月，中央成立京津冀协同发展领导小组以及相应办公室，由时任中央政治局常委、国务院副总理张高丽担任小组组长。

二是编制京津冀区域性公共产品供给规划纲要。2014 年 4 月 9 日，国家发展和改革委员会着手编制首都经济圈一体化发展规划。发改委、交通部联合制定了《京津冀交通一体化总体规划》。2014 年 6 月，京津冀及周边地区大气污染防治协作小组办公室印发《京津冀及周边地区大气污染联防联控 2014 年重点工作》。2015 年 4 月，中共中央政治局召开会议，审议并通过了《京津冀协同发展规划纲要》。2014 年 5 月，海关总署出台《京津冀海关区域通关一体化改革方案》，设计了主要工作框架：建设一个中心，搭建四个平台，实现京津冀海关区域通关一体化。在“一中心，四平台”框架下，京津冀三地海关在保税监管、打击走私、企业管理、企业稽查等相关工作领域，协调推进相关配套改革。①

---

① 中华人民共和国海关总署网站，http：//www. customs. gov. cn/publish/portal0/tab49564/info706219. htm。

2. 中央财政通过转移支付为京津冀区域性公共产品供给提供资金支持

中央政府加大了对河北省一般性转移支付的力度，以缩小河北省与京津两地的财政收入和发展差距。此外，针对京津冀区域环保压力较大的实际情况，通过增设专项转移支付，提供京津冀环保治理这一特殊的区域性公共产品。

一是中央加大对河北省的一般性转移支付力度。2015 年中央对河北省转移支付资金 2221.1 亿元，比 2014 年增长 9.3%，超过全国平均增幅 0.5 个百分点，其中：均衡性转移支付 358.9 亿元，增长 28.5%，增幅为全国第一。① 2016 年中央转移支付对河北省转移支付 2448.5 亿元，比 2015 年增加 188.1 亿元。②

二是中央对京津冀地区增设专项转移支付项目。2013 年 10 月，鉴于京津冀及周边区域大气污染治理的严峻形势，中央财政安排 50 亿元，全部用于该区域的大气污染治理，重点向河北省倾斜。③ 2016 年，财政部把河北省列入资源能源型省份补助范围，河北省获得补助资金 11 亿元。④ 河北省使用中央大气污染防治资金 40.1 亿元，占全国总量的 35.9%。2016 年 9 月 6 日，国家发展改革委、中央组织部、工业和信息化部、财政部、人力资源和社会保障部、环境保护部等六部门共同研究制定了《京津两市对口帮扶河北省张承环京津相关地区工作方案》，⑤ 该方案明确要求对河北省受帮扶县区经济社会发展，在制定行业专项规划和政策时，予以倾斜支持。⑥ 2017 年

---

① 《河北省 2015 年预算执行情况和 2016 年预算草案的报告》，http：//www.mof.gov.cn/xinwenlianbo/hebeicaizhengxinxilianbo/201602/t20160215_ 1694398.html。

② 《河北省 2016 年预算执行情况和 2017 年预算草案的报告》，http：//www.cfen.com.cn/sjpd/czzx/201703/t20170317_ 2559732.html

③ 《50 亿治污大手笔京津冀三地委员共商怎么用》，凤凰网，http：//hebei.ifeng.com/news/zbc/detail_ 2013_ 11/13/1458882_ 0.shtml? _ from_ ralated。

④ 《河北省 2016 预算执行情况和 2017 年预算方案报告》，河北财政信息网，http：//www.hebcz.gov.cn/root17/zfxx/201701/t20170124_ 263746.html。

⑤ 中国政府网，http：//www.gov.cn/xinwen/2016－11/10/content_ 5130904.htm。

⑥ 《京津两市对口帮扶河北省张承环京津相关地区工作方案》，中国政府网，http：//www.gov.cn/xinwen/2016－11/10/5130904/files/f94a21fa11134a8a9ea1c8f6fb2a909e.pdf。

8月，财政部（财预〔2017〕126号）明确中央对地方重点生态功能区转移支付办法将京津冀协同发展纳入了转移支付的范围。①

3. 制定京津冀税收一体化政策为区域性公共产品供给创造良好税收环境

一是完善组织架构加强税收统筹协调。2014年7月15日，国家税务总局成立了京津冀协同发展税收工作领导小组，对京津冀税收工作协同推进进行了顶层设计，具体措施包括建立三地互认的政策管理制度，信息共享交换、涉税争议协调机制等。② 同时制定并审议了《京津冀协同发展税收工作领导小组工作方案》（以下简称《方案》）。《方案》对领导小组的职责范围做了明确的规定：首先，负责贯彻落实党中央、国务院以及国家税务总局关于推进京津冀协同发展的重大决策部署和政策措施；其次，要配合有关部门，组织研究推进京津冀协同发展的相关税收政策；最后，要组织指导并统筹协调京津冀协同发展的税收政策、征管措施、纳税服务、信息共享以及争议处理等重大事项。

二是创新税收政策推动区域内产业转移。2015年6月3日，财政部、国家税务总局制定了《京津冀协同发展产业转移对接企业税收收入分享办法》（财预〔2015〕92号）（以下简称《办法》）。《办法》首先对“三税”的分享范围作了规定：京津冀三地由迁出地区政府主导、符合迁入地区产业布局条件且迁出前三年内年均缴纳“三税”［包括增值税、企业所得税、营业税三税地方分成部分（以下简称“三税”）］大于或等于2000万元的企业，纳入分享范围。其次，《办法》规定以迁出地区分享“三税”收入达到企业迁移前三年缴纳的“三税”总和为上限，达到分享上限后，迁出地区不再分享。③

（二）北京市主导的“双边合作”财税制度创新机制与模式

北京市在京津冀一体化过程中处于龙头地位，以疏解非首都核心功能为

① http：//www. gov. cn/xinwen/2017 -09/06/content_ 5222928. htm。

② 税务总局：《京津冀协同发展税收工作领导小组成立》，http：//www. gov. cn/xinwen/2014 -07/18/content_ 2720141. htm。

③ 财政部预算司网站，http：//yss. mof. gov. cn/zhengwuxinxi/zhengceguizhang/201506/t20150623_ 1259817. html。

“牛鼻子”，不断加大对交通、生态、产业协同发展等区域性公共产品供给的财政支持力度，形成了北京市主导的“双边合作”财税制度创新机制与模式。

1. 北京市与河北省的双边合作及财税制度创新

首先，北京市与河北省通过双边合作，提供跨区域规划以及公共管理类公共产品。2014 年 7 月，京冀双方签署了七项协议，推动区域协同发展。[①] 这些协议包括：《共同打造曹妃甸协同发展示范区框架协议》、《共建北京新机场临空经济合作区协议》、《共同推进中关村与河北科技园区合作协议》、《共同加快张承地区生态环境建设协议》、《交通一体化合作备忘录》、《共同加快推进市场一体化进程协议》和《共同推进物流业协同发展合作协议》。其次，北京市通过设立各类基金，加大对京冀协同发展的支持力度。2014 年北京投入 25.0 亿元设立京冀协同发展产业投资基金（2014 ~ 2018 年共计 100 亿元），为北京市外迁企业入驻河北产业园区提供综合服务。投入 17.5 亿元，用于新机场重点项目拆迁，落实京津冀协同发展战略任务。[②] 2015 年，北京市加大力度，促进优化区域协同发展格局。持续注资北京京冀协同发展产业投资基金，支持设立曹妃甸、首钢园区等子基金，发挥财政资金的杠杆效应，累计撬动社会资本 108 亿元。在推动非首都功能疏解方面投入 63.2 亿元。为 326 家一般制造和污染企业关停退出提供了财政补助。[③] 2016 年，北京市再次增资京冀协同发展产业投资基金，依托曹妃甸发展子基金，为唐曹高速公路建设、曹妃甸工人医院 PPP 项目和朗泽新能源项目的实施提供资金支持。[④] 2017 年，北京市推动京津冀协同发展项目 62 项，包括城市副中心、非首都功能疏解、交通一体化及冬奥会冬残奥会设施项目，共完成投资 568.5 亿元。[⑤] 最后，北京市加大对河北省横向转移支付力度。2016

---

① 《京冀签署共建曹妃甸协同发展示范区等 7 项协议》，河北省人民政府网站，http：//www.hebei.gov.cn/hebei/10730489/10761139/11726988/index.html。

② 《北京市 2014 预算执行情况和 2015 年预算方案报告》。

③ 《北京市 2015 预算执行情况和 2016 年预算方案报告》。

④ 《北京市 2016 预算执行情况和 2017 年预算方案报告》。

⑤ 北京市人民代表大会网站，http：//www.bjrd.gov.cn/xwzx_1/xwkx/yfly/201801/t20180119_178936.html。

年9月6日，国家发展改革委、中央组织部、工业和信息化部、财政部、人力资源和社会保障部、环境保护部六部门共同研究制定了《京津两市对口帮扶河北省张承环京津相关地区工作方案》。[①] 在相关保障措施中，明确要求北京市对口帮扶资金平均每年不低于5亿元。[②]

在中央设立雄安新区后，北京加大对雄安新区建设的财政投入力度，与河北省共同提供雄安新区辖区范围内的公共产品。2017年8月，北京市和河北省签署《关于共同推进河北雄安新区规划战略合作协议》（以下简称《协议》）。北京将在工作机制、科技创新、交通、生态、产业、公共服务、规划、干部人才交流8个重点合作领域，支持雄安新区的建设。2017年，两省市定期协商推动三重一大项目落地。北京配合雄安规划编制城市设计；设立“雄安中关村科技园区”，中关村政策全覆盖；在总规模500亿元京津冀协同发展基金内，设立雄安双创子基金；建设京雄铁路、京石城际、固保城际、直连高速路；华夏银行设立雄安分行；北京市五家国企进入雄安，为雄安服务，包括中关村发展、京能、排水集团、环卫集团、自来水集团；由北京在雄安投资建设高水平的幼儿园、小学、完全中学、综合医院各一所，移交给雄安后，由北海幼儿园、史家胡同小学、北京四中、宣武医院提供办学办医支持；由北京市妇产医院、市疾病预防控制中心、市卫生计生监督所等，为雄安提供对口支持；环保领域联防联控、区域协作、保护白洋淀。[③]

2. 北京市与天津市的双边合作及财税制度创新

北京市与天津市主要通过双边合作，提供跨区域规划以及公共管理类公共产品。2014年8月，北京市和天津市分别就贯彻落实京津冀协同发展重大国家战略，推进实施重点工作，共建滨海—中关村科技园，加强环境保护合作，加强推进市场一体化进程，共同推进天津未来科技城京津合作示范区

① 中国政府网，http：//www.gov.cn/xinwen/2016－11/10/content_5130904.htm。

② 《京津两市对口帮扶河北省张承环京津相关地区工作方案》，中国政府网，http：//www.gov.cn/xinwen/2016－11/10/5130904/files/f94a21fa11134a8a9ea1c8f6fb2a909e.pdf。

③ 《2018年北京市政府工作报告》，http：//www.sohu.com/a/218740010_161623。

建设以及交通一体化合作，签订了相关协议和备忘录。① 根据这些协议和备忘录，京津两地加大财政投入，提供各类公共产品，推进双边合作。

3. 天津市与河北省的双边合作及财税制度创新

首先，天津市与河北省通过双边合作，提供跨区域规划以及公共管理类公共产品。2014 年 8 月 24 日，天津市与河北省签署了津冀四项协议一个备忘录：《加强生态环境建设合作框架协议》、《推进教育协同发展合作框架协议》、《共同打造冀津（涉县·天铁）循环经济产业示范区合作框架协议》、《推进区域市场一体化合作框架协议》和《交通一体化合作备忘录》② 其次，通过双方共同出资，合作提供基础设施类公共产品。2014 年 8 月 24 日，由河北港口集团与天津港集团共同出资 20 亿元（双方各出资 50%）组建的渤海津冀港口投资发展有限公司正式揭牌成立，主要负责天津及河北区域内港口项目的投资运营与管理。③ 最后，天津市加大对河北省横向转移支付力度。2016 年 9 月 6 日，国家发展改革委、中央组织部、工业和信息化部、财政部、人力资源和社会保障部、环境保护部六部门共同研究制定了《京津两市对口帮扶河北省张承环京津相关地区工作方案》④ 在保障措施中，明确要求天津市对口帮扶资金平均每年不低于 2 亿元。河北省要相应设立专项扶持资金，重点用于支持受帮扶县区发展，配合帮扶方开展相关工作。⑤

在中央设立雄安新区后，天津市加大对雄安新区建设的财政投入力度，与河北省共同提供雄安新区辖区范围内的公共产品。2017 年 4 月，河北、天津两省市签署《河北省人民政府、天津市人民政府关于积极推进河北雄安新区建设发展战略合作协议》。在 2018 年政府工作报告中，天津市政府提

---

① 《京津两地签合作协议优先发展交通一体化》，人民网，http：//auto. people. com. cn/n/2014/0808/c1005 - 25430528. html。

② 《津冀签署四项协议一个备忘录》，网易新闻，http：//news. 163. com/14/0825/07/A4FROV4J00014AED. html。

③ 《津冀港口公司投资共建码头项目　津冀港口协同发展迈出实质步伐》，新华网，http：//news. xinhuanet. com/politics/2015 - 12/30/c_ 128581682. htm。

④ 中国政府网，http：//www. gov. cn/xinwen/2016 - 11/10/content_ 5130904. htm。

⑤ 《京津两市对口帮扶河北省张承环京津相关地区工作方案》，中国政府网，http：//www. gov. cn/xinwen/2016 - 11/10/5130904/files/f94a21fa11134a8a9ea1c8f6fb2a909e. pdf。

出要推动重点领域合作实现新突破。完善天津连接雄安新区、京冀周边城市的交通网络。

在双边合作模式下，2016 年，北京和天津两市在生态治理、扶贫开发等方面对口帮扶河北省 19 亿元；其中，京津两市对口帮扶河北省 9.02 亿元。天津向河北支付了 3 亿元的生态补偿资金，建立了横向生态补偿机制。通过横向生态补偿机制，共同实施重点流域水污染防治和修复、饮用水水源地保护等工程。①

（三）京津冀三地合作共建的财税制度创新机制与模式

随着京津冀协同发展的不断深入，京津冀三地政府突破双边合作模式，通过深度合作，形成了三地合作共建的财税制度创新机制与模式，为区域协同发展提供三地共享的公共产品。

1. 京津冀三地政府合作提供京津冀区域性行政管理类公共产品

据不完全统计，京津冀三地政府通过签订三方协议提供的区域性公共产品涵盖了环境保护、产权等九个领域。陆续还有更多的领域加入到京津冀区域性公共产品的供给中（详见表 1）。

表 1　京津冀三地共同提供的区域性行政管理类公共产品

时间	部门	区域性公共产品内容
2014 年 7 月 18 日	北京产权交易所、天津产权交易中心、河北产权交易中心	发起成立“京津冀产权市场发展联盟”
2014 年 9 月 15 日	京津冀商务主管部门	制定并落实京津冀共同推进市场一体化进程合作框架协议商务行动方案
2014 年 9 月 1 日	京津冀质监部门	协同发布一批公共安全、环境等领域的强制性地方标准；建设一批专业化水平高、服务能力强的检验检测认证机构
2014 年 8 月底	京津冀三地档案局馆	档案管理和信息共享

① 《河北省 2016 年预算执行情况和 2017 年预算方案报告》，河北财政信息网，http：//www.hebcz.gov.cn/root17/zfxx/201701/t20170124_ 263746.html。

续表

时间	部门	区域性公共产品内容
2014年8月23日	京津冀区域的政府、行业、企业、高校、科研机构等140余家组织机构	共建人力资源需求信息共用共享平台
		产教融合校企合作区域性平台
		现代服务业区域性研究平台等
2014年8月16日	京津冀科技部门	签署合作框架协议，探索“共同出题、共同组织、共同研究、共享成果”的合作研究机制与模式

资料来源：作者根据相关媒体报道资料整理得出。

2. 京津冀三地政府与铁路总公司共同出资组建京津冀城际铁路投资公司

按照《京津冀协同发展规划纲要》关于交通一体化率先突破的要求，京津冀三省市政府和铁路总公司，创新铁路投融资体制，初期注册资本100亿元，按照3∶3∶3∶1的比例共同出资组建京津冀城际铁路投资公司，以投资主体一体化带动城际铁路网一体化建设。2014年12月30日，京津冀城际铁路投资有限公司在北京揭牌成立。[①] 该公司主要负责京津冀城际铁路项目投资、铁路工程建设、资产管理、土地整理、房地产开发等业务的经营工作。

（四）河北省创新财政资金统筹管理机制与模式

在一定程度上，京津冀协同发展是在中央政府的统一领导下，发挥北京和天津两市的先行优势，带动河北省的快速发展，从而缩小河北与京津两市之间的发展差距。中央政府、北京市政府以及天津市政府从财政上给予了河北省大力支持。河北省在获得多方资金支持之后，不断创新财政资金统筹管理机制，提升资金使用绩效，推动河北快速发展。

首先，河北省统筹中央和北京以及天津两市提供的各类资金，用于大气污染治理共建行动和生态环境建设，努力改善京津冀区域的大气质量以及生

① http：//www. bjrd. gov. cn/rdzl/rdzs/mcjs/201505/t20150508_ 148979. html。

态环境。2014 年，河北省围绕京津冀大气污染治理攻坚行动，统筹利用省以上资金 48 亿元，主要用于推广应用新能源汽车、淘汰黄标车、化解钢铁过剩产能等。此外，2014 年，还统筹省以上资金 74.5 亿元，用于黑龙港流域 49 个县（市、区）开展地下水超采综合治理试点工作，为华北地区及全国积累相关治理经验进行了有益的探索；当年还统筹省以上资金 11.7 亿元，支持太行山绿化、林业生态补偿、草原生态保护，促进生态环境持续改善。[①] 其次，河北省统筹各类资金，通过股权转让、贷款贴息、资金注入等多种投融资方式，助力“轨道上的京津冀”建设。据统计，“十二五”时期，河北省统筹 38.5 亿元支持曹妃甸区、渤海新区、北戴河新区等产业对接平台建设。为推动京津冀交通互联互通，投入资金 1241.4 亿元实施京津冀交通一体化工程。[②] 最后，河北省统筹各类资金，推动河北省调整经济结构，稳定经济增长。2016 年，河北省各级财政和有关部门共筹措资金 8000 多亿元，相当于河北省省一般公共预算收入的近 3 倍，为稳增长调结构提供了财力支撑。[③]

（五）充分利用国内外债券和资金市场支持重点项目支出

1. 京津冀三地政府利用国内债券市场增发地方债券

中央政府在新增地方政府债务限额分配管理暂行办法中，将京津冀协同发展作为重大项目支出范围，在新增地方政府债务限额分配公式中增加了重大项目支出系数，支持京津冀三地政府根据区域协同发展的需要增发政府债券，加速京津冀协同发展。[④]

---

① 《河北省 2014 年预算执行情况和 2015 年预算草案报告》，http：//hebei. hebnews. cn/2015 - 01/29/content_ 4509691_ 2. htm。

② 《河北省财政发展“十三五”规划》，http：//www. hebcz. gov. cn/root17/zfxx/201703/t20170320_ 264937. html。

③ 《河北省 2016 年预算执行情况和 2017 年预算草案报告》，http：//www. hebcz. gov. cn/root17/zfxx/201701/t20170124_ 263746. html。

④ 财政部预算司，http：//yss. mof. gov. cn/zhengwuxinxi/zhengceguizhang/201704/t20170401 _ 2574290. html。

2015 年 5 月，北京市发行 67 亿元地方政府债券，将其中 40 亿元用于新机场征地拆迁这一京津冀协同发展交通率先发展区域的重点项目所需的资金。2017 年 5 月，北京市新增政府债务 525 亿元，全部用于发行政府债券，其中，132.37 亿元投入用于疏解非首都功能。

2017 年，河北省共发行政府债券 1527.69 亿元。发行的新增债券资金，支持了京津冀协同发展、易地扶贫搬迁、筹办北京冬奥会、延崇高速、北京新机场土地收储等 2500 个全省重点项目建设。发行的置换债券，置换市县存量高息债务 793 亿元，节省利息负担 26 亿元，有效缓解了市县偿债压力，债券资金使用效益得到了充分发挥。①

2017 年 10 月，河北省首次发行政府收费公路专项债券，通过债券市场共募集资金 21 亿元，分别用于河北省本级延庆至崇礼高速公路河北段项目、石家庄市西柏坡高速公路项目建设。

2. 利用国际金融组织贷款设立专项基金

2017 年 12 月，亚洲基础设施投资银行宣布批准一笔 2.5 亿美元的贷款，用于北京建设覆盖大约 510 个村庄、连接大约 21.675 万户家庭的天然气输送管网等工程。② 同期，亚洲开发银行批准一笔 4.28 亿欧元的贷款，用于设立“京津冀大气污染防治中节能区域减排及污染防治基金”。该基金将充分吸引国内机构投资者和商业银行、地方政府投资者及技术供应商进行大规模联合融资，推动京津冀地区主要排放行业和企业大规模采用各种先进技术，减少污染，改善空气质量。③ 以基金方式使用亚行贷款是国际金融组织主权贷款使用方式的重大创新，也是首次通过设立基金的贷款模式助力京津冀大气污染防治，改变了传统分散单一的项目模式，有助于将资金使用方式从项目层面提升到规划宏观层面，通过一揽子项目建设，撬动更多社会资本一起参与京津冀大气污染的防治。

---

① 《河北省 2017 年政府债券发行工作收官　全年发行 1527 亿元》，中国经济网，转引自新浪网 http：//news.sina.com.cn/c/2017-11-14/doc-ifynsait8343187.shtml。

② 光明网，http：//pic.gmw.cn/cameramanplay/486889/6095703/0.html。

③ 国资委网站，http：//www.sasac.gov.cn/n2588025/n2588119/c8368416/content.html。

（六）积极探索市场化运作模式　创新政府投融资体制

1. 以 PPP 推动基础设施及公共服务领域投融资体制改革

据财政部测算，京津冀一体化在 2015～2010 年需要投入 42 万亿元资金。① 在政府财政收入增速放缓的大背景下，创新政府投资方式，以 PPP 模式吸引社会资金投向京津冀协同发展成为必然的政策选择。

2014 年 9 月 25 日，财政部下发《关于推广运用政府和社会资本合作模式有关问题的通知》，要求各地尽快在国内基础设施及公共服务领域促进 PPP 模式的发展。

河北省据此建立了 PPP 京津冀协同发展基金，总规模达 100 亿元。其中，河北省财政出资 10 亿元作为引导基金，银行机构、保险、信托资金以及其他社会资本出资 90 亿元。同时招募社会资本成立各类子基金，推动京津冀协同发展战略背景下的优质 PPP 项目的开展。相关资料显示，河北省政府已与中国平安集团、中信银行、中国政企合作投资基金股份有限公司、中国邮政储蓄银行等机构签署 PPP 战略合作协议，获得 1300 多亿元的投融资额度支持。

截至 2016 年 7 月 30 日，全国共成立了 10313 个 PPP 项目，其中 527 个项目由京津冀地区成立，总规模达 9142.8 亿元。②

在京津冀协同发展率先发展的三大领域中，交通是采用 PPP 模式进行筹资建设的最重要领域。相关统计数据显示，截至 2015 年 8 月底，京津冀区域 31 个交通项目采用了 PPP 融资建设方案，投资额超过 2000 亿元。2016 年 10 月，财政部将北京轨道交通新机场线和首都地区环线高速公路列为第三批 PPP 试点项目，两个项目累计吸引社会资金 200 亿元。③

2016 年 12 月 26 日，国家发改委、证监会联合发布《关于推进传统基

① 《京津冀协同发展 PPP 将成重点推广模式》，中网资讯，http：//www.cnwnews.com/html/biz/cn_ sapx/sddc/20150707/734234.html。

② 《PPP 迎北京交通投资新风口》［N］，《北京商报》2017 年 6 月 13 日。

③ 《PPP 迎北京交通投资新风口》［N］，《北京商报》2017 年 6 月 13 日。

础设施领域政府和社会资本合作（PPP）项目资产证券化相关工作的通知》（下称《通知》），国家发改委将“京津冀协同发展”列入优先鼓励支持符合国家发展战略的 PPP 项目开展资产证券化的范围。[①] 2017 年 3 月，华夏幸福固安工业园区新型城镇化 PPP 项目供热收费收益权资产支持专项计划取得上海证券交易所无异议函，是全国首批获准发行的四单 PPP 资产支持证券项目之一。[②] 2017 年 11 月，华夏幸福下属的间接全资子公司九通基业投资有限公司收到上海证券交易所批复的《关于对华夏幸福固安工业园区新型城镇化 PPP 项目资产支持证券挂牌转让无异议的函》，40 亿资产证券化计划获批。[③]

2. 设立政府投资引导基金推动社会资本参与京津冀协同发展

为充分发挥政府财政资金的杠杆效应，通过吸收社会资本参与的方式，实现市场化管理和运作，助推产业升级，实现京津冀区域协同发展，中央和京津冀三地政府发起成立了各类基金。据不完全统计，截至 2017 年底，京津冀政府发起成立的基金已达 20 只，基金总规模已经超过 5600 亿元。由这些基金撬动的社会资金规模更大。

2017 年，经国务院批准，由国家发改委等多个国家部委牵头发起，联合北京市、天津市、河北省，以及国家开发投资公司、招商局集团、工商银行、清华大学等其他投资主体共同出资设立了京津冀产业协同发展投资基金。京津冀产业协同发展投资基金首期规模 100 亿元，采用有限合伙制形式设立。

京津冀产业协同发展投资基金是目前国内唯一以区域协同为主题的政府参与的产业投资基金，投资主体涵盖了中央和省两级政府以及企业和学术机构，呈现了社会出资人多元化参与的特点。

由中央政府和京津冀三地政府及国有企业发起成立的各类基金如表 2 所示。

① 国家发改委网站，http：//www. ndrc. gov. cn/zcfb/zcfbtz/201612/t20161226_ 839035. html。

② 河北省人民政府网站，http：//www. hebei. gov. cn/hebei/11937442/10761139/13756082/index. html。

③ 搜狐网，http：//www. sohu. com/a/207749184_ 532149。

表 2　由中央政府或者国有企业发起成立用于京津冀协同发展的基金情况统计

时间	序号	基金名称	基金发起方	出资者	基金规模
2014 年	1	首钢基金京冀资本	北京市政府和首钢集团	首钢总公司	100 亿元
2015 年	2	京冀协同发展产业投资基金	北京市政府	北京市政府	100 亿元
	3	平安兴冀产业投资基金	河北省政府、平安银行	河北省政府、平安银行	2000 亿元
	4	北京文资光大文创产业基金	光大证券、北京市文化投资发展集团	光大证券、北京市文化投资发展集团	300 亿元
	5	中关村协同创新投资基金	中关村发展集团	中关村发展集团、招商局地产、中国交建	100 亿元
2016 年	6	河北建工兴业银行基金	河北建工集团、兴业银行	河北建工集团、兴业银行	200 亿
	7	PPP(政府与社会资本合作)京津冀协同发展基金	河北省财政	河北省财政出资 10 亿元作为引导基金;银行机构、保险、信托资金以及其他社会资本出资 90 亿元	100 亿元
	8	北京行政副中心建设发展基金	北京市政府和中国农行	北京市政府和中国农行	首期规模 300 亿元
	9	京津冀碧水蓝天基金	华夏银行	华夏银行	100 亿元
	10	京津冀产业结构调整引导基金	天津市和滨海新区政府	引导基金由天津市发展改革委、天津市滨海新区、天津市工信委、天津市中小企业局、天津市金融局,以及天津市财政局、天津市科委、天津市审计局、天津滨海科技金融集团等 9 个部门和机构,共同构成该基金管理委员会的成员单位	100 亿元
	11	京津冀产业结构调整引导基金	天津市、滨海新区政府	天津市、滨海新区两级财政共同出资,以后若干期将考虑大型国有企业、大型金融机构、有关部门资金、其他区县财政参与	基金首期规模 10 亿元
	12	京津冀开发区产业发展基金	京津冀开发区创新发展联盟、工商银行、北京亦庄国际投资发展有限公司设立	京津冀开发区创新发展联盟、工商银行、北京亦庄国际投资发展有限公司	1000 亿元

续表

时间	序号	基金名称	基金发起方	出资者	基金规模
2016 年	13	国投京津冀科技成果转化创业投资基金	科技部国家科技成果转化引导基金投资的创业投资子基金	其中国投公司高新出资 3.95 亿元,国家科技成果转化引导基金出资 2 亿元,北京市出资 1.5 亿元,天津市出资 1.2 亿元,河北省(含固安县)出资 1.3 亿元	10 亿元
	14	京津冀大数据产业协同发展投资基金	北京市发展改革委	北京国富大数据资本管理中心联合海淀区政府引导基金、相关行业上市公司及金融机构等	首期 100 亿元
	15	京津冀华夏冀财大厂影视产业发展基金	河北省冀财产业引导股权投资基金有限公司、大厂回族自治县富民基金公司、华夏幸福基业股份有限公司		10 亿元
2017 年	16	京津冀城际铁路基金	京津冀城际铁路投资有限公司	工商银行、农业银行、中国银行等 12 家机构	1000 亿元(初期规模 600 亿元)
	17	京津冀产业协同发展投资基金	由国家发改委、财政部、工信部牵头发起	北京市、天津市、河北省以及国家开发投资公司、招商局集团、工商银行、清华大学等投资主体共同出资设立	基金首期规模 100 亿元
	18	京津冀金融创投联盟	张家口市科技局、宣化区政府等部门发起的政府引导天使基金	中海微银资产管理有限公司张家口分公司、中融财富资产管理有限公司、北科和经(北京)投资基金管理有限公司等金融机构	20 亿元
	19	京津冀协同发展基金	天津滨海新区		不详
	20	京津冀大气污染防治中节能区域减排及污染防治基金	中国节能环保集团公司	亚洲开发银行贷款	4.28 亿欧元

资料来源：作者根据相关政府及国有企业公司网站、媒体资料整理得出。

三 重要进展与主要问题

（一）重要进展

1. 初步形成了有利于京津冀区域性公共产品供给的财税制度创新机制和模式

在党中央和国务院的领导以及三地政府的协作下，初步形成了如下三种京津冀区域性公共产品供给模式：一是中央政府主导供给的模式；二是北京市主导的“双边合作”供给模式；三是京津冀三地合作供给的模式。通过区域性公共产品供给模式的创新，在行政管理类区域性公共产品的供给改革方面迈出了较为坚实的步伐；在交通、环境以及产业三大领域的区域性公共产品供给方面取得了明显的进展。

2. 探索并建立了有助于区域协同发展的京冀和津冀横向财政转移支付制度

首先，《京津两市对口帮扶河北省张承环京津相关地区工作方案》在保障措施中明确要求，北京市对口帮扶资金平均每年不低于 5 亿元；天津市对口帮扶资金平均每年不低于 2 亿元。其次，《国务院办公厅关于健全生态保护补偿机制的意见》（国办发〔2016〕31 号）要求推进横向生态保护补偿。研究制定以地方补偿为主、中央财政给予支持的横向生态保护补偿机制办法。重点推动在京津冀水源涵养区等开展跨地区生态保护补偿试点。这些工作方案和制度，为北京和天津向河北进行横向财政转移支付奠定了制度基础。2016 年，京津两市在生态治理、扶贫开发等方面对口帮扶河北省 19 亿元。天津与河北建立横向生态补偿机制，为河北补偿资金 3 亿元，实施重点流域水污染防治和修复、饮用水水源地保护等工程。①

---

① 《河北省 2016 年预算执行情况和 2017 年预算方案报告》，河北财政信息网，http：//www.hebcz.gov.cn/root17/zfxx/201701/t20170124_ 263746.html。

3. 河北省在整合财政资金提升资金利用效率方面进行了有益的探索

在京津冀协同发展过程中，中央政府以及北京、天津两市政府均为河北省提供了财政资金支持。这些资金，有来自中央政府的一般性转移支付和专项转移支付，同时也有来自北京和天津市的横向转移支付资金。河北省还对相关项目提供了一定规模的配套资金。河北省在整合财政资金、提升资金利用效率方面进行了有益的探索。

4. 京津冀协同推进财政投资融体制改革取得了较为明显的突破和进展

面对京津冀协同发展资金需求量巨大、财政资金又相对有限的矛盾，三地政府在中央政府的领导下，在财政投融资体制改革方面进行了有益的探索，取得了明显的突破和进展。首先通过各级政府投入成立各类产业引导基金，发挥财政“四两拨千斤”的机制作用，推动市场力量参与京津冀区域性公共产品的供给，为划清政府和市场边界，提高财政投资效率创造了条件。据不完全统计，京津冀政府发起成立的基金已达 20 只，基金总规模已经超过 5600 亿元。其次，通过发行国内外债券，扩大融资规模，节约融资成本。最后，以 PPP 模式，吸引社会资本进入，推动基础设施及公共服务领域投融资体制改革。

（二）主要问题

1. 京津冀财政能力依然呈巨大落差，且现“固化”趋势

在不考虑中央补助的情况下，就财政收入规模排序而言，京津冀三地财政收入差距并不显著。然而考虑人口因素后，京津冀三地财政收入呈现两个极端。以 2016 年为例，北京、天津、河北财政收入规模排序依次是：第 6、第 11、第 10；人均财政收入排序则变为：第 2、第 3、第 26。通过中央补助收入，京津冀三地财政收入差距虽有缩小，但仍存在巨大差距。以 2016 年河北人均财政收入为基准，中央补助前，北京、天津依次是河北的 6. 11 倍和 4. 58 倍；中央补助后，这一数据分别为 3. 59 倍和 2. 81 倍（见表 3）。同时，我们还发现：从时间维度来看，人均财政收入差距固化在“2 倍至 4 倍”水平区间，无进一步缩小迹象。

表 3　京津冀三地财政收入情况对比

年份	地区	财政收入(中央补助前)　亿元;元/人					中央补助收入	财政收入(中央补助后) 亿元;元/人		
		绝对额	规模排序	人均额	人均排序	倍数		绝对额	人均额	倍数
2016	北京	5081.26	6	23394	2	6.11	738.6	5819.86	26794.50	3.59
	天津	2723.5	11	17520	3	4.58	536.14	3259.64	20968.93	2.81
	河北	2849.87	10	3827	26	1	2705.09	5554.96	7459.58	1
2015	北京	4723.86	6	21857	2	6.11	526.74	5250.6	24294.19	3.50
	天津	2667.11	10	17410	3	4.87	474.99	3142.1	20510.58	2.96
	河北	2649.18	11	3578	27	1	2488.42	5137.6	6938.88	1
2014	北京	4027.16	6	18876	2	5.68	533.81	4560.97	21378.06	3.31
	天津	2390.35	12	15994	3	4.81	442.83	2833.18	18957.01	2.94
	河北	2446.62	11	3325	28	1	2300.43	4747.05	6451.33	1
2013	北京	3661.11	6	17500	1	5.57	526.55	4187.66	20016.89	3.32
	天津	2079.07	13	14411	3	4.59	425.2	2504.27	17358.26	2.88
	河北	2295.62	10	3140	26	1	2117.78	4413.4	6036.75	1
2012	北京	3314.93	6	16217.88	1	5.65	568.41	3883.34	18998.75	3.33
	天津	1760.02	15	12716.91	3	4.43	418.24	2178.26	15738.88	2.76
	河北	2084.28	9	2869.13	26	1	2058.85	4143.13	5703.25	1
2011	北京	3006.28	6	15103.12	1	6.27	505.99	3512.27	17645.14	3.57
	天津	1455.13	17	10965.56	3	4.55	423.22	1878.35	14154.86	2.86
	河北	1737.77	9	2407.71	23	1	1833.48	3571.25	4948.03	1

资料来源：根据 2012 ~2017 年《中国财政年鉴》计算所得；另，表中倍数是指北京、天津人均财政收入分别除以河北人均财政收入。

2. 有助于公共服务均等化的持续供给机制尚未形成

促进公共服务均等化是京津冀协同发展不可或缺的内容①。然而，长期以来财政能力的差异，造成京津冀三地之间的区域性公共产品，比如医疗、就业、教育等资源集中于北京、天津等地，与此同时，行政边界又将这些区域性公共服务割裂。截至目前，京津冀协同发展战略下采取的公共服务均等化措施主要体现在以下四个方面：一是教育资源共享。比如基础教育互派培养项目、交流项目、校企合作项目等。二是医疗卫生协作。比如医院对口帮扶、重点医疗合作项目等。三是文化旅游共建。四是脱贫帮扶共建。事实上现有措施呈现“项目式”“偶然性”“临时性”等特点，并且大多数项目体现为承接疏解非首都功能的一种配套。而有助于京津冀地区基本公共服务均等化的财政供给机制至今仍处于空白状态。

3. 多中心治理格局下的财税协商机制仍未建立

北京、天津与河北三省市之间也建立了高层互访、定期协调等工作机制。但是，很多重大财税措施还是由中央政府主导出台的，基于京津冀三地政府的多中心治理格局下的财税协商机制还没有完全建立。一是从横向上看，财税部门的沟通仅仅停留在本市（省）域内，跨市（省）域的财税部门沟通则少之又少。二是从纵向上看，上下级财税部门的联络比较弱，无法做到及时跟踪、适时调整政策。在现行体制下缺乏区域间财政预算协调机制，导致三省市虽然对京津冀协同发展达成了共识，但是真正将利益协调落到实处很难。

四　政策建议

（一）以“共建”理念创新京津冀财政制度安排

1. 建立京津冀统一的财政规则

预算制度决定财政资金的配置模式，作为国家战略的京津冀协同发展离

① 《发改委：促进公共服务均等化是京津冀协同发展不可或缺的内容》，人民网，2016 年 8 月 16 日。http://finance.people.com.cn/n1/2016/0816/c1004-28640156.html。

不开财政资金的统筹安排，而这种统筹安排就体现在跨越行政边界的预算制度上，具体而言包括：预算与现金管理、预算与政策、财政收支活动等多方面。在收入方面，应尝试建立区域税收共享机制与区域税收优惠机制。美国明尼苏达州双子城的税基共享实践值得我们学习和借鉴，而这种税基共享对于减少地方恶性竞争、改善区域贫困以及促进区域经济社会发展具有良好的效果。

2. 强化京津冀区域财政规划的统筹与衔接

将京津冀作为区域整体，建议编制京津冀区域中期财政规划，强化预算与政策、规划之间的统一性。具体来说，以《实行中期财政规划管理的意见》（国发〔2015〕3号）为指导，结合京津冀区域自身特点，以五年为周期，编制京津冀区域财政规划，而该规划要与京津冀经济发展规划相匹配，并可以根据发展规划的变动做出相应的财政规划调整。

（二）以“共享”理念创新京津冀财政性资金统筹机制

1. 继续创新适合京津冀区域的横向转移支付制度

要在现有的横向转移支付制度基础上，继续创新京津冀区域内横向财政转移支付制度。京津冀三地之间可以借鉴德国通过增值税的两步法分配来横向平衡州际财政能力模式①，完善京津两市向河北省的横向财政转移支付制度，以合理方式“抽肥补瘦”，不断缩小地区间财力和社会经济发展差距。

2. 建立京津冀公共服务均衡发展基金

京津冀三地公共服务水平差距是影响京津冀协同发展的主要因素。现阶段京津冀区域设立的各类基金都聚焦于基础设施类公共产品的供给，对影响京津冀区域人民生活质量均衡发展的教育、科技、文化、卫生等公共产品的协同投入还不够。要在《京津两市对口帮扶河北省张承环京津相关

① 首先按照居民人数乘以统一人均增值税收入的办法计算各州应得增值税份额，然后在增值税收入过低与收入过高的州之间做收入的分配，直到财力平衡。在横向转移支付的基础上，再加之纵向财政转移支付（即联邦的补充补助）。

地区工作方案》的基础上，通过制度化方式，建立京津冀公共服务均衡发展基金，与区域中期财政规划结合起来，不断缩小三地公共服务水平的差距。

（三）以“共赢”理念创新京津冀财税政策设计

1. 完善财政补贴政策助推产业加速转移

财政补贴是疏解非首都核心功能、加速产业转移的重要手段，依据《京津冀协同发展规划纲要》，设计和完善各类财政补贴政策。这些依托于产业的财政补贴政策必须有助于人口从密集的北京、天津向河北迁移，必须有助于工业投资向政府规划的区域集中，必须与区域内不同的工业补助等级相适应。与此同时，要重点向河北倾斜，对于迁址到河北境内的各类机构，应给予相应的拆迁补偿和税收优惠。

2. 完善税制设计促进生产要素跨辖区流动

以促进生产要素跨辖区流动为目标完善区域税制设计，核心在于京津冀区域税源的分享。鼓励北京、天津在河北建立“飞地”，这样“飞地”内项目所形成的税收可以由“飞出地”与“飞入地”共同分享。尽快探索并建立应对京津冀区域多分支机构跨区经营的税收征管对策。在京津冀区域试点改革增值税的征收制度，逐步实现由产地征收转向消费地征收。探索个人所得税分享模式，试点推行个人所得税的居住地与收入来源地分享制度，平衡中央与京津冀及各地方政府之间的利益。

（四）以“共管”理念建立财税政策实施效果评价机制

在京津冀协同发展领导小组的领导下，建立京津冀区域协同发展财税政策实施效果评价机制，具体包括京津冀区域性公共产品供给的财政政策、税收政策的评价方案、评价指标以及评价结果利用机制，将评价结果应用于财税政策的修订与完善，从而不断提高京津冀区域性公共产品的供给水平和质量。

参考文献

[1] 武义青、赵建强：《区域基本公共服务一体化水平测度——以京津冀和长三角地区为例》[J]，《经济与管理》2017年第31（04）期，第11~16页。

[2] 周婧楠：《京津冀区域基本公共服务一体化进程评价及对策建议》[A]，中国城市规划学会、沈阳市人民政府：《规划60年：成就与挑战——2016中国城市规划年会论文集（13区域规划与城市经济）》[C]，中国城市规划学会、沈阳市人民政府：2016年，第17页。

[3] 梁林、刘兵：《京津冀基本公共服务均等化评价及河北省提升途径研究》[J]，《河北工业大学学报》（社会科学版）2016年第8（03）期，第1~10页。

[4] 段铸、刘艳、孙晓然：《京津冀横向生态补偿机制的财政思考》[J]，《生态经济》2017年第33（06）期，第146~150页。

[5] 韦文英：《京津冀协同发展"马太效应"预警：问题、成因与建议》[J]，《广西社会科学》2017年第3期，第64~68页。

[6] 段铸、程颖慧、康绍大、王晓伟、钱宇：《基于生态补偿机制的京津冀财政合作研究》[J]，《经营与管理》2016年第9期，第86~88页。

[7] 王晓洁：《京津冀医疗卫生服务均等化量化研究：基于AHP方法的分析》[J]，《中国卫生经济》2015年第34（10）期，第48~50页。

[8] 谢姗、汪卢俊：《转移支付促进区域市场整合了吗？——以京津冀为例》[J]，《财经研究》2015年第41卷第10期，第31~44页。

[9] 赵国钦、宁静：《京津冀协同发展的财政体制：一个框架设计》[J]，《改革》2015年第8期，第77~83页。

[10] 于学深：《京津冀一体化下的财税政策研究》[J]，《天津经济》2015年第4期，第54~56页。

[11] 段铸、程颖慧、康绍大：《京津冀协同发展：德国横向财政转移支付制度的启发性思路》[J]，《经营与管理》2015年第4期，第26~28页。

[12] 李俊久：《区域性公共产品理论：一个文献综述》[J]，《经济视角（上）》2013年第10期，第1~5页。

[13] 张士威：《论基于区域公共产品分类的供给模式选择》[J]，《辽宁行政学院学报》2011年第13（09）期，第14~16页和第19页。

[14] 于印辉：《基于区域经济一体化的公共产品横向供给模式探讨》[J]，《东北财经大学学报》2010年第2期，第68~72页。

[15] 魏勇强、苗迎春：《京津冀一体化进程中产业结构问题研究》[J]，《改革与战略》2017年第33（10）期，第150~154页。

[16] 张杰：《京津冀产业协同发展中的多重困局与改革方向》[J]，《城市管理与科技》2017 年第 19（05）期，第 24 ~ 27 页。

[17] 王晋、张惠娜、娄博杰、朱英明：《京津冀一体化背景下京津冀劳动力流动特点分析》[J]，《人力资源管理》2017 年第 10 期，第 14 ~ 15 页。

[18] 孙彦明：《京津冀产业协同发展的路径及对策》[J]，《宏观经济管理》2017 年第 9 期，第 64 ~ 69 页。

[19] 张杰、郑若愚：《京津冀产业协同发展中的多重困局与改革取向》[J]，《中共中央党校学报》2017 年第 21（04）期，第 37 ~ 48 页。

[20] Ferroni, Marco. 1999. Reforming Foreign Aid: The Role of International Public Goods. Mimeo.

[21] Ver Eecke, Wilfried, In Defense of the Concept of Public Good. Journal of Socio-Economics, Vol. 28, 1999. Available at SSRN: https://ssrn.com/abstract=350220.

专题报告

Special Topic Reports

B.6 京津冀协同指数研究*

祝尔娟　叶堂林　毛若冲**

摘　要： 京津冀协同发展实施4年来，在积极探索中稳步推进，一个新的区域经济增长极正迸发出蓬勃活力。党的十九大对区域协调发展提出了新要求，站在新的历史起点上，京津冀地区如何增强联系度、提升均衡度、加深融合度是下一步的发展重点及需要破解的难题。本研究运用统计数据和企业大数据，对京津冀协同发展进行了基于联系度、均衡度、融合度三个

* 注：本文为北京社会科学基金重点项目"京津冀发展报告（2018）——京津冀协同发展的新机制与新模式"（项目编号：17JDYJA025）、国家社会科学基金重大项目"基于区域治理的京津冀协同发展重大理论与实践问题研究"（项目编号：17ZDA059）和北京市教委创新团队项目"京津冀产业协同发展研究"阶段成果；获北京市经济社会发展政策研究基地资助。

** 作者简介：祝尔娟，首都经济贸易大学教授、博士生导师，京津冀大数据研究中心主任，研究方向：首都圈及京津冀协同发展；叶堂林，首都经济贸易大学特大城市研究院副院长、教授，北京市经济社会发展政策研究基地执行主任，研究方向：首都圈及京津冀协同发展；毛若冲，首都经济贸易大学2017级区域经济学专业硕士研究生，研究方向：区域经济。

方面的测度，得出：京津联系最为密切，河北石唐两市在区际联系中优势明显；京津冀地区教育、医疗、创新均衡度上升，经济均衡度下降，居民生活均衡度变化不显著；京冀融合度较高，京津次之，津冀较低等结论。在此基础上，提出了推动京津冀充分均衡发展、高质量协同发展和公共服务均等化等对策建议。

关键词： 京津冀　协同发展　指数

一　研究思路与分析框架

（一）研究意义

中国特色社会主义进入新时代，我国社会主要矛盾已经转化为人民日益增长的美好生活需要和不平衡不充分的发展之间的矛盾。我国的不平衡不充分发展体现在多个方面，其中区域间发展不平衡、区域内发展不充分已经成为我国区域经济发展亟须破解的难题，京津冀协同发展的目标是通过区域内京津冀三地的协同发展以及北京、天津、河北内部的充分发展来提升城市群总体竞争力，实现将京津冀打造成为世界级城市群的战略目标。2014 年 2 月 26 日京津冀协同发展上升为国家重大发展战略，2015 年 4 月 30 日中共中央政治局审议并通过了《京津冀协同发展规划纲要》，2017 年 4 月 1 日雄安新区设立。京津冀协同发展实施 4 年来，“协同进展状况如何?”“交通、产业、生态三大重点领域推进中面临哪些问题?”“京津冀创新共同体打造进展如何?”“京津冀协同发展当前面临哪些难题和发展瓶颈?”等，这些问题都需要通过对协同进展进行测度加以回答。因此，研究京津冀协同发展进展情况和协同指数测度对京津冀协同发展这一国家重大发展战略的实施具有迫切性和重大现实意义。

（二）研究现状

目前，学者们对京津冀协同发展指数的研究主要从“理论分析模型”和“现实测度模型”两个方面开展。理论分析模型方面，在《京津冀发展报告（2016）》中，京津冀蓝皮书团队首次提出了“京津冀协同发展指数”的概念，从城乡协同发展、城际协同发展和城域协同发展三个层面构建了京津冀协同指数评价体系，遗憾的是，这份报告仅提出了理论框架，并未运用相关数据进行测算。现实测度模型方面，在《京津冀发展报告（2017）》中，京津冀蓝皮书团队进一步从协同能力指数、协同行动指数、协同绩效指数三个层面构建了京津冀区域协同发展指数分析模型，并运用统计数据采用定基指数法对京津冀协同发展情况进行了测度。另外，谷立霞、杨建朝等人从产出指标和投入指标两个维度考虑京津冀协同发展，运用 DEA 方法对京津冀协同发展情况进行测度；祝尔娟、何晶彦（2016）基于“创新、协调、绿色、开放、共享”五大发展理念，构建了由发展指数、协同指数、生态文明指数、人口发展指数、企业发展指数五大指数构成的指标体系；中国社会科学院京津冀协同发展指数课题组（2017）同样从五大发展理念出发，对京津冀创新发展、协调发展、绿色发展、开放发展和共享发展五个协同指数进行了测度与分析；戚晓旭（2017）建立了包括支撑力、驱动力、创新力、凝聚力和辐射力五个方面的综合发展指标体系，对京津冀协同发展水平进行了测度。可见，关于京津冀协同发展的指数研究已取得了一定的进展，但现有研究仍难以有针对性地反映地区之间互动与联系、融合发展、均衡发展等方面的情况。

（三）研究思路

综上所述，本研究认为区域协同的关键特征在于：一是区域间要有密切的联系，主要体现在物流、资金流、人员流、信息流等方面的高效便捷沟通，通过密切联系实现各区域主体、各部门之间的相互协同；二是通过密切联系实现相互融合，构建利益共同体。“天下熙熙皆为利来，天下攘攘皆为利往”，如果区域间、部门间没有共同利益，不能形成利益共同体，就很难形成有实际意义的协同，只有基于共同利益、大家朝着各自目标去努力，实现“你中有我，我中有你”的相互融合，才能达成区域发展的共同目标。三是相互联系、相互融合的前提是参与区域协同的各方在能力和水平上要大致相当，这样才能寻找到共同诉求和话语体系。如果参与主体差距过大，那么就很难寻找到利益共同点和各方共同关心的问题，因此，适度均衡发展是协同发展的必要基础。

我们认为区域协同发展一般要经历由“不和不同”到“同而不和”再到“和而不同”三个阶段。随着区域协同发展阶段的推进，区域间联系、均衡、融合的特征不断显现。“不和不同”是经济发展初期，是区域间缺乏联系、各自自我发展、各主体存在较大发展差距的阶段；“同而不和”是区域协同发展的初级阶段，区域间联系不断加强、差距相对缩小，不乏形式上的合作，如产业对接、公交一卡通、客运一票式等，但各自仍强调自身利益，尚未形成利益共同体；“和而不同”是区域合作的高级阶段，区域间联系紧密、各有分工，目标一致、发展相对均衡，是一个有机的利益整体。目前，京津冀发展已初步实现了由“不和不同”向“同而不和”的转变，而基于资源禀赋和发展条件的“和而不同”格局尚未形成。

本研究拟在现有的京津冀协同发展指数相关研究的基础上，以新视角、新思路对京津冀协同发展进行测度与分析。基于“区域协同发展”的特征，本研究拟从联系度、均衡度、融合度三个层面，运用稳定的统计数据和鲜活的大数据对京津冀协同发展情况进行监测，探索京津冀三地如何增强联系度、提升均衡度、加深融合度，推动京津冀协同发展向“和而不同”转变，为政府提供决策依据。联系度、均衡度、融合度是区域协同发展的三要素，实现区域协同发展，三者缺一不可（见图1）。

二　指数评价与测度结果

（一）基于联系度的测度——京津联系最为密切，河北石唐两市在区际联系中优势明显

受限于数据的可获得性，本部分拟从总体区际联系度、交通联系度和资

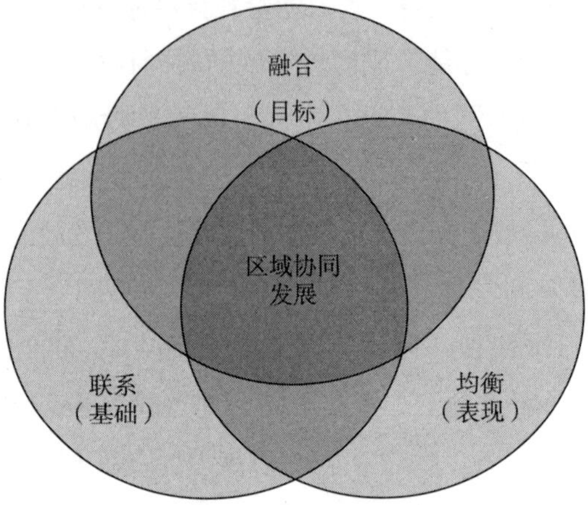

图1　区域协同发展要素结构

金联系度三个方面测度和分析京津冀区际联系强度。

1. 基于引力模型的总体区域联系度测度

引力模型可以对城市间的空间联系强度进行定量计算，刻画城市体系的空间联系状态和结节区结构，可被用以分析某一地区城市间的经济辐射情况。本部分运用了引力模型对京津冀地区的总体区际联系度进行测度：

$$R_{ij} = (\sqrt{P_i \times V_i} \times \sqrt{P_j \times V_j}) / D_{ij}^2$$

其中 R_{ij} 表示城市 i 与城市 j 之间的经济联系强度；D_{ij} 表示城市 i 与城市 j 之间公路运营距离；P_i、P_j 表示城市 i 和城市 j 的年末常住人口；V_i、V_j 表示城市 i 和城市 j 的地区生产总值。

本部分利用 ARCGIS 将城市间的经济联系强度数据反映在空间图上，用两点之间的连线表示两城市之间的经济联系，用线条宽度及色彩深浅表示经济联系强度在量上的等级，从而可以更直观地了解城市群内部的经济联系在空间上的分布情况，并对城市空间结构进行基本判断，线条越粗、色彩越深则表示两个城市间的引力越强。

京津冀地区经济联系的空间分布具有明显的“核心—边缘”特征，空间分异特征显著。北京、天津、廊坊三地间的经济联系较强，形成了以

“北京—廊坊—天津”为支点的基本骨架，北京与天津、北京与廊坊的经济联系强度均高于2000，分别为2131.7和2673.6，天津与廊坊的经济联系强度为775.9；河北各地级市中，石家庄、保定两地与其他城市联系较为紧密，辐射带动作用初步显现；而位于北部的秦皇岛、承德、张家口与各城市的经济联系很弱。总的来看，京津冀地区各城市间的经济联系呈现“南北疏、中心密”的特点，京津两地对京津冀地区的辐射带动作用有限。

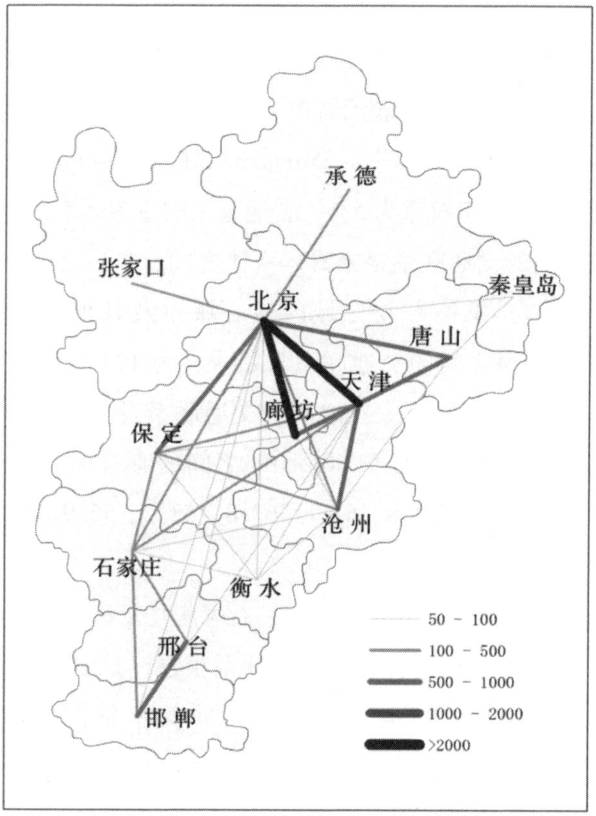

图2　京津冀引力模型

资料来源：作者根据2016年各城市统计公报数据计算所得。

2. 基于区域交通联系度的测度

本部分通过中国铁路客户服务中心官网（www.12306.cn）搜集京津冀

各城市间每日高铁（C/G 开头）、动车（D 开头）、普通火车（K/T/Z/开头、其他）的班次数，对其进行加权处理来计算区域交通联系量。

$$T_{ij} = G_{ij} + \frac{5}{6}D_{ij} + \frac{2}{5}K_{ij}$$

$$E_{ij} = (T_{ij} + T_{ji})/2$$

$$E_i = \sum_{j=1} E_{ij}$$

其中，G 表示高铁、D 表示动车、K 表示普通火车；T_{ij}表示城市 i 到城市 j 的交通联系量，T_{ji}表示城市 j 到城市 i 的交通联系量；E_{ij}表示城市 i 和城市 j 间交通联系量的均值；E_i 表示城市 i 交通联系总量。根据各类列车的时速（普通火车：120km/h；动车：250km/h；高铁 300km/h）来确定权重，确定高铁权重为 1，动车权重为 5/6，普通火车权重为 2/5。

从两个城市间的交通联系量来看，京津之间、京石之间联系最为紧密，北部地区（张家口、承德）与区域内核心城市及其他城市联系都较弱。2017 年，北京与天津之间的交通联系量最大，为 139.6，是京津冀平均值（17.2）的 8.1 倍；北京与石家庄之间的交通联系量其次，为 112.1，是平均值的 6.5 倍。交通联系量处于 50～100 之间的有石保、京保、石邯、津唐、石邢、唐秦，分别为 87.8、67.1、63.8、58.7、55.9、52.6，为平均值的 3 倍以上（见图 3）。

从交通联系总量来看，北京、天津、石家庄是京津冀地区的重要辐射中心。2017 年，京津石三地与各地级市的联系很强，其中北京交通联系总量最大，为 520.0，是京津冀平均值（206.2）的 2.52 倍；石家庄交通联系总量其次，为 412.8（原因是石家庄为我国的重要铁路枢纽之一，是京广线、石太线、石德线三条铁路线的交汇处），是平均值的 2.00 倍；天津市排名第三，为 398.1，是平均值的 1.93 倍。保定、唐山、邯郸与各地级市的联系相对较强，交通联系总量分别为 294.6、219.8、214.8。而张家口、承德与各地级市联系相对较弱，交通联系总量分别为 2.8、2.4，不足平均值的1/7（见表 1）。

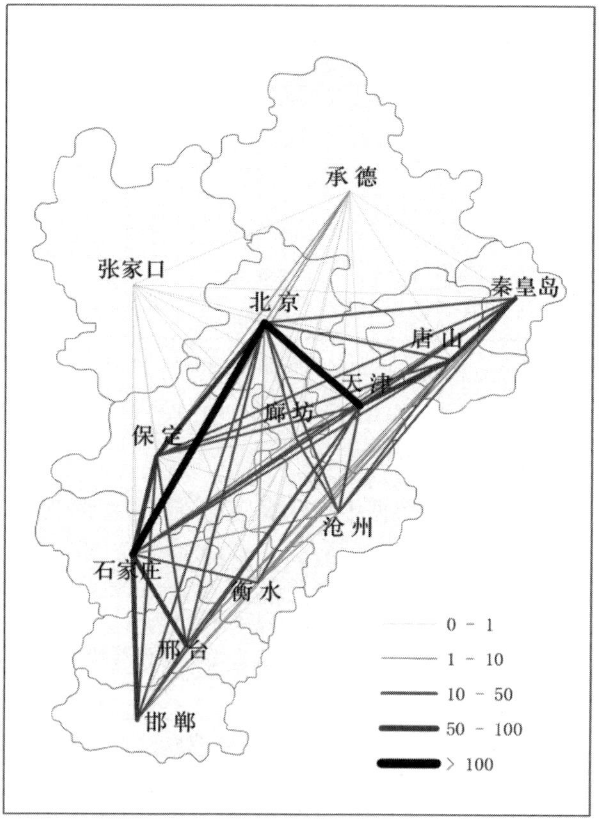

图3　2017年京津冀各城市交通联系情况

资料来源：作者根据 www.12306.com 数据计算所得（2017年12月）。

表1　2017年京津冀各地级市交通联系总量

城市	交通联系总量	排名
北京市	520.0	1
石家庄市	412.8	2
天津市	398.1	3
保定市	294.6	4
唐山市	219.8	5
邯郸市	214.8	6
秦皇岛市	194.1	7

续表

城市	交通联系总量	排名
邢台市	192.6	8
沧州市	120.8	9
廊坊市	62.5	10
衡水市	45.0	11
张家口市	2.8	12
承德市	2.4	13

资料来源：作者根据 www.12306.com 数据计算所得（2017 年 12 月）。

3. 基于区域资金联系度的测度

本部分运用龙信企业大数据中京津冀三地资本互投情况的相关数据来测算京津冀三地的区域资金联系度。

表 2　2014～2016 年京津冀三地资本流动情况

单位：亿元

年份	北京对外投资		天津对外投资		河北对外投资	
	天津	河北	北京	河北	北京	天津
2014	339.6	156.0	51.2	18.9	69.9	44.0
2015	785.8	656.7	203.1	31.6	107.8	43.2
2016	1537.3	1701.9	165.8	84.1	352.5	113.8
合计	2662.7	2514.7	420.0	134.6	530.2	200.9

资料来源：龙信企业大数据。

从京津冀资金总体联系度来看：一方面，京津、京冀联系相对紧密，而津冀两地联系相对不足。从表 2 可知，2014～2016 年，北京对津冀企业累计投资达 5177.4 亿元，其中对天津投资 2662.7 亿元，占比 51.4%，对河北投资 2514.7 亿元，占比 48.6%；天津对京冀企业累计投资为 554.6 亿元，其中对北京投资 420.0 亿元，占比高达 75.7%，投资大部分流向北京，对北京的投资额是对河北投资额（134.6 亿元）的 3.1 倍；河北对京津企业累计投资额为 731.1 亿元，其中对北京投资 530.2 亿元，占比高达 72.5%，投资大部分流向北京，对北京的投资额是对天津投资额（200.9 亿元）的 2.6 倍。另一方面，北京已成为资本辐射中心。2014 ~2016 年，北京对津冀的投资额是天津对京冀投资额的 9.3 倍，是河北对京津投资额的 7.1 倍。

从北京与河北各地级市的资本联系度来看：唐山市和石家庄市占据了近五成北京对河北的投资。2014 ~2016 年北京对河北企业共投资 2514.7 亿元，其中对唐山的投资额最大，为 714.6 亿元，占比 28.4%；对石家庄的投资额次之，为 507.3 亿元，占比 20.2%；对保定、廊坊的投资额位列第三、第四，分别为 340.4 亿元和 329.8 亿元，占比分别为 13.5% 和 13.1%；而对其他各地级市的投资额明显不足（见图 4）。

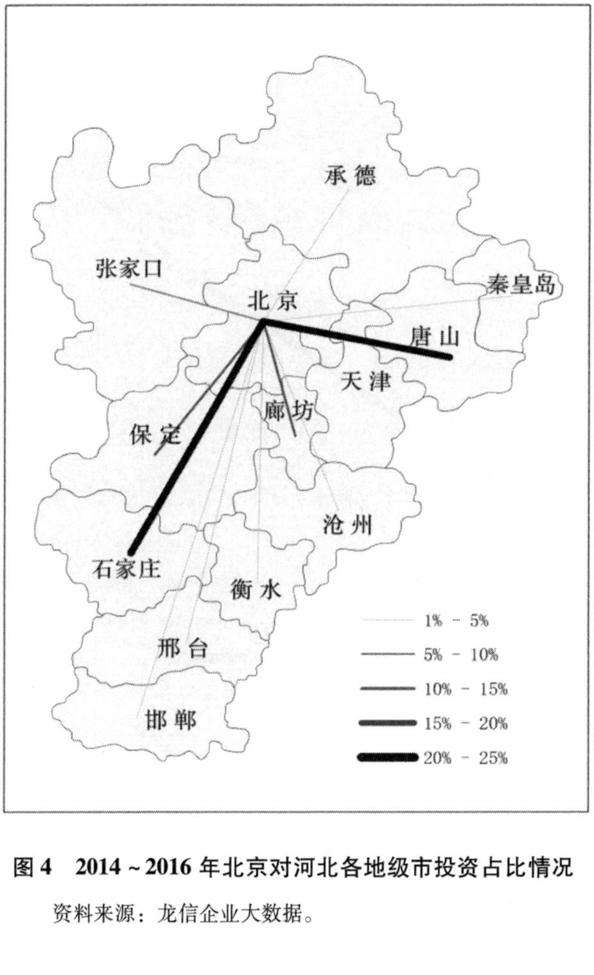

图 4　2014 ~2016 年北京对河北各地级市投资占比情况

资料来源：龙信企业大数据。

从天津与河北各地级市的资本联系度来看：唐山市和石家庄市所占据的天津对河北的投资超三成。2014～2016 年天津对河北企业共投资 134.6 亿元，其中对唐山的投资额最大，为 23.6 亿元，占比 17.5%；对石家庄的投资额次之，为 22.2 亿元，占比 16.5%；对秦皇岛、廊坊的投资额位列第三、第四，分别为 17.0 亿元和 16.3 亿元，占比分别为 12.6% 和 12.1%；而对其他各地级市的投资额明显不足（见图 5）。

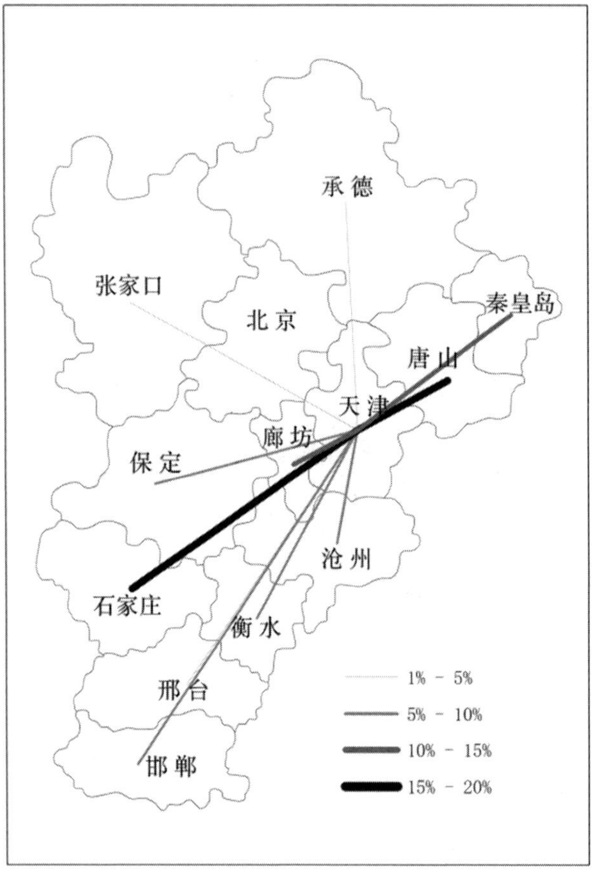

图 5　2014～2016 年天津对河北各地级市投资占比情况

资料来源：龙信企业大数据。

（二）基于均衡度的测度——教育、医疗、创新均衡度上升，经济均衡度下降，居民生活均衡度变化不显著

本研究拟从经济、居民生活、创新、医疗、教育5个层面，分别选用人均GDP、城镇居民人均可支配收入和农村居民人均可支配收入、每万人拥有授权三项专利数量、每万人医疗机构床位数、每十万人口高等学校平均在校生数等指标，对京津冀三地发展的均衡度进行测度，运用北京与天津、北京与河北、天津与河北各指标的比值（最大值与最小值之比）反映具体差距，运用京津冀11个地级市数据所计算出的加权变异系数来反映总体差距。

加权变异系数可用于研究区域经济差异，本部分运用如下加权变异系数公式来衡量京津冀地区的发展差距，系数越大则表明相对差异越大，反之表示差异越小。

$$CV = \bar{x} \times \sqrt{\sum_{i=1}^{n}(x - x_i)^2 pi/p}$$

其中，$\bar{x}$ 为区域某指标的均值，x_i 为区域内第 i 个城市的该指标，p 为区域总人口，p_i 为区域内第 i 个城市的人口。

1. 从经济发展水平来看，三地差距有所上升、经济发展分化加剧

2007～2016年，京津冀三地人均GDP呈逐年上升趋势，北京由60096元增加至118198元，年均增长率为7.8%；天津由47970元增加至115053元，年均增长率为10.2%；河北由19662元增加至43062元，年均增长率为9.1%。但三地差距有所增加，通过计算京津冀地区人均GDP的加权变异系数可知，2007～2016年京津冀地区的经济发展水平差异呈扩大趋势，加权变异系数由2007年的0.3464上升至2016年的0.5150（见图6）。

具体来看，河北与京津两地存在较大差距（比值大于2），其中与北京的差距呈先下降后上升趋势，北京与河北的人均GDP比值由2007年的3.06下降至2012年的2.39又上升至2016年的2.74；与天津的差距总体呈上升态势，天津与河北的人均GDP比值由2007年的2.44上升至2016年的2.67。北京与

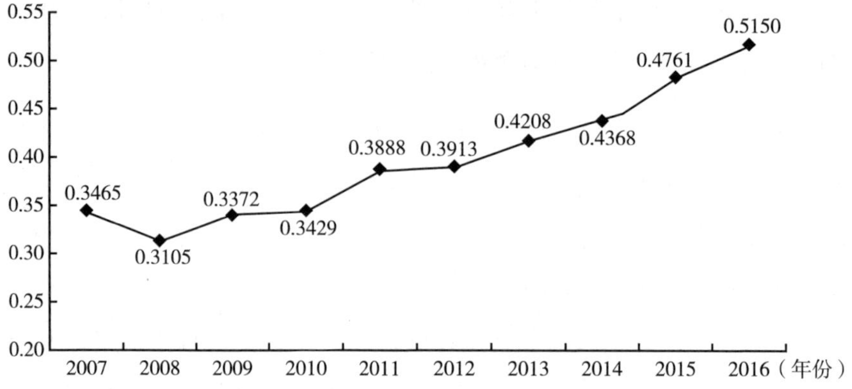

图 6　2007～2016 年京津冀人均 GDP 加权变异系数

资料来源：作者根据 2008～2017 年《北京统计年鉴》《天津统计年鉴》《河北经济年鉴》数据计算所得。

天津的差距较小（比值保持在 1.1 左右），2011 年开始天津人均 GDP 开始高于北京，2016 年北京人均 GDP 近 6 年来首次超过天津（见图 7）。

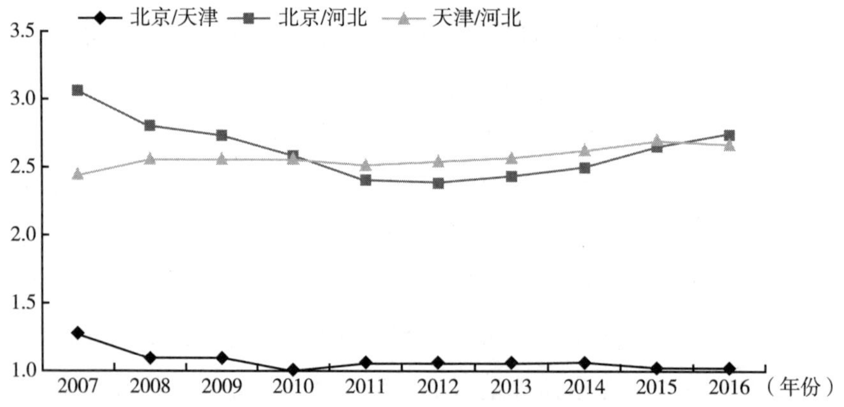

图 7　2007～2016 年京津冀经济发展均衡度（人均 GDP）

资料来源：作者根据国家统计局数据计算所得。

2. 从居民生活来看，三地差距变化不显著，但城乡差距正逐步缩小

在城镇居民生活水平方面，2013～2016 年，京津冀三地城镇居民人均

可支配收入基本以相同速度增长，北京由44563.9元增加至57275.3元，年均增长率为8.7%；天津由28979.8元增加至37109.6元，年均增长率为8.6%；河北由22226.8元增加至28249.4元，年均增长率为8.3%。从三地间的差距来看，北京与河北之间的差距较为显著（比值大于2）且呈缓慢扩大趋势，北京与河北的城镇居民人均可支配收入比值由2013年的2.005上升至2016年的2.027；津冀之间、京津之间的差距较小（比值低于2），其中天津与河北之间的差距最小但略有上升，天津与河北的城镇居民人均可支配收入比值由2013年的1.304上升至2016年的1.314；北京与天津之间的差距也有所增加，北京与天津的城镇居民人均可支配收入比值由2013年的1.538上升至2016年的1.543（见图8）。

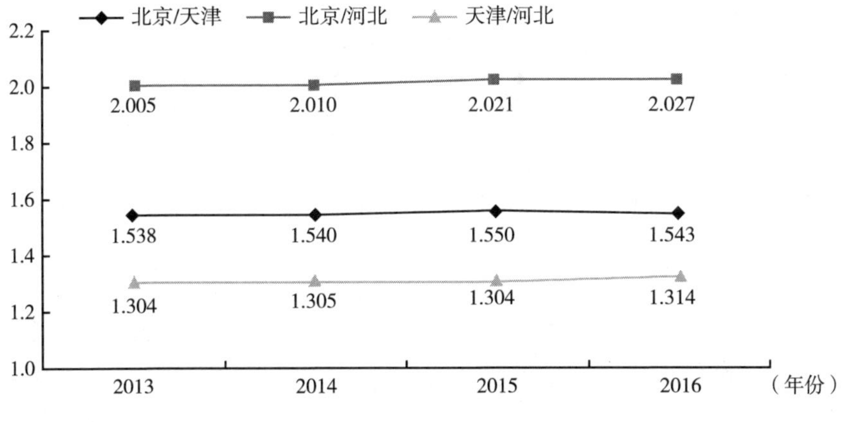

图8　2013～2016年京津冀城镇居民生活水平均衡度（城镇居民人均可支配收入）

注：由于自2013年起，国家统计局开展的分城镇和农村住户调查的调查范围、调查方法、指标口径与2013年前有所不同，本部分仅选用2013年之后的数据进行对比。

资料来源：作者根据国家统计局数据计算所得。

在农村居民生活水平方面，2013～2016年，三地农村居民人均可支配收入基本以相同速度增长，北京由17101.2元增加至22309.5元，年均增长率为9.3%；天津由15352.6元增加至20075.6元，年均增长率为9.4%；河北由9187.7元增加至11919.4元，年均增长率为9.1%。从三地间的差距来看，京冀之间和津冀之间的差距相对较大，其中北京与河北的差距最大且有所扩大，北京与河北的农村居民人均可支配收入比值由2013年的1.861上升至2016年的1.872；天津与河北之间的差距呈上升趋势，天津与河北的农村居民人均可支配收入比值由2013年1.671上升至2016年的1.684。北京和天津之间的差距相对较小（比值接近于1）且略有下降，北京与天津的农村居民人均可支配收入比值由2013年1.114下降至2016年的1.111（见图9）。

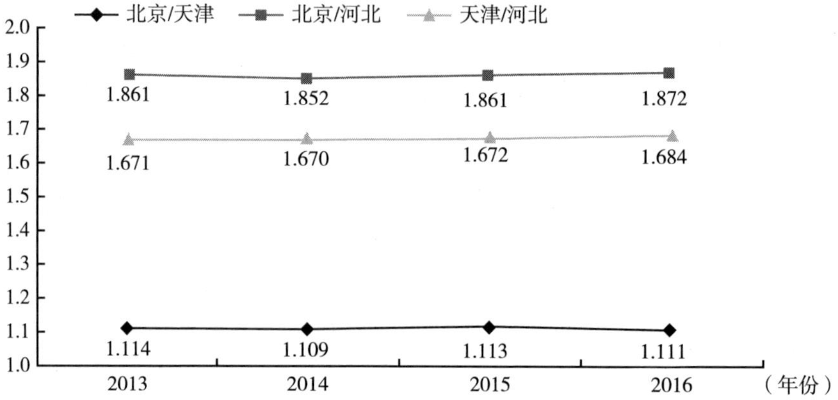

图9　2013～2016年京津冀农村居民生活水平均衡度（农村居民人均可支配收入）

资料来源：作者根据国家统计局数据计算所得。

从城乡差距来看，北京、河北两地的城乡差距较大，而天津的城乡差距较小，三地的城乡差距均呈下降趋势。2013～2016年，北京、河北两地城镇居民与农村居民人均可支配收入比值一直大于2但有所下降，北京的比值由2013年的2.606下降至2016年的2.567，河北的比值由2013年的2.419下降至2016年的2.370；天津城镇居民与农村居民人均可支配收入比值由2013年的1.888下降至2016年的1.848。

3. 从创新水平来看，三地差距正在逐步缩小

2007～2016年，三地每万人拥有三项专利授权数量均呈快速上升趋势，北京由8.9件/万人增加至46.3件/万人，年均增长率20.1%；天津由5.0件/万人增加至25.4件/万人，年均增长率19.8%；河北由0.8件/万人增加值4.3件/万人，年均增长率为20.9%。通过计算京津冀三地每万人拥有三

项专利授权数量的加权变异系数，可以看出近三年来三地在创新方面的差距开始缩小，加权变异系数由 2014 年的 2.6645 下降至 2016 年的 1.9408（见图 10）。

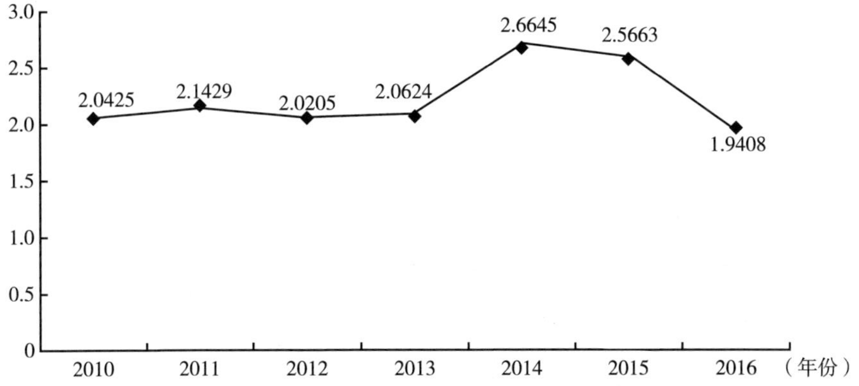

图 10　2010～2016 年京津冀每万人拥有授权三项专利数量加权变异系数

资料来源：作者根据 2011～2017 年《北京统计年鉴》《天津统计年鉴》《河北经济年鉴》数据计算所得。

具体来看，京冀两地差距尤为显著，北京与河北每万人拥有授权三项专利数量的比值一直在 10～13 之间波动，2011 年达到峰值 13.19，近 3 年呈现下降趋势，2016 年比值为 10.86；津冀之间差距较大但总体呈下降趋势，天津与河北每万人拥有授权三项专利数量的比值由 2007 年的 6.49 下降至 2016 年的 5.97；京津之间的差距相对较小，北京与天津每万人拥有授权三项专利数量的比值在 2 左右波动，2016 年比值为 1.82（见图 11）。

4. 从医疗卫生水平来看，三地间差距明显缩小

2007～2016 年，京津两地每万人医疗机构床位数均出现下降，北京由 2007 年的 69.9 张/万人降低至 2016 年的 53.9 张/万人，天津由 47.2 张/万人降低至 42.2 张/万人，而河北呈显著上升趋势，由 30.0 张/万人增加至 48.3 张/万人，年均增长率为 6.1%。通过计算京津冀三地每万人医疗机构床位数的加权变异系数，可以看出三地在医疗卫生水平上的差距总体呈下降趋势，加权变异系数由 2007 年的 0.3238 下降至 2016 年的 0.0956（见图 12）。

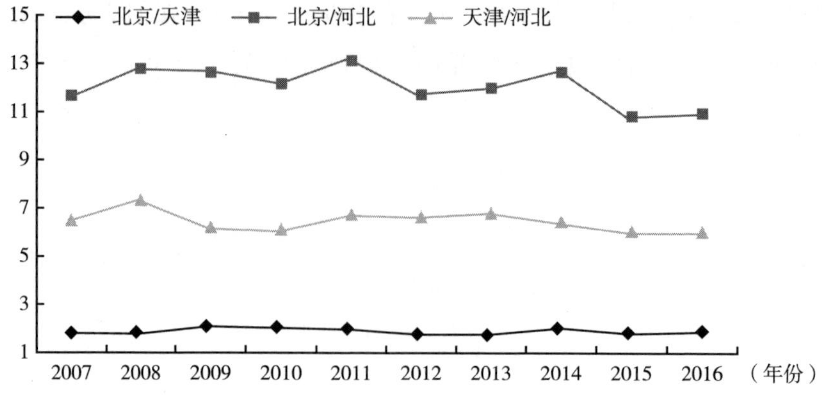

图11　2007～2016年京津冀创新水平均衡度（每万人拥有三项专利授权数量）

资料来源：作者根据国家统计局数据计算所得。

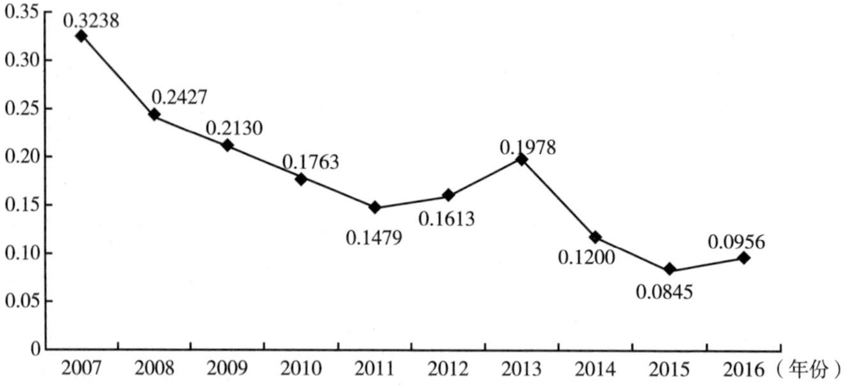

图12　2007～2016年京津冀每万人医疗机构床位数加权变异系数

资料来源：作者根据2008～2017年《北京统计年鉴》《天津统计年鉴》《河北经济年鉴》数据计算所得。

具体来看，京冀之间差距缩小最为显著，北京与河北每万人医疗机构床位数的比值由2008年的2.33下降至2016年的1.12；京津之间差距总体呈下降趋势，北京与天津每万人医疗机构床位数的比值由1.48下降至1.28；津冀之间差距呈先下降后上升趋势，2008～2011年天津每万人医疗机构床位数高于河北，二者比值由1.58降低至1.36，2012～2016年河北每万人医疗机构床位数高于天津，二者比值由1.03上升至1.14（见图13）。

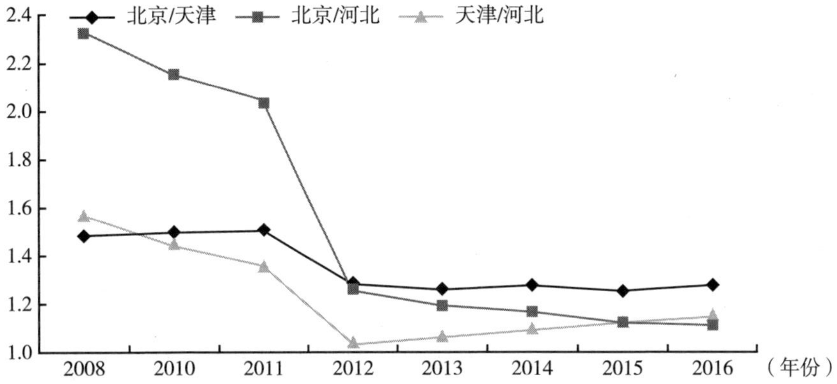

图 13　2008～2016 年京津冀医疗水平均衡度（每万人医疗机构床位数）

注：2009 年数据缺失。

资料来源：作者根据国家统计局数据计算所得。

5. 从教育水平来看，三地间差距也呈明显缩小态势

2008～2016 年，京津两地每十万人口高等学校平均在校生数均出现下降，北京由 2008 年的 6750 人降低至 2016 年的 5028 人，天津由 4534 人降低至 4058 人，而河北逐年上涨，由 1811 人增加至 2191 人，年均增长率为 2.4%。从三地间的差距来看，京冀之间的差距尤为显著，但呈现显著的逐年下降态势，北京与河北每十万人口高等学校平均在校生数的比值由 2008 年的 3.73 降低至 2016 年的 2.29；津冀之间差距逐年缩小，天津与河北每十万人口高等学校平均在校生数的比值由 2008 年的 2.50 下降至 2016 年的 1.85；京津两地的差距相对较小且呈逐年下降趋势，北京与天津每十万人口高等学校平均在校生数的比值由 2008 年的 1.49 降低至 2016 年的 1.24（见图 14）。

（三）基于融合度的测度——京冀融合度较高，京津次之，津冀较低

1. 三地分工形势明确：北京高端生产性服务业和现代服务业优势显著，河北一二产业具有优势，天津居中

本部分运用龙信企业大数据中的行业存续企业注册资本总额计算京津冀

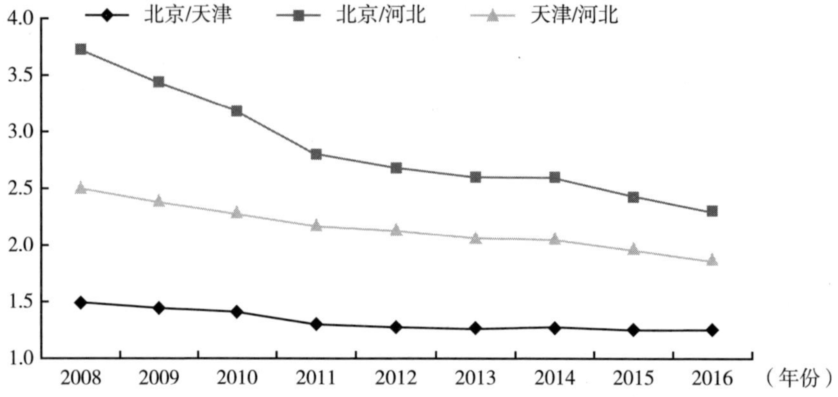

图 14　2008～2016 年京津冀教育水平均衡度（每十万人口高等学校平均在校生数）

资料来源：作者根据国家统计局数据计算所得。

三地的区位商，来反映京津冀地区的分工情况，进而判断京津冀三地的融合度。选取农林牧渔业、制造业及部分第三产业（金融业、批发和零售业、租赁和商务服务业、信息传输软件和信息技术服务业、科学研究和技术服务业）计算京津及河北 11 个地级市这些行业的区位商（*LQ*），*LQ*>1 说明该行业具有优势，*LQ*<1 说明该行业优势相对不足（见表 3）。

表 3　2016 年京津冀各地级市行业存续企业注册资本总额区位商

项目 城市	农林牧渔业	制造业	批发和零售业	信息传输软件和信息技术服务业	金融业	租赁和商务服务业	科学研究和技术服务业
北京	0.20	0.58	0.71	1.30	0.91	1.22	1.07
天津	0.73	1.27	1.42	0.31	1.81	0.64	0.95
石家庄	2.50	1.31	2.06	0.68	1.13	0.50	0.99
唐山	3.04	3.03	1.80	0.24	0.68	0.44	0.36
秦皇岛	3.82	2.16	2.07	0.48	0.28	0.35	0.69
邯郸	5.20	2.50	3.19	0.31	0.28	0.23	0.75
邢台	6.29	4.23	1.72	0.19	0.44	0.18	0.75
保定	5.11	2.92	1.73	0.25	0.33	0.31	0.90
张家口	9.12	1.15	1.47	0.30	0.45	0.52	0.81
承德	11.95	1.46	1.30	0.36	0.58	0.41	0.48

续表

项目 城市	农林牧渔业	制造业	批发和零售业	信息传输软件和信息技术服务业	金融业	租赁和商务服务业	科学研究和技术服务业
沧州	6. 03	4. 21	1. 72	0. 16	0. 32	0. 23	0. 66
廊坊	3. 17	2. 37	1. 17	0. 34	0. 62	0. 44	0. 61
衡水	8. 04	5. 22	1. 27	0. 19	0. 26	0. 13	0. 78

资料来源：作者根据龙信企业大数据计算所得。

根据2016年京津冀各地级市行业存续企业注册资本总额区位商可知，北京的优势产业主要集中在第三产业，尤其是高端生产性服务业和现代服务业优势显著，京津及河北11个地级市中，仅北京的信息传输软件和信息技术服务业、租赁和商务服务业、科学研究和技术服务业的区位商大于1，北京的这三个行业具有比较优势；河北的优势产业主要集中在资源密集型和劳动密集型的第一、第二产业，河北各地级市的优势产业均为农林牧渔业、制造业、批发和零售业，石家庄在金融业方面同样具有比较优势；天津的优势产业介于北京和河北之间，其制造业、批发和零售业、金融业具有比较优势，特别是金融业优势相对显著（见表3）。

2. 京津冀三地合作愈加紧密，北京是三地合作的核心驱动力

本部分运用龙信企业大数据中的联合专利申请量和联合专利授权量两项指标来衡量京津冀三地的合作情况，进而判断京津冀三地的融合度。

2014年京津冀协同发展上升为国家重大发展战略以来三地合作变得更加紧密。从2012年开始，京津冀三地联合专利申请量及联合专利授权量增加显著，尤其是2014年以来增长态势迅猛，三地联合专利申请量及联合专利授权量分别为4268件和2888件，分别为2013年的2.6倍和2.4倍；2016年，三地联合专利申请量和联合专利授权量分别高达8225件和5195件，是2013年的5.0倍和4.3倍（见图15）。

北京在京津冀联合创新中发挥着核心引领作用，京冀、京津两地合作较为紧密，津冀合作相对不足，2014年以来京冀两地、京津两地的合作大幅

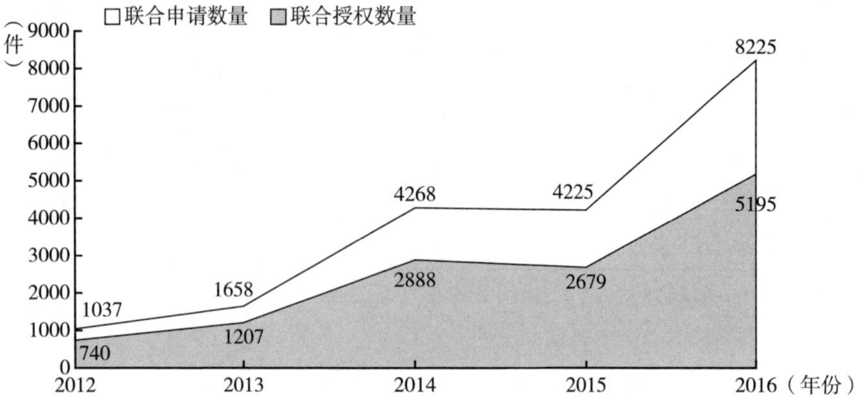

图 15　2012～2016 年京津冀三地联合申请及授权专利变化情况

资料来源：龙信企业大数据。

增加。2012～2016 年，京冀两地企业联合专利申请量和联合专利授权量最多，分别为 9475 件和 7051 件，占比五成左右（占比分别为 48.7% 和 55.5%）；京津两地次之，企业联合专利申请量和联合专利授权量分别为 9352 件和 5195 件，占比在四成左右（占比分别为 48.1% 和 40.9%）；津冀两地合作及京津冀三地共同合作明显不足，占比不足 5%。2014 年以来，京冀两地、京津两地企业合作加速，以 2014 年为例，京冀两地企业联合专利申请量和联合专利授权量分别为 2577 件和 1878 件，是 2013 年的 2.8 倍和 3.0 倍；京津两地企业联合专利申请量和联合专利授权量分别为 1626 件和 946 件，是 2013 年的 2.4 倍和 1.8 倍；津冀两地合作和京津冀三地合作变化不显著（见图 16、图 17）。

三　基本判断与主要结论

（一）北京具有核心辐射带动作用，但仍有上升空间

北京在京津冀地区的核心地位毋庸置疑，其不光承担着在区域联系中的核心枢纽职责，也在区域合作中扮演着“领头羊”角色。以资金流为例，

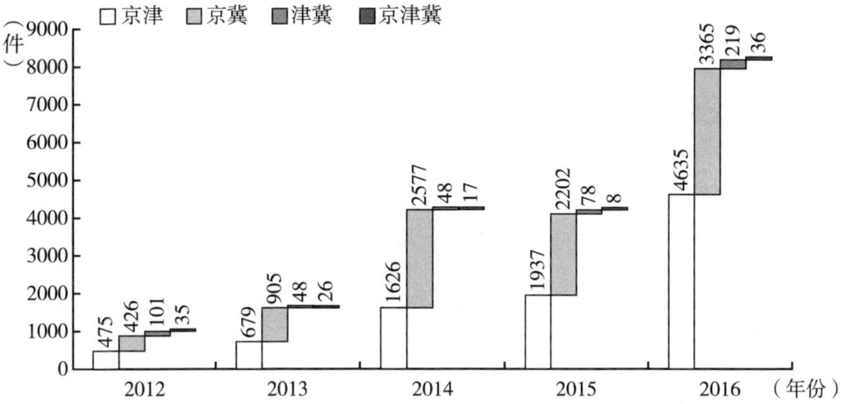

图16　2012～2016年京津冀三地联合申请专利地区分布情况

资料来源：龙信企业大数据。

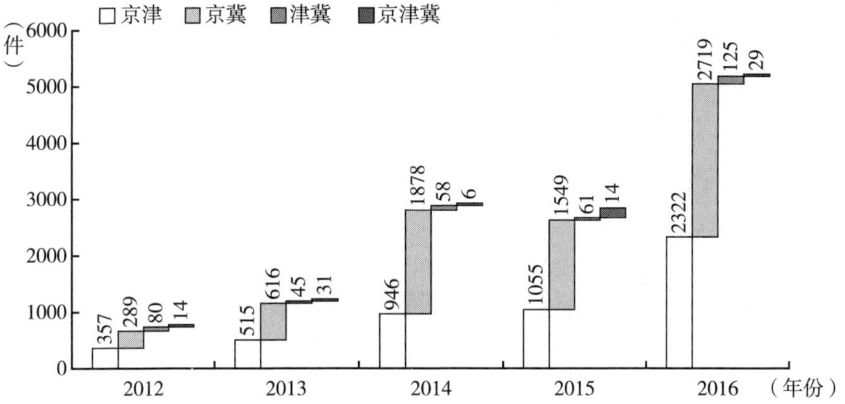

图17　2012～2016年京津冀三地联合授权专利地区分布情况

资料来源：龙信企业大数据。

2014～2016年，北京对津冀的投资额是天津对京冀投资额的9.3倍，是河北对京津投资额的7.1倍；以带动区域合作为例，2012年至2016年10月，京津两地合作及京冀两地合作联合申请专利数量、联合专利授权数量占比均在九成以上。北京对京津冀地区的辐射带动仍有上升空间，尤其是在带动张家口、承德等地方面空间巨大；以交通联系为例，北京至张家口的列车在4

次/日左右、北京至承德的列车在13次/日左右，远低于北京与其他城市间的列车数量；以资金联系为例，2014～2016年北京对承德、张家口两地的投资额分别为79.3亿元和141.9亿元，对两市投资之和占北京对河北投资的13%，低于北京对石家庄、唐山、保定、廊坊等单一城市投资额的占比。

（二）石家庄、唐山等地有望成为京津冀地区加强联系的重要节点

石家庄、唐山与京津两地的联系较为紧密，且具备良好的基础实力，拥有成为京津冀地区重要枢纽的潜力。从联系度来看，石家庄、唐山两个城市具有明显优势，以交通联系为例，石家庄与北京之间的列车总量位居第二名，每日互通列车近300次，唐山与天津之间的列车总量位居第四名，每日互通列车近200余次；以资金联系为例，石家庄和唐山是京津投资的热点地区，2014～2016年，北京和天津对唐山、石家庄的投资额分别为1221.9亿元和45.8亿元，唐石两地占据了近五成的北京对河北的投资，所占据的天津对河北的投资超过三成。从基础实力来看，以地区生产总值为例，2016年唐山和石家庄的地区生产总值分别为3323.8亿元和3214.8亿元，位列河北省前两名，占河北省地区生产总值的比重接近五成（唐山占比25.0%，石家庄占比24.2%）。

（三）京津冀三地创新差距显著，北京创新基础实力雄厚而河北相对不足

虽然近年来京津冀三地创新方面的差距呈缩小趋势，但三地差距仍较为显著。北京的功能定位是打造科技创新中心，其汇集的大量优质创新要素为科技创新奠定了坚实基础，而津冀两地创新要素相对匮乏，以科研机构数为例，北京是全国拥有科研机构最多的城市，2016年北京共有科研机构396个，占全国科研机构数的11.0%；而天津、河北分别拥有科研机构61个和81个，科研机构数量之和不足北京的一半。在创新能力方面三地实力也存在较大差距：从创新投入来看，2016年北京市R&D人员全时当量为253337人年，是天津（119384人年）的2.12倍，河北（111384人年）的2.27

倍，北京R&D经费投入强度为5.96%，是天津（3.00%）的1.99倍，河北（1.20%）的4.97倍；从创新产出来看，2016年北京专利申请受理数为18.91万件，是天津（10.65万件）的1.78倍，河北（5.48万件）的3.45倍，北京专利申请授权数为10.06万件，是天津（3.97万件）的2.53倍，河北（3.18万件）的3.16倍。

四　主要路径与对策建议

（一）推动京津冀地区充分均衡发展

党的十九大报告提出实施区域协调发展战略，重点解决不平衡不充分的发展问题，这对京津冀协同发展提出了新要求，也是区域发展的新机遇。

1. 以“北京南部地区振兴”为抓手促进区域充分均衡发展

“北京南部地区振兴”在实现北京充分发展和促进“一核”与“两翼”良性互动方面具有重要意义。在实现北京充分发展方面，相对于首都功能核心区，南部地区尚有发展空间，应抓住京津冀协同发展战略机遇实现南部地区的快速崛起，实现北京的充分发展。应将其打造成为新时代背景下北京市经济新增长点、推动形成新动能、打造产业新高地的集中承载地，如可借势中关村科技创新政策，实现科技创新成果在南部地区的落地转化，用高新技术产业替代传统产业，结合现有的产业优势将其打造成为世界级产业集群。在促进“一核”与“两翼”良性互动方面，北京南部地区在构建京津冀协同发展骨架方面具有重要作用，应借助其地理位置优势（与河北相连，特别是与雄安新区距离较短），塑造“一核”与“两翼”协调发展的核心枢纽地区，如积极服务雄安新区建设，北京南部地区应通过打造完善的基础设施实现与雄安新区的高效对接，使其成为北京市服务和支持雄安新区建设的“桥头堡”。

2. 以高起点高标准谋划河北非首都功能集中承载地

京津冀要打造世界级城市群的短板在河北，“垫高”河北是战略关键。

应坚持运用最新理念和超前技术以“高”为支撑、以“新”为理念谋划河北非首都功能集中承载地，打造高水平的产业集聚区，提升河北实力和竞争力，实现京津冀充分均衡发展。“高”表现为通过吸引国内外高端要素、运用高效组织模式，以高新技术培育高精尖产业，聚集高端人才；“新”强调符合世界科技发展新趋势、符合京津冀区域发展新理念，将集中承载地打造成为生产、生活、生态相协调的典范区。

（二）推动京津冀高质量协同发展

由高速增长阶段转向高质量发展阶段，是我国经济在近40年高速增长之后，需要化解长期积累的结构性矛盾以及突破资源环境的硬约束条件，实现更健康更持续发展的必然要求。京津冀作为我国三大城市群之一，已进入向更高层次、更高水平、更高质量发展的阶段，面临着结构调整、功能提升等问题，因此推动京津冀高质量协同发展是新时代背景下的当务之急，本研究认为，应从以下几个方面推进：

1. 北京应提升首都功能，建设好“四个中心”，实现高质量发展

北京高质量发展应紧紧围绕首都功能定位，立足全局有序疏解非首都功能、优化提升首都功能，建设好政治中心、文化中心、国际交往中心、科技创新中心。在政治中心建设方面，严格规划、高度管控、治理安全隐患，以更大范围的空间布局支撑国家政务活动；在文化中心建设方面，充分利用北京文脉底蕴深厚和文化资源集聚的优势，发展文化创意产业、旅游业等优势文化产业；在国际交往中心建设方面，持续优化国际交往服务的软硬件环境，不断拓展对外开放的广度和深度，积极培育国际合作竞争新优势；在科技创新中心建设方面，充分发挥丰富的科技资源优势，不断提高自主创新能力，以“三城一区”建设为主阵地推进更具活力的世界级创新型城市建设。

2. 河北应推进生产过剩领域“去产能”，高质量承接非首都功能

在人口红利逐步消失、生态环境日益恶化的背景下，实现我国经济从要素驱动向创新驱动、由量的扩张向质的提升转变已成为必然，如何实现从“有没有”向“好不好”、从“富不富”向“强不强”的跃升，关键在于实

施高质量发展战略，推动经济社会的质量变革、效率变革和动力变革。当前，河北面临着钢铁、水泥、建材等领域产能过剩的问题，“去产能”是其高质量发展的重要方面。从河北自身存量调整来看，应采用高新技术改造传统产业，全面提升全要素生产率，实现从产业链低端环节向高端环节的延伸，通过减量集约发展达到提质、增效的效果。从河北发展外部环境来看，应充分运用京津冀协同发展这一国家重大战略，主动作为，为北京、天津等超大城市分忧，争取京津的科技成果在河北落地转化，谋划好产业集中承接地建设。

（三）推进京津冀公共服务均等化

区域发展需要人才支撑，而优质公共服务资源是吸引和集聚人才的关键，吸引优质人才除营造好宜业、宜居环境外，同时应重点解决好优质人才家中的老人看病问题和孩子上学问题，即“一老一小”问题，因此京津冀协同发展应采取公共服务先行策略。当前，北京集聚了大量的优质公共服务资源，在一定程度上制约了非首都功能疏解，也给京津冀地区人才自由流动带来了巨大阻力。推进优质公共资源疏解具有“一石二鸟”的作用：一是优质公共服务资源的疏解是实现北京市“去中心化”和“去功能化”的重要举措，缓解北京在区域内的“单中心”集聚效应，破解北京“看病中心”“上学中心”等“魔咒”，解决北京“大城市病”；二是优质公共服务资源疏解有助于提高河北的公共服务水平，吸引并集聚高端人才，真正实现高端人才“聚得拢”“立得稳”“留得下”，并为其他功能疏解和产业疏解提供基础和可能。

参考文献

［1］祝尔娟、何皛彦：《京津冀协同发展指数研究》［J］，《河北大学学报》（哲学社会科学版）2016 年第 41（03）期，第 49～59 页。

[2] 叶堂林、毛若冲:《在京津冀协同发展中北京如何发挥龙头作用》[J],《前线》2017 年第 8 期,第 61 ~63 页。

[3] 中国社会科学院京津冀协同发展智库京津冀协同发展指数课题组,黄群慧、叶振宇、姚鹏、王宁、崔志新:《基于新发展理念的京津冀协同发展指数研究》[J],《区域经济评论》2017 年第 3 期,第 44 ~50 页。

[4] 阎东彬、丁波、陈雪:《基于要素流的京津冀城市群空间布局研究》[J],《经济研究参考》2017 年第 8 期,第 31 ~40 页。

[5] 戚晓旭、何皛彦、冯军宁:《京津冀协同发展指标体系及相关建议》[J],《宏观经济管理》2017 年第 9 期,第 70 ~79 页。

B.7
基于企业大数据的京津冀信息产业协同发展研究*

叶堂林　毛若冲**

摘　要：产业是京津冀协同发展率先突破的重点领域之一，而信息产业作为当前全球创新最活跃、带动性最强、渗透性最广的产业，对京津冀产业协同发展意义重大。促进信息产业协同发展，有利于增强京津冀产业核心竞争力，进而打造具有国际竞争力的世界级产业集群。本文运用企业大数据和统计数据，通过对信息产业企业注册资本、企业资本空间流向、主营业务收入等指标进行分析，得出：京津冀信息产业自2014年以来呈加速发展态势，其中北京在信息产业方面优势明显；京津冀三地的计算机服务和软件业企业均具有很强的活力；京津冀累计资本互投呈持续上升态势，北京已成为资本互投的辐射中心等。在此基础上，提出：发挥各自比较优势促进京津冀信息产业协同、运用新一代信息技术促进京津冀经济社会转型发展等对策建议。

关键词：京津冀　产业协同　信息产业　企业大数据

* 注：本文为北京社会科学基金重点项目“京津冀发展报告（2018）——京津冀协同发展的新机制与新模式”（项目编号：17JDYJA025）、国家社会科学基金重大项目“基于区域治理的京津冀协同发展重大理论与实践问题研究”（项目编号：17ZDA059）和北京市教委创新团队项目“京津冀产业协同发展研究”阶段成果；获北京市经济社会发展政策研究基地资助。

** 作者简介：叶堂林，首都经济贸易大学特大城市研究院副院长、教授，北京市经济社会发展政策研究基地执行主任，研究方向：首都圈及京津冀协同发展；毛若冲，首都经济贸易大学2017级区域经济学专业硕士研究生，研究方向：区域经济。

一　信息产业链构成及研究思路

（一）信息产业界定

根据统计数据，信息产业主要包括电子信息制造业、软件业和信息服务业。根据龙信企业大数据对信息相关产业的定义，信息相关产业包括电子信息设备制造业、电子信息设备销售和租赁业、电子信息传输服务业、计算机服务和软件业、其他信息相关服务业五项。其中，电子信息设备销售和租赁包括计算机、软件及辅助设备销售，通信设备销售，计算机及通信设备租赁；电子信息传输服务包括电信、互联网信息服务，广播电视传输服务，卫星传输服务；计算机服务和软件业包括计算机服务、软件服务；其他信息相关服务业包括广播电视电影和音像业、新闻出版业、图书馆与档案馆。

（二）信息产业链解析

电子信息制造业处于电子信息产业链始端，是其基础产业；软件业和信息服务业位于信息产业链的下游，软件业主要负责配套软件的开发，信息的收集、整理、储存和传递等，是电子信息产品功能实现的技术条件；信息服务业则主要针对软硬件产品开展增值服务。电子信息制造业与软件业和信息服务业密不可分，电子信息制造业是软件开发和信息技术服务业发展的基础与载体；软件和信息技术服务业的发展是扩大电子信息制造业发展规模的保障。

（三）本文研究思路

本文基于龙信企业大数据，对京津冀信息产业的总体协同状况进行了基于存续企业注册资本、新增企业注册资本等指标的分析；采用统计数据对信息产业中制造业部分和服务业部分进行了基于主营业务收入、利润总额、产值等指标的分析。

二　京津冀信息产业总体协同状况的实证分析

（一）基于存续企业注册资本总额的信息产业协同分析

1. 京津冀信息产业自2014年以来呈加速发展态势

京津冀地区信息相关产业发展态势良好，特别是自2014年京津冀协同发展上升为国家重大发展战略以来，信息相关产业呈现加速发展态势。2007～2016年京津冀信息相关产业的存续企业注册资本总额总体呈现上升趋势，由2007年的15075.7亿元增加至2016年的20225.1亿元，2016年存续企业注册资本总额为2007年的1.34倍。其中，2007～2012年的增长速度较缓，年均增长率为1.9%；2013～2016年的增长速度加快，年均增长率为7.3%（见图1）。

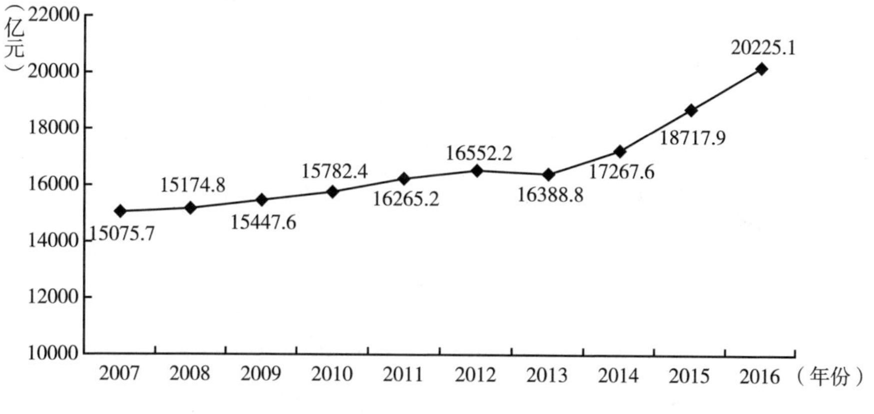

图1　2007～2016年京津冀信息相关产业存续企业注册资本总额

资料来源：龙信企业大数据。

2. 北京在信息产业方面优势明显，河北在电子信息设备制造业方面具有优势，天津信息产业总体优势不明显

北京电子信息传输服务业一枝独秀。从电子信息传输服务业的存续企业注册资本总额来看，北京优势显著，而津冀两地明显不足（见图2）。

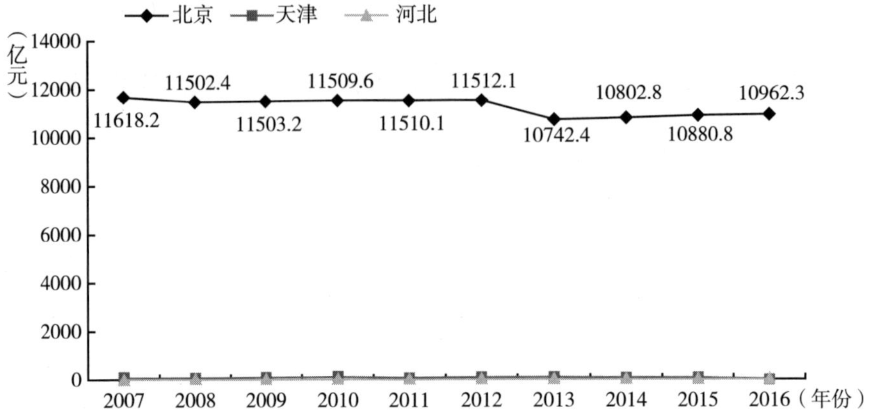

图 2　2007 ~ 2016 年京津冀电子信息传输服务业存续企业注册资本总额情况

资料来源：龙信企业大数据。

河北电子信息设备制造业优势明显。从电子信息设备制造业的存续企业注册资本总额来看，河北相对发达，而天津相对不足。2016 年河北电子信息设备制造业存续企业注册资本总额是北京的 1.8 倍、天津的 2.8 倍。2007 ~ 2016 年，京津冀三地电子信息设备制造业的存续企业注册资本总额均呈上升趋势，其中河北增长速度最快，由 2007 年的 584.8 亿元上升至 2016 年的 1147.6 亿元，年均增长率为 7.8%；北京由 2007 年的 463.3 亿元上升至 2016 年的 636.5 亿元，年均增长率为 3.6%；天津由 2007 年的 373.0 亿元上升至 2016 年的 408.3 亿元，年均增长率仅 1.0%（见图 3）。

北京计算机服务和软件业优势显著。从计算机服务和软件业的存续企业注册资本总额来看，北京相对发达，而津冀两地相对不足。2016 年北京计算机服务和软件业存续企业注册资本总额是河北（753.7 亿元）的 4.4 倍、天津（599.8 亿元）的 5.6 倍。2007 ~ 2016 年，京津冀三地计算机服务和软件业存续企业注册资本总额均呈稳步上升趋势，其中北京由 2007 年的 1040.5 亿元上升至 2016 年的 3346.9 亿元，年均增长率 13.9%；天津由 2007 年的 57.6 亿元上升至 2016 年的 599.8 亿元，年均增长率为 29.7%；河北由 2007 年的 87.2 亿元上升至 2016 年的 753.7 亿元，年均增长率为 27.1%（见图 4）。

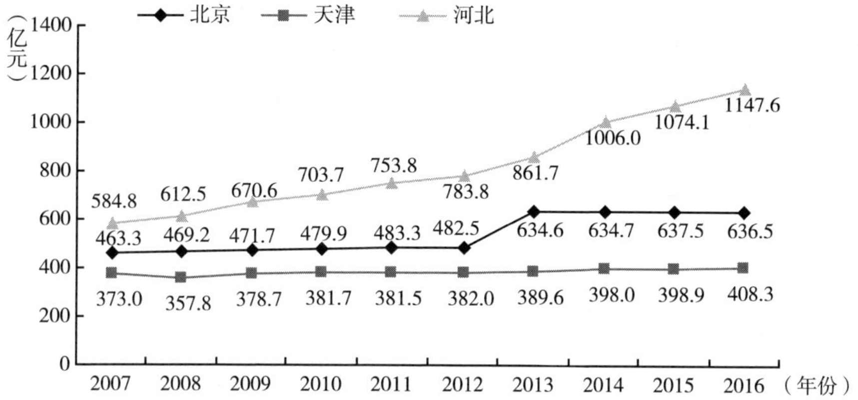

图 3　2007～2016 年京津冀电子信息设备制造业存续企业注册资本总额情况

资料来源：龙信企业大数据。

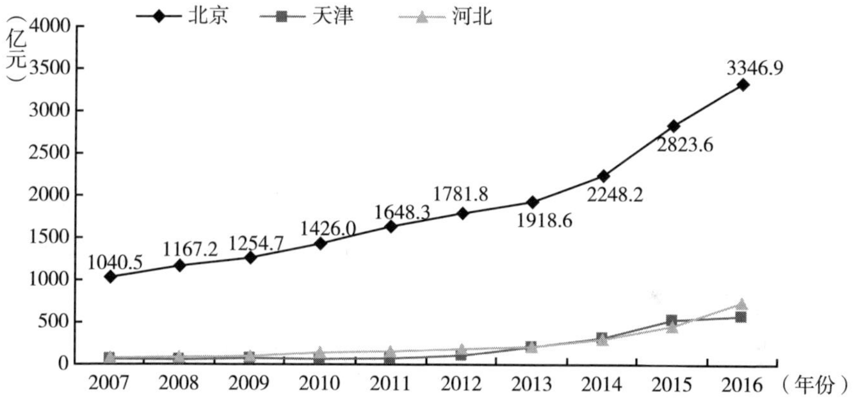

图 4　2007～2016 年京津冀计算机服务和软件业存续企业注册资本总额情况

注：由于图中天津、河北空间差距过小，故天津河北各年份数据省略，类似情况下文不再一一说明。

资料来源：龙信企业大数据。

北京电子信息设备销售和租赁业相对发达。从电子信息设备销售和租赁业的存续企业注册资本总额来看，北京相对发达，天津相对不足。2016 年北京电子信息设备销售和租赁业存续企业注册资本总额是河北的 1.9 倍、天津的 13.5 倍。2007～2016 年，京津冀三地的电子信息设备销售和租赁业存续企业注册资本总额均呈上升趋势，其中北京由2007年的191.8亿元上升至2016年的481.1亿元，年均增长率为10.8%；河北由2007年的94.6亿元上升至2016年的253.6亿元，年均增长率为11.6%；天津由2007年的28.8亿元上升至2016年的35.6亿元，年均增长率仅2.4%（见图5）。

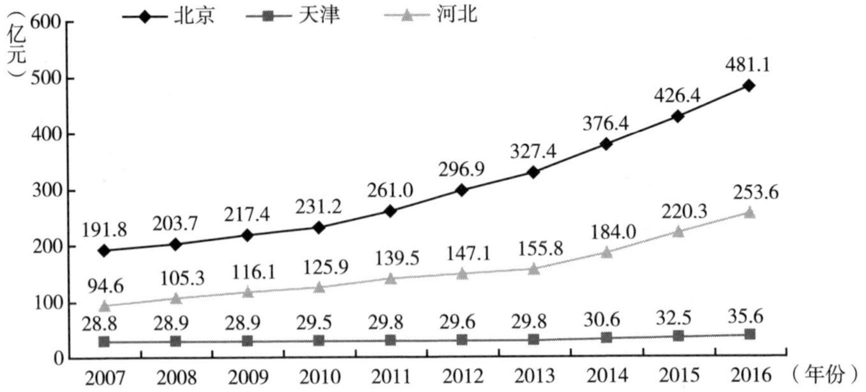

图5　2007～2016年京津冀电子信息设备销售和租赁业存续企业注册资本总额情况

资料来源：龙信企业大数据。

北京的其他信息相关服务业相对发达。从其他信息相关服务业的存续企业注册资本总额来看，北京相对发达，天津相对不足。2016年，北京其他信息相关服务业存续企业注册资本总额是河北（172.8亿元）的6.3倍、天津（84.9亿元）的12.8倍。2007～2016年，京津冀三地的其他信息相关服务业存续企业注册资本总额均呈上升趋势，其中北京由2007年的415.6亿元上升至2016年的1086.7亿元；河北由2007年的6.9亿元上升至2016年的172.8亿元；天津由2007年的5.4亿元上升至2016年的84.9亿元（见图6）。

总的来看，京津冀三地中，北京在电子信息传输服务业、计算机服务和软件业、电子信息设备销售和租赁业、其他信息相关服务业上均具有优势；河北在电子信息设备制造业上具有优势；天津优势明显不足。

（二）基于存续企业注册资本占比的产业协同分析

京津冀信息服务业优势显著，而制造业发展相对不足（占比约10%）。

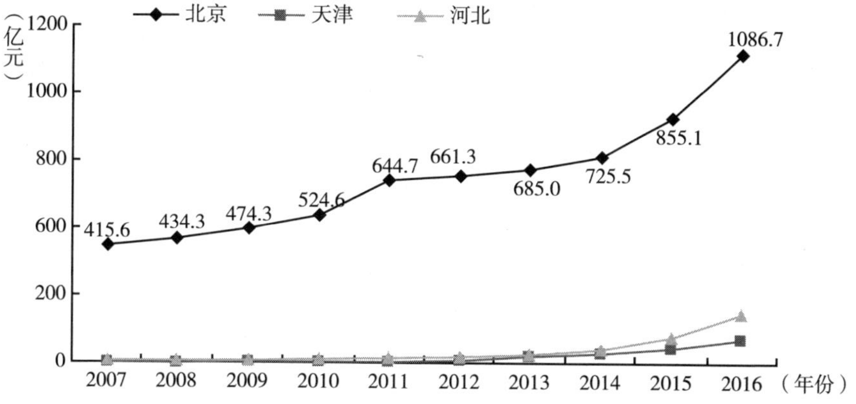

图6　2007～2016年京津冀其他信息相关服务业存续企业注册资本总额情况

资料来源：龙信企业大数据。

其中，在信息服务业中，电子信息传输服务业占比最高，但处于下降的趋势，占比由2007年的77.78%下降至2016年的55.46%，下降了22.32个百分点；计算机服务和软件业的占比居第二位，且呈稳步上升态势，由2007年的7.86%上升至2016年的23.24%，年均增长率为12.8%；其他信息相关服务业、电子信息设备销售和租赁业占比较小且变化不显著（见图7）。

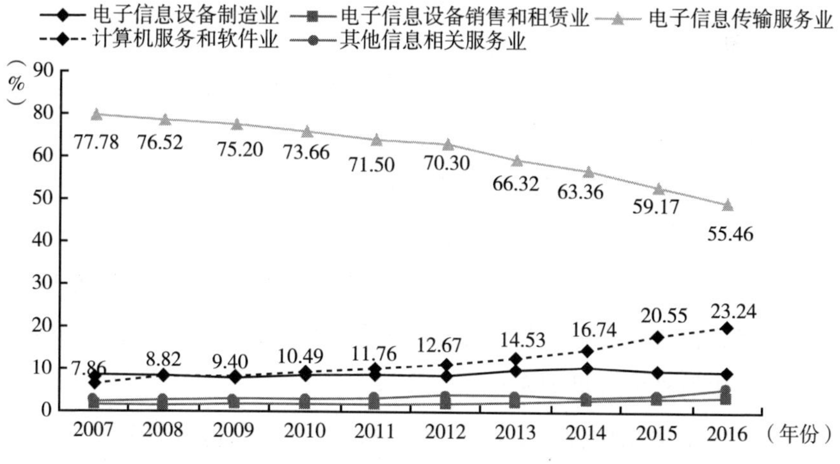

图7　2007～2016年京津冀信息服务业相关产业存续企业注册资本占比情况

资料来源：龙信企业大数据。

北京：电子信息传输服务业相对发达，但主导地位日趋下降。近10年来，电子信息传输服务业的存续企业注册资本在信息相关产业存续企业注册资本中所占比重由2007年的84.62%下降至2016年的66.38%，下降了18.24个百分点；计算机服务和软件业的占比持续上升，由2007年的7.58%上升至2016年的20.27%，年均增长率为11.5%；其他信息相关服务业、电子信息设备销售和租赁业、电子信息设备制造业占比较小且变化不明显（见图8）。

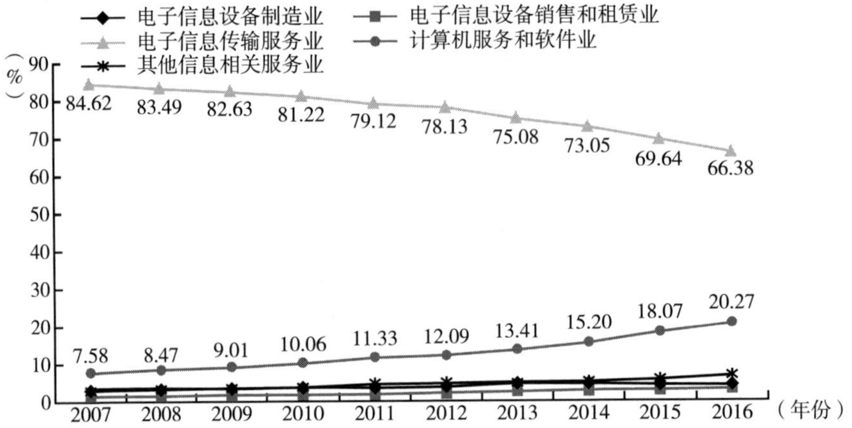

图8　2007～2016年北京信息服务业相关产业存续企业注册资本占比情况

资料来源：龙信企业大数据。

天津：计算机服务和软件业上升态势良好，电子信息设备制造业的主导地位逐渐减弱。近10年来，电子信息设备制造业的存续企业注册资本在信息相关产业存续企业注册资本中所占比重由2007年的77.81%下降至2016年34.65%，下降了43.16个百分点；计算机服务和软件业的占比快速上升，由2007年的12.02%上升至2016年的50.90%，年均增长率为17.4%；其他信息相关服务业、电子信息设备销售和租赁业、电子信息传输服务业占比较小且变化不显著（见图9）。

河北：电子信息设备制造业相对发达，但近年来占比日趋下降。近10年来，电子信息设备制造业的存续企业注册资本在信息相关产业存续企业注册资本中所占比重由2007年的68.00%下降至2016年的48.62%，下降

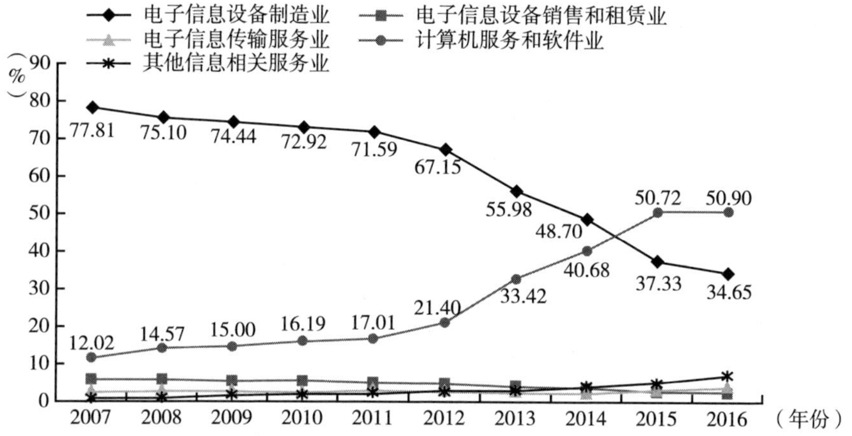

图 9　2007～2016 年天津信息服务业相关产业存续企业注册资本占比情况

资料来源：龙信企业大数据。

了 19.38 个百分点；计算机服务和软件业的占比显著上升，由 2007 年的 10.13% 上升至 2016 年的 31.93%，年均增长率为 13.6%；其他信息相关服务业、电子信息设备销售和租赁业、电子信息传输服务业占比较小且变化不显著（见图 10）。

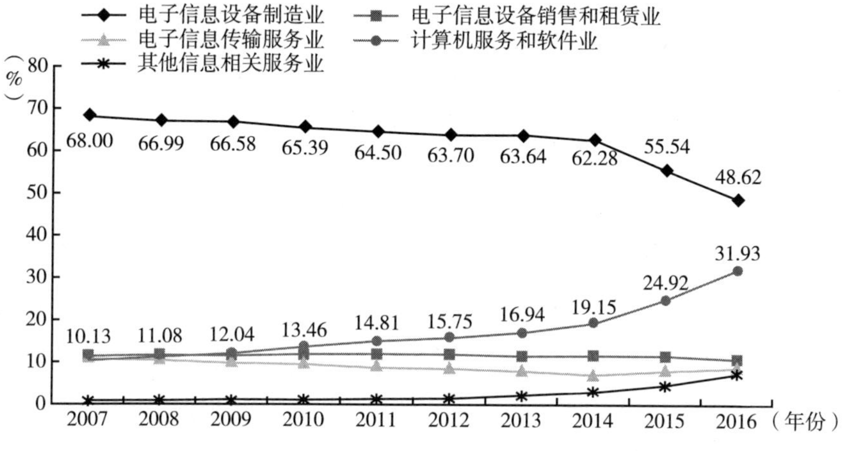

图 10　2007～2016 年河北信息服务业相关产业存续企业注册资本占比情况

资料来源：龙信企业大数据。

（三）基于新增企业注册资本的产业协同分析

北京：计算机服务和软件业企业活力最强。从新增企业注册资本来看，计算机服务和软件业企业的新增企业注册资本高于其他行业且呈快速上升态势。2016 年计算机服务和软件业新增企业注册资本为 554.89 亿元，是其他信息相关服务业（239.32 亿元）的 2.32 倍、电子信息传输服务业（95.27 亿元）的 5.82 倍、电子信息设备销售和租赁业（69.46 亿元）的 7.99 倍，远高于电子信息设备制造业（3.34 亿元）（见图 11）。

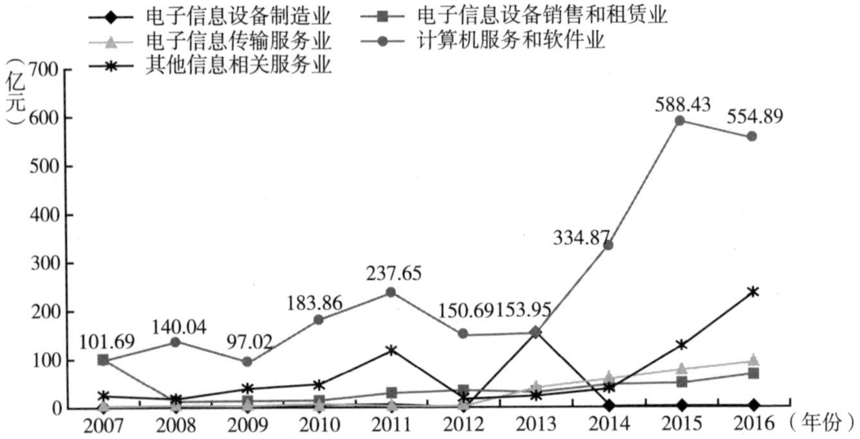

图 11　2007～2016 年北京信息服务业相关产业新增企业注册资本情况

资料来源：龙信企业大数据。

天津：计算机服务和软件业企业活力最强。从新增企业注册资本来看，计算机服务和软件业企业的新增企业注册资本自 2012 年以来始终位居第一。2016 年计算机服务和软件业新增企业注册资本为 81.00 亿元，是其他信息相关服务业（28.22 亿元）的 2.87 倍、电子信息传输服务业（13.62 亿元）的 5.95 倍、电子信息设备制造业（11.92 亿元）的 6.80 倍，远高于电子信息设备销售和租赁业（3.38 亿元）（见图 12）。

河北：计算机服务和软件业企业活力最强。从新增企业注册资本来看，计算机服务和软件业企业的新增企业注册资本于 2015 年首次超过电子信息

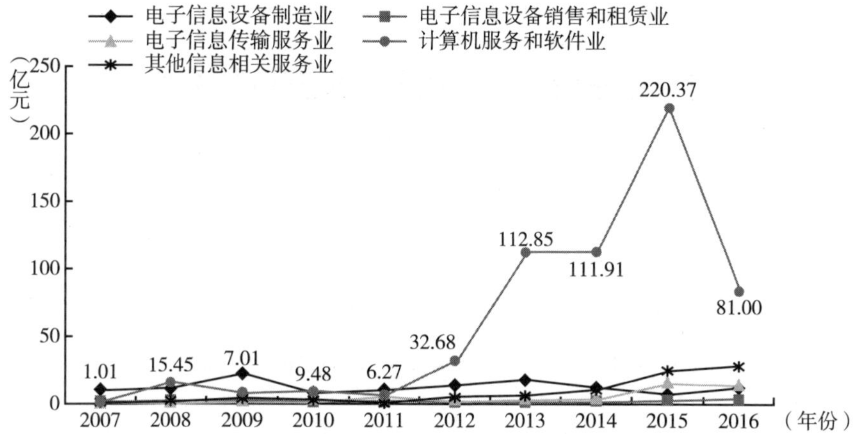

图 12　2007～2016 年天津信息服务业相关产业新增企业注册资本情况

资料来源：龙信企业大数据。

设备制造业，位居第一。2016 年计算机服务和软件业新增企业注册资本为 271.32 亿元，是其他信息相关服务业（83.77 亿元）的 3.24 倍、电子信息设备制造业（83.22 亿元）的 3.26 倍、电子信息传输服务业（51.11 亿元）的 5.31 倍、电子信息设备销售和租赁业（35.77 亿元）的 7.59 倍（见图 13）。

总的来看，京津冀三地的计算机服务和软件业均具有较强活力。

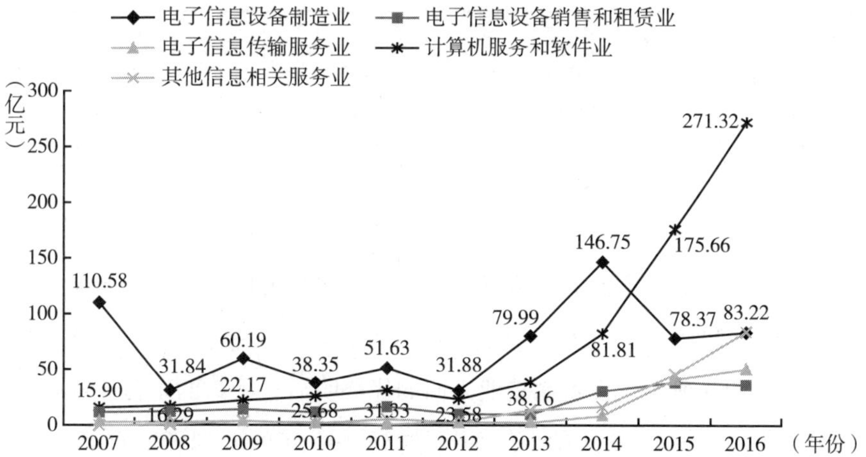

图 13　2007～2016 年河北信息服务业相关产业新增企业注册资本情况

资料来源：龙信企业大数据。

三　基于信息产业内制造业部分的分析

（一）主营业务收入北京优势显著，利润总额天津优势明显

本文运用了2013～2016年《信息产业统计年鉴》中规模以上计算机、通信和其他电子设备制造业企业的主营业务收入以及利润总额两个指标，分别对京津冀三地主营业务收入区位商和利润总额区位商①进行了计算（见表1、表2）。

表1　京津冀规模以上计算机、通信和其他电子设备制造业企业主营业务收入区位商

省份	2013年	2014年	2015年
北京	2.1257	2.2038	2.1954
天津	1.7153	1.5833	1.5199
河北	0.1280	0.1450	0.1874

资料来源：作者根据2013～2016年《信息产业统计年鉴》计算所得。

表2　京津冀规模以上计算机、通信和其他电子设备制造业企业利润总额区位商

省份	2013年	2014年	2015年
北京	1.6219	1.3273	0.8142
天津	1.5943	1.4715	1.6945
河北	0.2174	0.4015	0.4722

资料来源：作者根据2013～2016年《信息产业统计年鉴》计算所得。

在主营业务收入方面，北京优势显著，天津具有比较优势，而河北优势不足。2013～2015年，北京主营业务收入区位商总体平稳（$LQ>2$），在计算机、通信和其他电子设备制造业方面的优势明显；天津的主营业务收入区位商有所下降，由2013年的1.7153下降至2015年的1.5199（$LQ>1$），具

① $LQ=(E_{ij}/E_i)/(E_j/E)$。其中，E_j代表京津冀三地j行业的某个指标之和。

有明显的比较优势；河北的主营业务收入区位商在低位徘徊，一直小于0.2，不具有优势。

在利润总额方面，天津优势显著，北京优势由正转负，河北优势不足。2013~2015年，北京的利润总额区位商有所下降，由2013年的1.6219下降至2015年的0.8142（$LQ<1$），在计算机、通信和其他电子设备制造业方面的优势逐步减弱；天津的利润总额区位商总体平稳，处于1.4~1.7，具有明显优势；河北的利润总额区位商有所上升，然而一直低于1，不具有优势。

（二）科研投入方面北京优势显著

本文运用了2013~2016年《北京统计年鉴》《天津统计年鉴》《河北经济年鉴》中规模以上计算机、通信和其他电子设备制造业企业的R&D人员折合全时当量和R&D经费内部支出两个指标，分别对京津冀三地进行了区位商计算（见表3、表4）。

表3　京津冀规模以上计算机、通信和其他电子设备制造业企业R&D人员折合全时当量区位商

省份	2013年	2014年	2015年
北京	1.9843	1.7912	1.9270
天津	0.9382	1.0769	1.0497
河北	0.2551	0.3111	0.3548

资料来源：作者根据2013~2016年《北京统计年鉴》《天津统计年鉴》《河北经济年鉴》计算所得。

表4　京津冀规模以上计算机、通信和其他电子设备制造业企业R&D经费内部支出区位商

省份	2013年	2014年	2015年
北京	2.3658	2.1844	2.2478
天津	0.7680	0.7903	0.7408
河北	0.1411	0.1987	0.2542

资料来源：作者根据2013~2016年《北京统计年鉴》《天津统计年鉴》《河北经济年鉴》计算所得。

在科研人员投入方面，北京优势显著，天津具有优势，河北优势不足。2013～2015年，北京的R&D人员折合全时当量区位商总体平稳，接近于2，在计算机、通信和其他电子设备制造业科研人员投入方面优势显著；天津的R&D人员折合全时当量区位商出现小幅上升，由2013年的0.9382上升至2015年的1.0497（$LQ>1$），在计算机、通信和其他电子设备制造业科研人员投入方面具有一定的比较优势；河北的R&D人员折合全时当量区位商缓慢上升，但始终小于0.4，不具有优势。

在科研资金投入方面，北京优势显著，天津具有优势，河北优势不足。2013～2015年，北京的R&D经费内部支出区位商总体平稳（$LQ>2$），在计算机、通信和其他电子设备制造业科研资金投入方面优势显著；天津的R&D经费内部支出区位商也呈总体平稳状态，2013～2015年的区位商都低于0.8，不具有优势；河北的R&D经费内部支出区位商始终小于0.3，明显缺乏优势。

四　基于信息产业内服务业部分的分析

（一）北京信息服务业优势明显

1. 基于业务收入、研发经费和利润总额等指标的分析

北京软件业务收入明显高于津冀两地，但天津增速较快。2011～2015年，京津冀三地的软件业务收入均呈稳步上升态势，其中北京由2011年的3009.1亿元增加至2015年的5422.9亿元，年均增长率为15.9%；天津由2011年的370.3亿元增加至2015年的1007.8亿元，年均增长率为28.4%；河北由2011年的118.2亿元增加至2015年的184.5亿元，年均增长率为11.8%。2015年，北京的软件业务收入是天津的5.38倍，远高于河北（见图14）。

北京的软件和信息技术服务业利润总额明显高于津冀两地。2011～2015年，北京的软件和信息技术服务业利润总额呈稳步上升趋势，由2011年的378.6亿元增加至2015年的698.2亿元，年均增长率为16.5%；天津总体呈上升趋势，由2011年的56.2亿元增加值2015年的99.2亿元，年均增长

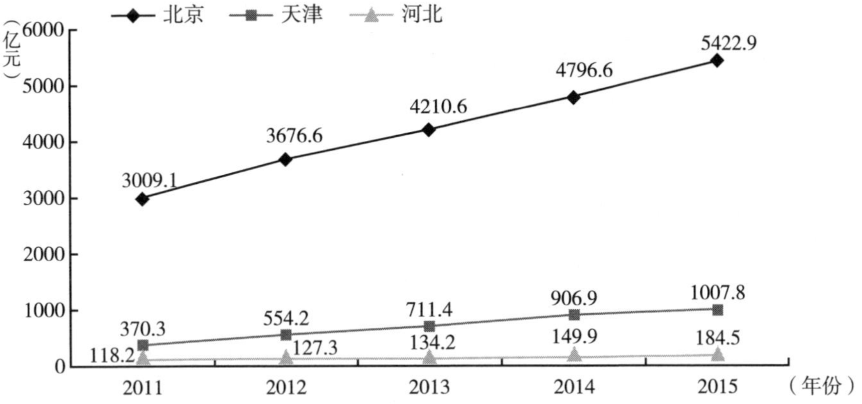

图 14　2011～2015 年京津冀软件业务收入

资料来源：2012～2016 年信息产业统计年鉴。

率为 15.3%；而河北则呈下降趋势，2015 年（27.3 亿元）仅是 2011 年（54.6 亿元）的 50%。2015 年，北京的软件和信息技术服务业利润总额是天津的 7.04 倍，远高于河北（见图 15）。

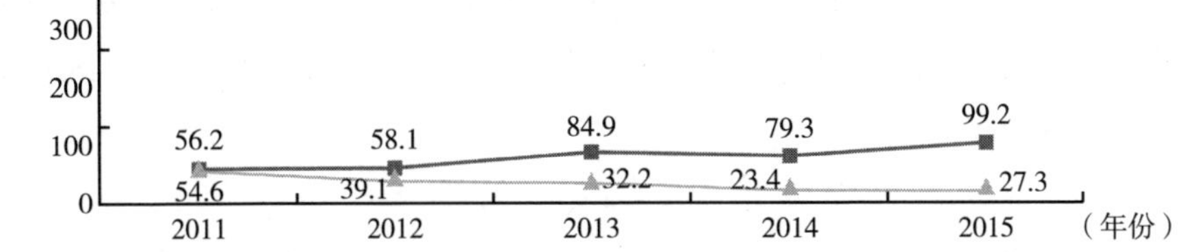

图 15　2011～2015 年京津冀软件和信息技术服务业利润总额

资料来源：2012～2016 年信息产业统计年鉴。

北京的软件和信息技术服务业研发经费明显高于津冀两地。2011～2015 年，北京的软件和信息技术服务业研发经费呈稳步上升趋势，由 2011 年的

245.3 亿元增加至 2015 年的 508.2 亿元，年均增长率为 20.0%；天津和河北总体呈上升趋势，天津由 2011 年的 16.6 亿元增加至 2015 年的 32.9 亿元，年均增长率为 18.7%，河北由 2011 年的 4.3 亿元增加至 2015 年的 5.4 亿元，年均增长率为 5.9%。2015 年，北京的软件和信息技术服务业研发经费是天津的 15.45 倍，远高于河北（见图 16）。

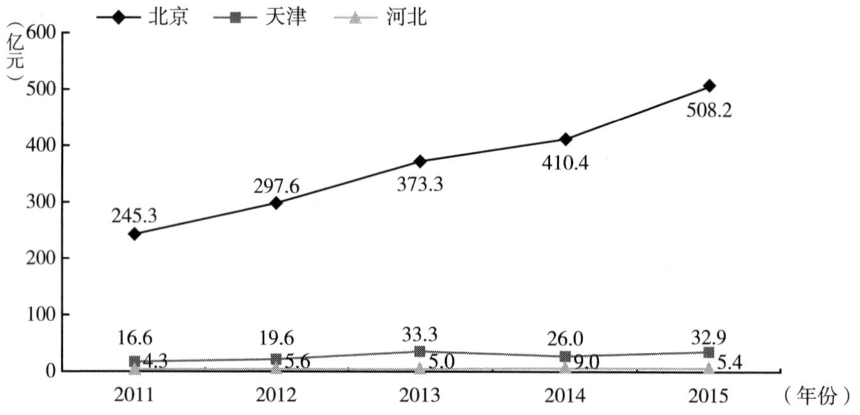

图 16　2011～2015 年京津冀软件和信息技术服务业研发经费

资料来源：2012～2016 信息产业统计年鉴。

2. 基于产值和就业区位商的分析

本文运用了北京市统计局发布的《2005～2016 年京津冀主要指标数据》中的信息传输、软件和信息技术服务业产值和年末从业人数两个指标，计算了京津冀信息传输、软件和信息技术服务业的产值区位商和就业区位商（见表 5、表 6）。

表 5　2013～2015 年京津冀信息传输、软件和信息技术服务业产值区位商

省份	2013 年	2014 年	2015 年
北京	2.4380	2.4226	2.3574
天津	0.3539	0.3480	0.3691
河北	0.3270	0.3171	0.3020

资料来源：作者根据北京市统计局《2005～2016 年京津冀主要指标数据》计算所得。

表 6　2013～2015 年京津冀信息传输、软件和信息技术服务业就业区位商

省份	2013 年	2014 年	2015 年
北京	3. 7987	3. 6565	3. 6289
天津	0. 5133	0. 6847	0. 7748
河北	0. 3353	0. 3347	0. 3077

资料来源：作者根据北京市统计局《2005～2016 年京津冀主要指标数据》计算所得。

在产值区位商和就业区位商方面，北京均优势显著。从产值区位商来看，2013～2015 年，北京信息传输、软件和信息技术服务业的产值区位商总体平稳（$LQ>2$），优势显著；天津和河北两地的产值区位商均处于0. 3～0. 37，不具有优势。从就业区位商来看，2013～2015 年，北京信息传输、软件和信息技术服务业的就业区位商总体平稳（$LQ>3.5$），优势十分显著；天津的就业区位商处于 0. 5～0. 8，不具有优势；河北的就业区位商在低位徘徊（$0.3<LQ<0.4$），缺乏优势。

（二）三地互投呈大幅上升态势，北京已成为资本辐射中心

本文将 2014～2016 年三年的累计投资与 2011～2013 年三年的累计投资进行对比，试图比较京津冀协同发展前后，京津冀三地间信息服务业投资的变化趋势，得出以下结论：

1. 京津冀协同发展战略实施后，信息服务业三地互投总体呈大幅上升态势

北京对津冀的投资额大幅上升，且六成以上投向天津。2014～2016 年，北京对津冀信息传输、软件和信息技术服务业的投资额为 645197 万元，是 2011～2013 年（398223 万元）的 1. 62 倍，北京投向天津的资本占比由 23. 0% 上升至 61. 1%，而投向河北的占比由 77. 0% 下降至 38. 9%。天津对京冀的投资额也呈大幅上升态势，且主要投向北京。2014～2016 年，天津对京冀信息传输、软件和信息技术服务业的投资额为 197247 万元，是 2011～2013 年（40123 万元）的 4. 92 倍，其中天津投向北京的资本占比由 98. 4% 下降至 69. 7%，投向河北的占比由 1. 6% 上升至 30. 3%。河北对京津的投资额也大幅上升，且主要投向北京。2014～2016 年，河北对京津信息传输、

软件和信息技术服务业的投资额为92709万元，是2011~2013年（9460万元）的9.80倍，其中河北投向北京的资本占比由67.3%下降至55.3%，投向天津的占比由32.7%上升至44.7%（见表7）。

2. 北京已成为信息服务业的资本辐射中心

2014~2016年，北京对津冀信息传输、软件和信息技术服务业的投资额为645197万元，是天津对京冀的投资额（197247万元）的3.27倍，是河北对京津的投资额（92709万元）的6.96倍（见表7）。

表7　2011~2016年京津冀信息传输、软件和信息技术服务业企业资本互投情况

单位：万元

类别	省份	2011~2013年	2014~2016年
北京对津冀	天津	91513	393968
	河北	306710	251229
天津对京冀	北京	39473	137518
	河北	650	59729
河北对京津	北京	6370	51294
	天津	3090	41415

资料来源：龙信企业大数据。

3. 石唐廊秦与北京的资本互投较为紧密，秦廊石邯与天津的资本互投相对紧密

石唐廊秦与北京的资本互投较为紧密。2014~2016年，在北京对河北各地级市信息传输、软件和信息技术服务业企业的投资中，对石家庄的投资额为92178万元，占比36.7%，居第一位；对唐山的投资额为65062万元，占比25.9%，排名第二；对廊坊的投资额为52239万元，占比20.8%，位居第三名。在河北各地级市对北京信息传输、软件和信息技术服务业企业的投资中，石家庄对北京的投资额为32868万元，占比64.1%，居第一位；唐山对北京的投资额为10700万元，占比20.9%，排名第二；秦皇岛对北京的投资额为5000万元，占比9.7%，位居第三名（见表8）。

表 8　2014～2016 年北京与河北各地级市信息传输、软件和信息技术服务业企业资本互投情况

单位：万元

河北地级市	北京对河北各地级市		河北各地级市对北京	
	投资额	排名	投资额	排名
石家庄	92178	1	32868	1
承德	2400	8	0	9
张家口	17583	4	1000	5
秦皇岛	3434	7	5000	3
唐山	65062	2	10700	2
廊坊	52239	3	1100	4
保定	5575	6	0	9
沧州	333	11	200	7
衡水	1150	9	350	6
邢台	500	10	0	9
邯郸	10775	5	76	8

资料来源：龙信企业大数据。

秦廊石邯与天津的资本互投相对紧密。在天津对河北各地级市信息传输、软件和信息技术服务业企业的投资中，对秦皇岛的投资额为 27000 万元，占比 45.2%，位居第一名；对廊坊的投资额为 23702 万元，占比 39.7%，排名第二；对邢台的投资额为 4750 万元，占比仅 8.0%，排名第三。在河北各地级市对天津信息传输、软件和信息技术服务业企业的投资中，石家庄对天津的投资额为 21413 万元，占比 51.7%，排名第一；邯郸对天津的投资额为 17499 万元，占比 42.2%，排名第二；廊坊对天津的投资额为 1500 万元，占比仅 3.6%，排名第三（见表 9）。

表 9　2014～2016 年天津与河北各地级市信息传输、软件和信息技术服务业企业资本互投情况

单位：万元

河北地级市	天津对河北各地级市		河北各地级市对天津	
	投资额	排名	投资额	排名
石家庄	1411	5	21413	1
承德	100	6	0	6

续表

河北地级市	天津对河北各地级市		河北各地级市对天津	
	投资额	排名	投资额	排名
张家口	16	7	0	6
秦皇岛	27000	1	1000	4
唐山	0	8	0	6
廊坊	23702	2	1500	3
保定	0	8	3	5
沧州	0	8	0	6
衡水	0	8	0	6
邢台	4750	3	0	6
邯郸	2750	4	17499	2

资料来源：龙信企业大数据。

五　政策建议

（一）发挥各自比较优势促进京津冀信息产业协同

继续提升北京在信息产业方面的科技创新优势。一是要借势北京打造全国科技创新中心，提升北京尤其是中关村在信息产业方面的创新能力，特别是原始创新、基础创新和大科学研究方面的能力；二是促进北京信息产业科技创新在京津冀区域的辐射扩散，特别是北京应将中关村自主创新示范区的优惠政策向津冀地区进行延伸，如推动中关村在天津、河北、雄安办分园等，进而提升区域信息产业总体竞争力。天津应积极发挥其在研发转化上的优势，大力发展软件和信息服务业。河北应发挥信息制造业方面的优势，积极承接京津信息产业中的制造环节，提升其信息产业的科技含量。

（二）运用新一代信息技术促进京津冀经济社会转型发展

我国经济已经步入“新常态”，正处于经济驱动新旧动能转换的关键时期，如何从传统的要素驱动向创新驱动、从制造驱动向服务驱动转换是当前亟须破解的时代命题。大数据、云计算、物联网、地理信息等新一代信息技术在这一转型发展的过程中起着重要的推动作用。京津冀地区的发展目标是打造全国创新驱动经济增长新引擎，北京的定位是打造全国科技创新中心，因此在京津冀地区大力发展新一代信息技术产业，促进新一代信息技术产业与传统经济社会的融合发展是关键所在。在改造传统经济方面，应推进新一代信息技术与京津冀各个产业的深度融合，实现传统工业、农业、服务业等产业的转型升级；在促进城市及社区智慧化方面，提升新一代信息技术在城市精细管理、节能减排治污、弘扬城市文化、构建公共服务体系等领域的应用，借助信息技术帮助城市管理实现精确、高效、智能的目标，建立一套新型的、可持续的城市发展模式。

参考文献

［1］祝合良、叶堂林、张贵祥等：《京津冀发展报告（2017）——协同发展新形势与新进展》［M］，社会科学文献出版社，2017。

［2］叶堂林、潘鹏：《京津冀如何打造全国创新驱动增长的新引擎》［J］，《人民论坛》2017 年第 18 期，第 82 ~ 83 页。

［3］江曼琦、刘晨诗：《京津冀地区电子信息产业结构优化与协同发展策略》［J］，《河北学刊》2016 年第 6 期，第 135 ~ 142 页。

B.8 北京疏解整治促提升机制与模式研究*

叶堂林　原青青**

摘　要：　新时代背景下，北京市为更好推动京津冀协同发展，打造国际一流的和谐宜居之都，启动了“疏解整治促提升”专项行动，通过疏解和整治促进城市形象提升。本研究通过梳理国内外疏解整治的成功做法，运用产业梯度系数分析北京产业疏解的基本现状及主要问题，并从市容市貌、交通和社区三个方面分析了自“疏解整治促提升”专项行动开展以来北京城市整治成效及面临的问题，结合北京城市新总规，提出了通过立“小法”解决北京整治难点问题，强化城市设施定期更新以实现城市历久弥新等对策建议。

关键词：　功能疏解　城市整治　城市更新　产业梯度

一　研究背景

（一）研究意义

1. 推进“疏解整治促提升”专项行动是新常态下首都高质量发展的内在要求

现阶段，北京已经迈入后工业化社会，城镇化率已达到较高水平，经济

* 注：本文为北京社会科学基金重点项目“京津冀发展报告（2018）——京津冀协同发展的新机制与新模式”（项目编号：17JDYJA025）、国家社会科学基金重大项目“基于区域治理的京津冀协同发展重大理论与实践问题研究”（项目编号：17ZDA059）和北京市教委创新团队项目“京津冀产业协同发展研究”阶段成果；获北京市经济社会发展政策研究基地资助。

** 作者简介：叶堂林，首都经济贸易大学特大城市研究院副院长、教授，北京市经济社会发展政策研究基地执行主任，研究方向：首都圈及京津冀协同发展。原青青，首都经济贸易大学2016级区域经济学专业硕士研究生，研究方向：区域经济。

发展已经进入由高速增长转变为中高速增长的新常态，发展目标不应停留在“做大蛋糕”，还应该“做精蛋糕”，注重经济、社会、生态同步协调发展，提高首都综合治理能力。为调整北京宏观布局，增强北京服务保障能力，《北京城市总体规划（2016 年~2030 年）》提出多项重要举措，要求疏解非首都功能与城市综合整治并举，疏解存量与严控增量结合，空间腾退与功能优化提升对接。这些举措通过疏解整治的减法，优化首都发展布局，降低中心城区人口密度，在为解决首都“大城市病”提供思路的同时实现腾笼换鸟、功能提升的加法，实现资源更优配置，进而推动首都实现高质量发展。

2. 开展“疏解整治促提升”工作是推动京津冀协同发展的重要任务

目前，我国经济正处在转变发展方式、优化经济结构、转换增长动力的重要转型期，地区发展模式也由传统的省域、行政区内孤立发展转向区域协调发展。这就要求区域中的任何一个城市都要有所为、有所不为，尤其是核心城市需要疏解其非核心功能和产业，以带动周边区域的发展，进而实现区域整体水平的提升。北京开展“疏解整治促提升”工作是推动京津冀协同发展的重要举措，对建设世界级城市群具有重要意义。一方面，北京通过疏解整治重新优化产业、人口、资源等要素的空间布局，提升城市综合治理能力，塑造大国首都新形象，为更好地发挥京津冀核心城市带动力量奠定基础。另一方面，通过疏解整治促提升，可以进一步密切津冀与北京的联系，津冀通过承接北京转移出的部分行政事业单位、科研院所、产业链部分环节等，提升其研发创新能力、产业链配套能力，为京津冀打造世界级产业集群创造条件。由此可见，“疏解整治促提升”不仅是涉及首都本身的“小事”，还是关乎京津冀区域的“大事”。

（二）“疏解整治”行动进展情况

自“疏解整治促提升”专项行动提出以来，北京市政府制订了合理有效、切实可行的行动计划，从拆除违法建设、“开墙打洞”整治、城乡结合部改造等 10 个方面对北京市进行整治，全面解决“大城市病”。该项行动开展以来，在多个方面取得了显著成就：

1. 疏解“散乱污”企业和区域性专业市场，保护市内环境

当前，环境问题已成为北京迈向世界一流城市路上的绊脚石，解决环境污染、清理市容市貌是新时代北京发展的重中之重。过去一年，北京市政府在疏解一般制造业、“散乱污”企业以及区域性专业市场上取得了显著成就。在疏解“散乱污”企业方面，全市共疏解退出一般制造业企业 639 家，主要涉及建材、家具等行业。对涉及有机溶剂型油墨生产、黏合剂生产的家具制造工艺、化学原料药制造等行业企业进行严格排查，严格管控污染型企业污水排放标准。在疏解区域性专业市场方面，完成疏解提升市场 226 个和物流中心 55 个，包括西城区动物园地区天和白马市场、丰台区大红门地区京温服装市场以及大红门服装商贸城等市内大型批发市场，使区域整体环境获得提升，居民生活环境获得改善。

2. 疏解部分公共服务功能，促进基本公共服务均等化

为满足人民日益增长的物质文化需要，实现公共资源惠及大众，北京市政府积极推进部分公共服务功能疏解工作。在高等教育资源疏解方面，加快高校新校区建设进度。北京城市学院顺义校区正在推进三期征地拆迁及规划审批等工作；北京建筑大学大兴新校区体育馆、行政管理楼、振动台实验室 3 个项目 2017 年底前竣工；北京信息科技大学昌平新校区完成学生公寓 B 组团施工监理招标，已按时开工。在医疗资源疏解方面，加强与河北等地支援合作，逐步建立了区域内分级诊疗、双向转诊机制，持续推进市属医疗卫生机构与河北等地区的对口支援合作。

3. 整治私搭乱建、占道经营和“开墙打洞”等乱象，打造美好市容，提升城市空间利用率

城市形象是城市文明程度的重要体现，彰显着城市管理效率与发展水平的高低。整治私搭乱建、占道无证经营和“开墙打洞”等乱象，不仅有利于提升北京形象，也有利于重新合理配置城市空间，优化空间使用效率。2017 年拆除违法建设行动成效显著。1～10 月全市共拆除违法建设约 5000 万平方米，其中，城六区拆除 1714 万平方米，完成全年计划的 121%。占道经营、无证无照经营和“开墙打洞”整治行动也有所突破，市城管执法

局累计查处占道经营违法行为19.3万件，其中城六区查处12.2万件，占道经营类市民举报同比下降35.4%、环比下降35.9%。全市共整治“开墙打洞”27853处，其中城六区整治24660处，完成全年计划的158.3%。

4. 中心城区和城乡结合部双向整治，使城区旧貌换新颜、城郊紧跟新发展

北京的“整治”行动不仅是面子工程，而且是全面彻底的城市“大清扫”；不仅在中心城区实施整治，还重点整治了城乡结合部。在中心城区综合整治方面，重点关注老旧小区和重点区域。2017年底，西城区安德馨居小区、白云路7号院正推进电梯加装、停车设施基础施工；东城区胡家园小区节能改造已完工。其余城区的主要小区也相继完成改造。中心城区的重点区域改造也如火如荼地进行，如东城区故宫周边8条主要大街完成治理，坚持重心下移、联合执法，精准发力巩固成效；海淀区中关村大街西区广场周边夜景照明系统改造升级基本完成等。在城乡结合部整治改造方面，全市100个挂账重点地区全部完成整治任务。拆除出租大院881个，督促整改火灾隐患1.9万处、安全生产隐患2.8万余处；清理卫生死角10162处，新建或修复改建排水设施6.7万米，新增停车位15157个，绿化补植20.9万平方米，新设健身场所150处。

5. 整治地下空间和群租房，消除城市安全隐患

北京作为国内一线城市，服务业发达，有大量外来务工人员来京发展，由此产生了一系列居住区人口密度大、安全管理不到位导致的重大安全隐患。为解决这一难题，北京市政府开展了地下空间和群租房整治。2017年1~10月，全市共腾退“散租住人”和存在安全隐患的地下空间1317处，完成全年计划的137.5%，城六区共整治地下空间1297处，完成全年计划的138%。对全市完成整治的地下空间进行核查，发现有反弹和整治恢复不到位等问题，督促各区进行整改；对700户违法群租房举报人进行电话回访，同步开展群众满意度调查，督促跟踪整治落实情况。全市共整治违法群租房11831户，完成全年计划的169%，其中，城六区9612户，完成全年计划的171.6%。

（三）研究“疏解整治”机制模式的必要性

以上分析表明，北京“疏解整治促提升”行动自开展以来取得了丰硕的成果，获得了民众的广泛好评，但是还存在疏解不彻底、整治不全面或整治过度等问题。如，首钢虽然疏解出京，但原有的首钢员工却只有一小部分随之迁移，大部分员工仍然居住在北京，每周由班车接送回京。这不仅没有达到疏解人口的目的，还造成了交通压力、提高了个人及企业成本。又如，“亮出北京天际线”行动要求拆除不符合规定的广告牌匾，不仅酒店、商场的广告被拆除，连学校、企事业办公楼上的大字也被拆下。虽然看起来统一美观，但给人们出行带来了极大的不便。这些都是随着“疏解整治促提升”行动的开展暴露出的规划不科学、管理不到位、标准不统一等问题。因此，需要在了解北京疏解整治现状、梳理国内外疏解整治经验的基础上，思考形成北京疏解整治的机制与模式，为工作的进一步开展奠定理论基础。

二　国内外经验借鉴

由于城市聚集效应的存在，城市功能不断向中心城市集聚，过多的功能集聚带来了一系列城市问题，城市功能的疏解与城市内部整治改造应运而生。对于北京来说，剥离非首都功能的关键在于疏解人口，人口总量减少可有效缓解“大城市病”问题。因此可对国内外城市在疏解城市人口与整治城市乱象方面的经验进行梳理，从中获得可参考的经验与做法。

（一）通过政府与市场相结合促进城市人口疏解

疏解人口有“政府主导”和“市场引导”两种原则，国外城市往往同时运用这两种原则，运用多种政府手段和市场手段，多管齐下治理人口问题（见表1）。

表 1　国外城市人口疏解手段

调控原则	调控方法		具体措施
政府主导（法律手段、行政手段）	法律法规		东京：《首都建设法》（1950 年）、《首都圈整备法》（1956 年）、《首都圈建成区内工业限制法》（1959 年）、《工业布局调整促进法》（1972 年）、《多核分散型国土形成促进法》（1988 年）
			首尔：《首都圈整备计划法》（1982 年）、《新行政首都特别法》（2004 年）
			伦敦：《绿带法》（1938 年）、《新城法》（1946 年）
	城市规划		伦敦：大伦敦发展规划（1960 年）
			纽约：精明增长计划（2000 年）
市场主导	税收优惠政策		纽约：差别化的地价与税价政策
			伦敦：外迁企业税收减免政策
			首尔：污染企业迁入地税收优惠政策
	信贷优惠政策		纽约：郊区居民租房、住房贷款优惠政策
	价格杠杆	增加迁出地补贴	纽约：差别化的地价、多样化的住房政策
			伦敦：低票价公交出行政策
		增加中心城成本	首尔：违建罚金制度
			东京：中心区高成本化管理
			首尔：自然保护区限制开发、大型建筑物拥塞费制度
			伦敦："为拥堵埋单"计划
	资源调节	基础设施建设	纽约：基础设施、公共服务郊区化
		公共资源配套	首尔："由近及远、逐步外扩"配套公共资源

资料来源：作者根据相关文献整理所得。

1. 政府主导下的疏解

政府主导的疏解其手段可以分为法律手段和行政手段，具有规范力强、覆盖范围广的特点，主要解决较长时间内的城市人口疏解问题。在法律法规方面，东京的《首都圈建成区内工业限制法》使大批劳动力密集型企业和东京原有的一些重化工业相继迁往郊区、中小城市甚至海外，而以研究开发型工业、都市型工业为主的现代城市型工业在东京开始聚集，从而大大降低了东京城市的人口总量。首尔的《首都圈整备计划法》将首都圈划分为拥挤限制地带、增长管理地带、自然保护地带。通过严格界定地带功能，调整人口分布结构。伦敦的《绿带法》规定用环形绿带将伦敦城区与其外围城郊地区隔开，有效控制了伦敦的无限蔓延。在城市规划方面，伦敦的“大伦敦发展规划”通过建设 3 条交通走廊连接 3 座“反磁力中心”城市，将伦敦的人口、就业问题在更大范围内平衡。纽约的“精明增长计划”通过“空间紧凑，混合用地功能”方式来控制土地粗放使用带来的人口问题。

2. 市场主导下的疏解

市场主导的疏解其调控手段更加多元化，包括税收优惠政策、信贷优惠政策、价格杠杆和资源调节等途径。市场手段可操作性和针对性强，主要解决较小范围内的具体问题。采用税收优惠政策的城市较多，如纽约通过差别化地价与税价控制中心城区人口，又如伦敦对外迁企业予以税收优惠鼓励其迁出，再如首尔对污染型企业迁入地予以税收优惠弥补迁入地损失等。信贷优惠政策方面，纽约对郊区居民租房、住房贷款提供优惠，鼓励居民向郊区迁移。在运用价格杠杆方面，纽约和伦敦通过差别化地价房价、低票价公交出行等方式给予迁出地补贴，降低其迁出成本，对居民外迁形成了一股拉力。而首尔的中心城区违建罚金制度、东京的中心区高成本化管理以及伦敦的“为拥堵埋单”计划则是提高中心区生活成本，对居民外迁形成了一股推力。还有一些城市采取了资源调节措施，如：纽约基础设施、公共服务郊区化增强了郊区生活便利性；首尔“由近及远、逐步外扩”配套公共资源，逐步实现公共资源均等配置，鼓励居民由中心城区向外搬迁。

总之，北京在疏解人口方面可以借鉴以上发达城市的成功做法，将政府力量与市场力量结合起来。政府推行优惠政策、优化配置公共资源增加迁入地的区域吸引力，是中心城区人口和功能疏解的主导力量；市场力量形成的居民、企事业单位的迁移是主体进行利益比较的结果，辅助政府力量使政策更便于推行。通过两种手段配合使用形成迁出地的推力和迁入地的拉力，人口疏解便水到渠成。

（二）通过城市乱象整治提升城市精细化水平

国内外一些大都市在城市整治改造方面各有特色、各具优势。这一部分将重点从市容环境、交通、社区三大领域的整治入手，剖析这些城市在整治城市乱象过程中的成功经验，为提升北京在市容环境、交通、社区整治方面的精细化水平提供经验和做法。

1. 城市市容市貌整治经验

一是伦敦以绿带为依托引导城市空间发展。城市绿化带可起到多重作用：划定城市发展边界，防止城市过度蔓延、“摊大饼”；保护自然和亚自然环境，提高城市地区的空气质量；为城市居民提供接触自然环境和以教育与休闲为服务目的的场所。伦敦利用城市植被控制城市的无限扩张，并很好地保护了伦敦的生态系统和生物多样性。

二是新加坡通过“立小法”确保城市硬件设施的定期维护。新加坡政府对涉及城市管理的各个细节都进行了全面立法，尤其是在城市建筑物、道路等硬件的定期维修上制定了详细的法规条文。对一些建筑物按指定标准（建筑物建设年限、建筑物折旧速度等指标）建立一套完备的、可操作性强的考评体系，来界定不同类别的建筑物维护周期。考评标准十分具体，这在一定程度上也减少了人为评价的主观性。

三是巴黎规划合编、各项标准和规划之间的衔接性强。巴黎城市规划之间有很好的协调性、相容性，并且空间上能够实现完全覆盖。比如一些管道线路的架设、交通道路的设计等规划，都尽可能具有前瞻性，避免了“拉链道路”现象发生，杜绝道路反复开挖，管线反复铺设。在一些社区重建过程中尽可能做到社区的建筑风格能很好地融入原有的建筑风格，做到规划一步到位，提升城市的品质和形象。北京在一些区域的改造建设过程中，很多地方由于规划之间缺乏横向联系，只就自身的纵向进行考虑，结果很多规划之间实施起来存在冲突。

2. 城市交通整治经验

一是东京通过制度关联，确保停车设施建设有效开展。停车位充足且管理完善在一定程度上能减少占道停车、乱停车现象。东京强制要求商品房和出租房住宅区需有一定的配套停车位。鼓励民间资金投向停车场建设，促进停车产业的发展，同时在资金和税收上给予支持，政策上给予优惠，比如提高容积率。建设停车楼是解决大城市停车难问题的重要手段。目前，东京街道旁有很多停车楼，一般为三四层，能停二三百辆车；在各住宅空隙处，则建有钢制立体停车台，可停十辆车左右。

二是深圳运用大数据和电子保单技术，提高出行效率。深圳提出菜单式治堵理念，通过交通大数据采集、分析、运用，实现交通信号灯一个路口、一个系统、一片区域的优化匹配和协同联动，如福田区能够达到路口联动70%。首先，设置双向共4公里的自动化潮汐车道。其次，设置HOV车道（即多乘员车道，在美国、英国洲际高速公路上很普遍）。此外还与平安保险公司合作推出“电子保单”，电子驾驶证、电子行驶证和保险电子保单为出行者提供了巨大便捷性，身份识别由纸质向“刷脸”转变。

3. 城市社区整治经验

一是上海建立了社区工作职业化制度体系。上海社区工作职业化制度体系基本建立，创新社会治理的人才队伍保障能力显著增强。建立健全了契约化管理、职业化发展的岗位等级序列和薪酬体系。根据社区工作的年限、受教育的程度、相关专业因素，建立起“3岗15级”（如长宁岗位分为负责人、主管和工作人员三类）的社区工作者统一职业序列制度，为优秀的社区工作者提供发展空间，打破了社区工作者职业发展的“玻璃天花板”。与此同时，全市范围内根据人均收入高于全市职工平均工资水平1～1.4倍的标准，建立了社区工作者薪酬体系，实现了岗位等级和绩效考核机制的衔接。

二是加拿大提倡全民参与社区管理。加拿大提高了个人职业规划发展同志愿服务的“捆绑度”，鼓励青年人参与社区管理。具体做法是：提高志愿服务在就业晋升等方面考核指标体系中的占比，由此引起社会对于志愿服务的重视。加拿大还建立了激励机制引导驻区单位的企业家积极投入社区管理建设。企业家能够为志愿者和一些社区工作对象提供一些企业内部的培训指导，拓宽这类人群的就业渠道和收入来源。同时驻区企业也能够获得加拿大政府在收税等方面的优惠政策。政府能够把企业的力量加入到社区管理工作当中，减轻政府的工作压力。

三　基本现状与主要问题

（一）北京人口疏解现状与主要问题

相关数据显示，2017 年末，北京市常住人口为 2170.7 万人，与 2016 年相比减少了 2.2 万人，其中常住外来人口下降较多，北京市人口疏解初见成效。但北京市人口基数仍较大，面临着艰巨的人口疏解任务。

1. 分析模型

从国内外城市人口疏解的经验来看，疏解人口主要通过三种途径实现（见图 1）。一是以“证”控人，设置人口进入门槛，直接限制中心城人口规模，如东京类似“户籍”的“住民票”制度；二是以“地”管人，制定城市规划，界定土地功能，调整人口布局，如纽约的“精明增长计划”、首尔的“地带控制计划”以及东京的“绿带管理”政策都属于空间限制的典型代表；三是以“业”带人，调整产业结构，以企业为管控单元确保劳动力流向，如对污染性企业迁入地予以补贴、对外迁企业给予税收优惠就是通过产业转移带动人口转移。

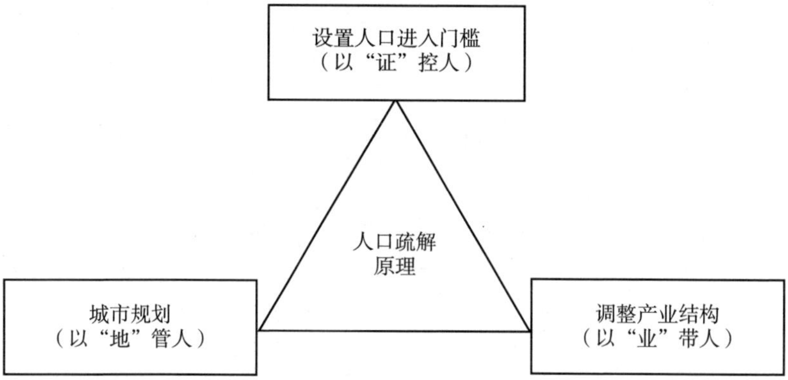

图 1　城市人口疏解的原理机制

基于上述分析，我们认为，北京对人口管控应疏堵结合、以疏为主，以“证”控人和以“地”管人主要采取行政手段，是“以堵为主”的举措，而以“业”带人是“以疏为主”的重要体现，本研究将重点运用产业梯度系数对以“业”带人的效果进行实证分析。

2. 基于分要素的实证分析

地区产业梯度系数 = 地区产业区位商（*LQ*）×地区产业比较劳动生产率（*CPOR*）×地区产业比较资本生产率（*CCOR*）。其中，计算资本生产率中的资本存量，由于数据可获得性差，故本研究用全社会固定资产投资额来替代。计算结果见表 2。

表 2　2013 年和 2016 年北京市三次产业和各行业产业梯度系数

行业*	区位商		比较劳动生产率		比较资本生产率		产业梯度系数	
	2013 年	2016 年	2013 年	2016 年	2013 年	2016 年	2013 年	2016 年
农、林、牧、渔业	0.1	0.1	0.3	0.1	0.2	0.5	0.0	0.0
采矿业	0.2	0.1	0.6	0.4	11.0	14.6	1.5	0.8
制造业	0.5	0.4	0.8	0.8	5.1	7.1	1.9	2.4
电力、热力、燃气及水生产和供应业	1.3	1.6	2.0	2.3	3.3	5.0	8.8	18.6
建筑业	0.6	0.6	1.4	1.2	9.8	14.1	8.4	9.9
批发和零售业	1.3	1.0	0.5	0.4	10.3	21.0	7.0	8.2
交通运输、仓储和邮政业	1.0	1.0	0.5	0.5	1.9	2.3	1.0	1.1
住宿和餐饮业	1.1	1.0	0.4	0.3	2.8	4.6	1.1	1.5
信息传输、软件和信息技术服务业	4.2	4.1	0.8	0.7	2.2	4.5	7.3	13.6
金融业	2.2	2.0	1.0	0.9	1.8	1.8	3.9	3.1
房地产业	1.1	1.0	0.3	0.3	1.1	1.0	0.4	0.4
租赁和商务服务业	3.6	3.3	1.1	1.0	13.7	10.7	54.3	45.2
科学研究和技术服务业	4.9	5.0	1.1	1.0	4.7	13.5	24.4	69.4
水利、环境和公共设施管理业	1.2	1.4	1.0	1.3	3.2	4.7	4.1	8.4
居民服务、修理和其他服务业	0.5	0.3	0.1	0.1	2.3	1.9	0.1	0.1
教育	1.3	1.3	1.6	1.5	1.7	2.9	3.6	5.5

续表

行业*	区位商		比较劳动生产率		比较资本生产率		产业梯度系数	
	2013 年	2016 年	2013 年	2016 年	2013 年	2016 年	2013 年	2016 年
卫生和社会工作	1.2	1.0	1.2	1.1	1.9	3.9	2.6	4.3
文化、体育和娱乐业	3.6	3.1	0.9	0.9	5.5	5.5	18.4	15.2
公共管理、社会保障和社会组织	0.8	0.7	0.9	0.8	1.9	9.5	1.4	5.1

注：*行业分类依照国家统计局颁布的《国民经济行业分类（GB/T 4754－2011)》，具体分类为 A：农、林、牧、渔业、B：采矿业、C：制造业、D：电力、热力、燃气及水生产和供应业、E：建筑业、F：批发和零售业、G：交通运输、仓储和邮政业、H：住宿和餐饮业、I：信息传输、软件和信息技术服务业、J：金融业、K：房地产业、L：租赁和商业服务业、M：科学研究和技术服务业、N：水利、环境和公共设施管理业、O：居民服务、修理和其他服务业、P：教育、Q：卫生和社会工作、R：文化、体育和娱乐业、S：公共管理、社会保障和社会组织、T：国际组织（由于 T 行业相对特殊且年鉴中无相关数据，因此在分析过程中将其舍弃）。

资料来源：根据《中国统计年鉴》(2014)、(2017)《北京统计年鉴》(2014)、(2017) 数据计算所得。

一是基于区位商（*LQ*）的实证分析。区域各行业的区位商表示该行业在该地区发展的相对优势。从表 2 可以看出 2013 年北京已不具备发展相对优势的行业，即区位商 <1 的行业有：农、林、牧、渔业；采矿业；制造业；建筑业；居民服务、修理和其他服务业；公共管理、社会保障和社会组织。2016 年区位商 <1 且小于 2013 年区位商的行业有：采矿业；制造业；居民服务、修理和其他服务业；公共管理、社会保障和社会组织。

二是基于比较劳动生产率（*CPOR*）的实证分析。比较劳动生产率是反映一个地区某一部门相对于全国同一部门来说，劳动要素产出率的高低。如果 $CPOR>1$，则说明该地区该行业的劳动生产率高于全国平均水平，反之，则表示该地区该行业的劳动生产率低于全国平均水平。2013 年北京劳动生产率低于全国水平的行业，即比较劳动生产率 <1 的行业有：农、林、牧、渔业；采矿业；制造业；批发和零售业；交通运输、仓储和邮政业；住宿和餐饮业；信息传输、软件和信息技术服务业；房地产业；居民服务、修理和其他服务业；文化、体育和娱乐业；公共管理、社会保障和社会组织。2016 年比较劳动生产率 <1 且小于 2013 年比较劳动生产率的行业有：农林牧渔

业；采矿业；批发和零售业；住宿和餐饮业；信息传输、软件和信息技术服务业；金融业；公共管理、社会保障和社会组织。

三是基于比较资本生产率（*CCOR*）的实证分析。比较资本生产率反映一个地区某一部门相对于全国同一部门来说，资本盈利能力的高低。如果 $CCOR > 1$，则表示该地区该行业资本投资的盈利能力大于全国平均水平，即这一地区这一行业是未来资本流向的重点区域。就比较资本生产率来看，2013 年和 2016 年北京市的劣势产业是农、林、牧、渔业。

3. 基于产业梯度系数的综合分析

地区行业的区位商、行业比较劳动生产率、行业比较资本生产率和产业梯度系数 4 项指标均大于等于 1 的行业表明在北京具有绝对优势，应鼓励发展。2013 年该类行业有：电力、热力、燃气及水生产和供应业；金融业；租赁和商务服务业；科学研究和技术服务业；水利、环境和公共设施管理业；教育；卫生和社会工作。2016 年该类行业有：电力、热力、燃气及水生产和供应业；租赁和商务服务业；科学研究和技术服务业；水利、环境和公共设施管理业；教育；卫生和社会工作。比较 2013 年和 2016 年，金融业优势地位在下降，这可能与宏观经济环境和行业发展周期有关。

产业梯度系数 >1，且企业 3 项指标中有 2 项指标数据大于 1，说明该行业在北京的发展具有相对优势，该类行业应鼓励发展同时控制规模。2013 年该类行业有：建筑业；批发和零售业；住宿和餐饮业；交通运输、仓储和邮政业；信息传输、软件和信息技术服务业；文化、体育和娱乐业。2016 年该类行业有：建筑业；批发和零售业；住宿和餐饮业；交通运输、仓储和邮政业；信息传输、软件和信息技术服务业；金融业；文化、体育和娱乐业。

产业梯度系数 >1，且其他 3 项指标中有 1 项大于 1 的行业，应该进行部分疏解同时进行调整升级。2013 年该类行业有：采矿业；制造业；公共管理、社会保障和社会组织。2016 年该类行业有：制造业；公共管理、社会保障和社会组织。

产业梯度系数 <1 的行业应大部分淘汰疏解。除农、林、牧、渔业以

外，2013 年该类行业有：房地产业；居民服务、修理和其他服务业。2016 年该类行业有：采矿业；房地产业；居民服务、修理和其他服务业。

4. 基本结论

2016 年相比 2013 年产业梯度系数减小的产业有采矿业、金融业、租赁和商务服务业、文化体育和娱乐业以及采矿业，相应地，这些产业的从业人口也有所减少。其中，金融业、租赁和商务服务业应加大发展力度，文化体育和娱乐业应在发展的同时控制一定规模，采矿业应在此基础上保持疏解力度。此外，对于制造业、公共管理社会保障和社会组织、房地产业、居民服务、修理和其他服务业应加大疏解力度，同时调整升级，促进高精尖产业结构的形成。

（二）北京乱象整治基本现状与主要问题

1. 社区整治的基本现状及主要问题

（1）基本现状

一是在社区问题收集方面，探索形成了深入基层采集民意的日常化机制。以西城区为例：重点依托社区网格及时与居民沟通，了解居民关心的关乎切身利益的重点、难点问题；同时，建立完善区领导和职能部门与街道和社区定期会谈、走访机制，消除社区管理的上下层交流障碍，有效保障问题收集及时、完整、准确。

二是在社区问题处理方面，探索建立了高效快捷、功能全面的信息平台。西城区充分整合现有资源，建立了囊括全区大事小情，对所收集问题及时响应、及时处理的社会治理信息处理平台，努力实现区、街、居三级互联互通、信息共享和业务协同，实现分散在各部门的数据信息“一库汇集、一网呈现”。

三是在绩效考核方面，探索完善了街道考核评价机制。考核评价范畴重点关注群众对街道社区工作的满意度，以及对反馈意见是否能及时处理。此外，聘请专业评估机构对街道社区的执行力、工作效果等方面进行独立评估，以保证绩效评估的客观性和可信度。

(2) 主要问题

一是社区养老设施总量不足、标准偏低且空间分布不合理。总量不足：2015 年底全市常住百名老人拥有养老床位数仅为 3.8 床，与国外先进水平（百名老人 4 ~8 床）有较大差距。建设标准偏低：以街道和乡镇办为主，大部分养老机构存在床位偏小、工作人员专业度不高、养老空间不足等问题。空间分布不合理：城六区由于用地紧张、建设空间有限，养老设施场地严重不足，养老设施建设难度大，导致城六区养老设施缺口较大，日间照料、文体活动等设施难以满足需求，老人就近入住养老机构困难。

二是社区管理基层工作者薪酬不足、晋升渠道不通畅。社区工作职业化体系激励机制吸引力不足，主要体现在薪酬不足、晋升渠道不通畅等方面，难以吸引高素质人才。2016 年度全市社区工作者工资待遇，按上年度社会平均工资 72% 增长，平均应发工资每人每月 5101.92 元，但与上海相比仍显不足。同时，上海赋予社区工作者向上发展的通道。

三是志愿体系引导及保障机制不足。首先，公众对志愿者活动的参与度不高。北京市一方面没有健全及鼓励志愿者参与社会治理、城市治理的机制，另一方面培养中小学生志愿者意识、服务社会意识缺乏制度体系。其次，存在参与主体单一、参与项目单一等问题。当前参与志愿活动的主要是年轻人和社区大妈，无法实现在城市治理过程中每个人能主动发现问题、解决问题以及解决不了的问题上报等机制。北京市的重大活动如 2008 年夏季奥运会有众多的志愿者积极参与其中，但日常的城市管理和城市治理很少有志愿者参与。

2. 交通整治的基本现状及主要问题

(1) 基本现状

运用现代技术发现和处理交通问题，交通智慧化程度有所提升。在信息采集方面，运用高清摄像头、电子感应装置、超声波微波视频等科技设备，实现交通信息的实时采集、实时展示及异常情况监测。在交通调度方面，对所采集到的路面实时数据进行测算，通过交通信号控制系统调节信号灯的变化，自动控制路口的放行速度。在信息反馈方面，设置每 2 分钟刷新一次的大型室外可变情报信息板，发布道路流量，帮助司机选择畅通路段；针对突发情况或恶劣天气，自动实时发布路况信息和管制信息，实现对车辆的全程诱导。

（2）主要问题

一是各类交通间的换乘效率有待进一步提高。北京市路网密度与世界城市还有一定差距，换乘效率有待进一步提高。东京有99%的线路换乘均可在3分钟内完成，基本实现换乘的“无缝连接”。乘坐轨道交通可以抵达东京的任何一个角落。北京需要进一步提升换乘效率，实现“无缝连接”，增强公共交通系统的吸引力。

二是智慧交通有待进一步提升。首先是车辆信息化程度不高，如RFID技术在车辆上没有得到普及，在高速公路收费口容易形成拥堵，另外也无法实现行驶车辆信息的实时采集。其次没有形成环路及主干道上基于RFID的信息实时采集系统。当前仅依靠摄像头抓拍，无法做到信息实时采集，从而导致驾驶员在车辆违章上存在侥幸心理，交通秩序无法做到井然有序。最后大数据在支撑交通数据采集、交通动态监测方面有待提升。北京市路边停车现象严重、共享单车管理不规范、部分地铁口共享单车堆积如山等问题，都说明北京市在这些问题上可以运用基于交通大数据的相关手段加以缓解。

3. 市容市貌整治的基本现状与主要问题

（1）基本现状

一是综合整治背街小巷，美化城市风貌。加大中心城区的拆违、封堵开墙打洞力度，重点整治地下空间、群租房、公房违规转租转借等行为，从源头遏制脏乱差现象的产生；加强步行街景观修复、推进牌匾规范化、步行街周边背街小巷的整治工作，规范街区经营秩序；动员多主体参与共治，如王府井大街成立专门商会，动员商会会员参与城市治理，通过会员自律并结合首都文明示范街创建和诚信经营商户评选，实现共治。

二是加强老城保护，凸显城市风貌。做到尽量保留城市原有的文化风貌，提升市民的归属感，增强城市的品牌标识能力。重新梳理老城范围内的棚改、危改遗留项目，保护胡同肌理，加强城市修补，再塑街区生态；集中抓好鼓楼西大街、阜成门内大街等13条街的设计，对什刹海等街区、方家胡同等重点地段精雕细琢，用心打磨老城复兴的标杆；保护中轴线传统风貌特色，保护明清北京城“凸”字形城郭，逐步恢复历史河湖水系。

三是“留白增绿”，提升宜居程度。北京坚持“口袋公园”建设与“大尺度绿化”相结合，通过建设小微绿地、推进成片绿化和屋顶绿化，实现“见缝插绿、拆违添绿、能绿则绿”。

（2）主要问题

一是城市设计和规划建设中缺乏城市更新理念。城市服务基础设施及城市楼宇外观年久失修，导致城市基础设施运行效率低下，城市楼宇及小区楼房外观整洁度和美观度不高。当前北京城市的管理普遍存在着城市经济发展与管理水平不平衡的矛盾，很大原因是部分市政基础设施采取项目制，建设运营管理脱节导致后续维护资金难以落实，无法实行更新。

二是法律法规制定针对性和细致度不高。立“小法”是提升城市精细化管理水平和消除城市运行安全隐患的重要举措，同时，立“小法”也能降低执法难度，提高执法效率，扫除原来由于法律不精准带来的执法真空地带。北京市立法层面尚未聚焦到，立各种能解决实际问题的精细“小法”。针对各类城市管理过程中的难点，仅靠宏观法律很难有针对性地解决一些琐碎细小，却影响城市管理精细化水平提升的社会问题。如北京尚未出台针对各类建筑物标识和广告牌设置的标准与规范，导致违规广告牌清理工作困难重重；再如北京市尚未出台关于送餐车及送餐人员的管理规范与标准，导致外卖送餐车交通事故频发；还如没有出台电动车的蓄电池及充电规范与标准，引发2017年底的两次大火灾。

三是市容管理各部门横向之间缺乏联动执法机制，“九龙治水”现象仍然存在。在同一治理客体上存在多个治理主体，如在道路清扫方面，主干道归市级环卫局清扫，辅路归区县级环卫局清扫，而人行道归各责任单位负责清扫，存在着相互推诿现象；再如在人行道治理上总体比较混乱。人行道上的垃圾桶设置归属市环卫局，公交车站及公交车牌设置归属市公交总公司，自行车停放区设置归属交管局，电力设施（电线杆、配电箱等）设置归属电力部门。缺少一个统一协调部门，使得人行道上各种公共设施设置比较混乱，盲道经常被占用等。

四 政策建议

（一）针对城市整治难点，通过立“小法”促提升

1. 在调动社区工作者及社会组织积极性方面立系列“小法”

目前，北京市社区工作者经过两年来的大幅度调薪，总体待遇有了很大的提升。但与上海相比，社区工作者工资待遇仍然偏低、人才流失严重，具有专业技能的人才严重不足。更为重要的是，北京社区工作者薪酬及激励机制没有通过立法的形式形成一个长效机制。我们认为，应借鉴上海的做法，在参与社区治理层面立一系列“小法”。如“北京市社区工作职业化制度体系”“北京市社区工作者岗位晋升制度”“北京市关于组织引导社会力量参与社区治理的实施意见”“北京市社会组织信用信息记录、共享和使用管理暂行办法”“北京市社会组织信用评价指标体系”等。

2. 在发挥科技作用提升城市管理水平方面立系列“小法”

世界已经进入人工智能时代，面对前所未有的重大变革，作为崛起中大国的首都，北京应将科技创新和城市精细化管理水平提升有机结合，通过智慧城市建设突破城市发展的短板、提升精细化水平。我们认为，应该在科技提升城市管理水平方面立系列“小法”。如针对共享单车“野蛮发展”带来的乱停乱放、事故增多等问题，立法规范共享自行车使用和存放；再如针对电动车违章行驶、违章充电和闯红灯等带来的安全隐患，制定相应的法律规范其使用和充电行为；还如针对智能交通，可以立法确立和规范“电子保单”、电子驾驶证和电子行驶证等使用，实现身份识别由纸质向“刷脸”转变。

3. 在新兴领域标准和规范上立系列“小法”

随着大数据、云计算、人工智能、机器人、物联网等蓬勃发展，城市管理将面临众多新领域，如共享单车、共享停车、餐饮外卖等。我们应该尽早通过立“小法”规范这些领域，使其健康有序发展。如应出台外卖送餐车精细化管理法，建立统一信息管理平台，对全市送餐人员和送餐车信息进行记录并实时更新，实现送餐员备案以及送餐车统一编号、统一识别，对发生交通事故的送餐车应追究相关企业责任；再如制定“北京市食品安全条例”，为规范互联网餐饮提供法律依据；等等。

4. 注重细微处立法，实现定性考核向定量考核转变

城市的细化管理须于细微处见真章，要在细微处见精细。北京城市建设大气但粗放，重点区域、重点街道管理水平较高，但背街小巷和人行道不够精细。针对人行道缺少一个统一协调部门，也缺乏一套统一的标准体系和责任清单等情况，应该专门为人行道和背街小巷立“小法”。再如应对街边小广告进行立法，为有关部门具体处置提供法律依据。还如应对乱停车、开车玩手机、连续变换车道、违规鸣笛、乘车不系安全带、安排未满 12 周岁未成年人坐副驾驶等行为建立处罚条例。对环境卫生应该“以克论净”，实现考核标准由定性考核向定量考核转变。

（二）强化城市设施定期更新，实现城市历久弥新

城市运行中存在各种安全隐患，而建立城市设施及建筑物内各组成部分的定期更新制度是消除安全隐患的关键途径。

1. 设立城市更新局

近 20 年来，北京城市得到快速发展，拥有庞大的市政设施和城市建筑，随着这些设施及建筑逐渐进入生命周期的中后期，北京城市更新面临着艰巨的任务。基于上述考量，我们建议成立城市更新局，其主要任务是对城市设施、建筑及其配套进行生命周期论证，在综合评估的基础上进行定期更新。对电线系统、自来水管道、燃气管道、下水道、房屋屋顶等建筑物的设施及配套制定使用年限，可借鉴汽车年检及报废制度，实现年检、采取强行更新

或报废。这既能集约节约使用土地，又能提升城市功能，还能将城市安全隐患消除在萌芽状态，确保城市有序安全运行。

2. 建立城市更新数据库，实现设施隐患自动报警和动态监测

应将北京市所有市政设施及房屋建筑等数据归集建立城市更新数据库，隶属于城市更新局。北京应在全国率先建立一套城市设施及建筑物内设施使用年限的标准，实现像食品保质期一样对城市设施定期更新，如针对城市设施（供水系统、供电系统、电信系统、街道照明系统等）以及建筑物内各种设施的数据，建立一套包括空间布局、投入使用年限、报废期限等在内的动态式、可视化的大数据决策咨询系统，实现对接近报废年限设施和设备的自动预警，消除城市运行安全隐患。

3. 进行制度创新，推进城市设施有序更新

针对当前产权制度对城市更新的制约，我们认为有必要采取产权制度创新，为城市更新提供政策储备。以自来水管道为例，如可对市政管道、小区管道和业主房屋内管道进行整合，产权归政府所有，引导这种分散的产权结构走向集中，实现产权重构。在房屋建设和销售中，明确所有自来水管道归市政所有，政府有权进行强制更新。

4. 对旧城进行更新改造，保护城市历史风貌

老城重组突显了城市更新理念，是对城市历史积淀的尊重，强调对城市文化传承的延续，实现“老”而不“旧”。对北京老城建筑不应该是拆了重建，而应强调以全新的城市功能替换功能性衰败的物质空间，对老城建筑及其内部设施进行有序更新，使老建筑内部具有现代化设施和功能，满足人民对美好生活的需要，使老城得到重新发展和繁荣，也使历史文化得到延续。

参考文献

［1］叶堂林：《疏解非首都功能也是给污染做减法》［N］，《中国环境报》2017 年 2 月 27 日。

[2] 文魁：《疏解与提升是辩证统一的》[N]，《北京日报》2017 年 7 月 31 日。
[3] 张可云、沈洁：《疏解首都科技创新功能可行吗？——韩国的经验及其对北京的启示》[J]，《北京社会科学》2016 年第 3 期，第 58 ~ 66 页。
[4] 姜鹏飞、唐少清：《首都人口疏解的制约因素与突破思路——基于国外城市人口疏解的经验》[J]，《河北大学学报》（哲学社会科学版）2017 年第 42（04）期，第 150 ~ 155 页。
[5] 李然、马萌：《京津冀产业转移的行业选择及布局优化》[J]，《经济问题》2016 年第 1 期，第 124 ~ 129 页。

B.9

北京城市副中心的形成机制与实现路径*

安树伟　李 瑶**

摘　要： 本文通过对通州经济发展现状和建设历程以及城市副中心形成条件的分析，阐述了北京城市副中心形成的机制：以市级行政事业单位转移为起点，带动基础设施建设，提高公共服务供给水平，拉动中心城区功能疏解，最终形成产业与城市良性互动的城市综合体。探讨了北京城市副中心形成发展的路径：提升综合承载力，吸引北京非首都功能的疏解；加速要素流动，促进产城融合；完善城市综合功能；构建现代化产业发展体系。提出了北京城市副中心在未来的发展中应加快建设基础设施，增加公共服务供给；实现通州与廊坊北三县的协同发展；畅通与主城区的交通联系；促进北京市域外生产要素在副中心集聚等对策。

关键词： 城市副中心　形成机制　实现路径

长期以来，由于北京过分强调城市建设而缺乏对可能出现的城市病进行合理预估，加之在城市逐渐向外围扩散过程中缺乏应有的疏导，以及“摊

* 注：北京市属高校高水平教师队伍建设支持计划“长城学者培养计划”资助项目“新型城镇化与产业集聚：格局、过程与机理”（批准号：CIT&TCD20180336）。

** 作者简介：安树伟，山西省沁县人，经济学博士，首都经济贸易大学城市经济与公共管理学院教授、博士生导师；研究方向：城市与区域发展。李瑶，山西省运城人，首都经济贸易大学城市经济与公共管理学院硕士研究生，研究方向：城市与区域发展。

大饼”式的发展造成了交通拥堵、空气污染、废水处理困难等一系列城市治理难题。促进中心城区各种职能有序地向外转移，从而改变北京市城市职能高度集中的状况，这将有利于北京市构建合理的城市空间结构，同时也能解决由于“单中心集聚”所产生的许多城市问题（李国平，2014）。2017年《北京城市总体规划（2016年~2030年）》中提出，北京市要构建“一核一主一副、两轴多点一区”的城市空间结构，其中“一副”指北京城市副中心。北京城市副中心的规划范围为原通州新城的规划建设区，总面积约155km^2，外围控制区为通州全区约906km^2。下文在分析通州发展现状的基础上，探讨城市副中心发展的机制与模式演变，提出推动北京城市副中心发展的路径，并对北京城市副中心未来发展提出对策建议。

一 研究综述

在多中心理论指导下，越来越多的国际大都市的空间结构演变为多中心发展的格局，建设城市副中心成为多中心发展的重要举措。关于城市副中心的内涵，目前有Sub－CBD和Sub－City Center两种。Sub－CBD直译为中文是“次级商务中心区”，它主要是指与城市中心商务区（CBD）在空间上相呼应、功能上相补充，同时又有相对独立性的城市次级商务中心，是城市人口和生产要素向外扩散的过程中形成的新的结节点，也是城市空间结构由单核结构向多核结构演变的结果（张开琳，2005），这一概念是从经济地理角度定义的。Sub－City Center直译为中文是“次级城市中心”，它是指大城市周边能够在局部代替城市主中心，承担经济发展核心带动作用的城市，具有疏解或补充中心区功能，并与之共同构成层次性较强的城镇体系的区域，这一概念是从行政区划的角度进行定义的（刘洁、高敏等，2015）。由此可见，北京城市副中心应该是Sub－City Center。

国外对于城市副中心的研究开始于20世纪70年代，我国对城市副中心的研究较晚，已有的研究可分为三部分：一部分是对中央商务区（CBD）的研究；一部分是对国外副中心的研究与经验借鉴；还有一部分是对我国特大城市的城市副中心的研究。关于北京城市副中心的研究目前并不多，已有的研究可以分为两部分：一是早期对北京城市副中心选择的研究；二是对通州作为北京城市副中心发展方向的研究。

在北京城市副中心的选择过程中，北京应借鉴国际大都市发展经验，启动建设京西副中心、通州—亦庄副中心和顺义副中心，打造分散疏解中心区功能的重要空间载体，解决北京城市发展中的空间结构矛盾（赵弘，2009）。基于不同的评判重点所设计的指标体系，北京城市副中心选址结果有所不同。若考虑区域发展情况，大兴和顺义适合发展成为北京的城市副中心；如果考虑为中心城区“分忧”，通州则是发展城市副中心的最好选择（刘洁、高敏等，2015）。郑瑞芳（2017）通过与国际城市副中心在交通领域、生态环境等方面的比较，发现通州建设城市副中心的综合承载能力较低。不同学者对通州未来发展提出观点，通州应提升城市综合功能，促进产业结构升级，优化产业空间布局（赵弘、陈智国，2011）；实施构建特色商贸、打造总部经济、提升品牌层级等战略（张姝雅，2015），发展高层次、高增值、强辐射的高端商务产业（石芸，2015）。

综上所述，目前关于北京城市副中心的研究还较为薄弱，更多关注的是通州作为北京城市副中心未来应如何发展，缺乏理论方面的探讨。

二　北京城市副中心的发展基础与功能定位演变

（一）发展基础

北京城市副中心的规划范围为原通州新城的规划建设区，外围控制区为通州全区。鉴于数据的可获得性，下文以通州全区经济社会发展情况来探讨北京城市副中心的发展基础。

1. 经济实力逐步增强，但人均水平较低

2010～2016年，通州区地区生产总值由352.12亿元增加到674.81亿元，占北京市的比重由2.54%上升到2.76%，年均增长率为11.45%，在北京市十六个区中的排名由第10名上升到第9名，在北京市远郊十区中的排名由第5名上升到第4名，通州区经济综合实力在逐步增强。2016年通州区一般公共预算收入76.51亿元，占北京市的1.51%；社会消费品零售总额388.13亿元，占北京市的3.53%；全社会固定资产投资939.9亿元，占北京市的11.11%。2010~2016年，通州区地区生产总值、一般公共预算收入、社会消费品零售总额及全社会固定资产投资占北京市的比重均呈上升趋势（见表1~表4）。

表1 2010~2016年通州区地区生产总值及占北京市的比重

年份	通州（亿元）	北京市（亿元）	通州/北京市（%）	通州在北京各区的排名	通州在远郊十区的排名
2010	352.12	13840.59	2.54	10	5
2011	409.73	15901.01	2.58	10	5
2012	461.28	17563.26	2.63	9	4
2013	516.21	19455.65	2.65	9	4
2014	560.90	20929.94	2.68	9	4
2015	614.45	22574.49	2.72	9	4
2016	674.81	24442.25	2.76	9	4
名义GDP年均增长率(%)	11.45	9.94	—	—	—

资料来源：根据《北京区域统计年鉴（2017）》整理计算所得。

表2 2010~2016年通州区一般公共预算收入及占北京市的比重

年份	通州(亿元)	增长率(%)	北京市(亿元)	通州/北京市(%)
2010	31.65	—	2353.93	1.34
2011	40.44	27.77	3006.28	1.35
2012	45.95	13.63	3314.93	1.39
2013	52.91	15.15	3661.11	1.45
2014	60.86	15.03	4027.16	1.51
2015	70.80	16.33	4723.86	1.50
2016	76.51	8.06	5081.26	1.51

资料来源：根据《北京区域统计年鉴（2017）》整理计算所得。

表3 2010～2016年通州区社会消费品零售总额及占北京市的比重

年份	通州(亿元)	增长率(%)	北京市(亿元)	通州/北京市(%)
2010	191.54	—	6340.34	3.02
2011	221.79	15.79	7222.15	3.07
2012	255.31	15.11	8123.54	3.14
2013	286.92	12.38	8872.13	3.23
2014	323.20	12.64	9638.01	3.35
2015	355.53	10.00	10338.01	3.44
2016	388.13	9.17	11005.10	3.53

资料来源：根据《北京区域统计年鉴（2017）》整理计算所得。

表4 2010～2016年通州区全社会固定资产投资及占北京市的比重

年份	通州(亿元)	增长率(%)	北京市(亿元)	通州/北京市(%)
2010	364.70	—	5493.30	6.64
2011	415.80	14.01	5910.50	7.03
2012	506.10	21.72	6462.70	7.83
2013	590.80	16.74	7032.30	8.40
2014	687.70	16.40	7562.20	9.09
2015	800.80	16.45	7991.00	10.02
2016	939.90	17.37	8461.80	11.11

资料来源：根据《北京区域统计年鉴（2017）》整理计算所得。

从与北京市的其他区比较来看，未来通州区经济发展有一定潜力。2016年通州区地区生产总值在大兴、顺义、昌平、通州和房山这5个城市发展新区中居第四位，仅高于房山区。但是，通州区地区生产总值的增长率高达9.8%，在北京市16个区中居第二位，经济增长较快，未来发展有一定的潜力（见图1）。

2010～2016年，通州区人均地区生产总值从29740元增加到47255元，年均增长率达8.02%，但一直低于北京市的人均地区生产总值，且二者之间的差距有扩大的趋势（见图2）。2016年，通州区人均地区生产总值仅为北京市的42.0%，在北京市十六个区中位列倒数第三名，经济发展水平仍然有待提高。

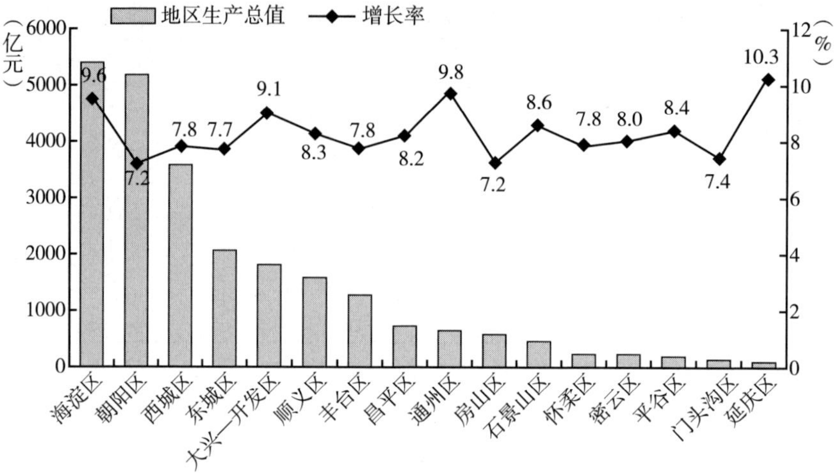

图 1　2016 年北京市各区地区生产总值及增长率

资料来源：根据《北京区域统计年鉴（2017）》整理计算所得。

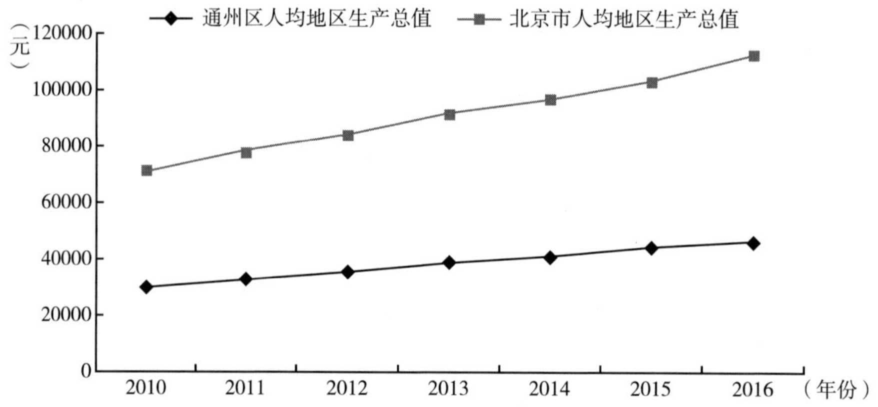

图 2　2010 ~ 2016 年通州区人均地区生产总值及与北京市的比较

资料来源：根据《北京区域统计年鉴（2017）》整理计算所得。

2. 产业结构不断优化，现代产业有所发展

2010 ~ 2016 年，通州区的三次产业结构由 4.1∶48.7∶47.2 调整为 2.4∶45.0∶52.6，第一产业增加值占 GDP 的比重减少了 1.7 个百分点，第二

产业减少了3.7个百分点，第三产业增加了5.4个百分点（见图3）。产业结构高度化速度加快。

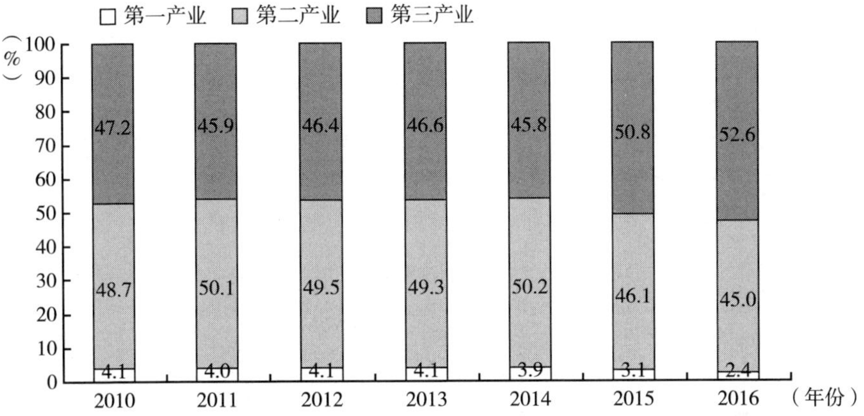

图3 2010～2016年通州区产业结构变化情况

资料来源：根据《北京区域统计年鉴（2017）》整理计算所得。

通州区现代农业发展良好。2016年有农业观光园56处，全年接待游客134.7万人次，比2015年增长70.4%；实现观光园总收入2.5亿元，增长28.6%。民俗旅游总收入1608万元，增长44.4%。设施农业收入13.8亿元，下降11.9%。2016年实现工业增加值208亿元，比2015年增长6.2%。现代制造业完成总产值280.7亿元，增长5.6%，主营业务收入319.9亿元，增长13.3%，实现利润45.1亿元，增长26.7%。高技术制造业完成总产值103.2亿元，增长5.6%，主营业务收入103.7亿元，增长5.1%，实现利润32.4亿元，增长36.9%。2016年通州区现代服务业的发展优于其传统服务业（见表5）。

表5 2016年通州区服务业发展情况

项目	单位个数（个）	从业人员平均人数（人）	资产合计（亿元）	收入合计（亿元）	利润总额（亿元）
传统服务业	384	51630	970.92	1090.06	43.31
现代服务业	407	44225	4138.48	603.66	83.96

资料来源：根据《北京区域统计年鉴（2017）》整理计算所得。

3. 基础设施逐步完善

通州区交通条件优越，2016 年通州境内国道 69.2 千米，市道 125.28 千米，区道 313.11 千米。通州境内有 4 条高速路通过，分别为京津高速、京沪高速、京哈高速和通燕高速。有 3 条通向首都的快速通道，分别为通顺路、壁富路和六环路。轨道交通方面，有亦庄线和八通轻轨直达通州；M6 线地铁延伸至通州新城；规划中的 R1、S3、S5、S6、M6 支等线路将覆盖通州新城。

4. 公共服务数量和水平有待提高

2016 年通州区在公共服务资源总量上，除普通中学校数和小学校数占北京市的比例相对较高外，其余各部分所占比例均较低；在人均拥有量上也都低于北京市的平均水平，如通州区每千常住人口医院床位数只有北京市平均水平的 39.53%（见表 6）。同时，通州区在城市基础设施建设上的资金投入远远高于管理投入，普遍存在重建设、轻运营维护的观念，大量城市市政设施还处在高投入、低产出、服务水平不高的状态（王峥，2017）。2016 年通州区二氧化硫年均浓度值、二氧化氮年均浓度值、可吸入颗粒物年均浓度值和细颗粒物年均浓度值都高于北京市平均水平，而林木绿化率则低于北京市平均水平（见表 7）。北京市社会科学院发布的《北京公共服务发展报告（2016～2017）》，在综合测算了基础教育、社会保障、医疗卫生、文化教育、环境保护和公共安全 6 类指标后，得出通州区的综合得分在北京市各区中居倒数第二位（施昌奎，2017）。

表 6　2016 年通州区部分公共服务资源及与北京市的比较

公共服务	主要指标	通州区	北京市	通州/北京（%）
医疗服务	卫生机构（个）	609	10637	5.73
	其中：医院（个）	22	713	3.09
	卫生技术人员（人）	9436	264850	3.56
	每千常住人口执业（助理）医师数	2.52	4.64	54.31
	每千常住人口注册护士数	2.53	5.42	46.68
	卫生机构实有床位数（张）	3651	116963	3.12
	每千常住人口医院床位数	2	5.06	39.53

续表

公共服务	主要指标	通州区	北京市	通州/北京(%)
养老服务	收养性单位数(个)	19	641	2.96
	社区服务机构数(个)	675	11913	5.67
文教体服务	公共图书馆数(个)	1	25	4.00
	普通中学校数(所)	41	646	6.35
	小学校数(所)	82	984	8.33
	体育场地数(个)	950	20075	4.73
社会组织	社会组织数(个)	356	10754	3.31

注：表中体育场地数为2013年数据。

资料来源：根据《北京区域统计年鉴（2017）》整理计算所得。

表7　2016年通州区环境基本情况及与北京市的比较

	二氧化硫年均浓度值（微克/立方米）	二氧化氮年均浓度值（微克/立方米）	可吸入颗粒物年均浓度值（微克/立方米）	细颗粒物年均浓度值（微克/立方米）	林木绿化率（%）
北京市	10	48	92	73	59.3
通州区	15	55	98	80	32.4

资料来源：根据《北京区域统计年鉴（2017）》整理计算所得。

（二）功能定位的演变

新中国成立以来，通州有五次较大的城市规划，经历过以下几个角色定位：重点卫星城、重点新城、城市副中心、北京行政副中心，进而发展到中央战略部署的北京城市副中心（温宗勇、李伟等，2016；王峥，2017）。其功能定位演变过程如表8所示。

表8　北京城市副中心功能定位的演变

时间	依据	通州功能定位
1959年	通州第一次城市建设规划	通州定位为北京的工业卫星城
1984年	通州制定城市建设总体规划方案	提出通州建设北京卫星城的发展思路；接纳了北京市区大量工业和制造业企业，缓解了市区就业和人口压力

续表

时间	依据	通州功能定位
1993 年	《北京城市总体规划(1991 年~2010 年)》	通州定位为北京卫星城、京东地区经济贸易中心和首都综合性卫星城
2005 年	《北京城市总体规划(2004 年~2020 年)》	通州成为北京市重点发展的新城,定位为“面向区域的可持续发展的综合服务新城,北京参与环渤海区域合作发展的重要基地”,要成为“区域服务中心、文化产业基地、滨水宜居新城”
2012 年	中共北京市第十一次党代会报告	落实聚焦通州战略,分类推进重点新城建设,打造功能完备的城市副中心,尽快发挥新城对区域经济社会发展的带动作用
2015 年	《京津冀协同发展规划纲要》	聚集通州,按照交通便捷、功能完备、产城融合、职住平衡要求,紧密围绕市属行政事业单位及相关服务部门的疏解转移需求,加快推进市行政副中心建设
2017 年	《北京城市总体规划(2016 年-2030 年)》	北京市要构建“一核一主一副、两轴多点一区”的城市空间结构,“一副”指北京城市副中心,通州未来发展目标为着力打造国际一流的和谐宜居之都示范区、新型城镇化示范区和京津冀区域协同发展示范区,构建“一带、一轴、多组团”的城市空间结构,突出水城共融、蓝绿交织、文化传承的城市特色

资料来源：作者根据相关资料整理得出。

三　城市副中心的形成条件与机制

（一）城市副中心的形成条件

城市是一个复杂的系统，它的发展、增长、波动及衰退有一定的规律。对城市发展而言，处于不同的历史条件和不同的发展阶段会有不同的发展轨迹和路径。城市成长一般有两种主要形式，分别为旧城改造和城市新开发区建设。在城市发展的不同阶段，一般会以其中的一种开发形式为主。城市新区建设的一种发展模式就是建设城市的副中心（刘伟、类淑霞，2016）。城市副中心的形成需要具备两方面的条件：一是城市的内生增长，即城市规模的持续扩大，这是城市副中心形成的根本原因；二是推动城市副中心形成的条件，可分为政府规划的推动和交通与通信技术的发展。

1. 城市规模的持续扩大

城市的发展会受到多种因素的相互影响与推动，比如城市的经济发展需要劳动力和资本，而劳动力和资本的积累又能进一步推动经济发展，同时也会产生关于生产和生活的各种需求。随着我国经济和城市化的快速发展，人口与经济行为会由资源稀疏与循环发展缓慢地区向资源密集与发展迅速的成熟区域不断地转移（梁宏志，2010）。从历史发展的经验来看，城市在发展初期往往选择单中心的发展模式，因为发展初期选择这种发展模式具有一定的优势，比如可以集中利用有限的资源；人口集聚能够降低通勤等生活成本。但是随着城市的不断发展，越来越多的人口和产业持续向城市中心聚集，造成城市中心人口密度过高、产业过度集中，从而产生交通拥堵、环境污染、就业困难等一系列城市发展难题（王岩，2015）。因此城市发展需要在空间上有所突破，力求形成一种城市功能服务到位、新功能成长充分、城市规模经济效应最大化的空间结构。此时，人们为了追求更高品质的生活，企业为了降低各种生产成本，他们都会选择搬到环境更好、土地价格更低的城市边缘区。在人口和产业的郊区化过程中，由于城市边缘区与远郊区相比具有更好的区位条件，从而会在城市边缘区产生新的要素集聚点（张开琳，2005）。伴随着城市规模的持续扩大，城市空间结构开始走向群体化和区域化，即由单中心的城市空间结构向多中心的城市空间结构演变。城市在多中心的发展过程中，会形成不同规模的组团中心，有些组团中心由于在规模和等级等方面具有优势，从而发展为城市副中心（见图6）。

城市副中心的形成需要达到一个临界值，只有达到一定的规模等级，才有可能产生城市副中心。规模越大的城市拥有越多的副中心；对于同一城市而言，用地规模的不断扩大将产生更多的城市副中心（林洁，2006），城市空间结构的选择会给城市副中心的产生带来影响，主要体现在在城市发展模式的选择上是选择单中心发展模式还是多中心发展模式（魏嵘，2007）。

2. 政府规划的引导

政府规划会对城市副中心的形成产生很大的影响。城市政府常常通过制定有关副中心的规划来引导人口、产业向城市某些特定区位集聚，从而促进

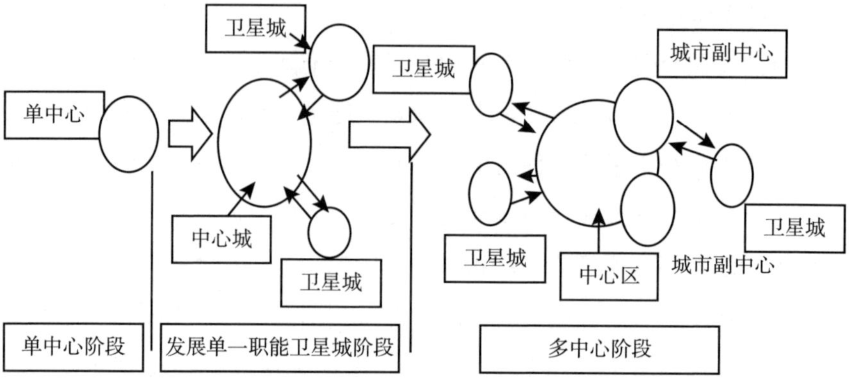

图4　大城市多中心发展过程示意

资料来源：魏嵘：《我国城市副中心发展演变规律及生成机制研究》[D]，西安：长安大学硕士学位论文，2007。

副中心的形成与发展（张开琳，2005）。城市副中心按照城市总体规划和土地利用总体规划的功能布局要求，在城市建成区的外围进行集中的开发建设，促进中心城区一些职能的转移，同时带动中心城区人口的疏解，能够对中心城区的用地结构进行调整，改善中心城区的居住环境，形成城市功能的合理空间布局（张龙刚，2004）。政府规划在一定程度上对城市副中心的形成起到引导作用，推动城市副中心的加速形成。

3. 交通与通信技术的发展

交通方式的创新与改革以及交通基础设施的不断改善使得城市的交通条件日益完善，比如私家车的普及、城市公共交通系统的建设以及城市和郊区之间道路网络的改善等，这些都降低了人们的出行成本，越来越多的居民会选择居住在离中心城区较远、居住环境更优的地区。运输成本占总成本的比重不断降低，使得企业搬迁成为可能（魏嵘，2007）。信息技术的广泛传播以及信息化进程的不断加快推动了城市副中心的产生。受信息化的影响，位于城市不同位置的区域之间的差距不断减小，不同区域之间的空间障碍逐渐被克服，使得经济活动出现加剧扩散的现象（宋培臣，2010）。交通技术的改进加速了有形要素的流动，而通信技术的发展则带来无形要素的快速流动，二者共同发展改变要素流动的时空距离，促进城市副中心的形成。

（二）北京城市副中心的形成机制

在城市副中心形成条件的基础上，下文从市级行政单位的转移、配套基础设施和高水平的公共服务、产城融合等方面，分析北京城市副中心的形成机制（见图 7）。

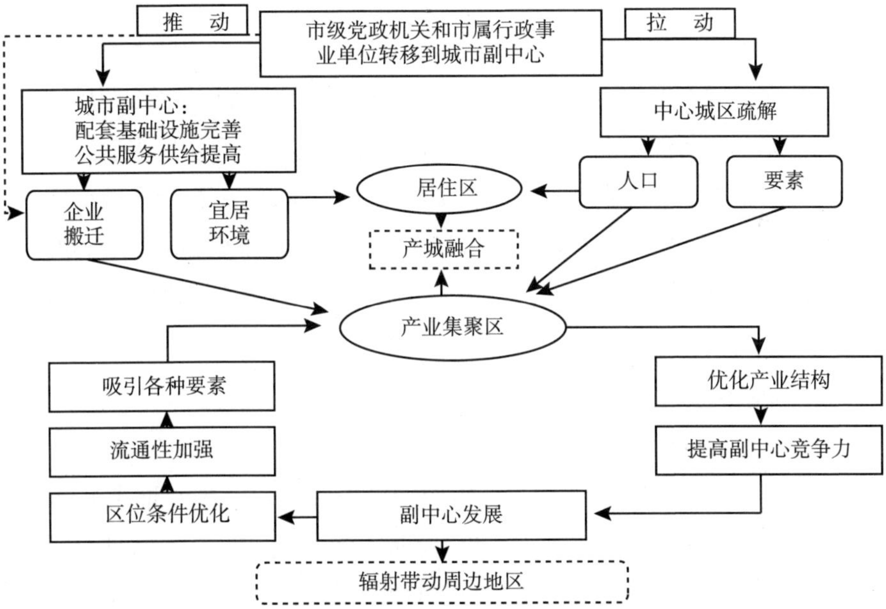

图 5　北京城市副中心的形成机制

1. 市级行政单位的转移是推动北京城市副中心发展的原动力

北京市级党政机关和市属行政事业单位的转移，推动北京城市副中心发展的作用主要体现在两个方面：一是对城市副中心建设的推动作用；二是对中心城区功能疏解的拉动作用。在对城市副中心建设的推动作用方面，北京市级党政机关和市属行政事业单位的转移，首先能够有效地推动城市副中心各种配套设施和基础设施的建立。为满足行政单位的正常办公和高效运转，同时保障工作人员的生活需要，城市副中心的部分基础设施需进一步完善建设；北京市级党政机关和市属行政事业单位的转移，能够提高城市副中心供给公共服务的能力。其次，行政单位的转移会对正在观望的企业产生一种示范效应和可信承诺，使企业搬入城市副中心。在对中心城区功能疏解的拉动方面，除了北京市级党政机关和市属行政事业单位的转移本身带动的功能疏解外，还会对中心城区的人口和其他要素产生进一步的拉动作用，促进中心城区的部分功能向城市副中心转移。

2. 完善的配套基础设施和高水平的公共服务是北京城市副中心发展的前提

基础设施和公共服务是城市经济活动运行的基础，也是城市经济布局合理化的前提。城市副中心配套基础设施的完善和公共服务供给能力的提高，一方面会使得有条件的企业搬迁到城市副中心；另一方面会形成适宜居住的生活环境。企业搬迁与中心城区转移疏解的人口和要素结合，在城市副中心形成产业集聚区。宜居的环境与中心城区疏解的人口会在城市副中心形成居住区。产业集聚区和居住区共同促进，逐步建成产城融合、宜居宜业的城市副中心。

3. 产城融合发展是推动北京城市副中心发展的持续动力

产业是城市副中心发展的基础，没有产业的支持，城市副中心的相应发展将难以持续。产业—城市副中心的发展可以看作一个相互推进的增长过程。企业和各种要素在城市副中心集聚，形成产业集聚区，并通过与其他产业的“后向关联”和“前向关联”来促进城市副中心的经济发展，构建有竞争力的价值链环节，从而优化产业结构，进而提升城市副中心的综合竞争力（赵玮、王韬等，2006），推动城市副中心的发展。随着城市副中心发展水平的提升和功能的增强，会进一步促进其完善基础设施建设，提高居民的生活质量并为产业提供更优质发展环境，这将进一步改善其区位条件，使得各要素在城市副中心的流动性加强，从而对要素产生更大的吸引力，吸引各要素流向城市副中心，促进城市副中心产业集聚的发展，凸显产业集聚与城市副中心发展之间的良性互动（吴丰林、方创琳等，2010）。城市副中心基础设施承载力的不断增强，城市管理水平的不断提高，以及综合服务功能的不断提升，会使其成为北京市的“反磁力中心”，进而有可能辐射带动周边地区，尤其是位于其东部的三河市、大厂县和香河县，最终促进京津冀地区的协同发展。

四 北京城市副中心发展的模式演变

（一）城市副中心发展的两种模式

借鉴城市新区的发展模式，城市副中心的发展模式可以分为两种——外生型发展模式和内生型发展模式。外生型发展模式是自上而下，以政府规划为主导的发展模式，指在政府规划下建立起新城的模式，从制度安排、法律法规、政策措施、研发资金的直接投入或引导机制、孵化机制、金融服务等各个方面对城市产业的产生和发展进行规划指导。同时，为吸引人才的集聚，规划建设公共市政设施、国际化社区、国际化教育机构、商务中心等完善的社会综合功能。在外生型发展模式中，政府规划起到至关重要的作用。比较著名的副中心规划有法国巴黎拉德芳斯区的建设规划以及日本分别于1958年、1982年和1987年提出的一系列副都心规划（张开琳，2005）。

而内生型发展模式是在良好的经济因子等因素的作用下，以市场机制为主导逐步实现产业要素、创新要素的集聚，形成良好的产品研发—企业孵化—产业化—企业衍生的良性循环，逐步建立起创新型的产业集群。随着产业集群的发展，围绕产业需求的金融、中介、服务等支撑及人才的居住生活、娱乐、教育、文化等需求的相关功能不断完善，从而形成以创新网络为主体的生产生活综合性功能配套的新城（袁宇、李福华，2013）。内生型发展模式对城市副中心的原始条件要求较高，只有具备了一定的基础条件，城市副中心才能以内生型发展模式发展起来。

（二）北京城市副中心的发展模式应由外生型向内生型转变

北京市级党政机关和市属行政事业单位转移到北京城市副中心，就决定了副中心在开始发展时是以政府规划为主导的。副中心初期的发展也需要政府各方面的支持，尤其是在基础设施的建设以及公共服务的供给上，不仅需要政府投入大量资金，也需要政府出台相关政策规划以主导副中心初期的发展。当城市副中心发展到一定阶段，各项基础设施能够保障其日常运转时，就应发挥市场机制的作用，减少政府对副中心发展的干预，由政府主导的模式向市场主导、政府引导的模式转变，即由外生型发展模式向内生型发展模式转变。这一阶段的发展主要是提高副中心自身发展的可持续度。当产业发展受到外部环境冲击时，在市场利益机制的驱动下，部分有能力的企业通过技术研发和技术改进得以继续生存发展，而无法适应环境变化的企业则会被淘汰，通过优胜劣汰留下来的企业具有更强的竞争力和更广阔的发展潜力，可以更好地利用有限的资源促进副中心的发展，从而保证副中心的可持续发展。政府在这一过程中的主要作用则是引导企业发展，避免过多的干预市场，保持市场活力，进而提高副中心的综合竞争力。

五　北京城市副中心的实现路径

（一）提升副中心综合承载力，有效吸引北京非首都功能的疏解

北京城市副中心要全面提高社会、环境和经济三大承载力，以提升其综合竞争力，增强其承接各种要素的能力，使其成为中心城区非首都功能疏解的主要空间载体。

引导中心城区部分优质教育和优质医疗资源向副中心转移，加强副中心基础设施建设，建立区域或全国性的交通枢纽。推动有特色的城市文化建设，深入挖掘副中心的大运河文化内涵，建立有文化特色的副中心品牌，以提高副中心的社会承载力。完善城市环境，提高宜居水平。与中心城区相比，副中心的生态环境本底良好，但一些市政基础设施不完善，如污水处理能力等，影响了副中心城市环境。因此，副中心应发展富有特色、独具魅力

的城区绿化美化系统，尤其应重视居住区的绿化建设（袁蕾，2014），将副中心的宜居程度提升，提高副中心的环境承载力。通过引入高端产业和原有产业的高端化发展，调整升级产业结构，扩大副中心经济规模，提高产业生产效率，降低资源消耗，从而提升副中心的经济承载力。副中心综合承载力的提高，会对中心区的要素产生一定吸引力，进而带动中心城区非首都功能的疏解。

（二）加速要素流动，促进产城融合

促进中心城区、副中心以及周边地区的要素流动，注重产业与城市融合发展。副中心的建设一方面要注重产业发展与人口聚集协同发展。要根据本区域的条件选择适合自身发展的主导产业，通过发展主导产业带动相关产业发展，进一步促进人口快速集聚；同时加快发展现代服务业，促进传统产业升级和新兴产业发展，提供更多就业机会，特别是高质量就业机会。另一方面要注重配套设施建设，满足就业人口的生活需要。在建设产业集聚园区的同时，完善其生活配套体系，让副中心更加宜居，避免出现“堵城”“睡城”“空城”等现象。产业与城市副中心的融合发展将持续推动城市副中心的发展，使其成为集实体产业发展、创新集群导入、完整生活配套设施为一体的，具备生产、居住、消费、公共服务等多功能的城市综合体（王济武，2014）。

（三）完善城市综合功能

富有特色的多样化职能定位是增强副中心发展活力的关键，因此城市副中心的建设应当与传统中心的功能错位发展，充分利用自身区位、资源优势和条件，凸显特色（杨国义，2014）。《北京城市总体规划（2016 年 - 2030 年）》指出，副中心要紧紧围绕对接中心城区功能和人口疏解，发挥对疏解非首都功能的示范带动作用，促进行政功能与其他城市功能有机结合，以行政办公、商务服务、文化旅游为主导功能，形成配套完善的城市综合功能。副中心未来的发展要紧紧围绕这三大主导功能，并且逐步完善其他相关配套

功能，形成明确的功能定位。完善城市副中心的综合功能，将有利于增强其辐射带动周边地区发展的能力。

（四）发展现代产业体系

发展现代产业体系能够优化城市副中心的产业结构。应构建以高端服务业为重点的现代产业体系。要研究制定相关鼓励政策，推动与高端产业相关的各种要素向副中心集聚，促进各种总部如企业总部、金融总部等入驻副中心，发展总部经济。围绕教育、医疗、科技研发、文化、旅游等形成与副中心功能相适应的配套产业，大力发展高端生活性服务业和高端社会性服务业。建设高端总部集聚区，提升产业服务功能，充分发挥区位优势，打造京津冀综合服务中心（连玉明，2015）。此外，还应加大金融对副中心产业发展的支持，创新政府投融资方式，构建多层次融资服务保障，提升金融服务功能，推进金融资源优化配置（金钦，2015）。同时要发挥科技创新对构建现代化产业体系的独特作用，使科技创新成为城市副中心产业升级的持续驱动力。

六　北京城市副中心发展的对策

（一）科学制定副中心发展规划，并严格落实

北京城市副中心的建设需要科学制定规划，并健全规划实施管理机制，保障规划能够落实。首先，要建立多元参与的城市规划设计平台。做好城市规划，形成政府、市场和社会多元主体协同推进的规划设计机制。作为特大城市的副中心，北京城市副中心建立多元化的城市规划设计平台需处理好三方面问题。一是使传统的城市规划管理体制通过变革，有效吸纳公众参与；二是充分发挥现代科技进步的优势，把现代技术手段运用到城市规划管理的过程中；三是需要完成政府在城市规划管理中的职能转变，适应城市规划管理的时代新特征，更加充分地发挥其他主体在城市规划管理中的作用（张

建平，2008）。其次，改进规划的实施监督与评价机制。如何优化政府城市规划建设管理机制，保障控制性规划的有效和按要求实施以及如何更加科学合理地评价副中心总体规划和分项规划的实施效果是城市副中心下一阶段发展中需要认真考虑的问题（王峥，2017）。

（二）加大基础设施建设力度，增加公共服务供给

基础设施和公共服务是推进北京城市副中心发展的基本保障，也是副中心发展过程中的重点。产业的集聚、辐射能力的提高都离不开交通和通信等基础设施的完善。副中心所在的通州区的经济发展水平落后于北京市城六区的发展水平，目前已有的公共服务和配套的基础设施还十分匮乏，特别是教育和医疗水平与城六区相比还有较大的差距。公共服务和基础设施的不足，将会减小城市副中心对劳动力等生产要素和产业的吸引力。政府应对通州产业功能区进行基础设施配套建设，更好地促进功能要素向城市副中心集聚。因此，通州区应当加快基础设施建设，增加公共服务供给，加快与城市副中心职能相匹配的各种配套服务业的发展（余欧，2017）。

（三）实现通州与廊坊北三县的协同发展

北京城市副中心建设应辐射带动其周边地区，尤其是东部的廊坊北三县发展。在行政管理体制方面，要建立通州—北三县协同治理组织体系，在通州与北三县一体化合作发展进程中，政府应当起到引导作用；建立通州—北三县协同治理利益分享机制，通过合作，各级政府可以共享利益，这是协同发展的根本出发点；建立通州—北三县协同治理信息交互机制；建立通州—北三县协同治理考核激励机制（施昌奎，2017）。在产业协同发展方面，廊坊北三县应充分发挥紧邻通州的区位优势，加强重大基础设施和市政公用设施建设，积极承接非首都功能疏解，强化产业梯次发展，按照“主导产业配套、新兴产业共建、一般产业互补”的思路，打造高技术制造业、战略性新兴产业和现代服务业等具有战略支撑作用的产业集群（常瑞祥、安树伟，2015）。

（四）畅通城市副中心与北京主城区的交通联系

交通基础设施是城市副中心发展的基本条件。除了完善城市副中心内部的交通基础设施，还应畅通城市副中心与北京主城区的交通联系，以使其更好地承接主城区的部分功能。要在北京主城区与城市副中心之间构建便捷、舒适的公共交通体系，增加公共交通的供给量以满足需求。对主城区和城市副中心之间的交通流量进行合理预估，根据交通需求量的多少灵活调节公共交通的供给。进一步完善现有的公共交通体系，处理好终点站与目的地之间的衔接问题，如可在终点站增设公交线路或投放共享单车。

（五）促进北京市域外生产要素在副中心的集聚

城市副中心的建设一方面要承接北京中心城区的非首都功能，另一方面还应在京津冀乃至更大的空间尺度上发挥作用。这就需要城市副中心对北京市域外生产要素产生吸引力，促进北京市域外生产要素在副中心集聚。城市副中心应当为来北京市发展的域外人才创造良好的创业和就业环境。可以通过政策引导等方式，吸引一批北京市域外高端人才和一些总部机构落户北京城市副中心，从而促进北京城市副中心的多元化发展。

参考文献

[1] 李国平：《“政治副中心”不可取首都“单中心集聚”效应破解良方》[J]，《人民论坛》2014 年第 13 期，第 28 ~30 页。

[2] 张开琳：《大城市副中心建设理论与实践》[J]，《城市问题》2005 年第 2 期，第 73 ~76 页。

[3] 刘洁、高敏、苏杨：《城市副中心的概念、选址和发展模式——以北京为例》[J]，《人口与经济》2015 年第 3 期，第 1 ~12 页。

[4] 赵弘：《论北京城市副中心建设》[J]，《城市问题》2009 年第 5 期，36 ~40 页。

[5] 郑瑞芳:《北京建设通州城市副中心的国际比较与启示》[J],《中国统计》2017年第3期,第7~9页。
[6] 赵弘、陈智国:《将通州建设成为北京城市副中心的战略思考》[J],《北京市经济管理干部学院学报》2011年第26(01)期,第12~16页。
[7] 张姝雅:《城市副中心下的通州区商贸业发展战略选择研究》[J],《商业经济研究》2015年第2期,第25~27页。
[8] 石芸:《通州北京城市副中心高端商务发展研究》[J],《北京财贸职业学院学报》2015年第31(04)期,第19~22页。
[9] 王峥:《北京城市副中心》[M],北京:北京科学技术出版社,2017。
[10] 施昌奎:《北京公共服务发展报告(2016~2017)》[M],北京:社会科学文献出版社,2017。
[11] 温宗勇、李伟等:《北方水城　希望热土——北京城市副中心建设调查实录》[J],《北京规划建设》2016年第4期,第110~125页。
[12] 刘伟、类淑霞:《北京城市副中心的形成定位及战略要求分析》[J],《华北科技学院学报》2016年第13(06)期,第109~113页。
[13] 梁宏志:《城市新区建设开发模式研究》[D],武汉:武汉理工大学博士学位论文,2010。
[14] 王岩:《北京副中心选址决策研究》[D],北京:北京交通大学硕士学位论文,2015。
[15] 林洁:《我国城市副中心的开发模式与营建对策探讨》[D],重庆:重庆大学硕士学位论文,2006。
[16] 魏嵘:《我国城市副中心发展演变规律及生成机制研究》[D],西安:长安大学硕士学位论文,2007。
[17] 张龙刚:《东部城市副中心三圣片区开发建设研究与对策》[D],成都:四川大学硕士学位论文,2004。
[18] 宋培臣:《上海中心城区多中心空间结构的成长》[D],上海:上海师范大学硕士学位论文,2010。
[19] 赵玮、王韬等:《论中部地区产业集聚与城市化之互动》[J],《地域研究与开发》2006年第4期,第43~47页。
[20] 吴丰林、方创琳等:《城市产业集聚动力机制与模式研究进展》[J],《地理科学进展》2010年第29(10)期,第1201~1208页。
[21] 袁宇、李福华:《高新区向科技新城发展的理论与实践》[M],北京:中国社会科学出版社,2013。
[22] 袁蕾:《基于城乡一体化的北京新城发展研究》[M],北京:知识产权出版社,2014。
[23] 王济武:《科技新城建设理论与实践》[M],北京:清华大学出版社,2014。

［24］杨国义：《中国城市副中心建设研究》［D］，苏州：苏州大学硕士学位论文，2014。

［25］连玉明：《首都战略定位：京津冀协同发展中的北京之路》［M］，北京：当代中国出版社，2015。

［26］金钦：《金融支持北京城市副中心产业发展问题研究》［D］，北京：首都经济贸易大学硕士学位论文，2015。

［27］张建平：《城市规划管理面临的问题及对策研究》［D］，天津：天津师范大学硕士学位论文，2008。

［28］余欧：《北京副中心建设对城市蔓延的作用研究》［D］，北京：首都经济贸易大学硕士学位论文，2017。

［29］施昌奎：《北京城市副中心行政管理体制创新研究》［M］，北京：红旗出版社，2017。

［30］常瑞祥、安树伟：《河北与京、津交界地带的协同发展》［J］，《城市》2015年第3期，第14～20页。

B.10

推进雄安新区建设与发展的机制与模式研究*

冷宣荣　武义青　曹华青**

摘　要： 雄安新区以疏解北京非首都功能集中承载地为基本定位，以贯彻新发展理念的科学发展示范区为发展定位，以绿色低碳的生态城市、科技智能的智慧城市和人文宜居的现代城市为发展目标。雄安新区的建设，既不同于一般城市或新区建设，也不是深圳特区和浦东新区发展模式的简单复制，而是要开创国家新区和城市发展的全新模式，为未来的城市建设，提供一套全新的范式。其建设模式主要有绿色生态宜居的新城区建设模式、创新驱动发展的建设模式、协调发展示范区的建设模式、开放发展先行区的建设模式、共享发展模式、城市规划建设模式、绿色智慧新城建设模式。雄安新区发展建设中，必须打破传统体制机制束缚，推动行政管理、生态环保、创新驱动、协调发展、开放发展、高端高新产业发展、高端人才引入和培养、可持续的投融资、依法依规实施管控、住房的租售并举等多方面体制机制创新，使之成为体制机制改革创新的先行区和示范区。

---

* 本文得到河北经贸大学京津冀一体化发展协同创新中心经费资助。

** 作者简介：冷宣荣，中共河北省委党校河北发展战略研究所副所长、教授，研究方向：河北经济；武义青（通讯作者），河北经贸大学副校长、研究员，博士生导师，研究方向：河北经济；曹华青，河北经贸大学经济研究所馆员，研究方向：河北经济。

关键词： 雄安新区　创新驱动　非首都功能疏解

2017 年 4 月 1 日，党中央、国务院发出设立雄安新区的通知。2017 年 10 月 18 日，习近平总书记在党的十九大报告中指出，要“以疏解北京非首都功能为‘牛鼻子’推动京津冀协同发展，高起点规划、高标准建设雄安新区”，进一步体现了党中央对雄安新区规划建设的高度重视和坚定决心。2018 年 4 月 21 日，《河北雄安新区规划纲要》颁布。随着《河北雄安新区规划纲要》的正式出台，雄安新区规划建设的步伐将进一步加快。虽然雄安新区是继深圳特区和浦东新区之后第三个具有全国意义的新区，但是基于其建设的主要目的以及经济社会发展的大背景，从建设规划、建设模式到体制机制，都不同于前者以及以往其他任何新区。因此，如何建设一个贯彻新发展理念的科学发展示范区、如何推进体制机制创新，便成为我们必须回答的一个新的课题。

一　雄安新区发展定位与国家总体要求

（一）基本定位：疏解北京非首都功能集中承载地

雄安新区不同于一般意义上的新区，设立雄安新区一个重要的初衷，是疏解北京的非首都功能，破解北京人口膨胀、交通拥堵这些日益突出的“大城市病”。所以，雄安新区作为北京非首都功能集中承载地之一，重点是承接来自北京的非首都功能和部分人口的转移，目的在于通过集中疏解北京的非首都功能，探索人口经济密集地区优化开发的新路径，优化调整京津冀的城市布局和空间结构，培育区域创新发展的新引擎。雄安新区将在打造以首都为核心的世界级城市群的空间布局和探索人口经济密集地区优化开发新模式中起到关键作用。

（二）发展定位：贯彻新发展理念的科学发展示范区

按照中央、国务院通知要求以及《河北雄安新区规划纲要》，雄安新区将成为“绿色生态宜居新城区、创新驱动发展引领区、协调发展示范区、开放发展先行区”，最终是“贯彻新发展理念的科学发展示范区”。在新发展理念中，包含着创新、协调、绿色、开放、共享五个方面，雄安新区建设的四个定位，都一一体现。从雄安新区建设的七个重点任务来看，其中绿色发展理念始终贯穿其中，而创新、协调、开放的理念也在重点任务中各有体现。虽然“共享”理念在定位中没有直接阐述，但是，党和国家对雄安新区提出的四个坚持中，“坚持以人民为中心、注重保障和改善民生”，以及习近平总书记指示“设立雄安新区，一定要让老百姓得到更多的实惠，要有实实在在的获得感”，都充分体现了共享理念。雄安新区的发展定位，为京津冀的协同发展、为打造京津冀世界级城市群探索了新的发展路径，也为我国其他区域的协同发展起到了示范性作用，成为建设现代化城市、推动高质量发展的全国样板。

（三）发展目标：绿色低碳的生态城市、科技智能的智慧城市和人文宜居的现代城市

《河北雄安新区规划纲要》中提出，到2035年，要把雄安新区基本建设成为“绿色低碳、信息智能、宜居宜业，具有较强竞争力和影响力，人与自然和谐共处的高水平社会主义现代化城市”；到21世纪中叶，全面建成高质量高水平的社会主义现代化城市，成为京津冀世界级城市群的重要一极。

雄安新区以生态优先、绿色发展和发展高端高新产业，努力建设一个科技智能的智慧城市、绿色低碳的生态城市，以及人文宜居的现代城市。未来的雄安，应该既是先进科技文化的结晶，更是和谐宜居的人类家园。届时，雄安新区将以“雄安质量”引领全国高质量发展，各项经济社会发展指标达到国际领先水平，治理体系和治理能力实现现代化，成为新时代高质量发

展的全国样板，成为一座环境优美、交通便捷、设施先进、令人向往的宜居城市。

二　雄安新区建设模式

雄安新区规划面积1770平方公里，规划范围包括雄县、容城、安新三县的行政辖区，以及任丘市鄚州镇、苟各庄镇、七间房乡和高阳县龙化乡。如何按照中央的要求和《河北雄安新区规划纲要》的部署建设雄安新区？2017年9月上旬，雄安新区宣布了新区建设的三条原则，一是绝不搞土地财政，二是一定考虑老百姓的长远利益，三是决不搞形象工程。这三条原则，传递出雄安新区探索经济发展新模式的强烈信号。《河北雄安新区规划纲要》对雄安新区的建设，从空间布局、城市风貌、打造自然生态环境、发展高端高新产业、提供优质公共服务、构建快捷高效交通网、建设绿色智慧新城、构筑城市安全体系等方面做出了全面部署。雄安新区的建设，将摒弃传统思维定式，既不同于一般城市或新区建设，也不是深圳特区和浦东新区发展模式的简单复制，而是要开创国家新区和城市发展的全新模式，创造“雄安质量”，成为新时代推动高质量发展的全国样板，为未来的城市建设，提供一套全新的范式。

（一）绿色生态宜居新城区建设模式

《河北雄安新区规划纲要》对雄安新区的“生态宜居新城区”有明确要求，即构建“蓝绿交织、清新明亮、水城共融”的生态城市，这对于作为“千年大计”的雄安新区建设至关重要。雄安新区在生态建设方面，规划的总体原则是水城相融、蓝绿互映的生态宜居之城，其中，森林覆盖率达到40%，绿化覆盖率达到50%，蓝绿空间占比达到70%以上，使新区的发展融于优良的生态环境之中。

1. 制定生态环保规划

针对目前存在的水安全、大气污染、湿地功能退化等环境问题，雄安新区以白洋淀生态环境保护建设为基础优化新区布局，以新区环境质量改善来推动整个白洋淀乃至京津冀的环境质量改善，专项制定雄安新区以及白洋淀两个生态环境保护规划。由河北省环保厅委托环保部环境规划院牵头编制《雄安新区生态环境保护规划》；由河北省发改委委托中科院生态中心牵头、环保部环境规划院参与编制《白洋淀生态环境治理和保护规划》。

2. 积极探索多元化环境保护措施

为了加强生态环境建设，《河北雄安新区规划纲要》提出要规划建设“一淀、三带、九片、多廊”，形成林城相融、林水相依的生态城市。坚持生态优先，严格控制建设用地规模、划定规划控制线、严守生态保护红线、严格保护永久基本农田、严控城镇开发边界和人口规模等。自 2017 年 4 月 1 日以来，雄安新区积极探索多元化环境保护模式。一年来，启动了环保工作网格化监管，实行县、乡、村三级联动，切实解决环境治理中的问题；实施了生态保护红线规划工作，划定严格的永久基本农田和城市开发边界；实施了“碧水行动”，做好白洋淀流域综合整治工作；实施了“净土行动”，改善土壤质量，保障农产品的质量和人居环境的安全；推进水利规划建设，开展地下水超采综合治理，不断提升雄安新区水安全保障能力；全面推进新区大气污染综合治理等工作。

3. 实施“千年秀林”种植工程

为积极推进白洋淀林业生态建设，实现森林覆盖率达 40% 的目标，雄安新区积极实施“千年秀林”种植工程，推进包括净水护堤林、水源涵养林、生态经济型防护林等在内的白洋淀生态林带建设。从 2017 年秋冬季开始种植，计划植树 90 万亩。造林完成后将成为城市组团之间的重要生态缓冲区和生态福利空间共享区。为种好“千年秀林”，一方面组织编制了《雄安新区造林工作手册》，对工程各环节制定了严格的标准；另一方面组织开发了雄安森林大数据系统，对苗木进行全生命过程监控的同时，规范造林建设管理，保证造林工程的安全、质量和进度。

4. 保护和修复白洋淀生态功能

白洋淀水域面积 360 多平方公里，现有大小湖泊 143 个，是华北地区最大的淡水湖泊。白洋淀是极其稀缺的生态资源，一直被誉为“华北之肾”，也是雄安新区最重要的生态支撑。雄安新区开发建设必须以保护和修复白洋淀生态功能为前提。《河北雄安新区规划纲要》提出恢复淀泊水面、实现水质达标、开展生态修复、远景规划建设白洋淀国家公园等要求。目前，通过推行淀长制和河长制，对淀区生活污水和垃圾开展集中治理，做好全流域统筹协调，综合整治；通过实施淀区清网工作，整治生活污染、狠抓工业污染防治，从源头上清除白洋淀的污染源；通过建立立体监测网络，对白洋淀的大气、水、生态系统进行全方位的监测管理。为了突出白洋淀的保护工作，专门制定了白洋淀生态环境治理和保护规划，主要围绕白洋淀的治污、搬迁、清淤、筑岛、补水和管理等开展工作。

5. 白洋淀上游河流综合整治

白洋淀生态修复离不开整个流域的生态环境改善。白洋淀被称为“九河下梢”，修复和保护白洋淀，必须对其上游的九条河流进行流域综合整治。尽管白洋淀最终的治理方案仍未公布，但相关的保护工作已经开始。2017 年初，保定市规划了 10 类 156 个项目，比如建设芦苇湿地净化系统。2017 年 6 月中旬至 7 月上旬，保定市对白洋淀上游流域进行了集中整治，重点是对入淀河流上游河道清淤，清理河道两侧一公里范围内的垃圾，推进雨水和中水回灌工程，打造近水景观等。

6. 实施“穿府济淀”和“引黄入冀补淀”工程

通过实施“穿府济淀”项目工程，保证白洋淀生态需水，并全面改善白洋淀生态环境。2017 年 4 月 5 日，保定市王快、西大洋水库联合向白洋淀进行生态补水，补水超过 3300 万立方米。“引黄入冀补淀”工程于 2015 年 10 月 26 日开工，工程通水后，年均将向白洋淀生态补水 1.1 亿立方米。2017 年 11 月 16 日，“引黄入冀补淀”工程正式通水，对缓解沿线农业灌溉缺水及地下水超采状况、改善白洋淀生态环境、改善雄安新区水环境、保持白洋淀湿地生态系统良性循环起到重要作用。

（二）创新驱动发展引领区建设模式

《河北雄安新区规划纲要》提出要把雄安新区建设成为“创新发展引领

区和综合改革试验区”。雄安新区承载的使命是创新。京津冀拥有丰富、优质的科技资源，为雄安新区建设创新驱动发展引领区提供了良好条件。雄安新区主要从制定规划、搭建平台、营造环境等方面吸引高端创新人才和精英团队，致力于打造全国的创新高地。

1. 制定科技创新发展规划

科技部与河北省共同制定专项规划和创新驱动发展引领区实施方案。支持新一代人工智能等科技创新2030重大项目、国家科技重大项目、国家重点研发计划在新区落地，推动国家实验室、国家重点实验室和重大科研基础设施在新区布局；支持开展新的政策试点，推动设立国家自主创新示范区和国家高新区；培育创新生态系统，致力于构建高端制造业和高端服务业融合发展的现代产业体系。

2. 搭建高新产业发展平台

2017年12月20日，京津冀三省市发布《关于加强京津冀产业转移承接重点平台建设的意见》（以下简称《意见》），明确了“2+4+46”产业承接平台，包括北京城市副中心和河北雄安新区两个集中承载地，曹妃甸协同发展示范区、北京新机场临空经济区、天津滨海新区、张承生态功能区四大战略合作功能区及46个专业化、特色化承接平台。根据《意见》要求，作为两个集中承载地之一的河北雄安新区，重点是发展高端高新产业，打造创新高地和科技新城。因此，雄安新区要以创新高地和科技新城作为发展支撑，建立一批国家级研发转化中心、产学研基地、产学研合作创新示范基地等，重点发展智慧城市、教育技术、智能技术等高端高新产业。

3. 集聚高端要素资源

雄安新区必须有针对性地培育和发展科技创新型企业，积极吸纳和集聚创新要素资源，发展高端高新产业，才能更好地增强自我发展能力。依据“反磁力中心”的要求，决定了雄安新区对各类产业发展、创新要素的集聚，不同于以往其他任何城市新区开发时的要求和标准，必须依托创新型高新技术产业引领，打造一个创新引领的示范区。《河北雄安新区规划纲要》也明确提出雄安新区承接北京非首都功能的重点，主要是著名高等院校和科研机构、国家重点实验室和工程研究中心、高端医疗机构、金融机构总部及分支机构、高端服务业、高新技术产业等。目前，与雄安新区对接的高端高新企业呈现上升态势。截至 2017 年 12 月底，经过审核，首批批准阿里巴巴、腾讯、百度、京东金融、360 奇虎、深圳光启、国开投、中国电信、中国人保等60 多家企业在新区设立，全部为高端高新产业。同时，雄安新区还要建成国家海外高层次人才创新创业基地，与国内知名高校签订产学研战略合作协议，坚持把产学研结合作为科技人才团队建设和提高科技创新能力的重要途径。

4. 共建雄安新区中关村科技园

《关于加强京津冀产业转移承接重点平台建设的意见》指出，支持中关村科技园区与雄安新区合作共建雄安新区中关村科技园，形成联动发展的科技创新园区链。2017 年底，河北雄安新区管委会与中关村科技园区管委会正式签署了关于共建“雄安新区中关村科技园”的协议。根据协议，吸引集聚全球科技创新资源，推进各类创新主体、创新要素融合互动，实现创新链、产业链、资金链、政策链深度衔接，共同打造布局超前、体系完备、宜业宜创、引领未来的科技新城。双方将聚焦总体规划与先期工作、探索新型孵化模式、争取先行先试政策、布局重大创新资源、加强科技金融合作、打造对外开放高地等六大重点合作领域，全面推进雄安新区中关村科技园建设。

（三）协调发展示范区建设模式

《河北雄安新区规划纲要》提出，雄安新区要“坚持把协调作为高质量发展的内生特点”，“推动城乡、区域、经济社会和资源环境协调发展，提升区域公共服务整体水平，打造要素有序自由流动、主体功能约束有效、基本公共服务均等、资源环境可承载的区域协调发展示范区”。

1. 统筹区域发展

协调发展还没有真正成为京津冀高质量发展的内生特点，表现在河北与京津之间、河北内部各区域之间还存在经济发展的差距。雄安新区要打造协调发展示范区，促进区域协调发展，并对冀中南乃至整个河北起辐射带动作用，必须强化与周边区域协调发展。目前，雄安新区所在地的河北省雄县、容城、安新三县及周边区域，虽是京津冀地区地理上的腹地，但又是经济上的“洼地”，因此，雄安新区的崛起，既可以促进当地经济发展水平和居民收入及生活水平超常规提升，又可以辐射带动周边及冀中南地区乃至整个河北的发展。这是协调京津冀三地区域发展、缩小河北与京津差距的重要路径。

2. 统筹城乡发展

京津冀城市群存在着中心城市集聚力过强而承载力不足、中小城市吸纳能力太弱但承载空间富余等问题。京津两市不仅在地理位置上处于京津冀城市群的中心地带，而且在城市空间结构中也处于核心地位，具有很强的吸引力和集聚力，其经济实力和经济结构与河北城市相差很大。河北缺少对外能与京、津相媲美，对内能起到带动整个河北经济社会发展增长极作用的大城市。雄安新区的设立将着力解决京、津“大城市病”，做强河北中等城市，“做大”小城市，有力促进京津冀形成大、中、小城市协调发展格局，弥补当前京津冀城市群城镇体系结构不完善的“先天缺陷”，对完善城乡体系发展具有重要的现实意义。

（四）开放发展先行区建设模式

习近平总书记强调指出，雄安新区建设，必须适应经济发展新常态，主动顺应经济全球化潮流，坚持对外开放，在更大范围、更宽领域、更深层次上提高开放型经济水平。这意味着，雄安新区不仅肩负着探索新一轮开放发展新路径，打造国际优质资源要素聚集区，引领河北新一轮对外开放的重要使命，更肩负着推进京津冀乃至中国的全方位对外开放向纵深发展的重要使命。《河北雄安新区规划纲要》提出，雄安新区要坚持把开放作为高质量发展的必由之路，培育区域开放合作竞争新优势，打造扩大开放新高地和对外合作新平台。

1. 引进国内外一流设计团队

为完成党和国家以及河北省委、省政府的任务要求，把雄安新区建成标杆工程，打造城市建设的典范，就必须坚持世界眼光、国际标准、中国特色、高点定位，必须高起点规划和高标准建设。雄安新区以开放的姿态，面向全球招标规划团队，成立了由300多国内外最优秀的专业人才组成的12个专业设计团队，用全球最先进的设计理念和国际一流的水准编制雄安新区规划。

2. 搭建对外合作交流平台

搭建对外交流合作的平台，汇集国内外优质的人才、资本等要素资源，对于雄安新区开发建设至关重要。2017年11月5日，河北省人民政府省长许勤在石家庄会见了诺贝尔获奖者科学联盟主席罗伯茨一行，拟在雄安新区设立诺贝尔奖获得者科学创新论坛和国际应用科学大奖，建立诺贝尔奖得主中国实验室，建设诺贝尔奖得主科学小镇。

3. 打造雄安新区“海上门户”

天津港高沙岭港区提出未来将打造雄安新区的“海上门户”。高沙岭港区是天津港“一港八区”重要港区之一，位于天津港中南部。作为距离雄安新区最近的出海口，新港区的开港通航，是天津港主动对接雄安新区建设、加快推动建立北方国际航运核心区、更好服务京津冀一体化发展和“一带一路”建设的重要举措。

4. 开展高端引才引智系列活动

2017年底，国家外专局与河北省人民政府签署《引进外国人才智力支持雄安新区建设和冬奥会举办合作框架协议》。在支持雄安新区规划建设方面，将建设国际化高标准引才引智平台，精准引进外国高端人才和智力，打造国际化高层次人才队伍，推动教育机构实施“111计划”，开展引才引智系列高端活动。

5. 打造多元、开放、包容的创新文化

国际开放度、文化包容度是一个国家或地区创新适宜性的重要衡量标准。雄安新区要建成贯彻落实新发展理念的创新发展示范区，必须与国际规则深度接轨，通过营造更加包容的创新文化和更加宽松的制度环境，打造多元、开放和包容的创新文化，汇集全球优质要素资源，融合国内外有影响力的高端智库、科研教育机构、跨国集团总部，以创新文化推动新区的创新发展。

（五）共享发展模式

《河北雄安新区规划纲要》的指导思想，再次提出“坚持以人民为中心、注重保障和改善民生”。雄安新区虽然没有直接定位为“共享发展”示范区，但是，作为“落实新发展理念的科学发展示范区”，雄安新区在“共享发展”方面也必定要成为一个重要的典范。

1. 坚持以人民为中心的发展思想

雄安新区十分重视当地群众关注的切身利益问题，多次召开相关会议，着重落实好习近平总书记所提出的“坚持以人民为中心、注重保障和改善民生”，切实提高人民群众的幸福感、获得感、安全感。新区深入基层开展调查研究，就社会关注的热点、涉及老百姓切身利益的问题、广大群众生产生活面临的问题、管控措施带来的问题、未来规划建设可能遇到的问题等，进行全面梳理，研究制定解决的办法和路径。

2. 推行公共服务均等化措施

改变河北与京津的落差，必须通过改革，促使河北的公共服务条件尽快缩小与京津的差距。在教育、医疗方面，雄安新区正积极与北京对接。2017年8月17日，北京市与河北省签署了共同推进雄安新区规划建设的合作协议。根据协议，北京将在新区布局“三校一医”，即北海幼儿园、史家小学、北京四中和宣武医院，这些都是北京最优质的教育和医疗资源。通过优质的教育、医疗、卫生等资源向雄安新区的延伸，提升雄安新区的公共服务水平。

3. 实行教育三年提升计划

对雄安新区三县来说，基础教育一直是民生短板，教育基础设施相对落后，师资力量薄弱，教学水平亟待提升。广大人民群众认为提升教育水平是

“比拆迁补偿更重要的获得感”，更急切盼望新区基础教育能实现跨越式发展。2017 年底，雄安新区召开教育工作会议，深入研究推进雄安新区教育三年提升计划，提出到 2020 年，力争用三年的时间实现办学条件大改善、教师队伍素质大提升、教育教学质量大提高。

4. 提供创业就业服务

雄安新区高度重视群众的就业问题，始终把做好就业工作摆在突出位置，进一步落实就业优先战略，开展创业就业服务。按照河北省人民政府相关文件规定，不仅提供就业岗位，还持续加强不同岗位的安置培训工作。新区实现培训全覆盖，突出就业导向，优先对有就业愿望的群众进行培训。雄安新区采取了一系列举措，通过“聚力雄安送培训”“企业家大讲堂”等多种活动，帮助广大群众储备劳动技能，实现创业就业，促进企业转型升级。截至目前，新区已累计培训 12000 余人，政府主导安置就业 20000 多人。

5. 实现农民工工资无拖欠

雄安新区管委会印发《关于全面治理拖欠农民工工资问题的实施意见》，要求所有在建工程项目农民工劳动合同签订率 2017 年底前达 100%，确保工程建设领域不发生拖欠农民工工资问题。到 2018 年，拖欠农民工工资问题得到根本遏制，全面实现农民工工资无拖欠。

（六）城市规划建设模式

充分借鉴国际经验，高起点规划、高标准建设雄安新区，是雄安新区规划建设的一大亮点，将为新时代中国新型城镇化发展树立样板和标杆。根据《河北雄安新区规划纲要》，在城乡空间布局上，提出“一主、五辅、多节点”的新区城乡空间布局；起步区空间布局，形成“北城、中苑、南淀”的总体空间格局，并融合城水林田淀等特色要素，形成“一方城、两轴线、五组团、十景苑、百花田、千年林、万顷波”的空间意象，着力塑造中华风范、淀泊风光、创新风尚的城市风貌。

1. 坚持先谋后动、规划引领

在谋划建设雄安新区的数次重要会议上，习近平总书记反复强调要

“把每一寸土地都规划得清清楚楚再开始建设”“要坚持用最先进的理念和国际一流水准规划设计建设，经得起历史检验”。雄安未来的建设，谋定而后动，保持历史耐心，不操之过急，不走弯路，确保一张蓝图干到底。为确保新区开发建设与生态环境保护统筹兼顾，以及城市规模同资源环境承载能力相适应，必须推动高标准高质量高水平地编制新区规划。

2. 专家咨询委员会严格把关

中央针对京津冀协同发展专门成立了一个专家咨询委员会，委员会由16名国内相关领域的顶级专家组成。雄安新区的规划编制方案，最后都会汇总到专家咨询委员会，由专家咨询委员会负责对规划提出修改和完善意见。

3. 用最先进的理念和国际一流的水准精心设计

整个规划体系可概括为“4＋54”。“4”是指“雄安新区总体规划”“起步区控制性规划”“启动区控制性详细规划”，以及“白洋淀生态环境治理和保护规划”，这四个都是综合性规划。“54”是指22个专项规划加32个重大专题研究。规划的编制过程堪称“千锤百炼”，先后召开多次规划编制专题会议、工作会议研究新区规划。目前，总体规划已经编制完成，三大规划以及22个专项规划和32个专题研究都在同步推进，均取得阶段性成果，进入攻坚阶段。

4. 正确处理好人与自然的关系

白洋淀里有不少村庄，生活着很多村民。将来如何处理这些淀中村，是规划中的难题。如何做到既要体现白洋淀水乡文化特色，又要保护白洋淀生态环境，处理好生态文明时代人与自然的关系，是城市规划建设的重点之一。《河北雄安新区发展规划纲要》提出严格控制建设用地规模，建设用地总规模约占530平方公里；合理控制人口密度，新区规划建设区按1万人/平方公里控制；打造城市空间景观廊道和景观节点体系；利用城市森林、组团隔离带，营造大尺度绿色空间；依托白洋淀、重要水系、湿地，塑造滨水活动空间，丰富亲水活动类型。

5. 传承中华优秀传统文化

雄安新区的未来，以打造中西合璧、以中为主、古今交融的建筑风貌，呈现一座具有浓郁中国特色和时代风尚的文化新城。作为一座举世瞩目的新城，雄安新区的城市规划设计，既要坚持“世界眼光”，又要坚持“中国特色”，坚持“无文化传承，无雄安未来”的理念，在注重保护与合理利用文物古迹，保护与发展历史古城、传统村镇，延续历史文脉的同时，还要注重传承和弘扬中华优秀传统文化，包括以雁翎队为代表的红色革命文化、圈头村音乐会、安新芦苇画等非物质文化遗产、老字号、历史名人、民间传说等优秀传统文化，充分体现中国特色、时代风尚，充分反映白洋淀水乡文化，打破“千城一面”，努力建设中华优秀传统文化传承发展示范区。

（七）绿色智慧新城建设模式

根据《河北雄安新区规划纲要》，雄安新区将综合世界著名大都市地区的优点，通过坚持绿色低碳发展、构建绿色市政基础设施体系、合理开发利用地下空间、同步建设数字城市等举措，建设绿色智慧新城。

1. 建设“智能+”模式的智慧城市

雄安新区将来的目标之一是建设绿色智慧新城。智慧城市的发展，是充分发挥大数据、人工智能以及云计算等多领域的技术与应用优势，以无人驾驶、对话式人工智能为重点推动智能出行、智能交通、智能家居、智能教育、智能安防、智能医疗、智能环保、智能支付等智能产业与服务，从衣食住行等方面，全方位地改善人们的生活。目前，雄安新区正与百度共建雄安AI－City，推动智能产业与服务在新区试点示范，打造智能城市新标杆。重点打造“智能公交+无人驾驶”智能出行试点示范。

2. 推进智能互联网、大数据运用

智慧城市肯定是宽带城市、无线城市、互联网城市。5G是智能互联网的一个基础能力，到2020年，中国的5G要实现商用，雄安新区会成为中国率先使用5G的地区。三大运营商都对雄安新区5G网络建设给予极高的重视，分别与雄安新区达成协议。另外，在雄安新区的大数据建设方面，三大运营商也都投入了精兵强将和高端技术支持，一座基于云计算、数据包围的智慧新城，将在雄安新区成为现实，构成助力雄安新区建设的“发动机”之一。

3. 启动“雄电加速度创客空间”

2017 年底，“雄电加速度创客空间”启动仪式在国网河北雄安新区供电公司筹备组举行。这标志着首个创客营“雄安电网数字化工程主题创客营”开营。“创客空间”将采用“项目孵化池 + 主题创客营”的管理模式和“智慧众筹 + 双平台”的运行机制，不断集聚系统内外优势资源和力量，汇集创新理念、挖掘创新课题、推进创新研究，着力培养一批技术过硬的创新人才，形成一批行业领先的创新成果，更好地支撑世界一流绿色智能电网建设，服务雄安新区发展。雄安新区的电力供应可靠率将达到6 个“9”的标准。

4. 成为智慧服务的先行区

通过建立新区公共基础数据库和数字化城市管理平台，建设政府统一数据开放平台，优先推动交通、地理、医疗、旅游、农业、统计、气象、教育、科技等领域公共数据资源合理开放，满足全区信息化基础设施共性需求，推动应用集群化、综合化、服务化发展，推进智慧交通、智慧旅游、智慧环保、智慧能源、智能建筑、智慧管网等建设。推进城市管理数字化、精细化、智慧化，提升城市运行智能化水平。

三　推进雄安新区体制机制创新

《河北雄安新区规划纲要》提出，要“坚持深化改革、扩大开放，制定出台支持政策，打造体制机制新高地，为新区建设发展创造良好条件，发挥对全国全面深化改革扩大开放的引领示范作用”。作为贯彻新发展理念的科学发展示范区，雄安新区发展建设中，必须打破传统体制机制束缚，集纳国内最新改革成果，践行更多新发展理念，成为体制机制改革创新的先行区和示范区。在雄安新区，涉及体制机制创新的内容很多，如行政管理体制、生态环保体制机制、科技创新体制机制、集聚高端要素资源体制机制等。

（一）推进行政管理体制机制创新

目前，雄安新区的行政管理机构设置是按照“精简、高效、统一”的原则，实行“大部门制、扁平化、聘任制”。雄安新区按照“大部门、宽职能、综合性”的原则，围绕建设管理核心任务，综合设置了七个内设机构，分管不同方面的工作，包括：党政办公室，主要负责部门间协调；党群工作部，主要负责党务、人事、群众工作；改革发展局，主要负责经济建设；规划建设局，主要负责规划建设；公共服务局，主要负责社会事务、政务服务；综合执法局，主要负责综合执法工作；安全监管局，主要负责安全管理事务。雄安新区实行的大部制管理，是按照小机关大服务、高效率的原则组建的，目的在于打造服务型政府，提高行政效率，降低行政成本。

（二）推进生态环保体制机制创新

为支持建设“绿色生态宜居新城区”，雄安新区必须坚持生态优先、绿色发展，加快生态保护体制、机制和制度创新。

1. 建立环保顶层设计与战略合作机制

为促进雄安新区生态环境保护工作的顺利开展，国家环保部专门印发了《关于近期推进雄安新区生态环境保护工作的实施方案》，还建立了生态环境保护工作领导小组机制。河北省环保厅也专门成立了支持雄安新区生态环境保护工作机制。在履行雄安新区的环境行政许可、环评审批、污染源普查、环保执法等管理职能上，设工作专班，有专人负责，有力地推进了雄安新区生态保护和污染治理等重大项目的实施。国家环保部还加强对河北省以及雄安新区的支持与合作，签署了推动雄安新区生态环境保护工作的战略合作协议。

2. 健全对污染治理的资金支持机制

未来雄安新区在生态环保、污染治理方面将投入大量资金，单靠一省之力和一地之力肯定是不行的。除了 PPP 等多元化筹资模式外，还要形成国家、省级对污染治理资金支持的常态机制。目前针对环境保护方面的突出问题，中央财政专门从中央水污染防治专项资金中安排资金，以保证雄安新区环境综合整治工作的顺利开展。

3. 建立环保督查制度

建立环保督查制度，对于进一步督促检查雄安新区环保目标任务的落实十分必要。通过环保部开展的对新区环保专项督查，共清理了“散乱污”企业 12098 家，交办了 674 个案件，已经整改完成了 636 个案件。

4. 完善环境污染第三方治理体制

推进环境污染第三方治理，可以避免重复投资，实现专业化管理，便于环保监管，降低治理成本。为建成“绿色生态宜居区”，雄安新区通过建立吸引社会资本投入生态环境保护的市场化机制，目前，已有多家公司积极参与为雄安新区生态环境综合治理工作提供方案和第三方治理。

（三）推进创新驱动体制机制创新

作为“创新驱动发展引领区”，雄安新区必须坚持实施创新驱动发展战略，把创新驱动作为新区发展的根本动力，建立促进科技创新的体制机制。

1. 建立吸引创新要素资源集聚的体制机制

雄安新区以全球视野、国际标准，积极争取全球顶尖人才和科研机构入驻，推进雄安新区打造世界级科技创新引领区，必须建立吸引创新要素资源的体制机制，依靠优惠政策和待遇，积极引导国内外创新要素资源向新区集聚，强化创新源头供给，打造创新驱动发展新引擎。

2. 建立国际性创新平台建设的体制机制

一是要积极推动国际科研院所技术转移中心和国家级科研院所、国家制造业创新中心等国家级重大创新载体在雄安新区建立独立研发机构或分支机构，特别是加快中科院相关研究所的建设及筹建国家实验室，积极开展原始创新和集成创新研究，提升源头创新能力。二是建立企业研发机构建设的梯度培育机制，鼓励跨国公司、民营行业龙头企业打造若干具有全球影响力的研发中心、重点实验室、开放型应用研究平台及联盟。三是大力推进博士后工作站等创新平台建设。促进技术进步和增强自主创新能力，带动京津冀优化经济结构和促进经济发展方式转变。

3. 建立“官产学研介”相结合的区域创新体系

“官产学研介”相结合的区域创新体系，主体是企业，大学、研究机构、风险投资机构乃至政府都直接或间接地服务于高科技企业。河北省有120多所高等院校、107家国家驻冀和省属科研机构，京津有146所高校、531家高端科研机构，加之京津冀之外的高校与科研机构，这些都是新区企业可以利用的优质科技资源。雄安新区应积极推进技术转移、检验检测认证、创业孵化、知识产权、科技咨询、科技金融、标准协作等科技公共服务平台建设发展，培育一批国家级重点科技中介服务机构，加快发展技术评估、成果转化以及科技代理等专业化科技中介机构，积极发挥科技中介机构的作用。

4. 建立鼓励技术创新以及成果产业化支持机制

建立健全体制机制，鼓励实体经济通过加强原始创新、集成创新和引进消化吸收再创新，全面提升企业创新能力；建立健全按技术要素和贡献大小参与分配的激励机制，制定鼓励科技人员技术创新的具体办法，落实创新优惠政策；积极落实科技成果转移转化优惠政策，实施科技成果大转化工程，深入推进高校、院所职务科技成果“三权”改革，强化技术交易服务体系建设。

5. 建立技术创新市场化引导机制

顺应市场经济规律，推动应用技术开发及成果的全面市场化改革。强化企业技术创新主体地位，引导大专院校和科研单位围绕市场需求开展技术创新活动，建立由市场决定技术创新项目、经费分配以及评价成果的机制。

（四）推进协调发展体制机制创新

作为“协调发展示范区”，在探索建立协调发展的体制机制上，雄安新区担负着区域协调和城乡协调发展的重任。

1. 建立区域协调发展新机制

一是雄安新区与北京的协同发展机制。作为北京非首都功能的集中承载地，雄安新区要紧紧围绕集中疏解北京的非首都功能这个核心任务，创新合作模式与利益分享机制，切实提高新区对非首都功能和人口转移的吸引力和承载力，努力为解决北京的大城市病发挥重要支撑作用。二是雄安新区与北京城市副中心的协同发展机制。北京城市副中心与雄安新区都是北京疏解非首都功能的集中承载地，被称为北京的新“两翼”。因此，要创新要素合理流动和优化区域空间布局的体制机制，在产业上实行错位发展。北京城市副中心主要发展行政办公、商务服务、文化旅游、科技创新等主导产业；河北雄安新区重点发展高端高新产业，打造创新高地和科技新城。三是雄安新区与河北其他城市的协同发展机制。雄安新区作为河北的“两翼”之一，也应该协调好与张家口冬奥会筹备工作的关系，协调好自身发展与带动周边地区发展的关系，发挥雄安新区对冀中南乃至整个河北的辐射带动作用。

2. 建立城乡协调发展新机制

打破城乡分割二元结构，构建城乡互动、共同繁荣的新型城乡关系，构建节约集约用地、城乡一体的新型城市。建设城乡统一的建设用地市场。建立新型城市社区管理和服务体制。建立城乡一体的就业、社保、医疗保障体系，形成和谐社会共建共享机制。

（五）推进开放发展的体制创新

作为“开放发展先行区”，雄安新区必须建立对内对外全方位开放的体制机制，努力打造中国改革开放新的“试验田”，为中国的新一轮升级版的开放与发展发挥杠杆作用。一是推进开放型经济体制创新。推进雄安新区经济建设，必须坚持开放引领，进一步整合北京、天津和河北的经济资源，为进一步扩大京津冀对外开放和开展国际合作奠定基础。创新与国际一流大学、科研机构建立战略同盟等合作机制，联合全球知名科研机构建设国际科技合作平台，建立国际化科技创新联盟；构建与国际投资贸易通行规则相衔接的制度创新体系，积极探索国际贸易投资新模式；按照自由贸易区标准，建立全面实施准入前国民待遇加负面清单管理制度，建立具有国际竞争力的口岸监管服务模式。二是构建有利于促进国际交流与合作的体制机制。打造国际战略合作先行区，提升新区国际化水平。建立国际会议中心，举办各类国际性会议，吸引大量国际新理念、新技术，以促进雄安新区的科技进步；争取一批有影响力和支撑力的国际高端科研机构、高端智库和跨国总部落户雄安新区。

（六）推进发展高端高新产业的体制机制创新

1. 建立吸引和培育创新型企业的体制机制

雄安新区必须着力构建吸引和培育更多的创新型企业的体制机制。一是以优惠政策和机制吸引国内外创新型、高科技型企业落地雄安。二是根据雄安产业发展方向，在引进高端高新企业的同时，制定扶持政策，集中力量发展本地具有优势的创新型产业，加紧培育本地创新型企业，形成具备区域特色和优势的创新型企业群落。三是制定促进现代服务业发展的优惠政策，构建生产性服务业、新兴服务业、文化与科技融合、科技服务业政策体系，引入高端服务业。四是提供优质公共服务、改革住房保障模式等措施，为发展高端高新产业创造良好的条件。

2. 以“企业总部”为重点的高端企业引进机制

根据《京津冀协同发展规划纲要》的要求，北京向外疏解的非首都功能，也包括企业总部。目前，北京有4007家总部企业，其中包括国家认定的高新技术企业1220家，这些企业总部，应作为引进的重要对象。建议在雄安新区规划建设总部企业基地创新产业园，为企业总部提供信息交流、人才资源、投融资、科技研发、科研成果转化、品牌形象等综合发展空间，鼓励央企、跨国公司在雄安设立总部，形成以跨国公司地区总部、国内大企业总部、研发机构、营销机构等为核心的总部集聚地。鼓励支持军民融合产业，促进国防科技工业与地方经济资源共享融合发展。

3. 构建引进和培育一批创新型、研究型大学的体制机制

区域产业竞争力归根到底是人才的竞争，而大学是人才聚集的地方。从雄安新区长远发展看，应设立包括雄安大学在内，能够形成涵盖综合性大学、专科院校、高等职业教育等不同层次、功能和特色的院校，为区域产业

发展提供强有力的人才保障和科技、智力支撑。因此，一是建议设立雄安大学等一批综合类、创新型、科技型、高水平大学院校。一方面致力于培养研发能力强的科技人员和技术过硬的高品质技工人才，着力培养国内外一流顶尖人才；另一方面将关注目光更多投向基础研究和产业共性技术的开发和创新，培育顶尖科系，实现“学术—技术—生产力”的转化。二是将北京高端优质的教育资源延伸到雄安新区，建议以优惠政策吸引清华大学、北京大学、北京理工大学、北京科技大学等大学在雄安新区建立分校，为新区的研究与开发活动提供持续性知识资源和技术支撑。三是构建国际化开放式创新型高等教育体系。按照“教育 + 科技 + 产业”模式，在实施一流学科培育计划、引进和培育高水平师资、与境外著名高校共建特色学院、打造世界一流高职教育等方面进行积极探索。

（七）推进高端人才引入和培养机制创新

高素质的人才是雄安新区发展的必要支撑。雄安新区必须建立常态化、全方位、多层次引才机制，以高层次人才“团队引进”为重点，完善高层次人才流动机制，加大国内外各类高素质人才的引入。根据《河北雄安新区规划纲要》，雄安新区将“实行开放便捷的人才引进制度，在技术移民和外籍人才入境、停居留、永久居留等方面制定更加便利的措施，建立人才特区”。通过定向招聘、公开招聘、竞争上岗，聚集高端人才，确保一流人才建设一流新区。

1. 不断完善人才政策体系

目前，对于人才的引进，雄安新区已经表示，新区将不拘一格选人才。只要是新区需要的人才都欢迎。并且，雄安新区用人制度将有重大创新，通过体制机制创新，集聚全国乃至全世界的人才和智慧到雄安新区，并让人才引得来、留得住、发展得好。除管理层外的其他人员全部实行聘任制；实行依岗定薪，按劳取酬、优绩优酬，工资标准参照北京，甚至高于北京。为建立更具竞争力的人才发展制度，实行更积极、更直接的奖励支持政策，力争最大限度集聚一批以顶尖人才、杰出人才或领军人才为引领的国内外高层次人才团队。改革创新人才引进政策制度，建设国际化高标准引才引智平台，精准引进外国高端人才和智力，打造国际化高层次人才队伍。河北省委、省政府印发《河北省实施燕赵英才服务卡制度暂行办法》，包括雄安新区在内，各市将于2018年6月底前制发英才卡实施办法并落地见效。

2. 建立高端人才专项引进计划

学习深圳人才引进“孔雀计划”，设置重点产业紧缺人才、高技能人才、国际化人才、企业家人才、青年创业人才等专项引进计划，加大资助扶持力度，并且优先享受税收、贷款、技术发明等方面的扶持政策和帮助，由单一的经费资助转变为综合政策支持；坚持以实施重大科技项目为抓手，制定专门的“优势科技创新团队建设规划”，着力解决产业发展关键技术难题，推动科技人才团队建设，逐渐形成科技人才团队与产业发展相互支撑、相互促进的格局；围绕重大人才工程，依托院士后备人才、学科学术和技术带头人、青年科学家培养等计划，凝聚和培育一批领军人才和科技人才团队。

3. 构建与国际接轨的外籍人才引进制度

建立吸引国际人才特别是科技创新人才的政策体系，建立与国际一流大学以及科研机构合作的机制，建立符合国际惯例的高层次外籍人才招聘、薪酬、考核以及社会保障等制度，提供国际化的优质科研和生活环境，集聚一批站在世界科技前沿的领军人才。支持高校院所、科研机构、企业等各类主体多渠道引进国外专家，先行试点外国人永久居留制度改革，探索建立技术移民制度；建立外国留学生就业创业基地，探索制定实施外籍留学生毕业后直接留雄安就业创业的便利政策。

4. “企业家大讲堂”制度

为提高企业家素质，开展“企业家大讲堂”活动。目的在于引导广大企业家开拓思路，转变观念，提高技能，进而促使现有产业转型升级，发展符合新区定位的高端高新产业；帮助企业经营者充分掌握国家宏观政策，增强企业适应新区高端高新产业发展的能力；着重提振企业发展信心，解决企业家在未来新区建设中如何选择新项目、谋求新发展等问题。

（八）推进可持续的投融资体制机制创新

雄安新区基础设施建设、绿色生态环保以及智慧城市建设等，需要大量资金的投入，因而必须构建有利于新区城市建设和经济发展的投融资体制。

1. 探索多元化融资渠道，完善政府投资体制

在目前中国经济增速放缓、雄安新区地方财力不足以及土地滚动开发模式受限的背景下，雄安新区需要开辟新的“政府主导、市场机制、多方参与”多元化融资渠道，建立长期稳定的资金投入机制。一是进一步发挥政府投资的引导和带动作用。二是鼓励和引导商业性金融机构按照市场化原则，为新区的公共建设、城市发展和居民生活提供信贷支持和金融服务。三是推动 PPP 项目融资模式，吸引和鼓励民间资本直接或间接参与基础设施建设、环保建设以及交通、智慧城市建设。四是鼓励金融企业在雄安新区设立分支机构，发展普惠金融、科技金融、绿色金融以及互联网金融。

2. 进一步深化金融制度创新

开展金融开放创新试点，开展资本项目扩大开放、跨境投融资等领域的制度创新。加快组建新区的投融资平台，通过市场化手段，大力发展金融机构和新兴金融业态。发挥“投贷债租证”综合金融服务，推动开发性金融发展。大力推进金融改革创新，完善多层次资本市场，增加金融市场的有效供给，形成金融更好服务新区建设的体制机制。

3. 构建推进绿色雄安发展的绿色金融体系

建立绿色技术创新投资中心，打造绿色基础设施与绿色建筑投融资示范区，构建具有地方特色的绿色金融体系，支持雄安新区污染治理、生态修复及保护性开发，绿色智慧城市的基础设施建设和绿色建筑、清洁能源及资源节约利用。

4. 构建支持高端高新产业发展的金融体制

发挥政策优势，营造“金融洼地”，为产业发展注入资金。一是通过金融便利化政策广泛吸纳各种形态的金融资源，并对地区内外的金融资源加以整合，形成层次丰富和具有广度和深度的资本市场，发挥金融集聚效应。二

是营造良好发展环境，大力发展种子基金、天使基金、创投基金以及产业发展基金，将雄安新区建设成为天使投资、创业投资及各类私募股权投资基金的主要集聚地。三是鼓励科技创新型企业开展多渠道直接融资。支持科技创新型企业通过发行公司债、企业债、短期融资券、中期票据、中小企业私募债等工具进行融资，并鼓励境外资本通过股权投资等方式支持雄安新区创新型企业的发展；鼓励有资格条件的创新型企业通过上海证券交易所、深圳证券交易所、区域性股权市场等多层次资本市场开展直接融资或并购交易。

（九）推进依法依规实施管控制度

雄安新区从2016年开始实行“七个严控”：即“严禁大规模开发房地产，严禁违规建设，严控周边规划，严控入区产业，严控周边人口，严控周边房价，严加防范炒地炒房投机行为”。这“七个严控”，表明了国家的态度。因此，从一开始，雄安新区依法依规实施严管严控，严格各类管控措施，防止雄安新区在土地、房地产、户口等方面的投机行为。目前，雄安新区已经明确要把管控贯穿于新区前期规划建设的全过程，启动新区全面管控方案的实施，对规划、土地、建设项目、户籍人口、不动产交易实施严格的管控，大规模的房地产开发和非法建造应被禁止，防止借机炒作，也防止出现房地产“围城”等问题，确保市场平稳有序。特别是加强房地产管控。对于房地产开发实施了最严格的管控措施，切实管住新区以及新区周边地区的房价地价，坚决落实“房子是用来住的，不是用来炒的”要求，严控房地产炒作，确保市场平稳有序。

（十）推进新的租售并举住房制度

为真正体现“房子是用来住的，不是用来炒的”，雄安新区提出“绝不搞土地财政，不走房地产主导的城市发展老路”，不走其他地方政府通过搞土地财政、依赖房地产发展地方经济的模式，而是在房地产方面进行创新，建立可持续的长效机制，实行“租售并举”的住房政策，即房地产以机构自建或地方政府建设公租房和廉租房为主要形式，租房到一定年限，根据个人的积分可以参与购房。雄安新区制定全新的住房政策，严禁大规模开发房地产。这不仅仅是为了抑制房价，更重要的是通过探索全新的房地产改革道路，控制房地产价格，保障地方民众的住房需求。

参考文献

[1] 习近平:《决胜全面建成小康社会　夺取新时代中国特色社会主义伟大胜利》[N],《人民日报》2017 年 10 月 28 日。
[2]《张高丽就设立雄安新区接受记者采访》[N],《人民日报》2017 年 4 月15 日。
[3] 叶连松:《扎实推进雄安新区规划建设》[J],《经济与管理》2017 年第 5 期。
[4]《河北省委九届六次全会在石家庄召开》, http://hebei.hebnews.cn/2017-12/24/content_6724582.htm, 2017-12-24。
[5] 贾楠:《生态优先　蓝绿交织　水城共融》[N],《河北日报》2017 年 4 月 11 日。
[6]《〈关于加强京津冀产业转移承接重点平台建设的意见〉解读》, http://hebei.hebnews.cn/2017-12/21/content_6720827.htm?from=singlemessage, 2017-12-21。
[7] 杨守勇、白林、王昆、班娟娟、方家喜:《雄安新区：打造中国经济新引擎》[N],《经济参考报》2017 年 4 月 7 日。
[8]《共同推进雄安新区规划建设》[J],《中国经济信息》2017 年第 18 期。
[9] 高智:《努力把雄安新区建成开放发展先行区》[N],《河北日报》2017 年 4 月 28 日。
[10] 梁飞:《千年雄安　新时代的点睛之笔》[J],《南方企业家》2017 年第 9 期。
[11] 武义青、柳天恩、窦丽琛:《建设雄安创新驱动发展引领区的思考》[J],《经济与管理》2017 年第 3 期。
[12] 武义青、柳天恩:《雄安新区精准承接北京非首都功能疏解的思考》[J],《西部论坛》2017 年第 5 期。
[13]《河北雄安新区规划纲要》, 2018 年 4 月 21 日。

B.11
天津自贸区推动京津冀经济发展机制与效应研究

王得新　孙　媛*

摘　要： 经济自贸区的建设和发展是当今经济全球化发展的趋势。我国正在积极推动自贸区的发展。国内自贸区兼具对接国际规则、深度开放与制度创新、倒逼国内改革的任务与目标，已成为促进区域经济发展的政策工具之一。天津自贸区自设立之初就明确了服务京津冀协同发展的战略定位。国际上自贸区带动区域经济发展通过港区联动、产业升级联动的途径，管理体制采用区内充分授权做保障。天津自贸区主要通过制度溢出机制、服务平台机制以及产业联动机制推动京津冀经济发展。借助个体固定效应模型与上海自贸区之于长三角的带动效应进行实证研究与横向对比可以看出，天津自贸区带动京津冀经济发展尚存在利益协调机制的缺失、极化效应和产业联动效应不强等问题，需要从构建高层次利益协调工作机制、申报自由贸易港、与北京携手共同打造科创中心和妥善处理开放与风险监管关系四个方面寻求突破。

关键词： 天津自贸区　京津冀　推动机制　效应

* 作者简介：王得新，中共天津市委党校经济学部副教授，研究方向：区域经济；孙媛，中共天津市委党校经济学部讲师，研究方向：区域经济。

一　自贸区带动区域经济发展研究的文献综述

随着经济全球化发展，自贸区[①]作为通过自由贸易促进本国或地区经济发展的特殊区域，不断演进发展为国际性潮流。建立自由贸易试验区是我国顺应经济全球化，全面深化改革开放的重大国家战略。建设自由贸易试验区符合区域经济非均衡增长理论，是本文研究问题的理论基础。

国内就自贸试验区对地区经济影响的研究文献相对有限，为了便于拓宽研究视野探寻自贸区区域带动的逻辑，我们将自贸区的概念适当拓展至广义上的界定，分别从机制和效应两个角度加以综述。

（一）自贸区驱动区域经济增长机理的视角

赵亮（2017）从贸易福利视角论证了经济增长的“自贸区驱动”效应。认为自贸区可通过产生积极贸易效应和消除贸易障碍等贸易红利以及获得生产利得、消费利得和增加贸易商品多样性等福利效应驱动经济增长。该文献站在国家的角度从理论层面分析自贸区的建立给我国带来的影响，对国内自由贸易试验区带动区域经济发展机制的研究具有重要参考价值。李鹏凯（2016）研究了天津自贸区建设对京津冀协调发展产生的溢出效应和虹吸效应，提出从制度创新、产业转移等角度加强天津自贸区对京津冀协调发展的对策建议。徐美娜（2016）从政府、产业和企业三个视角探讨了上海自贸区建设对长三角地区发展的带动效应，总结出制度改革示范效应、产业联动效应以及企业经营辐射外溢效应的作用机理，并论证了上海自贸区对长三角地区的辐射带动作用。王大本、冯薇（2015）研究了天津自贸区的功能特色和对河北省经济发展在改革红利、制度红利、示范作用三个方面的辐射作用，并在此基础上明确河北应该在制度创新、承接

① 广义上的自贸区指处于一国领土范围之内的享有免税、放权等特殊待遇的特定区域，它还包括：保税区、出口加工区、保税物流园区、跨境工业区、保税港区、综合保税区等海关特殊监管区域税港区。本文除特殊说明外均适用广义的“自贸试验区”概念。

溢出产业、注重再创新三个层面下足功夫，以更好地对接京津。王立岩（2015）认为以京津冀区域为腹地的生产网络、服务中心、交通枢纽才是天津自贸区的战略定位和明智之举，明确了天津自贸区与京津冀融合发展的经济学依据和趋势性规律。韦颜秋、邱立成（2015）认为自贸区从制度、基础和途径三个方面的机制上发挥辐射效应，首先通过要素聚集、产业发展对母城辐射，进而从投资扩大、贸易转型和金融制度创新等方面对区域发展带来辐射效应。

（二）自贸区区域经济带动效果的实证分析视角

国际上采用更广义自贸区的理解，对自贸区之于一个国家的经济影响进行了研究。指出建立自由贸易园区有利于一国增加就业、改善国际收支状况和吸引先进技术，有利于发展中国家抢占先机，比如印度尼西亚、韩国和马来西亚（Hamada，1974；Findlay，1978；Chui et al.，2011）；另外有观点指出自贸区对区域经济增长可能产生负面作用，认为自贸区的设立由于区内和区外政策的不同会产生“就业转移”，从而对区内的作用要大于区外（Chiu et al.，2011；Hamilton、Svensson，1982）。世界银行对部分发展中国家自由贸易园区的建设效应的研究表明，与通过补贴和免税等方式带来过高的引资成本相比，大多数发展中国家的出口加工区能够解决的就业增长十分有限，只能支持不到3%的就业（世界银行，1989）。

对国内自贸试验区设立对区域经济的带动效应的研究刚刚起步，研究成果不多。陈琪和刘卫（2014）认为，上海自贸区的设立对经济发展的影响具有“正”“负”两种效应。正效应来自集聚经济的作用和“制度红利”释放，负效应是与香港特区、深圳前海金融试验区的竞争关系形成的“挤出”效应。杨向东（2014）从自贸区的国际规则，即“准入前国民待遇”和“负面清单”模式的视角探索上海自贸试验区的经济和政治效应，认为经济上可以降低交易成本，形成规模经济、促进区域竞争合作；同时，通过简政放权规范政府行为、运用法治思维，抗压国际贸易自由化风险，进一步促进区内经济发展。苏振东、尚瑜（2016）选取2000～2006年北京、河北地区的出口企业的海关数据，构建了“出海口”效应的微观引力模型，定量分析在京津冀协同发展背景下天津对北京和河北出口企业的影响，认为天津自贸区将强化“出海口”效应并对自贸区发展方向提出了简要建议。王利辉、刘志红（2017）以上海自贸区为例，运用面板数据政策效应评估方法与合成控制法，对比自贸区成立前后经济变量的实际值与“反事实”值之差，验证上海自贸区设立对地区经济的影响为正。

综上，国内外学者围绕自贸区带来的经济影响展开了卓有成效的讨论，对自贸区驱动经济增长的机理和效果进行了初步的探讨。本文聚焦天津自贸区设立后的区域带动机制和效应，力图定量与定性分析相结合，为自贸试验区的区域带动效果提供新的证据。

二　国外自贸区推动区域经济发展的一般规律

20 世纪 80 年代以后，自由贸易区作为开放发展本国经济的政策工具蓬勃发展，通过自贸区成功实现区域经济带动乃至国家实现现代化的例子并不少见，比较有代表性的如爱尔兰香农自贸区、巴西玛瑙斯自贸区和韩国釜山·镇江自贸区等，呈现以下的规律：

（一）自贸区以“港”带“区”，范围呈扩大趋势

自贸区成立往往依托海港或空港，随着经济活动的增加范围不断向周边扩展。德国汉堡自贸区是欧洲自贸区的一个典范，成立之初面积约 100 平方公里，占城市总面积的 1/7 左右，截至汉堡市政府于 2010 年初向联邦政府提交取消汉堡自由区的申请，其面积已占到整个汉堡市的约 23%。围绕港口发展需要的配套服务业持续发展，金融、保险、酒店、餐饮、贸易、旅游等渐成体系，并推动了汉堡市产业结构的优化与升级。巴西的玛瑙斯于 1957 年被定为自贸港，1967 年正式建立玛瑙斯自贸区，占地 1 万平方公里，1968 年又将自贸区的开发政策辐射到西亚马逊地区，目前，玛瑙斯自贸区已超越市区向整个东北部的亚马逊地区辐射，占地面积约为亚马逊地区的

26%，总面积达到221万平方公里①。韩国采用的是自贸港+自由区的自贸区发展模式，釜山港周边的镇江被指定为自由区，仁川港的周边有仁川经济自由区，通过港区联动发展实现自贸港对周边的辐射。在依托港口的同时也支撑着整个港口，对地区经济的发展起到了促进作用。现依靠釜山·镇江经贸区带动发展包括釜山市在内的整个东南部地区的生产总值已占到韩国的三成，仅次于首都地区。

（二）自贸区产业结构不断升级，功能从单一走向综合

国外的自贸区在成立之初主要是促进转口和委托贸易，允许入驻的企业限于装卸、保管和加工等行业，为了加强集聚效应逐步开放了制造业，并把为制造业服务的金融和保险纳入允许入驻的范围。自贸区自身发展一般都经历了这样的产业升级过程，开始依托海港和空港产业有所侧重地发展二、三产业，产业体系日益完备。从最开始着重于装卸业务，转向物流服务、进出口加工、临港工业、国际海事服务、国际金融、国际会展、国际法务等咨询服务、高端服务业。随着商业精英人士和资金的不断聚集，自由贸易港逐渐发展为要素集聚的区域经济增长极，进而对腹地的普通商品的转口贸易、面向出口的劳动密集型加工贸易和以金融、国际贸易、航运物流、新技术加工制造、旅游与房地产业等为主的多元产业产生影响。与此同时，自贸区的功能也在不断扩展。自由贸易区的功能从进出口和转口贸易为主，融入更多加工、制造和研发等多种经济活动，功能趋向综合化。得益于各国政府适时调整产业引导政策，德国的汉堡自贸区、新加坡裕廊海港自贸区、韩国的釜山·镇江自贸区无一不是经历了这样的过程。

（三）自贸区的管理体制灵活、授权充分

国外自贸区的管理机构与一般行政管理机构不同，其具有双重性质：既拥有政府机构的职责，又具有商业机构的灵活性。国外的管理形式通常为公

① 参见林雄主编《中国自贸区建设与国际经验》，中山大学出版社，2016。

营公司形式和专门机构形式。

根据《美国联邦行政法典》第 15 篇规定，美国每一个入境港都有权利通过授权建立自贸区，经过对外贸易（自贸区）委员会授权成立的自贸区运营公司可以是公营公司也可以是为建立贸易区项目成立的私营公司，被授权的公司可以自行决定贸易区的运营人，可以根据实际要求提出对自贸区边界修改、设立自贸子区的申请。在新加坡其财政部负责宏观规划，根据地区发展设立自贸区，财政部长可以依法指定自贸区主管或经营机构。在开发过程中，行政权和经营权分开，行政部门负责招商规划，自贸区主管部门负责开发。韩国 1973 年设立了工业区管理局（下属工商部），负责全国自贸区的开发工作。每个自贸区分社管理处，管理处被赋予相当大的权力，可以批准投资申请、外汇结算、颁发进出口许可证、颁发建筑许可证及入境居留证，并对海关、劳工局、邮局、移民局、警察局和运输办事处等区内各种机构拥有监督管理权。

三　天津自贸区推动京津冀区域经济发展机制

与国外的发达工业化国家自贸区相比，中国的自贸区更注重制度创新和区域带动效应的发挥，将自贸区融进区域经济是显著的特征。天津自贸区在成立之初就明确了建设京津冀协同发展高水平对外开放平台的战略定位，具有明确的区域发展目标导向，体制机制也呈现鲜明的特色。

（一）制度溢出机制

进行“可复制、可推广”的制度创新是我国自贸区建设的核心任务，天津自贸区也不例外，“边试点、边总结、边推广”是自贸区制度溢出的主要方式。

自贸区内部主要围绕投资和贸易便利化展开制度创新（见图 1）。投资方面通过外资的负面清单管理和准入前国民待遇、商事登记制度改革、政府事中事后监管体系的建立，实现投资的便利化；贸易方面改革海关、检验、检疫流程，金融改革与创新便利资金自由进出、发展新型贸易业态，实现贸易方式转型等。实验评估后成功的经验向腹地乃至全国复制推广，制度红利向周边扩散。独特的自贸区制度设计保障了自贸区极化效应接续区域辐射效应，抑制了极化效应下的过度“虹吸”对周边发展带来的负面影响。

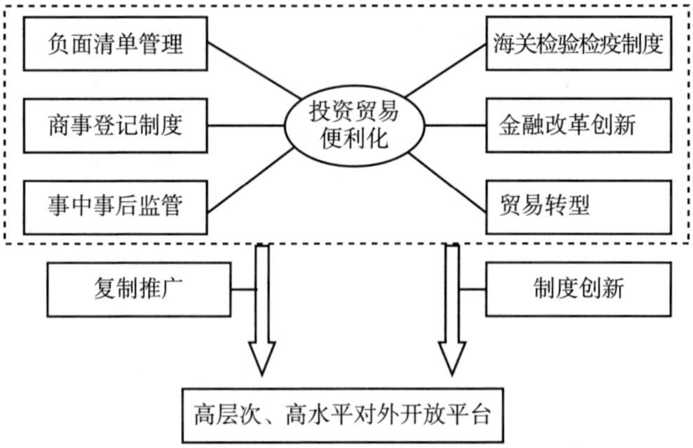

图1　自贸区实施投资和贸易便利化制度溢出机制

天津自贸试验区运行三年多来在政府职能转变、贸易便利化、投资管理制度创新、金融制度创新等领域形成了一系列制度经验，而这些经验的大部分都已经率先在区域内复制，然后推向全国。2016 年 11 月，国务院印发《关于做好自由贸易试验区新一批改革试点经验复制推广工作》的通知，公布了包括四个自贸试验区在内的第二批改革试点经验，其中包括天津自贸区 19 项（见表 1）。

表 1　天津自贸区改革试点制度创新与成效

主要领域	制度创新措施	成效
政府职能转变	成立行政审批局，实施审管分离、接管分离；商事登记网审系统	商事登记网审系统已推向全国
投资管理制度	准入前国民待遇 + 负面清单管理；行政审批集中统一；“一照一码一章一票一备案”一天办结；境外投资平台	天津自贸试验区设立以来至 2017 年 3 月底，吸纳北京企业投资项目 4192 个，投资额 3021.37 亿元，吸纳河北企业投资项目 2653 个，投资额 467.08 亿元；京冀企业投资项目总量占比 21.82%，投资总额占比 31.07%

续表

主要领域	制度创新措施	成效
贸易便利化措施	京津冀检验通关服务和口岸物流一体化；跨境电商公共服务平台；国际贸易单一窗口	津企通过首都机场进出口货物的通关时间节约近8小时，途中运费降低30%；京、冀企业通过天津海港口岸进出口货物通关时间缩短3个工作日，通关成本减少近30%
金融服务	融资租赁；离岸金融；跨境资金池	为京津冀企业拓宽融资渠道、降低融资成本、扩展服务业领域提供更多便利性

天津自贸区产生的制度改革示范效应，表现在简政放权、创新工作流程，提高政府办事效率，提升投资贸易便利化水平，有步骤地推动政府管理方式从事前监管到事中事后监管转变等方面。

（二）开放平台机制

天津自贸区《总体方案》明确天津自贸区的定位是京津冀协同发展高水平对外开放平台，在京津冀协同发展和我国经济转型发展中发挥示范引领作用。从一般机理来看，平台是连接包括供给者和需求者多方参与主体，通过生成价值和交换价值让多方产生交互，平台方提供服务，获取服务费。对外开放平台的主要功能是实现联通境内、境外，在全球产业链、价值链、供给链中创造新的价值，实现商品、服务和要素的跨境移动。天津自贸区正在着力构建基础性的服务平台。通过提供海关、报检、税收等系统对接、信息共享等手段，实现通关服务和口岸物流一体化、统筹管理放简化和服务化、金融服务和监管协同化，为企业提供统一的服务产品、标准，包括金融产品等；基础性的服务平台托起国际贸易平台和对外投资两个平台（见图2）。

高水平的对外开放平台需要一系列的制度设计和政策保障，并在技术、产业上提供强有力的支撑才能实现。例如，平行进口车试点，涉及11个委局的工作，从市级层面有11个委局参与了监管，从滨海新区政府到自贸区三个片区垂直建立了监管体系，另外还建立了一个平行进口汽车政府监管服务平台，实现从平行车上岸一直到消费者手里面全程可追溯，需要信息化、数据化的技术手段支持，保税直营和跨境电商也是类似的情况。目前，天津的平行进口汽车规模已占到全国的七成以上，向京津冀和内陆地区辐射，进口商品保税店在京津冀广泛布局。

以国际贸易带动区域之间的贸易往来，必然引起资金流、信息流、物流等要素在港—城—腹地之间顺畅流动，促进京津冀商贸要素互补发展。借助贸易平台也使生产要素在区域间的流动成为可能。在负面清单管理和备案制吸引更多资本进驻的同时，天津自贸区正在着力打造京津冀对外投资的“出海口”。调查显示，2017 年，自贸试验区区内企业中方投资额达 30.87 亿美元，占全市的 92.9%。京津冀腹地大量拥有海外工程承包资质的企业和大型装备生产企业都选择利用东疆的海外工程出口基地功能进行资源整合。在国际贸易和对外投资平台实现贸易升级和产业升级。

国际贸易和投资发生的位移离不开发达的物流体系。天津自贸区自成立后加快了无水港建设速度，截至目前天津港陆续辟建了 25 个无水港，把自贸区政策延伸到 9 个省市及自治区，其中同京冀两地合作建设 10 个无水港项目，全面实现区域通关通检一体化，发挥辐射作用，初步形成了多层级的内陆物流网络体系。同时，改善软环境，全力推进北方国际航运核心区建设，努力提高航运要素的集聚能力和航运资源的配置能力。

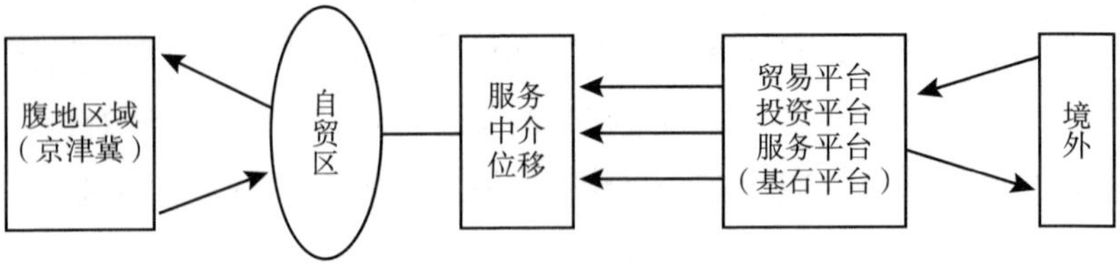

图 2　自贸区的开放平台机制

（三）产业联动机制

通过四个途径：一是自贸区开放平台，一方面增加了自贸区所在城市的各种流量，带来服务业的增加值，提升母城的载体功能，通过第三产业聚集提升母城产业结构，中心商务区，自挂牌至 2017 年 3 月，新增市场主体

1.3 万家，占到了天津自贸区增量的 45.7%。[①] 这其中包括一大批金融领军企业，有力带动了天津市产业结构三、二、一的转型。2015～2017 年天津市第三产业增加值达到 52.2%、54% 和 58%。二是通过中高端制造业企业的聚集，带动天津的制造业向高端环节延伸，包括装备制造业的研发机构、新兴制造业等，利用技术外溢推动产业升级。利用技术外溢推动产业升级，借由产业后向关联效应，向腹地区域的产业进行辐射，进而完成自贸区和腹地之间的产业梯度转移和升级。天津空港经济区已形成以空中客车等为龙头的航天航空业，以卡特匹勒、阿尔斯通为龙头的装备制造业，以中兴通讯、东软为龙头的电子信息技术产业三大综合性先进制造产业集群。生物医药和健康产业汇聚了中科院工业生物所、华大基因、瑞普生物。三是通过融资租赁产业发展实现二三产业融合发展，实现制造业的服务化。在东疆注册的租赁企业中，有一大批来自京津冀地区，除了中铁建、中海油、天士力、物产集团等天津本地企业，还有来自河北省的河北钢铁、河北京西钢铁、河北新澳集团等主营业务分布在制造、能源、航运、交通等第二产业的大型企业集团，纷纷利用东疆保税港区的租赁业创新平台设立租赁公司，将产业布局延伸至第三产业，利用金融工具服务自身产业升级。四是通关便利化政策和特殊的金融监管政策，吸引大量的贸易中间商企业向自贸区聚集，促进京津冀地区外向型产业与天津自贸区对外贸易的联动发展。根据天津商委统计数据，截至 2017 年 11 月底，东疆注册企业总数达 11466 家，其中有 4100 家贸易公司。一大批跨境电商企业及服务商落户自贸区，2017 年以来，跨境电商单量突破 400 万单，交易额突破 8 亿元。

四　自贸区区域经济带动效应的实证分析

天津自贸试验区在推动京津冀经济发展中的实际效果如何？以下运用个体固定效应模型加以分析。

① http：//www.ceh.com.cn/cjpd/2017/04/1031556.shtml 2017－04－24 17：12：44.

（一）模型设定及变量说明

1. 模型设定

本部分基于面板数据，构建经济总量方程，对于自贸区建立前后地区经济增长效应进行计量研究。被解释变量是经济总量 GDP_{jt}，并引入对三地经济增长具有影响力的其他变量，包括 EX_{jt}、IM_{jt}、FDI_{jt}、YY_{jt}、FTZ_{jt}。为了在一定程度上去除时间序列的异方差问题，本文在实证中取各变量的对数作为分析变量，σ 为随机误差项。

由此，估计方程为：

$$\log GDP_{jt} = \alpha_0 + \alpha_1 \log EX_{jt} + \alpha_2 \log IM_{jt} + \alpha_3 \log FDI_{jt} + \alpha_4 \log YY_{jt} + \alpha_5 FTZ_{jt} + \sigma \quad (1)$$

2. 数据来源与变量选择

本文研究天津自由贸易试验区建立对京津冀的影响时，选取的时间段为2013年至2016年，选择自2013年开始，是因为2014年12月天津自由贸易试验区获批成立。将GDP、进出口贸易额、直接利用外资额、对外合作承包工程业务完成额的数据单位统一为万美元。

（1）核心解释变量

核心解释变量 FTZ_{jt}，是指自由贸易试验区的建立会产生一系列静态效应和动态效应，可能影响经济总量增长。本文采用虚拟变量 FTZ_{jt} 来代表 t 年自由贸易试验区是否已经成立，当 t 年自由贸易试验区已经建立时，取值1；否则取值0。预期核心解释变量 FTZ_{jt} 对经济总量增长有积极的拉动作用，所以预期其回归系数符号为正。

（2）出口规模

出口规模 $\log EX_{jt}$，是指第 t 年 i 地区出口贸易额的对数。通常情况下，一个地区的出口规模对经济总量的增长具有直接的正向影响，预期其回归系数为正。数据来自京津冀历年统计年鉴以及河北省历年经济年鉴和六个地区的2016年统计公报。

（3）进口规模

进口规模 $\log IM_{jt}$，指第 t 年 i 地区进口贸易额的对数。进口值属于流出项，但是进口为经济增长提供可能的生产资料，有利于经济总量扩大，所以对其回归系数符号的判断不能明确。数据来源同于出口规模数据。

（4）实际直接利用外资规模

实际直接利用外资规模 $\log FDI_{jt}$，是指第 t 年 i 地区实际直接利用外资额的对数。实际直接利用外资计入被投资方 GDP，所以预计其回归系数的符号为正。数据来源同于出口规模数据。

（5）对外承包工程规模

对外承包工程规模 $\log YY_{jt}$，指第 t 年 i 地区对外承包工程业务完成额的对数。对外承包工程是对外经济合作的主要形式，是外汇的重要来源之一，计入投资方 GDP，预计其回归系数的符号为正。数据来源同于出口规模数据。

（二）自贸区影响区域经济发展的实证分析

1. F 检验

为了定量分析天津自由贸易试验区对京津冀地区整体经济总量的影响，本文先对所提供的京津冀三地面板数据进行 F 检验，结果如下：

Redundant Fixed Effects Tests
Pool：POOL01
Test cross – section fixed effects

Effects Test	Statistic	d. f.	Prob.
Cross – section F	2562. 695534	(2,4)	0. 0000

结果显示，F 检验相应的 P 值小于 0. 05，结论是推翻原假设，数据适合建立个体固定效应模型。

2. 面板回归结果

在估计方程式（1）及变量描述的基础上，运用 EViews 8. 0 软件建立个体固定效应模型。但显示 $\log IM_{jt}$ 的系数并未通过 5% 显著性检验，需要对方程式（1）做出修正，并且进口对于经济增长的作用预期符号并不确定。所以，修正方式是考虑在估计方程中直接删除该变量。

3. 修正模型的建立

由此，估计方程修正为式（2），如下：

$$\log GDP_{jt} = \alpha_0 + \alpha_1 \log EX_{jt} + \alpha_2 \log FDI_{jt} + \alpha_3 \log YY_{jt} + \alpha_4 FTZ_{jt} + \sigma \quad (2)$$

再次建立个体固定效应模型，结果如下：

$$\log GDP_{jt} = 8.5980D_1 + 8.4149\ D_2 + 8.6647D_3 - 0.2941 \times \log EX_{jt} + 0.0656 \times \log FDI_{jt} + 0.0921 \times \log YY_{jt} + 0.0427 \times FTZ_{jt} + \sigma$$

$$R^2 = 0.99, RSS = 7.80, DW = 2.51$$

其中 D_i 的定义是

$$D_i = \begin{cases} 1 & \text{如果属于第 } i \text{ 个地区，} i = 1,2,3\text{，分别代表北京、天津和河北} \\ 0 & \text{其他} \end{cases}$$

观察核心解释变量 FTZ_{jt} 的回归结果可知，天津自由贸易试验区的建设与三地经济总量扩大之间存在着正相关关系，符合经济预期。而且回归系数在 1% 显著性水平下通过显著性检验，运算结果合理有效。具体来看，天津自由贸易试验区驱动京津冀经济总量扩大的回归系数值为 0.0427，其经济含义是天津自由贸易试验区的成立对京津冀三地经济增长的拉动作用为 0.0427%。

再来分析控制解释变量对经济总量扩大的影响情况。$\log EX_{jt}$ 出口贸易总额回归系数是负值，在 1% 的显著性水平下通过检验，对京津冀三地经济总量扩大有显著负向影响。原因在于自 2014 年以来京津冀三地出口贸易额的绝对值均出现下降，尽管估计方程运用的是出口贸易额的对数数据，但是对数表示出口贸易的增长速度，显然 $\log EX_{jt}$ 是负值。一般情况下，出口是拉动经济增量的主要正相关因素之一。$\log EX_{jt}$ 回归系数是负值，经济含义是在出口增长率是负数的情况下，出口对经济增长并未产生拉动作用。$\log FDI_{jt}$ 的回归系数通过 1% 的显著性检验，可以理解为京津冀三地直接利用外资每增加1，会拉动经济增长0.0656%。$\log YY_{jt}$通过1%显著性水平下的检验，而且回归系数均为正值，符合经济意义。京津冀三地对外合作中的对外承包工程完成营业额每增加1，拉动经济增长0.0921%。

（三）与上海自贸区驱动长三角经济效应的比较

同样的方法我们运用于上海自贸区之于长三角，选取的时间段为2012年至2016年。变量$\log IM_{jt}$和$\log FDI_{jt}$的回归系数均并未通过5%显著性检验，得到修正方程式（3）

$$\log GDP_{jt} = \alpha_0 + \alpha_1 \log EX_{jt} + \alpha_2 \log YY_{jt} + \alpha_3 FTZ_{jt} + \sigma \tag{3}$$

再次建立个体固定效应模型。结果如下：

$$\log GDP_{jt} = 10.0135D_1 + 10.3554\ D_2 + 10.5698D_3 - 0.5990 \times \log EX_{jt}$$
$$+ 0.3208 \times \log YY_{jt} + 0.0663 \times FTZ_{jt} + \sigma$$
$$R^2 = 0.99, RSS = 11.49, DW = 2.46$$

其中D_i的定义是

$$D_i = \begin{cases} 1 & \text{如果属于第 } i \text{ 个地区，} i=1\text{，}2\text{，}3\text{，分别代表上海、浙江和江苏} \\ 0 & \text{其他} \end{cases}$$

所有解释变量的系数均通过显著性检验，说明修正后的方程式（3）可以较充分地解释所要研究的问题。

观察核心解释变量FTZ_{jt}的回归结果可知，上海自由贸易试验区的建设与三地经济总量扩大之间存在着正相关关系，符合经济预期，而且回归系数在1%显著性水平下通过显著性检验，运算结果合理有效。具体来看，上海自由贸易试验区驱动长三角经济总量扩大的回归系数值为0.0663，其经济含义是上海自由贸易试验区的成立对长三角经济总量增长的拉动作用为0.0663%。很明显，上海自由贸易试验区的建立对长三角地区的拉动作用大于天津自由贸易试验区对京津冀地区的拉动作用。

再来观察控制解释变量对经济总量扩大的影响情况。$\log EX_{jt}$出口贸易总额回归系数是负值，在1%的显著性水平下通过检验，对长三角经济总量扩大有显著负向影响。这种情况与京津冀地区相似，出口对长三角经济增长并未产生拉动作用。log*YYjt* 的回归系数通过 1% 的显著性检验，可以理解为长三角三地企业对外承包工程完成营业额每增加 1，会拉动经济增长 0.3208%，符合经济意义。

（四）初步结论

通过上述实证可以得出初步结论：首先，天津自贸区的设立对京津冀有明显的经济总量扩大效应，拉动系数为 0.0427，说明天津自贸区设立在服务京津冀、推动京津冀区域经济发展上达到了预期目标。

其次，从拉动区域经济增长的各个变量系数来看，拉动效应最强的是对外承包工程完成营业额变量，拉动系数为 0.0921，高于利用外资等变量系数，说明自贸区在服务整个区域企业“走出去”方面发挥了重要的支撑作用，已成为全区域企业走出去的桥头堡。与上海自贸区比较，上海自贸区的对外承包工程系数更是高达 0.3208。可以看出，自贸试验区与以往的出口加工区、保税区等带动经济增长的模式显著不同。自贸试验区的使命主要是围绕投资贸易便利化的制度试验，通过释放制度红利带动双向开放，并非简单地依靠扩大出口和利用外资制造贸易和投资盈余实现经济增长。

再次，天津自贸试验区对京津冀的整体经济带动作用（+0.0427）小于上海自贸试验区（+0.0663）对长三角的拉动作用。可能的原因在于：第一，上海自贸区的成立时间早于天津，其配套政策和运行机制较之天津更为完善和顺畅，因此对周边地区的影响作用更大；第二，长三角三地的发展水平较为接近，且长三角地区经济协同发展程度强于京津冀地区，引致上海自由贸易试验区的制度创新和开放红利可以较为充分地共享到周边地区，而京津冀区域内部发展差距较大，协同发展的体制机制尚未理顺，一定程度上制约了天津自贸区的区域带动效应；第三，上海城市定位高于天津，上海自贸区的开放程度高于天津自贸区，尤其是金融领域的改革对标国际金融中心建设，能更好通过现代金融地发挥极化和扩散效应，实现对周边的辐射带动；第四，上海在长三角的中心地位有利于上海自贸区的集聚与扩散，并与周边形成合理分工，从而通过产业联动形成互动发展，天津自贸区明显不具备这样的条件。

五　天津自贸区推动京津冀区域经济发展中存在的主要问题

（一）京津冀利益协调机制缺失

首先，天津自贸区是京津冀的自贸区已成为共识，然而从体制机制上并没有完全体现出来。与长三角相比，京津冀三地内部差异比较大，在经济发展水平、政治地位以及相关制度等诸多方面，协调的任务很重，相比过去，京津冀三方对协同发展的理念已经认可，行动上的同步性也有所加强，但是总起来看行政手段多于经济手段，而经济手段主要是通过基于平等关系的、稳定的利益协调机制来实现，目前看还没有完全建立起来。还需要在税收、人才流动、土地利用、社会保障、争议解决等方面加强地区间的政策协调，加快区域一体化共创、共享机制建设。其次，既然是京津冀的自贸区，从组织领导到收益应体现出三者的利益共享和责任共担，而实际上变成了天津与中央的单方互动机制和行为。天津“孤军奋战”，北京、河北缺少呼应。

（二）改革创新力度还需加大

自贸区建设带有压力测试的任务。然而，金融危机爆发后引发的系统性金融风险防范的要求以及以美国为首的贸易保护主义的抬头，使我国自贸区开放的脚步放慢。这又与成立自贸区之初的压力测试的初衷相抵触。总体上来看，自贸试验区不同领域的改革，贸易便利化竞争比较明显，但部分领域的改革力度需要进一步加大，步伐有待加快，尤其是电信、金融等敏感领域的开放度不够、经验不足。距离国际上高水平自由贸易园区要求投资自由、贸易自由、金融自由，法律法规保障的基本要求还有很大的距离。

以天津的优势产业融资租赁为例。国际上离岸租赁的企业所得税率，爱尔兰为12.5%，新加坡15%，香港17%，而天津高达25%。与国外同类企业竞争，明显竞争力不足。再如，航运服务作为服务领域重要的组成部分，其开放程度应进一步提高，这是天津在打造北方国际航运核心区的过程中亟待解决的问题。特别是，天津自贸试验区通过三年来的大力度制度试验与创新，政策红利“初级效应”和冲刺“极点效应”已有所显现，其大范围的复制、推广也使政策“保鲜期”大大缩短，亟须寻求新的改革发展动力。

（三）极化效应还需加强

极化效应不强直接影响扩散效应的发挥。与上海自贸区相比，天津自贸区的经济规模、旗舰企业的聚集程度还存在明显的差距，极化效应还需加强。

上市公司数量从一个层面反映了企业的聚集度。公开资料显示，上海自贸区在A股上市公司共69家，9家总资产规模超千亿元。目前注册在天津自贸区的上市公司共8家，均集中在机场片区，分属于4个行业。从事交通运输、仓储和邮政业的上市公司有2家，分别是天津港、天海投资；从事采矿业的上市公司有1家，为海油工程。另外，制造业上市公司数量最多，有4家，分别是*ST普林、天汽模、瑞普生物、天津磁卡。此外，天保基建作为8家企业中唯一一家房地产企业上榜。天津自贸区8家上市公司其总资产均过亿元。与国家的期待相比，天津自贸区还需要一个强有力的引爆点，既可以有效拉动区内企业活力，也可以在京津冀区域经济协同上发挥更大作用。

（四）产业联动效应发挥不够

天津自贸区聚集国内外大企业总部数量不够多，截至2016年8月底，上海自贸区保税区聚集了跨国公司地区总部达到75家，约占全市的13%；各类总部型企业达到310家，总部经济在区域经济总量中的比重超过40%[①]。目前，天津自贸区还没有一家跨国公司地区总部，总部型租赁企业主要集聚在东疆保税港，在于家堡地区主要承接了一部分非首都功能疏解的

① http：//finance. ifeng. com/a/20160928/14911110_ 0. shtml，2016－09－28.

央企总部包括华夏人寿、易支付等。雄安新区设立国家级新区，对天津自贸区吸引总部型企业将构成新的挑战。

从区域产业分工结构看，长三角地区要明显好于京津冀地区。在上海自贸区的带动下上海第三产业增加值占上海市生产总值的比重为70.5%，浙江、江苏的第三产业增加值均已超过50%。而京津冀地区，北京的第三产业比重超过80%，天津达到58%，而河北的第三产业则刚刚超过40%。从全国制造业500强的分布来看，上海服务业和苏浙制造业的分工关系清晰明朗，浙江集聚89家，上海14家，江苏47家。而京津冀地区却不够清晰，北京集聚32家，河北32家，天津18家①。竞争力强的制造业企业还集中在北京，这与京津冀协同发展规划要求的各地区的功能定位目标还存在比较大的差距。

六　进一步发挥天津自贸区推动京津冀区域经济发展的对策建议

（一）尽快构建高层次的利益协调工作机制

自贸区辐射带动作用的发挥还有赖于京津冀一体化程度的加深，打破行政壁垒、实现公共服务均等化、要素流动市场化，这就需要创新合作模式与利益分享机制，构建区域协同发展的合作制度和体制机制，最终形成制度规范，以使得天津自贸区的经验能够在京津冀及时复制推广，实现制度红利共享，让更多的市场主体更早享受制度创新带来的成效。

协调工作机制的主要任务：一是要加强同国家有关部委以及各地政府的沟通联系，逐步建立健全沟通联络协调机制，整体研究、规划和推进天津自贸区总体方案全面落实。二是探索管理权限下移，减少审批层次，争取将部分机构准入、业务创新、产品审查、高管核准等职能授权天津属地部门，实施靠前监管。三是建立风险评估和风险防范机制，对自贸区金融创新等事项

① 根据《2017年中国制造业500强报告》整理。

的改革探索建立地方金融监管体系，加强对股权投资基金、融资租赁公司、融资担保公司、投资公司、融资平台、金融中介机构等领域的监督管理，努力构建和完善金融安全区。四是建立容错机制，通过中央授权明确责任边界和范围，列出责任的负面清单，以保证自贸区“先行先试”的创新热情，保护创新者的工作干劲和激情。五是建立与雄安新区的联系机制，服务雄安新区建设，打造自贸区升级版，努力使自贸区发挥好区域发展的引擎作用、深化改革的示范作用、扩大开放的窗口作用和创新驱动的样板作用。

（二）积极申报自由贸易港，实现港区联动发展

十九大报告明确提出，“赋予自由贸易试验区更大改革自主权，探索建设自由贸易港”，自由贸易港是我国对外开放度最高的地区，上海市和相关部门正在研究制定设立自由贸易港的有关建设方案，天津 2018 年政府工作报告明确申报自由贸易港，是天津自贸区带动区域经济发展的新的抓手。

可考虑依托东疆保税港为主体的关区部分为主体联合京冀申请自贸港，借鉴釜山经验实现自贸港与自贸区港区联动发展，吸引整个东北亚的海运货物到此集结、转运，或者进行加工和仓储，极化辐射带动作用会得到更加充分的发挥。

在积极申报自贸港的同时，要用好用足中央赋予的更大的改革自主权，在两个方面争取中央放权：一是争取扩大行政管辖权，包括财政税收、土地使用权和建设项目的审批权等；二是争取行业投资审批权从主管部门下放归地方，特别是如合资医院、合资办学等机构涉及服务业各管理部门的权限应归地方，按开放程序办理。中央可通过调整负面清单的方式实施管理，负面清单以外要充分给地方授权。同时，采取更加弹性的管理制度，允许自贸区根据产业功能、业务功能就是否扩区提出申请，天津自贸区的扩区可以在京津冀协同发展的背景下把河北的曹妃甸港考虑进去。

（三）自贸区与自创区联动，与北京携手共同打造科创中心

与上海自贸区与自创区区位重叠不同，天津自贸区与自创区在位置上不

完全一致，不利于自贸区极化—扩散作用的发挥。需要整合政策，向中央争取政策适当调整自贸区和自创区的边界，更好发挥正常叠加效应，释放经济发展活力。天津自贸区要想成为区域发展的增长极进而推动区域经济增长，就必须与京津冀的“首都核心”建立联动机制，否则就会出现“小马拉大车”的困境。自贸区对外开放的高平台与自创区科技创新的高平台两者叠加共振，能够放大自贸区驱动效应，有利于天津依托自身港口、制造业优势与较低的商务成本，引导更多的创新创业企业、人才到天津汇集，在北京全国性科技创新中心之下打造区域科创中心。为加快天津市经济新旧动能转换、产业结构高质化提供新的增长空间，成为京津联动发展、构建国家自主创新示范区的区域合作支点。为此，天津要进一步完善创新环境，创造优质自贸区营商环境，坚持问题导向，以加强精准服务企业为重点的市场环境建设、以优化市场监管为重点的法治环境建设，先行先试打造与国际高标准相对接的法治化国际化营商环境，加快聚集科技型中小企业，加快实现向创新驱动型经济转变。

（四）加大改革力度，妥善处理开放与风险监管的关系

进一步发挥制度创新引领作用依然是天津自贸试验区工作重点，从国家层面上需要加大自贸试验区制度创新的保障力度，充分授权，让自贸试验区围绕优化营商环境、完善市场运行机制等方面先行先试、放手进行制度创新。根据天津在“一基地三区”的定位，适当放宽金融、制造业、采矿业领域的外资准入限制，尝试电信、互联网等敏感行业的逐步开放，扩大改革措施的范围，提升压力测试水平，进而推广至全国。

改革的重点在加快政府职能转变、扩大服务业和制造业的对外开放，深化金融领域的开放创新等领域。进一步健全事中事后监管，在政务服务信息化、综合窗口深化改革、系统信息共享等问题上加快改革创新，深化重点领域改革等。

开展国际高标准规则的改革试验需本着风险可控的原则，循序渐进。避免系统性风险和违法行为的出现，需要进一步完善对外商投资与并购的国家

安全审查制度，健全反垄断调查制度；放松资本管制的改革要先长期后短期，短期资本流动要先从跨境借贷做起，再到证券投资，对衍生品交易仍需保留较为严格的管制。用更好的监管为更大的开放提供保障，进一步完善市场主体信用风险分类管理制度，编制制度创新风险防控措施清单。梳理风险事项，提出风险防控措施，实现创新与监管同步，不断提高风险防控能力。

参考文献

[1] Hamada, K. An Economic Analysis of the Duty - Free Zone. Journal of International Economics, 1974, 4 (3)

[2] Findlay, R. Relative Backwardness, Direct Foreign Investment, And the Transfer of Technology: A Simple Dynamic Model. The Quarterly Journal of Economics, 1978

[3] Chiu, R. H., Lirn, T. C., Li, C. Y., Lu, B. Y., and Shang, K. C. An Evaluation of Free Trade Port Zone in Taiwan. The Asian Journal of Shipping and Logistics, 2011, 27 (3)

[4] Hamilton. C. and Svensson, L. E. O. On the Welfare Effects of A 'Duty - Free Zone'. Journal of International Economics, 1982, 13 (1)

[5] 赵亮:《“自贸区驱动”能否驱动中国经济增长？——基于贸易福利视角的理论机制与实证论证》,《经济与管理研究》2017 年第 4 期。

[6] 李鹏凯:《天津自贸区建设对京津冀协调发展的影响研究》，天津财经大学硕士学位论文，2016。

[7] 徐美娜:《上海自贸区建设对长三角区域发展的带动效应研究》，《中国商论》2016 年第 7 期。

[8] 王大本、冯薇:《以上海自贸区为鉴看天津自贸区对河北省经济的影响及对策》，《渤海经济瞭望》2015 年第 7 期。

[9] 刘恩专:《天津港保税区区域经济发展效应的分析评价》，《现代财经——天津财经学院学报》1999 年第 2 期。

[10] 李秀华:《综合保税区在区域经济发展中的作用探讨》，《商业时代》2013 年第 19 期。

[11] 田雅娟、甄力:《物流视角下保税区拉动腹地经济增长的实证分析》，《统计与管理》2013 年第 2 期。

[12] 赵檄、常伟:《全球化下中国保税区与腹地经济发展：基于面板数据的经验研究》,《重庆大学学报》（社会科学版）2008 年第 18 期。

[13] 陈琪、刘卫：《建立中国（上海）自由贸易试验区动因及其经济效应分析》，《科学发展》2014 年第 2 期。
[14] 杨向东：《中国（上海）自由贸易试验区的经济与政治效应关系初探——以国民待遇为视角》，《上海财经大学学报》2014 年第 12 期。
[15] 苏振东、尚瑜：《京津冀经济一体化背景下的天津“出海口”效应研究——兼论天津自贸区对京津冀协同发展的推动作用》，《国际贸易问题》2016 年第 10 期。
[16] 王利辉、刘志红：《上海自贸区对地区经济的影响效应研究——基于“反事实”思维视角》，《国际贸易问题》2017 年第 2 期。

S 基本子库
UB DATABASE

中国社会发展数据库（下设 12 个子库）

全面整合国内外中国社会发展研究成果，汇聚独家统计数据、深度分析报告，涉及社会、人口、政治、教育、法律等 12 个领域，为了解中国社会发展动态、跟踪社会核心热点、分析社会发展趋势提供一站式资源搜索和数据分析与挖掘服务。

中国经济发展数据库（下设 12 个子库）

基于"皮书系列"中涉及中国经济发展的研究资料构建，内容涵盖宏观经济、农业经济、工业经济、产业经济等 12 个重点经济领域，为实时掌控经济运行态势、把握经济发展规律、洞察经济形势、进行经济决策提供参考和依据。

中国行业发展数据库（下设 17 个子库）

以中国国民经济行业分类为依据，覆盖金融业、旅游、医疗卫生、交通运输、能源矿产等 100 多个行业，跟踪分析国民经济相关行业市场运行状况和政策导向，汇集行业发展前沿资讯，为投资、从业及各种经济决策提供理论基础和实践指导。

中国区域发展数据库（下设 6 个子库）

对中国特定区域内的经济、社会、文化等领域现状与发展情况进行深度分析和预测，研究层级至县及县以下行政区，涉及地区、区域经济体、城市、农村等不同维度。为地方经济社会宏观态势研究、发展经验研究、案例分析提供数据服务。

中国文化传媒数据库（下设 18 个子库）

汇聚文化传媒领域专家观点、热点资讯，梳理国内外中国文化发展相关学术研究成果、一手统计数据，涵盖文化产业、新闻传播、电影娱乐、文学艺术、群众文化等 18 个重点研究领域。为文化传媒研究提供相关数据、研究报告和综合分析服务。

世界经济与国际关系数据库（下设 6 个子库）

立足"皮书系列"世界经济、国际关系相关学术资源，整合世界经济、国际政治、世界文化与科技、全球性问题、国际组织与国际法、区域研究 6 大领域研究成果，为世界经济与国际关系研究提供全方位数据分析，为决策和形势研判提供参考。

法律声明

皮书系列

2018年

智 库 成 果 出 版 与 传 播 平 台

社会科学文献出版社
SOCIAL SCIENCES ACADEMIC PRESS (CHINA)

社长致辞

蓦然回首，皮书的专业化历程已经走过了二十年。20年来从一个出版社的学术产品名称到媒体热词再到智库成果研创及传播平台，皮书以专业化为主线，进行了系列化、市场化、品牌化、数字化、国际化、平台化的运作，实现了跨越式的发展。特别是在党的十八大以后，以习近平总书记为核心的党中央高度重视新型智库建设，皮书也迎来了长足的发展，总品种达到600余种，经过专业评审机制、淘汰机制遴选，目前，每年稳定出版近400个品种。“皮书”已经成为中国新型智库建设的抓手，成为国际国内社会各界快速、便捷地了解真实中国的最佳窗口。

20年孜孜以求，“皮书”始终将自己的研究视野与经济社会发展中的前沿热点问题紧密相连。600个研究领域，3万多位分布于800余个研究机构的专家学者参与了研创写作。皮书数据库中共收录了15万篇专业报告，50余万张数据图表，合计30亿字，每年报告下载量近80万次。皮书为中国学术与社会发展实践的结合提供了一个激荡智力、传播思想的入口，皮书作者们用学术的话语、客观翔实的数据谱写出了中国故事壮丽的篇章。

20年跬步千里，“皮书”始终将自己的发展与时代赋予的使命与责任紧紧相连。每年百余场新闻发布会，10万余次中外媒体报道，中、英、俄、日、韩等12个语种共同出版。皮书所具有的凝聚力正在形成一种无形的力量，吸引着社会各界关注中国的发展，参与中国的发展，它是我们向世界传递中国声音、总结中国经验、争取中国国际话语权最主要的平台。

皮书这一系列成就的取得，得益于中国改革开放的伟大时代，离不开来自中国社会科学院、新闻出版广电总局、全国哲学社会科学规划办公室等主管部门的大力支持和帮助，也离不开皮书研创者和出版者的共同努力。他们与皮书的故事创造了皮书的历史，他们对皮书的拳拳之心将继续谱写皮书的未来！

现在，“皮书”品牌已经进入了快速成长的青壮年时期。全方位进行规范化管理，树立中国的学术出版标准；不断提升皮书的内容质量和影响力，搭建起中国智库产品和智库建设的交流服务平台和国际传播平台；发布各类皮书指数，并使之成为中国指数，让中国智库的声音响彻世界舞台，为人类的发展做出中国的贡献——这是皮书未来发展的图景。作为“皮书”这个概念的提出者，“皮书”从一般图书到系列图书和品牌图书，最终成为智库研究和社会科学应用对策研究的知识服务和成果推广平台这整个过程的操盘者，我相信，这也是每一位皮书人执着追求的目标。

“当代中国正经历着我国历史上最为广泛而深刻的社会变革，也正在进行着人类历史上最为宏大而独特的实践创新。这种前无古人的伟大实践，必将给理论创造、学术繁荣提供强大动力和广阔空间。”

在这个需要思想而且一定能够产生思想的时代，皮书的研创出版一定能创造出新的更大的辉煌！

社会科学文献出版社社长
中国社会学会秘书长
谢寿光

2017年11月

社会科学文献出版社简介

社会科学文献出版社（以下简称“社科文献出版社”）成立于1985年，是直属于中国社会科学院的人文社会科学学术出版机构。成立至今，社科文献出版社始终依托中国社会科学院和国内外人文社会科学界丰厚的学术出版和专家学者资源，坚持“创社科经典，出传世文献”的出版理念、“权威、前沿、原创”的产品定位以及学术成果和智库成果出版的专业化、数字化、国际化、市场化的经营道路。

社科文献出版社是中国新闻出版业转型与文化体制改革的先行者。积极探索文化体制改革的先进方向和现代企业经营决策机制，社科文献出版社先后荣获“全国文化体制改革工作先进单位”、中国出版政府奖·先进出版单位奖，中国社会科学院先进集体、全国科普工作先进集体等荣誉称号。多人次荣获“第十届韬奋出版奖”“全国新闻出版行业领军人才”“数字出版先进人物”“北京市新闻出版广电行业领军人才”等称号。

社科文献出版社是中国人文社会科学学术出版的大社名社，也是以皮书为代表的智库成果出版的专业强社。年出版图书2000余种，其中皮书400余种，出版新书字数5.5亿字，承印与发行中国社科院院属期刊72种，先后创立了皮书系列、列国志、中国史话、社科文献学术译库、社科文献学术文库、甲骨文书系等一大批既有学术影响又有市场价值的品牌，确立了在社会学、近代史、苏东问题研究等专业学科及领域出版的领先地位。图书多次荣获中国出版政府奖、“三个一百”原创图书出版工程、“五个‘一’工程奖”、“大众喜爱的50种图书”等奖项，在中央国家机关“强素质·做表率”读书活动中，入选图书品种数位居各大出版社之首。

社科文献出版社是中国学术出版规范与标准的倡议者与制定者，代表全国50多家出版社发起实施学术著作出版规范的倡议，承担学术著作规范国家标准的起草工作，率先编撰完成《皮书手册》对皮书品牌进行规范化管理，并在此基础上推出中国版芝加哥手册——《社科文献出版社学术出版手册》。

社科文献出版社是中国数字出版的引领者，拥有皮书数据库、列国志数据库、“一带一路”数据库、减贫数据库、集刊数据库等4大产品线11个数据库产品，机构用户达1300余家，海外用户百余家，荣获“数字出版转型示范单位”“ 新闻出版标准化先进单位”“专业数字内容资源知识服务模式试点企业标准化示范单位”等称号。

社科文献出版社是中国学术出版走出去的践行者。社科文献出版社海外图书出版与学术合作业务遍及全球40余个国家和地区，并于2016年成立俄罗斯分社，累计输出图书500余种，涉及近20个语种，累计获得国家社科基金中华学术外译项目资助76种、“丝路书香工程”项目资助60种、中国图书对外推广计划项目资助71种以及经典中国国际出版工程资助28种，被五部委联合认定为“2015-2016年度国家文化出口重点企业”。

如今，社科文献出版社完全靠自身积累拥有固定资产3.6亿元，年收入3亿元，设置了七大出版分社、六大专业部门，成立了皮书研究院和博士后科研工作站，培养了一支近400人的高素质与高效率的编辑、出版、营销和国际推广队伍，为未来成为学术出版的大社、名社、强社，成为文化体制改革与文化企业转型发展的排头兵奠定了坚实的基础。

宏观经济类

经济蓝皮书

2018 年中国经济形势分析与预测

李平 / 主编　2017 年 12 月出版　定价：89.00 元

◆　本书为总理基金项目，由著名经济学家李扬领衔，联合中国社会科学院等数十家科研机构、国家部委和高等院校的专家共同撰写，系统分析了 2017 年的中国经济形势并预测 2018 年中国经济运行情况。

城市蓝皮书

中国城市发展报告 No.11

潘家华　单菁菁 / 主编　2018 年 9 月出版　估价：99.00 元

◆　本书是由中国社会科学院城市发展与环境研究中心编著的，多角度、全方位地立体展示了中国城市的发展状况，并对中国城市的未来发展提出了许多建议。该书有强烈的时代感，对中国城市发展实践有重要的参考价值。

人口与劳动绿皮书

中国人口与劳动问题报告 No.19

张车伟 / 主编　2018 年 10 月出版　估价：99.00 元

◆　本书为中国社会科学院人口与劳动经济研究所主编的年度报告，对当前中国人口与劳动形势做了比较全面和系统的深入讨论，为研究中国人口与劳动问题提供了一个专业性的视角。

中国省域竞争力蓝皮书

中国省域经济综合竞争力发展报告（2017 ~ 2018）

李建平　李闽榕　高燕京 / 主编　2018 年 5 月出版　估价：198.00 元

◆　本书融多学科的理论为一体，深入追踪研究了省域经济发展与中国国家竞争力的内在关系，为提升中国省域经济综合竞争力提供有价值的决策依据。

金融蓝皮书

中国金融发展报告（2018）

王国刚 / 主编　2018 年 6 月出版　估价：99.00 元

◆　本书由中国社会科学院金融研究所组织编写，概括和分析了 2017 年中国金融发展和运行中的各方面情况，研讨和评论了 2017 年发生的主要金融事件，有利于读者了解掌握 2017 年中国的金融状况，把握 2018 年中国金融的走势。

区域经济类

京津冀蓝皮书

京津冀发展报告（2018）

祝合良　叶堂林　张贵祥 / 等著　2018 年 6 月出版　估价：99.00 元

◆　本书遵循问题导向与目标导向相结合、统计数据分析与大数据分析相结合、纵向分析和长期监测与结构分析和综合监测相结合等原则，对京津冀协同发展新形势与新进展进行测度与评价。

社会政法类

社会蓝皮书

2018 年中国社会形势分析与预测

李培林　陈光金　张翼 / 主编　2017 年 12 月出版　定价：89.00 元

◆　本书由中国社会科学院社会学研究所组织研究机构专家、高校学者和政府研究人员撰写，聚焦当下社会热点，对 2017 年中国社会发展的各个方面内容进行了权威解读，同时对 2018 年社会形势发展趋势进行了预测。

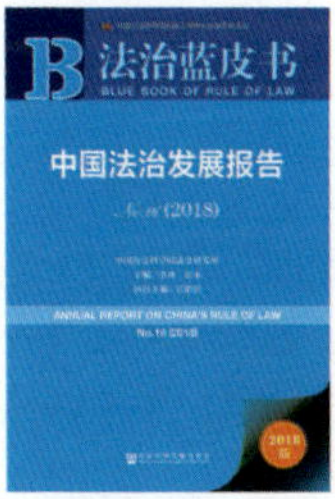

法治蓝皮书

中国法治发展报告 No.16（2018）

李林　田禾 / 主编　2018 年 3 月出版　定价：128.00 元

◆　本年度法治蓝皮书回顾总结了 2017 年度中国法治发展取得的成就和存在的不足，对中国政府、司法、检务透明度进行了跟踪调研，并对2018年中国法治发展形势进行了预测和展望。

教育蓝皮书

中国教育发展报告（2018）

杨东平 / 主编　2018 年 3 月出版　定价：89.00 元

◆　本书重点关注了 2017 年教育领域的热点，资料翔实，分析有据，既有专题研究，又有实践案例，从多角度对 2017 年教育改革和实践进行了分析和研究。

社会体制蓝皮书

中国社会体制改革报告 No.6（2018）

龚维斌 / 主编　2018 年 3 月出版　定价：98.00 元

◆　本书由国家行政学院社会治理研究中心和北京师范大学中国社会管理研究院共同组织编写，主要对 2017 年社会体制改革情况进行回顾和总结，对 2018 年的改革走向进行分析，提出相关政策建议。

社会心态蓝皮书

中国社会心态研究报告（2018）

王俊秀　杨宜音 / 主编　2018 年 12 月出版　估价：99.00 元

◆　本书是中国社会科学院社会学研究所社会心理研究中心“社会心态蓝皮书课题组”的年度研究成果，运用社会心理学、社会学、经济学、传播学等多种学科的方法进行了调查和研究，对于目前中国社会心态状况有较广泛和深入的揭示。

华侨华人蓝皮书

华侨华人研究报告（2018）

贾益民 / 主编　2017 年 12 月出版　估价：139.00 元

◆　本书关注华侨华人生产与生活的方方面面。华侨华人是中国建设 21 世纪海上丝绸之路的重要中介者、推动者和参与者。本书旨在全面调研华侨华人，提供最新涉侨动态、理论研究成果和政策建议。

民族发展蓝皮书

中国民族发展报告（2018）

王延中 / 主编　2018 年 10 月出版　估价：188.00 元

◆　本书从民族学人类学视角，研究近年来少数民族和民族地区的发展情况，展示民族地区经济、政治、文化、社会和生态文明“五位一体”建设取得的辉煌成就和面临的困难挑战，为深刻理解中央民族工作会议精神、加快民族地区全面建成小康社会进程提供了实证材料。

产 业 经 济 类

房地产蓝皮书

中国房地产发展报告 No.15（2018）

李春华　王业强 / 主编　2018 年 5 月出版　估价：99.00 元

◆　2018 年《房地产蓝皮书》持续追踪中国房地产市场最新动态，深度剖析市场热点，展望 2018 年发展趋势，积极谋划应对策略。对 2017 年房地产市场的发展态势进行全面、综合的分析。

新能源汽车蓝皮书

中国新能源汽车产业发展报告（2018）

中国汽车技术研究中心　日产（中国）投资有限公司
东风汽车有限公司 / 编著　2018 年 8 月出版　估价：99.00 元

◆　本书对中国 2017 年新能源汽车产业发展进行了全面系统的分析，并介绍了国外的发展经验。有助于相关机构、行业和社会公众等了解中国新能源汽车产业发展的最新动态，为政府部门出台新能源汽车产业相关政策法规、企业制定相关战略规划，提供必要的借鉴和参考。

行 业 及 其 他 类

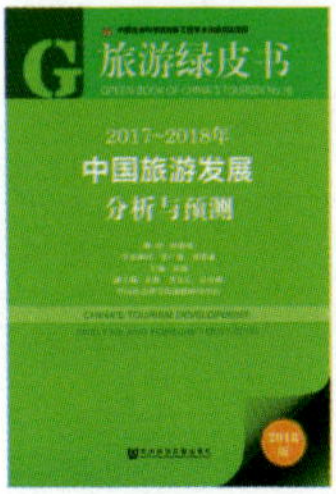

旅游绿皮书

2017 ~ 2018 年中国旅游发展分析与预测

中国社会科学院旅游研究中心 / 编　2018 年 1 月出版　定价：99.00 元

◆　本书从政策、产业、市场、社会等多个角度勾画出 2017 年中国旅游发展全貌，剖析了其中的热点和核心问题，并就未来发展作出预测。

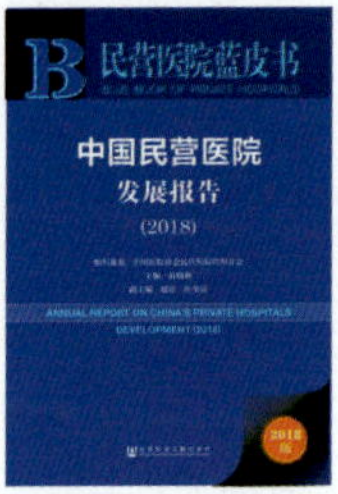

民营医院蓝皮书

中国民营医院发展报告（2018）

薛晓林 / 主编　2018 年 11 月出版　估价：99.00 元

◆　本书在梳理国家对社会办医的各种利好政策的前提下，对我国民营医疗发展现状、我国民营医院竞争力进行了分析，并结合我国医疗体制改革对民营医院的发展趋势、发展策略、战略规划等方面进行了预估。

会展蓝皮书

中外会展业动态评估研究报告（2018）

张敏 / 主编　　2018 年 12 月出版　估价：99.00 元

◆　本书回顾了 2017 年的会展业发展动态，结合“供给侧改革”、“互联网 +”、“绿色经济” 的新形势分析了我国展会的行业现状，并介绍了国外的发展经验，有助于行业和社会了解最新的展会业动态。

中国上市公司蓝皮书

中国上市公司发展报告（2018）

张平　王宏淼 / 主编　　2018 年 9 月出版　　估价：99.00 元

◆　本书由中国社会科学院上市公司研究中心组织编写的，着力于全面、真实、客观反映当前中国上市公司财务状况和价值评估的综合性年度报告。本书详尽分析了 2017 年中国上市公司情况，特别是现实中暴露出的制度性、基础性问题，并对资本市场改革进行了探讨。

工业和信息化蓝皮书

人工智能发展报告（2017 ~ 2018）

尹丽波 / 主编　　2018 年 6 月出版　　估价：99.00 元

◆　本书国家工业信息安全发展研究中心在对 2017 年全球人工智能技术和产业进行全面跟踪研究基础上形成的研究报告。该报告内容翔实、视角独特，具有较强的产业发展前瞻性和预测性，可为相关主管部门、行业协会、企业等全面了解人工智能发展形势以及进行科学决策提供参考。

国际问题与全球治理类

世界经济黄皮书

2018 年世界经济形势分析与预测

张宇燕 / 主编　2018 年 1 月出版　定价：99.00 元

◆　本书由中国社会科学院世界经济与政治研究所的研究团队撰写，分总论、国别与地区、专题、热点、世界经济统计与预测等五个部分，对 2018 年世界经济形势进行了分析。

国际城市蓝皮书

国际城市发展报告（2018）

屠启宇 / 主编　2018 年 2 月出版　定价：89.00 元

◆　本书作者以上海社会科学院从事国际城市研究的学者团队为核心，汇集同济大学、华东师范大学、复旦大学、上海交通大学、南京大学、浙江大学相关城市研究专业学者。立足动态跟踪介绍国际城市发展时间中，最新出现的重大战略、重大理念、重大项目、重大报告和最佳案例。

非洲黄皮书

非洲发展报告 No.20（2017 ~ 2018）

张宏明 / 主编　2018 年 7 月出版　估价：99.00 元

◆　本书是由中国社会科学院西亚非洲研究所组织编撰的非洲形势年度报告，比较全面、系统地分析了 2017 年非洲政治形势和热点问题，探讨了非洲经济形势和市场走向，剖析了大国对非洲关系的新动向；此外，还介绍了国内非洲研究的新成果。

国别类

美国蓝皮书

美国研究报告（2018）

郑秉文　黄平 / 主编　2018 年 5 月出版　估价：99.00 元

◆　本书是由中国社会科学院美国研究所主持完成的研究成果，它回顾了美国 2017 年的经济、政治形势与外交战略，对美国内政外交发生的重大事件及重要政策进行了较为全面的回顾和梳理。

德国蓝皮书

德国发展报告（2018）

郑春荣 / 主编　2018 年 6 月出版　估价：99.00 元

◆　本报告由同济大学德国研究所组织编撰，由该领域的专家学者对德国的政治、经济、社会文化、外交等方面的形势发展情况，进行全面的阐述与分析。

俄罗斯黄皮书

俄罗斯发展报告（2018）

李永全 / 编著　2018 年 6 月出版　估价：99.00 元

◆　本书系统介绍了 2017 年俄罗斯经济政治情况，并对 2016 年该地区发生的焦点、热点问题进行了分析与回顾；在此基础上，对该地区 2018 年的发展前景进行了预测。

文化传媒类

新媒体蓝皮书

中国新媒体发展报告 No.9（2018）

唐绪军 / 主编　2018 年 6 月出版　估价：99.00 元

◆　本书是由中国社会科学院新闻与传播研究所组织编写的关于新媒体发展的最新年度报告，旨在全面分析中国新媒体的发展现状，解读新媒体的发展趋势，探析新媒体的深刻影响。

移动互联网蓝皮书

中国移动互联网发展报告（2018）

余清楚 / 主编　2018 年 6 月出版　估价：99.00 元

◆　本书着眼于对 2017 年度中国移动互联网的发展情况做深入解析，对未来发展趋势进行预测，力求从不同视角、不同层面全面剖析中国移动互联网发展的现状、年度突破及热点趋势等。

文化蓝皮书

中国文化消费需求景气评价报告（2018）

王亚南 / 主编　2018 年 3 月出版　定价：99.00 元

◆　本书首创全国文化发展量化检测评价体系，也是至今全国唯一的文化民生量化检测评价体系，对于检验全国及各地 " 以人民为中心 " 的文化发展具有首创意义。

地方发展类

北京蓝皮书

北京经济发展报告（2017 ~ 2018）

杨松 / 主编　2018 年 6 月出版　估价：99.00 元

◆　本书对 2017 年北京市经济发展的整体形势进行了系统性的分析与回顾，并对 2018 年经济形势走势进行了预测与研判，聚焦北京市经济社会发展中的全局性、战略性和关键领域的重点问题，运用定量和定性分析相结合的方法，对北京市经济社会发展的现状、问题、成因进行了深入分析，提出了可操作性的对策建议。

温州蓝皮书

2018 年温州经济社会形势分析与预测

蒋儒标　王春光　金浩 / 主编　2018 年 6 月出版　估价：99.00 元

◆　本书是中共温州市委党校和中国社会科学院社会学研究所合作推出的第十一本温州蓝皮书，由来自党校、政府部门、科研机构、高校的专家、学者共同撰写的 2017 年温州区域发展形势的最新研究成果。

黑龙江蓝皮书

黑龙江社会发展报告（2018）

王爱丽 / 主编　2018 年 1 月出版　定价：89.00 元

◆　本书以千份随机抽样问卷调查和专题研究为依据，运用社会学理论框架和分析方法，从专家和学者的独特视角，对 2017 年黑龙江省关系民生的问题进行广泛的调研与分析，并对 2017 年黑龙江省诸多社会热点和焦点问题进行了有益的探索。这些研究不仅可以为政府部门更加全面深入了解省情、科学制定决策提供智力支持，同时也可以为广大读者认识、了解、关注黑龙江社会发展提供理性思考。

宏观经济类

城市蓝皮书
中国城市发展报告（No.11）
著(编)者：潘家华 单菁菁
2018年9月出版 / 估价：99.00元
PSN B-2007-091-1/1

城乡一体化蓝皮书
中国城乡一体化发展报告（2018）
著(编)者：付崇兰
2018年9月出版 / 估价：99.00元
PSN B-2011-226-1/2

城镇化蓝皮书
中国新型城镇化健康发展报告（2018）
著(编)者：张占斌
2018年8月出版 / 估价：99.00元
PSN B-2014-396-1/1

创新蓝皮书
创新型国家建设报告（2018～2019）
著(编)者：詹正茂
2018年12月出版 / 估价：99.00元
PSN B-2009-140-1/1

低碳发展蓝皮书
中国低碳发展报告（2018）
著(编)者：张希良 齐晔
2018年6月出版 / 估价：99.00元
PSN B-2011-223-1/1

低碳经济蓝皮书
中国低碳经济发展报告（2018）
著(编)者：薛进军 赵忠秀
2018年11月出版 / 估价：99.00元
PSN B-2011-194-1/1

发展和改革蓝皮书
中国经济发展和体制改革报告No.9
著(编)者：邹东涛 王再文
2018年1月出版 / 估价：99.00元
PSN B-2008-122-1/1

国家创新蓝皮书
中国创新发展报告（2017）
著(编)者：陈劲 2018年5月出版 / 估价：99.00元
PSN B-2014-370-1/1

金融蓝皮书
中国金融发展报告（2018）
著(编)者：王国刚
2018年6月出版 / 估价：99.00元
PSN B-2004-031-1/7

经济蓝皮书
2018年中国经济形势分析与预测
著(编)者：李平 2017年12月出版 / 定价：89.00元
PSN B-1996-001-1/1

经济蓝皮书春季号
2018年中国经济前景分析
著(编)者：李扬 2018年5月出版 / 估价：99.00元
PSN B-1999-008-1/1

经济蓝皮书夏季号
中国经济增长报告（2017～2018）
著(编)者：李扬 2018年9月出版 / 估价：99.00元
PSN B-2010-176-1/1

农村绿皮书
中国农村经济形势分析与预测（2017～2018）
著(编)者：魏后凯 黄秉信
2018年4月出版 / 定价：99.00元
PSN G-1998-003-1/1

人口与劳动绿皮书
中国人口与劳动问题报告No.19
著(编)者：张车伟 2018年11月出版 / 估价：99.00元
PSN G-2000-012-1/1

新型城镇化蓝皮书
新型城镇化发展报告（2017）
著(编)者：李伟 宋敏
2018年3月出版 / 定价：98.00元
PSN B-2005-038-1/1

中国省域竞争力蓝皮书
中国省域经济综合竞争力发展报告（2016～2017）
著(编)者：李建平 李闽榕
2018年2月出版 / 定价：198.00元
PSN B-2007-088-1/1

中小城市绿皮书
中国中小城市发展报告（2018）
著(编)者：中国城市经济学会中小城市经济发展委员会
中国城镇化促进会中小城市发展委员会
《中国中小城市发展报告》编纂委员会
中小城市发展战略研究院
2018年11月出版 / 估价：128.00元
PSN G-2010-161-1/1

区域经济类

东北蓝皮书
中国东北地区发展报告（2018）
著(编)者：姜晓秋　2018年11月出版 / 估价：99.00元
PSN B-2006-067-1/1

金融蓝皮书
中国金融中心发展报告（2017～2018）
著(编)者：王力 黄育华　2018年11月出版 / 估价：99.00元
PSN B-2011-186-6/7

京津冀蓝皮书
京津冀发展报告（2018）
著(编)者：祝合良 叶堂林 张贵祥
2018年6月出版 / 估价：99.00元
PSN B-2012-262-1/1

西北蓝皮书
中国西北发展报告（2018）
著(编)者：王福生 马廷旭 董秋生
2018年1月出版 / 定价：99.00元
PSN B-2012-261-1/1

西部蓝皮书
中国西部发展报告（2018）
著(编)者：璋勇 任保平　2018年8月出版 / 估价：99.00元
PSN B-2005-039-1/1

长江经济带产业蓝皮书
长江经济带产业发展报告（2018）
著(编)者：吴传清　2018年11月出版 / 估价：128.00元
PSN B-2017-666-1/1

长江经济带蓝皮书
长江经济带发展报告（2017～2018）
著(编)者：王振　2018年11月出版 / 估价：99.00元
PSN B-2016-575-1/1

长江中游城市群蓝皮书
长江中游城市群新型城镇化与产业协同发展报告（2018）
著(编)者：杨刚强　2018年11月出版 / 估价：99.00元
PSN B-2016-578-1/1

长三角蓝皮书
2017年创新融合发展的长三角
著(编)者：刘飞跃　2018年5月出版 / 估价：99.00元
PSN B-2005-038-1/1

长株潭城市群蓝皮书
长株潭城市群发展报告（2017）
著(编)者：张萍 朱有志　2018年6月出版 / 估价：99.00元
PSN B-2008-109-1/1

特色小镇蓝皮书
特色小镇智慧运营报告（2018）：顶层设计与智慧架构标准
著(编)者：陈劲　2018年1月出版 / 定价：79.00元
PSN B-2018-692-1/1

中部竞争力蓝皮书
中国中部经济社会竞争力报告（2018）
著(编)者：教育部人文社会科学重点研究基地南昌大学中国中部经济社会发展研究中心
2018年12月出版 / 估价：99.00元
PSN B-2012-276-1/1

中部蓝皮书
中国中部地区发展报告（2018）
著(编)者：宋亚平　2018年12月出版 / 估价：99.00元
PSN B-2007-089-1/1

区域蓝皮书
中国区域经济发展报告（2017～2018）
著(编)者：赵弘　2018年5月出版 / 估价：99.00元
PSN B-2004-034-1/1

中三角蓝皮书
长江中游城市群发展报告（2018）
著(编)者：秦尊文　2018年9月出版 / 估价：99.00元
PSN B-2014-417-1/1

中原蓝皮书
中原经济区发展报告（2018）
著(编)者：李英杰　2018年6月出版 / 估价：99.00元
PSN B-2011-192-1/1

珠三角流通蓝皮书
珠三角商圈发展研究报告（2018）
著(编)者：王先庆 林至颖　2018年7月出版 / 估价：99.00元
PSN B-2012-292-1/1

社会政法类

北京蓝皮书
中国社区发展报告（2017～2018）
著(编)者：于燕燕　2018年9月出版 / 估价：99.00元
PSN B-2007-083-5/8

殡葬绿皮书
中国殡葬事业发展报告（2017～2018）
著(编)者：李伯森　2018年6月出版 / 估价：158.00元
PSN G-2010-180-1/1

城市管理蓝皮书
中国城市管理报告（2017-2018）
著(编)者：刘林 刘承水　2018年5月出版 / 估价：158.00元
PSN B-2013-336-1/1

城市生活质量蓝皮书
中国城市生活质量报告（2017）
著(编)者：张连城 张平 杨春学 郎丽华
2017年12月出版 / 定价：89.00元
PSN B-2013-326-1/1

城市政府能力蓝皮书
中国城市政府公共服务能力评估报告（2018）
著(编)者：何艳玲　　2018年5月出版 / 估价：99.00元
PSN B-2013-338-1/1

创业蓝皮书
中国创业发展研究报告（2017～2018）
著(编)者：黄群慧 赵卫星 钟宏武
2018年11月出版 / 估价：99.00元
PSN B-2016-577-1/1

慈善蓝皮书
中国慈善发展报告（2018）
著(编)者：杨团　　2018年6月出版 / 估价：99.00元
PSN B-2009-142-1/1

党建蓝皮书
党的建设研究报告No.2（2018）
著(编)者：崔建民 陈东平　　2018年6月出版 / 估价：99.00元
PSN B-2016-523-1/1

地方法治蓝皮书
中国地方法治发展报告No.3（2018）
著(编)者：李林 田禾　　2018年6月出版 / 估价：118.00元
PSN B-2015-442-1/1

电子政务蓝皮书
中国电子政务发展报告（2018）
著(编)者：李季　　2018年8月出版 / 估价：99.00元
PSN B-2003-022-1/1

儿童蓝皮书
中国儿童参与状况报告（2017）
著(编)者：苑立新　　2017年12月出版 / 定价：89.00元
PSN B-2017-682-1/1

法治蓝皮书
中国法治发展报告No.16（2018）
著(编)者：李林 田禾　　2018年3月出版 / 定价：128.00元
PSN B-2004-027-1/3

法治蓝皮书
中国法院信息化发展报告 No.2（2018）
著(编)者：李林 田禾　　2018年2月出版 / 定价：118.00元
PSN B-2017-604-3/3

法治政府蓝皮书
中国法治政府发展报告（2017）
著(编)者：中国政法大学法治政府研究院
2018年3月出版 / 定价：158.00元
PSN B-2015-502-1/2

法治政府蓝皮书
中国法治政府评估报告（2018）
著(编)者：中国政法大学法治政府研究院
2018年9月出版 / 估价：168.00元
PSN B-2016-576-2/2

反腐倡廉蓝皮书
中国反腐倡廉建设报告 No.8
著(编)者：张英伟　　2018年12月出版 / 估价：99.00元
PSN B-2012-259-1/1

扶贫蓝皮书
中国扶贫开发报告（2018）
著(编)者：李培林 魏后凯　　2018年12月出版 / 估价：128.00元
PSN B-2016-599-1/1

妇女发展蓝皮书
中国妇女发展报告 No.6
著(编)者：王金玲　　2018年9月出版 / 估价：158.00元
PSN B-2006-069-1/1

妇女教育蓝皮书
中国妇女教育发展报告 No.3
著(编)者：张李玺　　2018年10月出版 / 估价：99.00元
PSN B-2008-121-1/1

妇女绿皮书
2018年：中国性别平等与妇女发展报告
著(编)者：谭琳　　2018年12月出版 / 估价：99.00元
PSN G-2006-073-1/1

公共安全蓝皮书
中国城市公共安全发展报告（2017～2018）
著(编)者：黄育华 杨文明 赵建辉
2018年6月出版 / 估价：99.00元
PSN B-2017-628-1/1

公共服务蓝皮书
中国城市基本公共服务力评价（2018）
著(编)者：钟君 刘志昌 吴正杲
2018年12月出版 / 估价：99.00元
PSN B-2011-214-1/1

公民科学素质蓝皮书
中国公民科学素质报告（2017～2018）
著(编)者：李群 陈雄 马宗文
2017年12月出版 / 定价：89.00元
PSN B-2014-379-1/1

公益蓝皮书
中国公益慈善发展报告（2016）
著(编)者：朱健刚 胡小军　　2018年6月出版 / 估价：99.00元
PSN B-2012-283-1/1

国际人才蓝皮书
中国国际移民报告（2018）
著(编)者：王辉耀　　2018年6月出版 / 估价：99.00元
PSN B-2012-304-3/4

国际人才蓝皮书
中国留学发展报告（2018）No.7
著(编)者：王辉耀 苗绿　　2018年12月出版 / 估价：99.00元
PSN B-2012-244-2/4

海洋社会蓝皮书
中国海洋社会发展报告（2017）
著(编)者：崔凤 宋宁而　　2018年3月出版 / 定价：99.00元
PSN B-2015-478-1/1

行政改革蓝皮书
中国行政体制改革报告No.7（2018）
著(编)者：魏礼群　　2018年6月出版 / 估价：99.00元
PSN B-2011-231-1/1

华侨华人蓝皮书
华侨华人研究报告（2017）
著(编)者：张禹东 庄国土　　2017年12月出版 / 定价：148.00元
PSN B-2011-204-1/1

互联网与国家治理蓝皮书
互联网与国家治理发展报告（2017）
著(编)者：张志安　　2018年1月出版 / 定价：98.00元
PSN B-2017-671-1/1

环境管理蓝皮书
中国环境管理发展报告（2017）
著(编)者：李金惠　　2017年12月出版 / 定价：98.00元
PSN B-2017-678-1/1

环境竞争力绿皮书
中国省域环境竞争力发展报告（2018）
著(编)者：李建平 李闽榕 王金南
2018年11月出版 / 估价：198.00元
PSN G-2010-165-1/1

环境绿皮书
中国环境发展报告（2017～2018）
著(编)者：李波　　2018年6月出版 / 估价：99.00元
PSN G-2006-048-1/1

家庭蓝皮书
中国"创建幸福家庭活动"评估报告（2018）
著(编)者：国务院发展研究中心"创建幸福家庭活动评估"课题组
2018年12月出版 / 估价：99.00元
PSN B-2015-508-1/1

健康城市蓝皮书
中国健康城市建设研究报告（2018）
著(编)者：王鸿春 盛继洪　　2018年12月出版 / 估价：99.00元
PSN B-2016-564-2/2

健康中国蓝皮书
社区首诊与健康中国分析报告（2018）
著(编)者：高和荣 杨叔禹 姜杰
2018年6月出版 / 估价：99.00元
PSN B-2017-611-1/1

教师蓝皮书
中国中小学教师发展报告（2017）
著(编)者：曾晓东 鱼霞
2018年6月出版 / 估价：99.00元
PSN B-2012-289-1/1

教育扶贫蓝皮书
中国教育扶贫报告（2018）
著(编)者：司树杰 王文静 李兴洲
2018年12月出版 / 估价：99.00元
PSN B-2016-590-1/1

教育蓝皮书
中国教育发展报告（2018）
著(编)者：杨东平　　2018年3月出版 / 定价：89.00元
PSN B-2006-047-1/1

金融法治建设蓝皮书
中国金融法治建设年度报告（2015～2016）
著(编)者：朱小黄　　2018年6月出版 / 估价：99.00元
PSN B-2017-633-1/1

京津冀教育蓝皮书
京津冀教育发展研究报告（2017～2018）
著(编)者：方中雄　　2018年6月出版 / 估价：99.00元
PSN B-2017-608-1/1

就业蓝皮书
2018年中国本科生就业报告
著(编)者：麦可思研究院　　2018年6月出版 / 估价：99.00元
PSN B-2009-146-1/2

就业蓝皮书
2018年中国高职高专生就业报告
著(编)者：麦可思研究院　　2018年6月出版 / 估价：99.00元
PSN B-2015-472-2/2

科学教育蓝皮书
中国科学教育发展报告（2018）
著(编)者：王康友　　2018年10月出版 / 估价：99.00元
PSN B-2015-487-1/1

劳动保障蓝皮书
中国劳动保障发展报告（2018）
著(编)者：刘燕斌　　2018年9月出版 / 估价：158.00元
PSN B-2014-415-1/1

老龄蓝皮书
中国老年宜居环境发展报告（2017）
著(编)者：党俊武 周燕珉　　2018年6月出版 / 估价：99.00元
PSN B-2013-320-1/1

连片特困区蓝皮书
中国连片特困区发展报告（2017～2018）
著(编)者：游俊 冷志明 丁建军
2018年6月出版 / 估价：99.00元
PSN B-2013-321-1/1

流动儿童蓝皮书
中国流动儿童教育发展报告（2017）
著(编)者：杨东平　　2018年6月出版 / 估价：99.00元
PSN B-2017-600-1/1

民调蓝皮书
中国民生调查报告（2018）
著(编)者：谢耘耕　　2018年12月出版 / 估价：99.00元
PSN B-2014-398-1/1

民族发展蓝皮书
中国民族发展报告（2018）
著(编)者：王延中　　2018年10月出版 / 估价：188.00元
PSN B-2006-070-1/1

女性生活蓝皮书
中国女性生活状况报告No.12（2018）
著(编)者：高博燕　　2018年7月出版 / 估价：99.00元
PSN B-2006-071-1/1

汽车社会蓝皮书
中国汽车社会发展报告（2017～2018）
著(编)者：王俊秀　　2018年6月出版 / 估价：99.00元
PSN B-2011-224-1/1

青年蓝皮书
中国青年发展报告（2018）No.3
著(编)者：廉思　　2018年6月出版 / 估价：99.00元
PSN B-2013-333-1/1

青少年蓝皮书
中国未成年人互联网运用报告（2017～2018）
著(编)者：季为民 李文革 沈杰
2018年11月出版 / 估价：99.00元
PSN B-2010-156-1/1

人权蓝皮书
中国人权事业发展报告No.8（2018）
著(编)者：李君如　　2018年9月出版 / 估价：99.00元
PSN B-2011-215-1/1

社会保障绿皮书
中国社会保障发展报告No.9（2018）
著(编)者：王延中　　2018年6月出版 / 估价：99.00元
PSN G-2001-014-1/1

社会风险评估蓝皮书
风险评估与危机预警报告（2017～2018）
著(编)者：唐钧　　2018年8月出版 / 估价：99.00元
PSN B-2012-293-1/1

社会工作蓝皮书
中国社会工作发展报告（2016~2017）
著(编)者：民政部社会工作研究中心
2018年8月出版 / 估价：99.00元
PSN B-2009-141-1/1

社会管理蓝皮书
中国社会管理创新报告No.6
著(编)者：连玉明　　2018年11月出版 / 估价：99.00元
PSN B-2012-300-1/1

社会蓝皮书
2018年中国社会形势分析与预测
著(编)者：李培林 陈光金 张翼
2017年12月出版 / 定价：89.00元
PSN B-1998-002-1/1

社会体制蓝皮书
中国社会体制改革报告No.6（2018）
著(编)者：龚维斌　　2018年3月出版 / 定价：98.00元
PSN B-2013-330-1/1

社会心态蓝皮书
中国社会心态研究报告（2018）
著(编)者：王俊秀　　2018年12月出版 / 估价：99.00元
PSN B-2011-199-1/1

社会组织蓝皮书
中国社会组织报告（2017-2018）
著(编)者：黄晓勇　　2018年6月出版 / 估价：99.00元
PSN B-2008-118-1/2

社会组织蓝皮书
中国社会组织评估发展报告（2018）
著(编)者：徐家良　　2018年12月出版 / 估价：99.00元
PSN B-2013-366-2/2

生态城市绿皮书
中国生态城市建设发展报告（2018）
著(编)者：刘举科 孙伟平 胡文臻
2018年9月出版 / 估价：158.00元
PSN G-2012-269-1/1

生态文明绿皮书
中国省域生态文明建设评价报告（ECI 2018）
著(编)者：严耕　　2018年12月出版 / 估价：99.00元
PSN G-2010-170-1/1

退休生活蓝皮书
中国城市居民退休生活质量指数报告（2017）
著(编)者：杨一帆　　2018年6月出版 / 估价：99.00元
PSN B-2017-618-1/1

危机管理蓝皮书
中国危机管理报告（2018）
著(编)者：文学国 范正青
2018年8月出版 / 估价：99.00元
PSN B-2010-171-1/1

学会蓝皮书
2018年中国学会发展报告
著(编)者：麦可思研究院　　2018年12月出版 / 估价：99.00元
PSN B-2016-597-1/1

医改蓝皮书
中国医药卫生体制改革报告（2017～2018）
著(编)者：文学国 房志武
2018年11月出版 / 估价：99.00元
PSN B-2014-432-1/1

应急管理蓝皮书
中国应急管理报告（2018）
著(编)者：宋英华　　2018年9月出版 / 估价：99.00元
PSN B-2016-562-1/1

政府绩效评估蓝皮书
中国地方政府绩效评估报告 No.2
著(编)者：贠杰　　2018年12月出版 / 估价：99.00元
PSN B-2017-672-1/1

政治参与蓝皮书
中国政治参与报告（2018）
著(编)者：房宁　　2018年8月出版 / 估价：128.00元
PSN B-2011-200-1/1

政治文化蓝皮书
中国政治文化报告（2018）
著(编)者：邢元敏 魏大鹏 龚克
2018年8月出版 / 估价：128.00元
PSN B-2017-615-1/1

中国传统村落蓝皮书
中国传统村落保护现状报告（2018）
著(编)者：胡彬彬 李向军 王晓波
2018年12月出版 / 估价：99.00元
PSN B-2017-663-1/1

中国农村妇女发展蓝皮书
农村流动女性城市生活发展报告（2018）
著(编)者：谢丽华　　2018年12月出版 / 估价：99.00元
PSN B-2014-434-1/1

宗教蓝皮书
中国宗教报告（2017）
著(编)者：邱永辉　　2018年8月出版 / 估价：99.00元
PSN B-2008-117-1/1

产业经济类

保健蓝皮书
中国保健服务产业发展报告 No.2
著(编)者：中国保健协会　　中共中央党校
2018年7月出版 / 估价：198.00元
PSN B-2012-272-3/3

保健蓝皮书
中国保健食品产业发展报告 No.2
著(编)者：中国保健协会
中国社会科学院食品药品产业发展与监管研究中心
2018年8月出版 / 估价：198.00元
PSN B-2012-271-2/3

保健蓝皮书
中国保健用品产业发展报告 No.2
著(编)者：中国保健协会
国务院国有资产监督管理委员会研究中心
2018年6月出版 / 估价：198.00元
PSN B-2012-270-1/3

保险蓝皮书
中国保险业竞争力报告（2018）
著(编)者：保监会　　2018年12月出版 / 估价：99.00元
PSN B-2013-311-1/1

冰雪蓝皮书
中国冰上运动产业发展报告（2018）
著(编)者：孙承华 杨占武 刘戈 张鸿俊
2018年9月出版 / 估价：99.00元
PSN B-2017-648-3/3

冰雪蓝皮书
中国滑雪产业发展报告（2018）
著(编)者：孙承华 伍斌 魏庆华 张鸿俊
2018年9月出版 / 估价：99.00元
PSN B-2016-559-1/3

餐饮产业蓝皮书
中国餐饮产业发展报告（2018）
著(编)者：邢颖
2018年6月出版 / 估价：99.00元
PSN B-2009-151-1/1

茶业蓝皮书
中国茶产业发展报告（2018）
著(编)者：杨江帆 李闽榕
2018年10月出版 / 估价：99.00元
PSN B-2010-164-1/1

产业安全蓝皮书
中国文化产业安全报告（2018）
著(编)者：北京印刷学院文化产业安全研究院
2018年12月出版 / 估价：99.00元
PSN B-2014-378-12/14

产业安全蓝皮书
中国新媒体产业安全报告（2016～2017）
著(编)者：肖丽　　2018年6月出版 / 估价：99.00元
PSN B-2015-500-14/14

产业安全蓝皮书
中国出版传媒产业安全报告（2017～2018）
著(编)者：北京印刷学院文化产业安全研究院
2018年6月出版 / 估价：99.00元
PSN B-2014-384-13/14

产业蓝皮书
中国产业竞争力报告（2018）No.8
著(编)者：张其仔　　2018年12月出版 / 估价：168.00元
PSN B-2010-175-1/1

动力电池蓝皮书
中国新能源汽车动力电池产业发展报告（2018）
著(编)者：中国汽车技术研究中心
2018年8月出版 / 估价：99.00元
PSN B-2017-639-1/1

杜仲产业绿皮书
中国杜仲橡胶资源与产业发展报告（2017～2018）
著(编)者：杜红岩 胡文臻 俞锐
2018年6月出版 / 估价：99.00元
PSN G-2013-350-1/1

房地产蓝皮书
中国房地产发展报告No.15（2018）
著(编)者：李春华 王业强
2018年5月出版 / 估价：99.00元
PSN B-2004-028-1/1

服务外包蓝皮书
中国服务外包产业发展报告（2017～2018）
著(编)者：王晓红 刘德军
2018年6月出版 / 估价：99.00元
PSN B-2013-331-2/2

服务外包蓝皮书
中国服务外包竞争力报告（2017～2018）
著(编)者：刘春生 王力 黄育华
2018年12月出版 / 估价：99.00元
PSN B-2011-216-1/2

工业和信息化蓝皮书
世界信息技术产业发展报告（2017～2018）
著(编)者：尹丽波　　2018年6月出版 / 估价：99.00元
PSN B-2015-449-2/6

工业和信息化蓝皮书
战略性新兴产业发展报告（2017～2018）
著(编)者：尹丽波　　2018年6月出版 / 估价：99.00元
PSN B-2015-450-3/6

海洋经济蓝皮书
中国海洋经济发展报告（2015～2018）
著(编)者：殷克东 高金田 方胜民
2018年3月出版 / 定价：128.00元
PSN B-2018-697-1/1

康养蓝皮书
中国康养产业发展报告（2017）
著(编)者：何莽　　2017年12月出版 / 定价：88.00元
PSN B-2017-685-1/1

客车蓝皮书
中国客车产业发展报告（2017～2018）
著(编)者：姚蔚　　2018年10月出版 / 估价：99.00元
PSN B-2013-361-1/1

流通蓝皮书
中国商业发展报告（2018～2019）
著(编)者：王雪峰 林诗慧
2018年7月出版 / 估价：99.00元
PSN B-2009-152-1/2

能源蓝皮书
中国能源发展报告（2018）
著(编)者：崔民选 王军生 陈义和
2018年12月出版 / 估价：99.00元
PSN B-2006-049-1/1

农产品流通蓝皮书
中国农产品流通产业发展报告（2017）
著(编)者：贾敬敦 张东科 张玉玺 张鹏毅 周伟
2018年6月出版 / 估价：99.00元
PSN B-2012-288-1/1

汽车工业蓝皮书
中国汽车工业发展年度报告（2018）
著(编)者：中国汽车工业协会
中国汽车技术研究中心
丰田汽车公司
2018年5月出版 / 估价：168.00元
PSN B-2015-463-1/2

汽车工业蓝皮书
中国汽车零部件产业发展报告（2017～2018）
著(编)者：中国汽车工业协会
中国汽车工程研究院深圳市沃特玛电池有限公司
2018年9月出版 / 估价：99.00元
PSN B-2016-515-2/2

汽车蓝皮书
中国汽车产业发展报告（2018）
著(编)者：中国汽车工程学会
大众汽车集团（中国）
2018年11月出版 / 估价：99.00元
PSN B-2008-124-1/1

世界茶业蓝皮书
世界茶业发展报告（2018）
著(编)者：李闽榕 冯廷佺
2018年5月出版 / 估价：168.00元
PSN B-2017-619-1/1

世界能源蓝皮书
世界能源发展报告（2018）
著(编)者：黄晓勇　　2018年6月出版 / 估价：168.00元
PSN B-2013-349-1/1

石油蓝皮书
中国石油产业发展报告（2018）
著(编)者：中国石油化工集团公司经济技术研究院
中国国际石油化工联合有限责任公司
中国社会科学院数量经济与技术经济研究所
2018年2月出版 / 定价：98.00元
PSN B-2018-690-1/1

体育蓝皮书
国家体育产业基地发展报告（2016～2017）
著(编)者：李颖川　　2018年6月出版 / 估价：168.00元
PSN B-2017-609-5/5

体育蓝皮书
中国体育产业发展报告（2018）
著(编)者：阮伟 钟秉枢
2018年12月出版 / 估价：99.00元
PSN B-2010-179-1/5

文化金融蓝皮书
中国文化金融发展报告（2018）
著(编)者：杨涛 金巍
2018年6月出版 / 估价：99.00元
PSN B-2017-610-1/1

新能源汽车蓝皮书
中国新能源汽车产业发展报告（2018）
著(编)者：中国汽车技术研究中心
日产（中国）投资有限公司
东风汽车有限公司
2018年8月出版 / 估价：99.00元
PSN B-2013-347-1/1

薏仁米产业蓝皮书
中国薏仁米产业发展报告No.2（2018）
著(编)者：李发耀 石明 秦礼康
2018年8月出版 / 估价：99.00元
PSN B-2017-645-1/1

邮轮绿皮书
中国邮轮产业发展报告（2018）
著(编)者：汪泓　　2018年10月出版 / 估价：99.00元
PSN G-2014-419-1/1

智能养老蓝皮书
中国智能养老产业发展报告（2018）
著(编)者：朱勇　　2018年10月出版 / 估价：99.00元
PSN B-2015-488-1/1

中国节能汽车蓝皮书
中国节能汽车发展报告（2017～2018）
著(编)者：中国汽车工程研究院股份有限公司
2018年9月出版 / 估价：99.00元
PSN B-2016-565-1/1

中国陶瓷产业蓝皮书
中国陶瓷产业发展报告（2018）
著(编)者：左和平 黄速建
2018年10月出版 / 估价：99.00元
PSN B-2016-573-1/1

装备制造业蓝皮书
中国装备制造业发展报告（2018）
著(编)者：徐东华
2018年12月出版 / 估价：118.00元
PSN B-2015-505-1/1

行业及其他类

“三农”互联网金融蓝皮书
中国“三农”互联网金融发展报告（2018）
著(编)者：李勇坚 王弢
2018年8月出版 / 估价：99.00元
PSN B-2016-560-1/1

SUV蓝皮书
中国SUV市场发展报告（2017～2018）
著(编)者：靳军 2018年9月出版 / 估价：99.00元
PSN B-2016-571-1/1

冰雪蓝皮书
中国冬季奥运会发展报告（2018）
著(编)者：孙承华 伍斌 魏庆华 张鸿俊
2018年9月出版 / 估价：99.00元
PSN B-2017-647-2/3

彩票蓝皮书
中国彩票发展报告（2018）
著(编)者：益彩基金 2018年6月出版 / 估价：99.00元
PSN B-2015-462-1/1

测绘地理信息蓝皮书
测绘地理信息供给侧结构性改革研究报告（2018）
著(编)者：库热西·买合苏提
2018年12月出版 / 估价：168.00元
PSN B-2009-145-1/1

产权市场蓝皮书
中国产权市场发展报告（2017）
著(编)者：曹和平
2018年5月出版 / 估价：99.00元
PSN B-2009-147-1/1

城投蓝皮书
中国城投行业发展报告（2018）
著(编)者：华景斌
2018年11月出版 / 估价：300.00元
PSN B-2016-514-1/1

城市轨道交通蓝皮书
中国城市轨道交通运营发展报告（2017～2018）
著(编)者：崔学忠 贾文峥
2018年3月出版 / 定价：89.00元
PSN B-2018-694-1/1

大数据蓝皮书
中国大数据发展报告（No.2）
著(编)者：连玉明 2018年5月出版 / 估价：99.00元
PSN B-2017-620-1/1

大数据应用蓝皮书
中国大数据应用发展报告No.2（2018）
著(编)者：陈军君 2018年8月出版 / 估价：99.00元
PSN B-2017-644-1/1

对外投资与风险蓝皮书
中国对外直接投资与国家风险报告（2018）
著(编)者：中债资信评估有限责任公司
中国社会科学院世界经济与政治研究所
2018年6月出版 / 估价：189.00元
PSN B-2017-606-1/1

工业和信息化蓝皮书
人工智能发展报告（2017～2018）
著(编)者：尹丽波 2018年6月出版 / 估价：99.00元
PSN B-2015-448-1/6

工业和信息化蓝皮书
世界智慧城市发展报告（2017～2018）
著(编)者：尹丽波 2018年6月出版 / 估价：99.00元
PSN B-2017-624-6/6

工业和信息化蓝皮书
世界网络安全发展报告（2017～2018）
著(编)者：尹丽波 2018年6月出版 / 估价：99.00元
PSN B-2015-452-5/6

工业和信息化蓝皮书
世界信息化发展报告（2017～2018）
著(编)者：尹丽波 2018年6月出版 / 估价：99.00元
PSN B-2015-451-4/6

工业设计蓝皮书
中国工业设计发展报告（2018）
著(编)者：王晓红 于炜 张立群 2018年9月出版 / 估价：168.00元
PSN B-2014-420-1/1

公共关系蓝皮书
中国公共关系发展报告（2017）
著(编)者：柳斌杰 2018年1月出版 / 定价：89.00元
PSN B-2016-579-1/1

公共关系蓝皮书
中国公共关系发展报告（2018）
著(编)者：柳斌杰　　2018年11月出版 / 估价：99.00元
PSN B-2016-579-1/1

管理蓝皮书
中国管理发展报告（2018）
著(编)者：张晓东　　2018年10月出版 / 估价：99.00元
PSN B-2014-416-1/1

轨道交通蓝皮书
中国轨道交通行业发展报告（2017）
著(编)者：仲建华 李闽榕
2017年12月出版 / 定价：98.00元
PSN B-2017-674-1/1

海关发展蓝皮书
中国海关发展前沿报告（2018）
著(编)者：干春晖　　2018年6月出版 / 估价：99.00元
PSN B-2017-616-1/1

互联网医疗蓝皮书
中国互联网健康医疗发展报告（2018）
著(编)者：芮晓武　　2018年6月出版 / 估价：99.00元
PSN B-2016-567-1/1

黄金市场蓝皮书
中国商业银行黄金业务发展报告（2017～2018）
著(编)者：平安银行　　2018年6月出版 / 估价：99.00元
PSN B-2016-524-1/1

会展蓝皮书
中外会展业动态评估研究报告（2018）
著(编)者：张敏 任中峰 聂鑫焱 牛盼强
2018年12月出版 / 估价：99.00元
PSN B-2013-327-1/1

基金会蓝皮书
中国基金会发展报告（2017~2018）
著(编)者：中国基金会发展报告课题组
2018年6月出版 / 估价：99.00元
PSN B-2013-368-1/1

基金会绿皮书
中国基金会发展独立研究报告（2018）
著(编)者：基金会中心网　　中央民族大学基金会研究中心
2018年6月出版 / 估价：99.00元
PSN G-2011-213-1/1

基金会透明度蓝皮书
中国基金会透明度发展研究报告（2018）
著(编)者：基金会中心网
清华大学廉政与治理研究中心
2018年9月出版 / 估价：99.00元
PSN B-2013-339-1/1

建筑装饰蓝皮书
中国建筑装饰行业发展报告（2018）
著(编)者：葛道顺 刘晓一
2018年10月出版 / 估价：198.00元
PSN B-2016-553-1/1

金融监管蓝皮书
中国金融监管报告（2018）
著(编)者：胡滨　　2018年3月出版 / 定价：98.00元
PSN B-2012-281-1/1

金融蓝皮书
中国互联网金融行业分析与评估（2018～2019）
著(编)者：黄国平 伍旭川　　2018年12月出版 / 估价：99.00元
PSN B-2016-585-7/7

金融科技蓝皮书
中国金融科技发展报告（2018）
著(编)者：李扬 孙国峰　　2018年10月出版 / 估价：99.00元
PSN B-2014-374-1/1

金融信息服务蓝皮书
中国金融信息服务发展报告（2018）
著(编)者：李平　　2018年5月出版 / 估价：99.00元
PSN B-2017-621-1/1

金蜜蜂企业社会责任蓝皮书
金蜜蜂中国企业社会责任报告研究（2017）
著(编)者：殷格非 于志宏 管竹笋
2018年1月出版 / 定价：99.00元
PSN B-2018-693-1/1

京津冀金融蓝皮书
京津冀金融发展报告（2018）
著(编)者：王爱俭 王璟怡　　2018年10月出版 / 估价：99.00元
PSN B-2016-527-1/1

科普蓝皮书
国家科普能力发展报告（2018）
著(编)者：王康友　　2018年5月出版 / 估价：138.00元
PSN B-2017-632-4/4

科普蓝皮书
中国基层科普发展报告（2017～2018）
著(编)者：赵立新 陈玲　　2018年9月出版 / 估价：99.00元
PSN B-2016-568-3/4

科普蓝皮书
中国科普基础设施发展报告（2017～2018）
著(编)者：任福君　　2018年6月出版 / 估价：99.00元
PSN B-2010-174-1/3

科普蓝皮书
中国科普人才发展报告（2017～2018）
著(编)者：郑念 任嵘嵘　　2018年7月出版 / 估价：99.00元
PSN B-2016-512-2/4

科普能力蓝皮书
中国科普能力评价报告（2018～2019）
著(编)者：李富强 李群　　2018年8月出版 / 估价：99.00元
PSN B-2016-555-1/1

临空经济蓝皮书
中国临空经济发展报告（2018）
著(编)者：连玉明　　2018年9月出版 / 估价：99.00元
PSN B-2014-421-1/1

旅游安全蓝皮书
中国旅游安全报告（2018）
著(编)者：郑向敏 谢朝武　2018年5月出版 / 估价：158.00元
PSN B-2012-280-1/1

旅游绿皮书
2017～2018年中国旅游发展分析与预测
著(编)者：宋瑞　2018年1月出版 / 定价：99.00元
PSN G-2002-018-1/1

煤炭蓝皮书
中国煤炭工业发展报告（2018）
著(编)者：岳福斌　2018年12月出版 / 估价：99.00元
PSN B-2008-123-1/1

民营企业社会责任蓝皮书
中国民营企业社会责任报告（2018）
著(编)者：中华全国工商业联合会
2018年12月出版 / 估价：99.00元
PSN B-2015-510-1/1

民营医院蓝皮书
中国民营医院发展报告（2017）
著(编)者：薛晓林　2017年12月出版 / 定价：89.00元
PSN B-2012-299-1/1

闽商蓝皮书
闽商发展报告（2018）
著(编)者：李闽榕 王日根 林琛
2018年12月出版 / 估价：99.00元
PSN B-2012-298-1/1

农业应对气候变化蓝皮书
中国农业气象灾害及其灾损评估报告（No.3）
著(编)者：矫梅燕　2018年6月出版 / 估价：118.00元
PSN B-2014-413-1/1

品牌蓝皮书
中国品牌战略发展报告（2018）
著(编)者：汪同三　2018年10月出版 / 估价：99.00元
PSN B-2016-580-1/1

企业扶贫蓝皮书
中国企业扶贫研究报告（2018）
著(编)者：钟宏武　2018年12月出版 / 估价：99.00元
PSN B-2016-593-1/1

企业公益蓝皮书
中国企业公益研究报告（2018）
著(编)者：钟宏武 汪杰 黄晓娟
2018年12月出版 / 估价：99.00元
PSN B-2015-501-1/1

企业国际化蓝皮书
中国企业全球化报告（2018）
著(编)者：王辉耀 苗绿　2018年11月出版 / 估价：99.00元
PSN B-2014-427-1/1

企业蓝皮书
中国企业绿色发展报告No.2（2018）
著(编)者：李红玉 朱光辉
2018年8月出版 / 估价：99.00元
PSN B-2015-481-2/2

企业社会责任蓝皮书
中资企业海外社会责任研究报告（2017～2018）
著(编)者：钟宏武 叶柳红 张蒽
2018年6月出版 / 估价：99.00元
PSN B-2017-603-2/2

企业社会责任蓝皮书
中国企业社会责任研究报告（2018）
著(编)者：黄群慧 钟宏武 张蒽 汪杰
2018年11月出版 / 估价：99.00元
PSN B-2009-149-1/2

汽车安全蓝皮书
中国汽车安全发展报告（2018）
著(编)者：中国汽车技术研究中心
2018年8月出版 / 估价：99.00元
PSN B-2014-385-1/1

汽车电子商务蓝皮书
中国汽车电子商务发展报告（2018）
著(编)者：中华全国工商业联合会汽车经销商商会
北方工业大学
北京易观智库网络科技有限公司
2018年10月出版 / 估价：158.00元
PSN B-2015-485-1/1

汽车知识产权蓝皮书
中国汽车产业知识产权发展报告（2018）
著(编)者：中国汽车工程研究院股份有限公司
中国汽车工程学会
重庆长安汽车股份有限公司
2018年12月出版 / 估价：99.00元
PSN B-2016-594-1/1

青少年体育蓝皮书
中国青少年体育发展报告（2017）
著(编)者：刘扶民 杨桦　2018年6月出版 / 估价：99.00元
PSN B-2015-482-1/1

区块链蓝皮书
中国区块链发展报告（2018）
著(编)者：李伟　2018年9月出版 / 估价：99.00元
PSN B-2017-649-1/1

群众体育蓝皮书
中国群众体育发展报告（2017）
著(编)者：刘国永 戴健　2018年5月出版 / 估价：99.00元
PSN B-2014-411-1/3

群众体育蓝皮书
中国社会体育指导员发展报告（2018）
著(编)者：刘国永 王欢　2018年6月出版 / 估价：99.00元
PSN B-2016-520-3/3

人力资源蓝皮书
中国人力资源发展报告（2018）
著(编)者：余兴安　2018年11月出版 / 估价：99.00元
PSN B-2012-287-1/1

融资租赁蓝皮书
中国融资租赁业发展报告（2017～2018）
著(编)者：李光荣 王力　2018年8月出版 / 估价：99.00元
PSN B-2015-443-1/1

商会蓝皮书
中国商会发展报告No.5（2017）
著(编)者：王钦敏　2018年7月出版 / 估价：99.00元
PSN B-2008-125-1/1

商务中心区蓝皮书
中国商务中心区发展报告No.4（2017～2018）
著(编)者：李国红 单菁菁　2018年9月出版 / 估价：99.00元
PSN B-2015-444-1/1

设计产业蓝皮书
中国创新设计发展报告（2018）
著(编)者：王晓红 张立群 于炜
2018年11月出版 / 估价：99.00元
PSN B-2016-581-2/2

社会责任管理蓝皮书
中国上市公司社会责任能力成熟度报告No.4（2018）
著(编)者：肖红军 王晓光 李伟阳
2018年12月出版 / 估价：99.00元
PSN B-2015-507-2/2

社会责任管理蓝皮书
中国企业公众透明度报告No.4（2017～2018）
著(编)者：黄速建 熊梦 王晓光 肖红军
2018年6月出版 / 估价：99.00元
PSN B-2015-440-1/2

食品药品蓝皮书
食品药品安全与监管政策研究报告（2016～2017）
著(编)者：唐民皓　2018年6月出版 / 估价：99.00元
PSN B-2009-129-1/1

输血服务蓝皮书
中国输血行业发展报告（2018）
著(编)者：孙俊　2018年12月出版 / 估价：99.00元
PSN B-2016-582-1/1

水利风景区蓝皮书
中国水利风景区发展报告（2018）
著(编)者：董建文 兰思仁
2018年10月出版 / 估价：99.00元
PSN B-2015-480-1/1

数字经济蓝皮书
全球数字经济竞争力发展报告（2017）
著(编)者：王振　2017年12月出版 / 定价：79.00元
PSN B-2017-673-1/1

私募市场蓝皮书
中国私募股权市场发展报告（2017～2018）
著(编)者：曹和平　2018年12月出版 / 估价：99.00元
PSN B-2010-162-1/1

碳排放权交易蓝皮书
中国碳排放权交易报告（2018）
著(编)者：孙永平　2018年11月出版 / 估价：99.00元
PSN B-2017-652-1/1

碳市场蓝皮书
中国碳市场报告（2018）
著(编)者：定金彪　2018年11月出版 / 估价：99.00元
PSN B-2014-430-1/1

体育蓝皮书
中国公共体育服务发展报告（2018）
著(编)者：戴健　2018年12月出版 / 估价：99.00元
PSN B-2013-367-2/5

土地市场蓝皮书
中国农村土地市场发展报告（2017～2018）
著(编)者：李光荣　2018年6月出版 / 估价：99.00元
PSN B-2016-526-1/1

土地整治蓝皮书
中国土地整治发展研究报告（No.5）
著(编)者：国土资源部土地整治中心
2018年7月出版 / 估价：99.00元
PSN B-2014-401-1/1

土地政策蓝皮书
中国土地政策研究报告（2018）
著(编)者：高延利 张建平 吴次芳
2018年1月出版 / 定价：98.00元
PSN B-2015-506-1/1

网络空间安全蓝皮书
中国网络空间安全发展报告（2018）
著(编)者：惠志斌 覃庆玲
2018年11月出版 / 估价：99.00元
PSN B-2015-466-1/1

文化志愿服务蓝皮书
中国文化志愿服务发展报告（2018）
著(编)者：张永新 良警宇　2018年11月出版 / 估价：128.00元
PSN B-2016-596-1/1

西部金融蓝皮书
中国西部金融发展报告（2017～2018）
著(编)者：李忠民　2018年8月出版 / 估价：99.00元
PSN B-2010-160-1/1

协会商会蓝皮书
中国行业协会商会发展报告（2017）
著(编)者：景朝阳 李勇　2018年6月出版 / 估价：99.00元
PSN B-2015-461-1/1

新三板蓝皮书
中国新三板市场发展报告（2018）
著(编)者：王力　2018年8月出版 / 估价：99.00元
PSN B-2016-533-1/1

信托市场蓝皮书
中国信托业市场报告（2017～2018）
著(编)者：用益金融信托研究院
2018年6月出版 / 估价：198.00元
PSN B-2014-371-1/1

信息化蓝皮书
中国信息化形势分析与预测（2017～2018）
著(编)者：周宏仁　2018年8月出版 / 估价：99.00元
PSN B-2010-168-1/1

信用蓝皮书
中国信用发展报告（2017～2018）
著(编)者：章政 田侃　2018年6月出版 / 估价：99.00元
PSN B-2013-328-1/1

休闲绿皮书
2017～2018年中国休闲发展报告
著(编)者：宋瑞　2018年7月出版 / 估价：99.00元
PSN G-2010-158-1/1

休闲体育蓝皮书
中国休闲体育发展报告（2017～2018）
著(编)者：李相如 钟秉枢
2018年10月出版 / 估价：99.00元
PSN B-2016-516-1/1

养老金融蓝皮书
中国养老金融发展报告（2018）
著(编)者：董克用 姚余栋
2018年9月出版 / 估价：99.00元
PSN B-2016-583-1/1

遥感监测绿皮书
中国可持续发展遥感监测报告（2017）
著(编)者：顾行发 汪克强 潘教峰 李闽榕 徐东华 王琦安
2018年6月出版 / 估价：298.00元
PSN B-2017-629-1/1

药品流通蓝皮书
中国药品流通行业发展报告（2018）
著(编)者：佘鲁林 温再兴
2018年7月出版 / 估价：198.00元
PSN B-2014-429-1/1

医疗器械蓝皮书
中国医疗器械行业发展报告（2018）
著(编)者：王宝亭 耿鸿武
2018年10月出版 / 估价：99.00元
PSN B-2017-661-1/1

医院蓝皮书
中国医院竞争力报告（2017~2018）
著(编)者：庄一强　2018年3月出版 / 定价：108.00元
PSN B-2016-528-1/1

瑜伽蓝皮书
中国瑜伽业发展报告（2017~2018）
著(编)者：张永建 徐华锋 朱泰余
2018年6月出版 / 估价：198.00元
PSN B-2017-625-1/1

债券市场蓝皮书
中国债券市场发展报告（2017～2018）
著(编)者：杨农　2018年10月出版 / 估价：99.00元
PSN B-2016-572-1/1

志愿服务蓝皮书
中国志愿服务发展报告（2018）
著(编)者：中国志愿服务联合会
2018年11月出版 / 估价：99.00元
PSN B-2017-664-1/1

中国上市公司蓝皮书
中国上市公司发展报告（2018）
著(编)者：张鹏 张平 黄胤英
2018年9月出版 / 估价：99.00元
PSN B-2014-414-1/1

中国新三板蓝皮书
中国新三板创新与发展报告（2018）
著(编)者：刘平安 闻召林
2018年8月出版 / 估价：158.00元
PSN B-2017-638-1/1

中国汽车品牌蓝皮书
中国乘用车品牌发展报告（2017）
著(编)者：《中国汽车报》社有限公司
博世（中国）投资有限公司
中国汽车技术研究中心数据资源中心
2018年1月出版 / 定价：89.00元
PSN B-2017-679-1/1

中医文化蓝皮书
北京中医药文化传播发展报告（2018）
著(编)者：毛嘉陵　2018年6月出版 / 估价：99.00元
PSN B-2015-468-1/2

中医文化蓝皮书
中国中医药文化传播发展报告（2018）
著(编)者：毛嘉陵　2018年7月出版 / 估价：99.00元
PSN B-2016-584-2/2

中医药蓝皮书
北京中医药知识产权发展报告No.2
著(编)者：汪洪 屠志涛　2018年6月出版 / 估价：168.00元
PSN B-2017-602-1/1

资本市场蓝皮书
中国场外交易市场发展报告（2016～2017）
著(编)者：高峦　2018年6月出版 / 估价：99.00元
PSN B-2009-153-1/1

资产管理蓝皮书
中国资产管理行业发展报告（2018）
著(编)者：郑智　2018年7月出版 / 估价：99.00元
PSN B-2014-407-2/2

资产证券化蓝皮书
中国资产证券化发展报告（2018）
著(编)者：沈炳熙 曹彤 李哲平
2018年4月出版 / 定价：98.00元
PSN B-2017-660-1/1

自贸区蓝皮书
中国自贸区发展报告（2018）
著(编)者：王力 黄育华
2018年6月出版 / 估价：99.00元
PSN B-2016-558-1/1

国际问题与全球治理类

"一带一路"跨境通道蓝皮书
"一带一路"跨境通道建设研究报（2017~2018）
著(编)者：余鑫 张秋生　　2018年1月出版 / 定价：89.00元
PSN B-2016-557-1/1

"一带一路"蓝皮书
"一带一路"建设发展报告（2018）
著(编)者：李永全　　2018年3月出版 / 定价：98.00元
PSN B-2016-552-1/1

"一带一路"投资安全蓝皮书
中国"一带一路"投资与安全研究报告（2018）
著(编)者：邹统钎 梁昊光　　2018年4月出版 / 定价：98.00元
PSN B-2017-612-1/1

"一带一路"文化交流蓝皮书
中阿文化交流发展报告（2017）
著(编)者：王辉　　2017年12月出版 / 定价：89.00元
PSN B-2017-655-1/1

G20国家创新竞争力黄皮书
二十国集团（G20）国家创新竞争力发展报告（2017~2018）
著(编)者：李建平 李闽榕 赵新力 周天勇
2018年7月出版 / 估价：168.00元
PSN Y-2011-229-1/1

阿拉伯黄皮书
阿拉伯发展报告（2016~2017）
著(编)者：罗林　　2018年6月出版 / 估价：99.00元
PSN Y-2014-381-1/1

北部湾蓝皮书
泛北部湾合作发展报告（2017~2018）
著(编)者：吕余生　　2018年12月出版 / 估价：99.00元
PSN B-2008-114-1/1

北极蓝皮书
北极地区发展报告（2017）
著(编)者：刘惠荣　　2018年7月出版 / 估价：99.00元
PSN B-2017-634-1/1

大洋洲蓝皮书
大洋洲发展报告（2017~2018）
著(编)者：喻常森　　2018年10月出版 / 估价：99.00元
PSN B-2013-341-1/1

东北亚区域合作蓝皮书
2017年"一带一路"倡议与东北亚区域合作
著(编)者：刘亚政 金美花
2018年5月出版 / 估价：99.00元
PSN B-2017-631-1/1

东盟黄皮书
东盟发展报告（2017）
著(编)者：杨静林 庄国土　2018年6月出版 / 估价：99.00元
PSN Y-2012-303-1/1

东南亚蓝皮书
东南亚地区发展报告（2017~2018）
著(编)者：王勤　　2018年12月出版 / 估价：99.00元
PSN B-2012-240-1/1

非洲黄皮书
非洲发展报告No.20（2017~2018）
著(编)者：张宏明　　2018年7月出版 / 估价：99.00元
PSN Y-2012-239-1/1

非传统安全蓝皮书
中国非传统安全研究报告（2017~2018）
著(编)者：潇枫 罗中枢　　2018年8月出版 / 估价：99.00元
PSN B-2012-273-1/1

国际安全蓝皮书
中国国际安全研究报告（2018）
著(编)者：刘慧　　2018年7月出版 / 估价：99.00元
PSN B-2016-521-1/1

国际城市蓝皮书
国际城市发展报告（2018）
著(编)者：屠启宇　　2018年2月出版 / 定价：89.00元
PSN B-2012-260-1/1

国际形势黄皮书
全球政治与安全报告（2018）
著(编)者：张宇燕　　2018年1月出版 / 定价：99.00元
PSN Y-2001-016-1/1

公共外交蓝皮书
中国公共外交发展报告（2018）
著(编)者：赵启正 雷蔚真　　2018年6月出版 / 估价：99.00元
PSN B-2015-457-1/1

海丝蓝皮书
21世纪海上丝绸之路研究报告（2017）
著(编)者：华侨大学海上丝绸之路研究院
2017年12月出版 / 定价：89.00元
PSN B-2017-684-1/1

金砖国家黄皮书
金砖国家综合创新竞争力发展报告（2018）
著(编)者：赵新力 李闽榕 黄茂兴
2018年8月出版 / 估价：128.00元
PSN Y-2017-643-1/1

拉美黄皮书
拉丁美洲和加勒比发展报告（2017~2018）
著(编)者：袁东振　　2018年6月出版 / 估价：99.00元
PSN Y-1999-007-1/1

澜湄合作蓝皮书
澜沧江-湄公河合作发展报告（2018）
著(编)者：刘稚　　2018年9月出版 / 估价：99.00元
PSN B-2011-196-1/1

欧洲蓝皮书
欧洲发展报告（2017～2018）
著(编)者：黄平 周弘 程卫东
2018年6月出版 / 估价：99.00元
PSN B-1999-009-1/1

葡语国家蓝皮书
葡语国家发展报告（2016～2017）
著(编)者：王成安 张敏 刘金兰
2018年6月出版 / 估价：99.00元
PSN B-2015-503-1/2

葡语国家蓝皮书
中国与葡语国家关系发展报告·巴西（2016）
著(编)者：张曙光
2018年8月出版 / 估价：99.00元
PSN B-2016-563-2/2

气候变化绿皮书
应对气候变化报告（2018）
著(编)者：王伟光 郑国光
2018年11月出版 / 估价：99.00元
PSN G-2009-144-1/1

全球环境竞争力绿皮书
全球环境竞争力报告（2018）
著(编)者：李建平 李闽榕 王金南
2018年12月出版 / 估价：198.00元
PSN G-2013-363-1/1

全球信息社会蓝皮书
全球信息社会发展报告（2018）
著(编)者：丁波涛 唐涛　2018年10月出版 / 估价：99.00元
PSN B-2017-665-1/1

日本经济蓝皮书
日本经济与中日经贸关系研究报告（2018）
著(编)者：张季风　2018年6月出版 / 估价：99.00元
PSN B-2008-102-1/1

上海合作组织黄皮书
上海合作组织发展报告（2018）
著(编)者：李进峰　2018年6月出版 / 估价：99.00元
PSN Y-2009-130-1/1

世界创新竞争力黄皮书
世界创新竞争力发展报告（2017）
著(编)者：李建平 李闽榕 赵新力
2018年6月出版 / 估价：168.00元
PSN Y-2013-318-1/1

世界经济黄皮书
2018年世界经济形势分析与预测
著(编)者：张宇燕　2018年1月出版 / 定价：99.00元
PSN Y-1999-006-1/1

世界能源互联互通蓝皮书
世界能源清洁发展与互联互通评估报告（2017）：欧洲篇
著(编)者：国网能源研究院
2018年1月出版 / 定价：128.00元
PSN B-2018-695-1/1

丝绸之路蓝皮书
丝绸之路经济带发展报告（2018）
著(编)者：任宗哲 白宽犁 谷孟宾
2018年1月出版 / 定价：89.00元
PSN B-2014-410-1/1

新兴经济体蓝皮书
金砖国家发展报告（2018）
著(编)者：林跃勤 周文
2018年8月出版 / 估价：99.00元
PSN B-2011-195-1/1

亚太蓝皮书
亚太地区发展报告（2018）
著(编)者：李向阳　2018年5月出版 / 估价：99.00元
PSN B-2001-015-1/1

印度洋地区蓝皮书
印度洋地区发展报告（2018）
著(编)者：汪戎　2018年6月出版 / 估价：99.00元
PSN B-2013-334-1/1

印度尼西亚经济蓝皮书
印度尼西亚经济发展报告（2017）：增长与机会
著(编)者：左志刚　2017年11月出版 / 定价：89.00元
PSN B-2017-675-1/1

渝新欧蓝皮书
渝新欧沿线国家发展报告（2018）
著(编)者：杨柏 黄森
2018年6月出版 / 估价：99.00元
PSN B-2017-626-1/1

中阿蓝皮书
中国-阿拉伯国家经贸发展报告（2018）
著(编)者：张廉 段庆林 王林聪 杨巧红
2018年12月出版 / 估价：99.00元
PSN B-2016-598-1/1

中东黄皮书
中东发展报告No.20（2017～2018）
著(编)者：杨光　2018年10月出版 / 估价：99.00元
PSN Y-1998-004-1/1

中亚黄皮书
中亚国家发展报告（2018）
著(编)者：孙力
2018年3月出版 / 定价：98.00元
PSN Y-2012-238-1/1

国别类

澳大利亚蓝皮书
澳大利亚发展报告（2017-2018）
著(编)者：孙有中 韩锋　　2018年12月出版 / 估价：99.00元
PSN B-2016-587-1/1

巴西黄皮书
巴西发展报告（2017）
著(编)者：刘国枝　　2018年5月出版 / 估价：99.00元
PSN Y-2017-614-1/1

德国蓝皮书
德国发展报告（2018）
著(编)者：郑春荣　　2018年6月出版 / 估价：99.00元
PSN B-2012-278-1/1

俄罗斯黄皮书
俄罗斯发展报告（2018）
著(编)者：李永全　　2018年6月出版 / 估价：99.00元
PSN Y-2006-061-1/1

韩国蓝皮书
韩国发展报告（2017）
著(编)者：牛林杰 刘宝全　　2018年6月出版 / 估价：99.00元
PSN B-2010-155-1/1

加拿大蓝皮书
加拿大发展报告（2018）
著(编)者：唐小松　　2018年9月出版 / 估价：99.00元
PSN B-2014-389-1/1

美国蓝皮书
美国研究报告（2018）
著(编)者：郑秉文 黄平　　2018年5月出版 / 估价：99.00元
PSN B-2011-210-1/1

缅甸蓝皮书
缅甸国情报告（2017）
著(编)者：祝湘辉
2017年11月出版 / 定价：98.00元
PSN B-2013-343-1/1

日本蓝皮书
日本研究报告（2018）
著(编)者：杨伯江　　2018年4月出版 / 定价：99.00元
PSN B-2002-020-1/1

土耳其蓝皮书
土耳其发展报告（2018）
著(编)者：郭长刚 刘义　　2018年9月出版 / 估价：99.00元
PSN B-2014-412-1/1

伊朗蓝皮书
伊朗发展报告（2017～2018）
著(编)者：冀开运　　2018年10月 / 估价：99.00元
PSN B-2016-574-1/1

以色列蓝皮书
以色列发展报告（2018）
著(编)者：张倩红　　2018年8月出版 / 估价：99.00元
PSN B-2015-483-1/1

印度蓝皮书
印度国情报告（2017）
著(编)者：吕昭义　　2018年6月出版 / 估价：99.00元
PSN B-2012-241-1/1

英国蓝皮书
英国发展报告（2017～2018）
著(编)者：王展鹏　　2018年12月出版 / 估价：99.00元
PSN B-2015-486-1/1

越南蓝皮书
越南国情报告（2018）
著(编)者：谢林城　　2018年11月出版 / 估价：99.00元
PSN B-2006-056-1/1

泰国蓝皮书
泰国研究报告（2018）
著(编)者：庄国土 张禹东　刘文正
2018年10月出版 / 估价：99.00元
PSN B-2016-556-1/1

文化传媒类

“三农”舆情蓝皮书
中国“三农”网络舆情报告（2017～2018）
著(编)者：农业部信息中心
2018年6月出版 / 估价：99.00元
PSN B-2017-640-1/1

传媒竞争力蓝皮书
中国传媒国际竞争力研究报告（2018）
著(编)者：李本乾 刘强 王大可
2018年8月出版 / 估价：99.00元
PSN B-2013-356-1/1

传媒蓝皮书
中国传媒产业发展报告（2018）
著(编)者：崔保国
2018年5月出版 / 估价：99.00元
PSN B-2005-035-1/1

传媒投资蓝皮书
中国传媒投资发展报告（2018）
著(编)者：张向东 谭云明
2018年6月出版 / 估价：148.00元
PSN B-2015-474-1/1

非物质文化遗产蓝皮书
中国非物质文化遗产发展报告（2018）
著(编)者：陈平　2018年6月出版 / 估价：128.00元
PSN B-2015-469-1/2

非物质文化遗产蓝皮书
中国非物质文化遗产保护发展报告（2018）
著(编)者：宋俊华　2018年10月出版 / 估价：128.00元
PSN B-2016-586-2/2

广电蓝皮书
中国广播电影电视发展报告（2018）
著(编)者：国家新闻出版广电总局发展研究中心
2018年7月出版 / 估价：99.00元
PSN B-2006-072-1/1

广告主蓝皮书
中国广告主营销传播趋势报告No.9
著(编)者：黄升民 杜国清 邵华冬 等
2018年10月出版 / 估价：158.00元
PSN B-2005-041-1/1

国际传播蓝皮书
中国国际传播发展报告（2018）
著(编)者：胡正荣 李继东 姬德强
2018年12月出版 / 估价：99.00元
PSN B-2014-408-1/1

国家形象蓝皮书
中国国家形象传播报告（2017）
著(编)者：张昆　2018年6月出版 / 估价：128.00元
PSN B-2017-605-1/1

互联网治理蓝皮书
中国网络社会治理研究报告（2018）
著(编)者：罗昕 支庭荣
2018年9月出版 / 估价：118.00元
PSN B-2017-653-1/1

纪录片蓝皮书
中国纪录片发展报告（2018）
著(编)者：何苏六　2018年10月出版 / 估价：99.00元
PSN B-2011-222-1/1

科学传播蓝皮书
中国科学传播报告（2016~2017）
著(编)者：詹正茂　2018年6月出版 / 估价：99.00元
PSN B-2008-120-1/1

两岸创意经济蓝皮书
两岸创意经济研究报告（2018）
著(编)者：罗昌智 董泽平
2018年10月出版 / 估价：99.00元
PSN B-2014-437-1/1

媒介与女性蓝皮书
中国媒介与女性发展报告（2017~2018）
著(编)者：刘利群　2018年5月出版 / 估价：99.00元
PSN B-2013-345-1/1

媒体融合蓝皮书
中国媒体融合发展报告（2017~2018）
著(编)者：梅宁华 支庭荣
2017年12月出版 / 定价：98.00元
PSN B-2015-479-1/1

全球传媒蓝皮书
全球传媒发展报告（2017~2018）
著(编)者：胡正荣 李继东　2018年6月出版 / 估价：99.00元
PSN B-2012-237-1/1

少数民族非遗蓝皮书
中国少数民族非物质文化遗产发展报告（2018）
著(编)者：肖远平（彝） 柴立（满）
2018年10月出版 / 估价：118.00元
PSN B-2015-467-1/1

视听新媒体蓝皮书
中国视听新媒体发展报告（2018）
著(编)者：国家新闻出版广电总局发展研究中心
2018年7月出版 / 估价：118.00元
PSN B-2011-184-1/1

数字娱乐产业蓝皮书
中国动画产业发展报告（2018）
著(编)者：孙立军 孙平 牛兴侦
2018年10月出版 / 估价：99.00元
PSN B-2011-198-1/2

数字娱乐产业蓝皮书
中国游戏产业发展报告（2018）
著(编)者：孙立军 刘跃军　2018年10月出版 / 估价：99.00元
PSN B-2017-662-2/2

网络视听蓝皮书
中国互联网视听行业发展报告（2018）
著(编)者：陈鹏　2018年2月出版 / 定价：148.00元
PSN B-2018-688-1/1

文化创新蓝皮书
中国文化创新报告（2017·No.8）
著(编)者：傅才武　2018年6月出版 / 估价：99.00元
PSN B-2009-143-1/1

文化建设蓝皮书
中国文化发展报告（2018）
著(编)者：江畅 孙伟平 戴茂堂
2018年5月出版 / 估价：99.00元
PSN B-2014-392-1/1

文化科技蓝皮书
文化科技创新发展报告（2018）
著(编)者：于平 李凤亮　2018年10月出版 / 估价：99.00元
PSN B-2013-342-1/1

文化蓝皮书
中国公共文化服务发展报告（2017~2018）
著(编)者：刘新成 张永新 张旭
2018年12月出版 / 估价：99.00元
PSN B-2007-093-2/10

文化蓝皮书
中国少数民族文化发展报告（2017~2018）
著(编)者：武翠英 张晓明 任乌晶
2018年9月出版 / 估价：99.00元
PSN B-2013-369-9/10

文化蓝皮书
中国文化产业供需协调检测报告（2018）
著(编)者：王亚南　2018年3月出版 / 定价：99.00元
PSN B-2013-323-8/10

文化蓝皮书
中国文化消费需求景气评价报告（2018）
著(编)者：王亚南　　2018年3月出版 / 定价：99.00元
PSN B-2011-236-4/10

文化蓝皮书
中国公共文化投入增长测评报告（2018）
著(编)者：王亚南　　2018年3月出版 / 定价：99.00元
PSN B-2014-435-10/10

文化品牌蓝皮书
中国文化品牌发展报告（2018）
著(编)者：欧阳友权　　2018年5月出版 / 估价：99.00元
PSN B-2012-277-1/1

文化遗产蓝皮书
中国文化遗产事业发展报告（2017~2018）
著(编)者：苏杨 张颖岚 卓杰 白海峰 陈晨 陈叙图
2018年8月出版 / 估价：99.00元
PSN B-2008-119-1/1

文学蓝皮书
中国文情报告（2017~2018）
著(编)者：白烨　　2018年5月出版 / 估价：99.00元
PSN B-2011-221-1/1

新媒体蓝皮书
中国新媒体发展报告No.9（2018）
著(编)者：唐绪军　　2018年7月出版 / 估价：99.00元
PSN B-2010-169-1/1

新媒体社会责任蓝皮书
中国新媒体社会责任研究报告（2018）
著(编)者：钟瑛　　2018年12月出版 / 估价：99.00元
PSN B-2014-423-1/1

移动互联网蓝皮书
中国移动互联网发展报告（2018）
著(编)者：余清楚　　2018年6月出版 / 估价：99.00元
PSN B-2012-282-1/1

影视蓝皮书
中国影视产业发展报告（2018）
著(编)者：司若 陈鹏 陈锐
2018年6月出版 / 估价：99.00元
PSN B-2016-529-1/1

舆情蓝皮书
中国社会舆情与危机管理报告（2018）
著(编)者：谢耘耕
2018年9月出版 / 估价：138.00元
PSN B-2011-235-1/1

中国大运河蓝皮书
中国大运河发展报告（2018）
著(编)者：吴欣　　2018年2月出版 / 估价：128.00元
PSN B-2018-691-1/1

地方发展类-经济

澳门蓝皮书
澳门经济社会发展报告（2017~2018）
著(编)者：吴志良 郝雨凡
2018年7月出版 / 估价：99.00元
PSN B-2009-138-1/1

澳门绿皮书
澳门旅游休闲发展报告（2017~2018）
著(编)者：郝雨凡 林广志
2018年5月出版 / 估价：99.00元
PSN G-2017-617-1/1

北京蓝皮书
北京经济发展报告（2017~2018）
著(编)者：杨松　　2018年6月出版 / 估价：99.00元
PSN B-2006-054-2/8

北京旅游绿皮书
北京旅游发展报告（2018）
著(编)者：北京旅游学会
2018年7月出版 / 估价：99.00元
PSN G-2012-301-1/1

北京体育蓝皮书
北京体育产业发展报告（2017~2018）
著(编)者：钟秉枢 陈杰 杨铁黎
2018年9月出版 / 估价：99.00元
PSN B-2015-475-1/1

滨海金融蓝皮书
滨海新区金融发展报告（2017）
著(编)者：王爱俭 李向前　　2018年4月出版 / 估价：99.00元
PSN B-2014-424-1/1

城乡一体化蓝皮书
北京城乡一体化发展报告（2017~2018）
著(编)者：吴宝新 张宝秀 黄序
2018年5月出版 / 估价：99.00元
PSN B-2012-258-2/2

非公有制企业社会责任蓝皮书
北京非公有制企业社会责任报告（2018）
著(编)者：宋贵伦 冯培
2018年6月出版 / 估价：99.00元
PSN B-2017-613-1/1

福建旅游蓝皮书
福建省旅游产业发展现状研究（2017~2018）
著(编)者：陈敏华 黄远水　2018年12月出版 / 估价：128.00元
PSN B-2016-591-1/1

福建自贸区蓝皮书
中国(福建)自由贸易试验区发展报告(2017~2018)
著(编)者：黄茂兴　2018年6月出版 / 估价：118.00元
PSN B-2016-531-1/1

甘肃蓝皮书
甘肃经济发展分析与预测（2018）
著(编)者：安文华 罗哲　2018年1月出版 / 定价：99.00元
PSN B-2013-312-1/6

甘肃蓝皮书
甘肃商贸流通发展报告（2018）
著(编)者：张应华 王福生 王晓芳
2018年1月出版 / 定价：99.00元
PSN B-2016-522-6/6

甘肃蓝皮书
甘肃县域和农村发展报告（2018）
著(编)者：包东红 朱智文 王建兵
2018年1月出版 / 定价：99.00元
PSN B-2013-316-5/6

甘肃农业科技绿皮书
甘肃农业科技发展研究报告（2018）
著(编)者：魏胜文 乔德华 张东伟
2018年12月出版 / 估价：198.00元
PSN B-2016-592-1/1

甘肃气象保障蓝皮书
甘肃农业对气候变化的适应与风险评估报告（No.1）
著(编)者：鲍文中 周广胜
2017年12月出版 / 定价：108.00元
PSN B-2017-677-1/1

巩义蓝皮书
巩义经济社会发展报告（2018）
著(编)者：丁同民 朱军　2018年6月出版 / 估价：99.00元
PSN B-2016-532-1/1

广东外经贸蓝皮书
广东对外经济贸易发展研究报告（2017~2018）
著(编)者：陈万灵　2018年6月出版 / 估价：99.00元
PSN B-2012-286-1/1

广西北部湾经济区蓝皮书
广西北部湾经济区开放开发报告（2017~2018）
著(编)者：广西壮族自治区北部湾经济区和东盟开放合作办公室
广西社会科学院
广西北部湾发展研究院
2018年5月出版 / 估价：99.00元
PSN B-2010-181-1/1

广州蓝皮书
广州城市国际化发展报告（2018）
著(编)者：张跃国　2018年8月出版 / 估价：99.00元
PSN B-2012-246-11/14

广州蓝皮书
中国广州城市建设与管理发展报告（2018）
著(编)者：张其学 陈小钢 王宏伟　2018年8月出版 / 估价：99.00元
PSN B-2007-087-4/14

广州蓝皮书
广州创新型城市发展报告（2018）
著(编)者：尹涛　2018年6月出版 / 估价：99.00元
PSN B-2012-247-12/14

广州蓝皮书
广州经济发展报告（2018）
著(编)者：张跃国 尹涛　2018年7月出版 / 估价：99.00元
PSN B-2005-040-1/14

广州蓝皮书
2018年中国广州经济形势分析与预测
著(编)者：魏明海 谢博能 李华
2018年6月出版 / 估价：99.00元
PSN B-2011-185-9/14

广州蓝皮书
中国广州科技创新发展报告（2018）
著(编)者：于欣伟 陈爽 邓佑满　2018年8月出版 / 估价：99.00元
PSN B-2006-065-2/14

广州蓝皮书
广州农村发展报告（2018）
著(编)者：朱名宏　2018年7月出版 / 估价：99.00元
PSN B-2010-167-8/14

广州蓝皮书
广州汽车产业发展报告（2018）
著(编)者：杨再高 冯兴亚　2018年7月出版 / 估价：99.00元
PSN B-2006-066-3/14

广州蓝皮书
广州商贸业发展报告（2018）
著(编)者：张跃国 陈杰 荀振英
2018年7月出版 / 估价：99.00元
PSN B-2012-245-10/14

贵阳蓝皮书
贵阳城市创新发展报告No.3（白云篇）
著(编)者：连玉明　2018年5月出版 / 估价：99.00元
PSN B-2015-491-3/10

贵阳蓝皮书
贵阳城市创新发展报告No.3（观山湖篇）
著(编)者：连玉明　2018年5月出版 / 估价：99.00元
PSN B-2015-497-9/10

贵阳蓝皮书
贵阳城市创新发展报告No.3（花溪篇）
著(编)者：连玉明　2018年5月出版 / 估价：99.00元
PSN B-2015-490-2/10

贵阳蓝皮书
贵阳城市创新发展报告No.3（开阳篇）
著(编)者：连玉明　2018年5月出版 / 估价：99.00元
PSN B-2015-492-4/10

贵阳蓝皮书
贵阳城市创新发展报告No.3（南明篇）
著(编)者：连玉明　2018年5月出版 / 估价：99.00元
PSN B-2015-496-8/10

贵阳蓝皮书
贵阳城市创新发展报告No.3（清镇篇）
著(编)者：连玉明　2018年5月出版 / 估价：99.00元
PSN B-2015-489-1/10

贵阳蓝皮书
贵阳城市创新发展报告No.3（乌当篇）
著(编)者：连玉明　2018年5月出版 / 估价：99.00元
PSN B-2015-495-7/10

贵阳蓝皮书
贵阳城市创新发展报告No.3（息烽篇）
著(编)者：连玉明　2018年5月出版 / 估价：99.00元
PSN B-2015-493-5/10

贵阳蓝皮书
贵阳城市创新发展报告No.3（修文篇）
著(编)者：连玉明　2018年5月出版 / 估价：99.00元
PSN B-2015-494-6/10

贵阳蓝皮书
贵阳城市创新发展报告No.3（云岩篇）
著(编)者：连玉明　2018年5月出版 / 估价：99.00元
PSN B-2015-498-10/10

贵州房地产蓝皮书
贵州房地产发展报告No.5（2018）
著(编)者：武廷方　2018年7月出版 / 估价：99.00元
PSN B-2014-426-1/1

贵州蓝皮书
贵州册亨经济社会发展报告（2018）
著(编)者：黄德林　2018年6月出版 / 估价：99.00元
PSN B-2016-525-8/9

贵州蓝皮书
贵州地理标志产业发展报告（2018）
著(编)者：李发耀 黄其松　2018年8月出版 / 估价：99.00元
PSN B-2017-646-10/10

贵州蓝皮书
贵安新区发展报告（2017~2018）
著(编)者：马长青 吴大华　2018年6月出版 / 估价：99.00元
PSN B-2015-459-4/10

贵州蓝皮书
贵州国家级开放创新平台发展报告（2017~2018）
著(编)者：申晓庆 吴大华 季泓
2018年11月出版 / 估价：99.00元
PSN B-2016-518-7/10

贵州蓝皮书
贵州国有企业社会责任发展报告（2017~2018）
著(编)者：郭丽　2018年12月出版 / 估价：99.00元
PSN B-2015-511-6/10

贵州蓝皮书
贵州民航业发展报告（2017）
著(编)者：申振东 吴大华　2018年6月出版 / 估价：99.00元
PSN B-2015-471-5/10

贵州蓝皮书
贵州民营经济发展报告（2017）
著(编)者：杨静 吴大华　2018年6月出版 / 估价：99.00元
PSN B-2016-530-9/9

杭州都市圈蓝皮书
杭州都市圈发展报告（2018）
著(编)者：洪庆华 沈翔　2018年4月出版 / 定价：98.00元
PSN B-2012-302-1/1

河北经济蓝皮书
河北省经济发展报告（2018）
著(编)者：马树强 金浩 张贵　2018年6月出版 / 估价：99.00元
PSN B-2014-380-1/1

河北蓝皮书
河北经济社会发展报告（2018）
著(编)者：康振海　2018年1月出版 / 定价：99.00元
PSN B-2014-372-1/3

河北蓝皮书
京津冀协同发展报告（2018）
著(编)者：陈璐　2017年12月出版 / 定价：79.00元
PSN B-2017-601-2/3

河南经济蓝皮书
2018年河南经济形势分析与预测
著(编)者：王世炎　2018年3月出版 / 定价：89.00元
PSN B-2007-086-1/1

河南蓝皮书
河南城市发展报告（2018）
著(编)者：张占仓 王建国　2018年5月出版 / 估价：99.00元
PSN B-2009-131-3/9

河南蓝皮书
河南工业发展报告（2018）
著(编)者：张占仓　2018年5月出版 / 估价：99.00元
PSN B-2013-317-5/9

河南蓝皮书
河南金融发展报告（2018）
著(编)者：喻新安 谷建全
2018年6月出版 / 估价：99.00元
PSN B-2014-390-7/9

河南蓝皮书
河南经济发展报告（2018）
著(编)者：张占仓 完世伟
2018年6月出版 / 估价：99.00元
PSN B-2010-157-4/9

河南蓝皮书
河南能源发展报告（2018）
著(编)者：国网河南省电力公司经济技术研究院
河南省社会科学院
2018年6月出版 / 估价：99.00元
PSN B-2017-607-9/9

河南商务蓝皮书
河南商务发展报告（2018）
著(编)者：焦锦森 穆荣国　2018年5月出版 / 估价：99.00元
PSN B-2014-399-1/1

河南双创蓝皮书
河南创新创业发展报告（2018）
著(编)者：喻新安 杨雪梅
2018年8月出版 / 估价：99.00元
PSN B-2017-641-1/1

黑龙江蓝皮书
黑龙江经济发展报告（2018）
著(编)者：朱宇　2018年1月出版 / 定价：89.00元
PSN B-2011-190-2/2

湖南城市蓝皮书
区域城市群整合
著(编)者：童中贤 韩未名 2018年12月出版 / 估价：99.00元
PSN B-2006-064-1/1

湖南蓝皮书
湖南城乡一体化发展报告（2018）
著(编)者：陈文胜 王文强 陆福兴
2018年8月出版 / 估价：99.00元
PSN B-2015-477-8/8

湖南蓝皮书
2018年湖南电子政务发展报告
著(编)者：梁志峰 2018年5月出版 / 估价：128.00元
PSN B-2014-394-6/8

湖南蓝皮书
2018年湖南经济发展报告
著(编)者：卞鹰 2018年5月出版 / 估价：128.00元
PSN B-2011-207-2/8

湖南蓝皮书
2016年湖南经济展望
著(编)者：梁志峰 2018年5月出版 / 估价：128.00元
PSN B-2011-206-1/8

湖南蓝皮书
2018年湖南县域经济社会发展报告
著(编)者：梁志峰 2018年5月出版 / 估价：128.00元
PSN B-2014-395-7/8

湖南县域绿皮书
湖南县域发展报告（No.5）
著(编)者：袁准 周小毛 黎仁寅
2018年6月出版 / 估价：99.00元
PSN G-2012-274-1/1

沪港蓝皮书
沪港发展报告（2018）
著(编)者：尤安山 2018年9月出版 / 估价：99.00元
PSN B-2013-362-1/1

吉林蓝皮书
2018年吉林经济社会形势分析与预测
著(编)者：邵汉明 2017年12月出版 / 定价：89.00元
PSN B-2013-319-1/1

吉林省城市竞争力蓝皮书
吉林省城市竞争力报告（2017~2018）
著(编)者：崔岳春 张磊
2018年3月出版 / 定价：89.00元
PSN B-2016-513-1/1

济源蓝皮书
济源经济社会发展报告（2018）
著(编)者：喻新安 2018年6月出版 / 估价：99.00元
PSN B-2014-387-1/1

江苏蓝皮书
2018年江苏经济发展分析与展望
著(编)者：王庆五 吴先满
2018年7月出版 / 估价：128.00元
PSN B-2017-635-1/3

江西蓝皮书
江西经济社会发展报告（2018）
著(编)者：陈石俊 龚建文 2018年10月出版 / 估价：128.00元
PSN B-2015-484-1/2

江西蓝皮书
江西设区市发展报告（2018）
著(编)者：姜玮 梁勇
2018年10月出版 / 估价：99.00元
PSN B-2016-517-2/2

经济特区蓝皮书
中国经济特区发展报告（2017）
著(编)者：陶一桃 2018年1月出版 / 估价：99.00元
PSN B-2009-139-1/1

辽宁蓝皮书
2018年辽宁经济社会形势分析与预测
著(编)者：梁启东 魏红江 2018年6月出版 / 估价：99.00元
PSN B-2006-053-1/1

民族经济蓝皮书
中国民族地区经济发展报告（2018）
著(编)者：李曦辉 2018年7月出版 / 估价：99.00元
PSN B-2017-630-1/1

南宁蓝皮书
南宁经济发展报告（2018）
著(编)者：胡建华 2018年9月出版 / 估价：99.00元
PSN B-2016-569-2/3

内蒙古蓝皮书
内蒙古精准扶贫研究报告（2018）
著(编)者：张志华 2018年1月出版 / 定价：89.00元
PSN B-2017-681-2/2

浦东新区蓝皮书
上海浦东经济发展报告（2018）
著(编)者：周小平 徐美芳
2018年1月出版 / 定价：89.00元
PSN B-2011-225-1/1

青海蓝皮书
2018年青海经济社会形势分析与预测
著(编)者：陈玮 2018年1月出版 / 定价：98.00元
PSN B-2012-275-1/2

青海科技绿皮书
青海科技发展报告（2017）
著(编)者：青海省科学技术信息研究所
2018年3月出版 / 定价：98.00元
PSN G-2018-701-1/1

山东蓝皮书
山东经济形势分析与预测（2018）
著(编)者：李广杰 2018年7月出版 / 估价：99.00元
PSN B-2014-404-1/5

山东蓝皮书
山东省普惠金融发展报告（2018）
著(编)者：齐鲁财富网
2018年9月出版 / 估价：99.00元
PSN B2017-676-5/5

山西蓝皮书
山西资源型经济转型发展报告（2018）
著(编)者：李志强　2018年7月出版 / 估价：99.00元
PSN B-2011-197-1/1

陕西蓝皮书
陕西经济发展报告（2018）
著(编)者：任宗哲 白宽犁 裴成荣
2018年1月出版 / 定价：89.00元
PSN B-2009-135-1/6

陕西蓝皮书
陕西精准脱贫研究报告（2018）
著(编)者：任宗哲 白宽犁 王建康
2018年4月出版 / 定价：89.00元
PSN B-2017-623-6/6

上海蓝皮书
上海经济发展报告（2018）
著(编)者：沈开艳　2018年2月出版 / 定价：89.00元
PSN B-2006-057-1/7

上海蓝皮书
上海资源环境发展报告（2018）
著(编)者：周冯琦 胡静　2018年2月出版 / 定价：89.00元
PSN B-2006-060-4/7

上海蓝皮书
上海奉贤经济发展分析与研判（2017～2018）
著(编)者：张兆安 朱平芳　2018年3月出版 / 定价：99.00元
PSN B-2018-698-8/8

上饶蓝皮书
上饶发展报告（2016～2017）
著(编)者：廖其志　2018年6月出版 / 估价：128.00元
PSN B-2014-377-1/1

深圳蓝皮书
深圳经济发展报告（2018）
著(编)者：张骁儒　2018年6月出版 / 估价：99.00元
PSN B-2008-112-3/7

四川蓝皮书
四川城镇化发展报告（2018）
著(编)者：侯水平 陈炜　2018年6月出版 / 估价：99.00元
PSN B-2015-456-7/7

四川蓝皮书
2018年四川经济形势分析与预测
著(编)者：杨钢　2018年1月出版 / 定价：158.00元
PSN B-2007-098-2/7

四川蓝皮书
四川企业社会责任研究报告（2017～2018）
著(编)者：侯水平 盛毅　2018年5月出版 / 估价：99.00元
PSN B-2014-386-4/7

四川蓝皮书
四川生态建设报告（2018）
著(编)者：李晟之　2018年5月出版 / 估价：99.00元
PSN B-2015-455-6/7

四川蓝皮书
四川特色小镇发展报告（2017）
著(编)者：吴志强　2017年11月出版 / 定价：89.00元
PSN B-2017-670-8/8

体育蓝皮书
上海体育产业发展报告（2017~2018）
著(编)者：张林 黄海燕
2018年10月出版 / 估价：99.00元
PSN B-2015-454-4/5

体育蓝皮书
长三角地区体育产业发展报（2017～2018）
著(编)者：张林　2018年6月出版 / 估价：99.00元
PSN B-2015-453-3/5

天津金融蓝皮书
天津金融发展报告（2018）
著(编)者：王爱俭 孔德昌
2018年5月出版 / 估价：99.00元
PSN B-2014-418-1/1

图们江区域合作蓝皮书
图们江区域合作发展报告（2018）
著(编)者：李铁　2018年6月出版 / 估价：99.00元
PSN B-2015-464-1/1

温州蓝皮书
2018年温州经济社会形势分析与预测
著(编)者：蒋儒标 王春光 金浩
2018年6月出版 / 估价：99.00元
PSN B-2008-105-1/1

西咸新区蓝皮书
西咸新区发展报告（2018）
著(编)者：李扬 王军
2018年6月出版 / 估价：99.00元
PSN B-2016-534-1/1

修武蓝皮书
修武经济社会发展报告（2018）
著(编)者：张占仓 袁凯声
2018年10月出版 / 估价：99.00元
PSN B-2017-651-1/1

偃师蓝皮书
偃师经济社会发展报告（2018）
著(编)者：张占仓 袁凯声 何武周
2018年7月出版 / 估价：99.00元
PSN B-2017-627-1/1

扬州蓝皮书
扬州经济社会发展报告（2018）
著(编)者：陈扬
2018年12月出版 / 估价：108.00元
PSN B-2011-191-1/1

长垣蓝皮书
长垣经济社会发展报告（2018）
著(编)者：张占仓 袁凯声 秦保建
2018年10月出版 / 估价：99.00元
PSN B-2017-654-1/1

遵义蓝皮书
遵义发展报告（2018）
著(编)者：邓彦 曾征 龚永育
2018年9月出版 / 估价：99.00元
PSN B-2014-433-1/1

地方发展类-社会

安徽蓝皮书
安徽社会发展报告（2018）
著(编)者：程桦　2018年6月出版 / 估价：99.00元
PSN B-2013-325-1/1

安徽社会建设蓝皮书
安徽社会建设分析报告（2017～2018）
著(编)者：黄家海 蔡宪
2018年11月出版 / 估价：99.00元
PSN B-2013-322-1/1

北京蓝皮书
北京公共服务发展报告（2017～2018）
著(编)者：施昌奎　2018年6月出版 / 估价：99.00元
PSN B-2008-103-7/8

北京蓝皮书
北京社会发展报告（2017～2018）
著(编)者：李伟东
2018年7月出版 / 估价：99.00元
PSN B-2006-055-3/8

北京蓝皮书
北京社会治理发展报告（2017～2018）
著(编)者：殷星辰　2018年7月出版 / 估价：99.00元
PSN B-2014-391-8/8

北京律师蓝皮书
北京律师发展报告 No.4（2018）
著(编)者：王隽　2018年12月出版 / 估价：99.00元
PSN B-2011-217-1/1

北京人才蓝皮书
北京人才发展报告（2018）
著(编)者：敏华　2018年12月出版 / 估价：128.00元
PSN B-2011-201-1/1

北京社会心态蓝皮书
北京社会心态分析报告（2017～2018）
北京市社会心理服务促进中心
2018年10月出版 / 估价：99.00元
PSN B-2014-422-1/1

北京社会组织管理蓝皮书
北京社会组织发展与管理（2018）
著(编)者：黄江松
2018年6月出版 / 估价：99.00元
PSN B-2015-446-1/1

北京养老产业蓝皮书
北京居家养老发展报告（2018）
著(编)者：陆杰华 周明明
2018年8月出版 / 估价：99.00元
PSN B-2015-465-1/1

法治蓝皮书
四川依法治省年度报告No.4（2018）
著(编)者：李林 杨天宗 田禾
2018年3月出版 / 定价：118.00元
PSN B-2015-447-2/3

福建妇女发展蓝皮书
福建省妇女发展报告（2018）
著(编)者：刘群英　2018年11月出版 / 估价：99.00元
PSN B-2011-220-1/1

甘肃蓝皮书
甘肃社会发展分析与预测（2018）
著(编)者：安文华 谢增虎 包晓霞
2018年1月出版 / 定价：99.00元
PSN B-2013-313-2/6

广东蓝皮书
广东全面深化改革研究报告（2018）
著(编)者：周林生 涂成林
2018年12月出版 / 估价：99.00元
PSN B-2015-504-3/3

广东蓝皮书
广东社会工作发展报告（2018）
著(编)者：罗观翠　2018年6月出版 / 估价：99.00元
PSN B-2014-402-2/3

广州蓝皮书
广州青年发展报告（2018）
著(编)者：徐柳 张强
2018年8月出版 / 估价：99.00元
PSN B-2013-352-13/14

广州蓝皮书
广州社会保障发展报告（2018）
著(编)者：张跃国　2018年8月出版 / 估价：99.00元
PSN B-2014-425-14/14

广州蓝皮书
2018年中国广州社会形势分析与预测
著(编)者：张强 郭志勇 何镜清
2018年6月出版 / 估价：99.00元
PSN B-2008-110-5/14

贵州蓝皮书
贵州法治发展报告（2018）
著(编)者：吴大华　2018年5月出版 / 估价：99.00元
PSN B-2012-254-2/10

贵州蓝皮书
贵州人才发展报告（2017）
著(编)者：于杰 吴大华
2018年9月出版 / 估价：99.00元
PSN B-2014-382-3/10

贵州蓝皮书
贵州社会发展报告（2018）
著(编)者：王兴骥　2018年6月出版 / 估价：99.00元
PSN B-2010-166-1/10

杭州蓝皮书
杭州妇女发展报告（2018）
著(编)者：魏颖
2018年10月出版 / 估价：99.00元
PSN B-2014-403-1/1

河北蓝皮书
河北法治发展报告（2018）
著(编)者：康振海　2018年6月出版 / 估价：99.00元
PSN B-2017-622-3/3

河北食品药品安全蓝皮书
河北食品药品安全研究报告（2018）
著(编)者：丁锦霞
2018年10月出版 / 估价：99.00元
PSN B-2015-473-1/1

河南蓝皮书
河南法治发展报告（2018）
著(编)者：张林海　2018年7月出版 / 估价：99.00元
PSN B-2014-376-6/9

河南蓝皮书
2018年河南社会形势分析与预测
著(编)者：牛苏林　2018年5月出版 / 估价：99.00元
PSN B-2005-043-1/9

河南民办教育蓝皮书
河南民办教育发展报告（2018）
著(编)者：胡大白　2018年9月出版 / 估价：99.00元
PSN B-2017-642-1/1

黑龙江蓝皮书
黑龙江社会发展报告（2018）
著(编)者：王爱丽　2018年1月出版 / 定价：89.00元
PSN B-2011-189-1/2

湖南蓝皮书
2018年湖南两型社会与生态文明建设报告
著(编)者：卞鹰　2018年5月出版 / 估价：128.00元
PSN B-2011-208-3/8

湖南蓝皮书
2018年湖南社会发展报告
著(编)者：卞鹰　2018年5月出版 / 估价：128.00元
PSN B-2014-393-5/8

健康城市蓝皮书
北京健康城市建设研究报告（2018）
著(编)者：王鸿春 盛继洪
2018年9月出版 / 估价：99.00元
PSN B-2015-460-1/2

江苏法治蓝皮书
江苏法治发展报告No.6（2017）
著(编)者：蔡道通 龚廷泰
2018年8月出版 / 估价：99.00元
PSN B-2012-290-1/1

江苏蓝皮书
2018年江苏社会发展分析与展望
著(编)者：王庆五 刘旺洪
2018年8月出版 / 估价：128.00元
PSN B-2017-636-2/3

民族教育蓝皮书
中国民族教育发展报告（2017·内蒙古卷）
著(编)者：陈中永
2017年12月出版 / 定价：198.00元
PSN B-2017-669-1/1

南宁蓝皮书
南宁法治发展报告（2018）
著(编)者：杨维超　2018年12月出版 / 估价：99.00元
PSN B-2015-509-1/3

南宁蓝皮书
南宁社会发展报告（2018）
著(编)者：胡建华　2018年10月出版 / 估价：99.00元
PSN B-2016-570-3/3

内蒙古蓝皮书
内蒙古反腐倡廉建设报告 No.2
著(编)者：张志华　2018年6月出版 / 估价：99.00元
PSN B-2013-365-1/1

青海蓝皮书
2018年青海人才发展报告
著(编)者：王宇燕　2018年9月出版 / 估价：99.00元
PSN B-2017-650-2/2

青海生态文明建设蓝皮书
青海生态文明建设报告（2018）
著(编)者：张西明 高华　2018年12月出版 / 估价：99.00元
PSN B-2016-595-1/1

人口与健康蓝皮书
深圳人口与健康发展报告（2018）
著(编)者：陆杰华 傅崇辉
2018年11月出版 / 估价：99.00元
PSN B-2011-228-1/1

山东蓝皮书
山东社会形势分析与预测（2018）
著(编)者：李善峰　2018年6月出版 / 估价：99.00元
PSN B-2014-405-2/5

陕西蓝皮书
陕西社会发展报告（2018）
著(编)者：任宗哲 白宽犁 牛昉
2018年1月出版 / 定价：89.00元
PSN B-2009-136-2/6

上海蓝皮书
上海法治发展报告（2018）
著(编)者：叶必丰　2018年9月出版 / 估价：99.00元
PSN B-2012-296-6/7

上海蓝皮书
上海社会发展报告（2018）
著(编)者：杨雄 周海旺
2018年2月出版 / 定价：89.00元
PSN B-2006-058-2/7

社会建设蓝皮书
2018年北京社会建设分析报告
著(编)者：宋贵伦 冯虹 2018年9月出版 / 估价：99.00元
PSN B-2010-173-1/1

深圳蓝皮书
深圳法治发展报告（2018）
著(编)者：张骁儒 2018年6月出版 / 估价：99.00元
PSN B-2015-470-6/7

深圳蓝皮书
深圳劳动关系发展报告（2018）
著(编)者：汤庭芬 2018年8月出版 / 估价：99.00元
PSN B-2007-097-2/7

深圳蓝皮书
深圳社会治理与发展报告（2018）
著(编)者：张骁儒 2018年6月出版 / 估价：99.00元
PSN B-2008-113-4/7

生态安全绿皮书
甘肃国家生态安全屏障建设发展报告（2018）
著(编)者：刘举科 喜文华
2018年10月出版 / 估价：99.00元
PSN G-2017-659-1/1

顺义社会建设蓝皮书
北京市顺义区社会建设发展报告（2018）
著(编)者：王学武 2018年9月出版 / 估价：99.00元
PSN B-2017-658-1/1

四川蓝皮书
四川法治发展报告（2018）
著(编)者：郑泰安 2018年6月出版 / 估价：99.00元
PSN B-2015-441-5/7

四川蓝皮书
四川社会发展报告（2018）
著(编)者：李羚 2018年6月出版 / 估价：99.00元
PSN B-2008-127-3/7

四川社会工作与管理蓝皮书
四川省社会工作人力资源发展报告（2017）
著(编)者：边慧敏 2017年12月出版 / 定价：89.00元
PSN B-2017-683-1/1

云南社会治理蓝皮书
云南社会治理年度报告（2017）
著(编)者：晏雄 韩全芳
2018年5月出版 / 估价：99.00元
PSN B-2017-667-1/1

地方发展类-文化

北京传媒蓝皮书
北京新闻出版广电发展报告（2017~2018）
著(编)者：王志 2018年11月出版 / 估价：99.00元
PSN B-2016-588-1/1

北京蓝皮书
北京文化发展报告（2017~2018）
著(编)者：李建盛 2018年5月出版 / 估价：99.00元
PSN B-2007-082-4/8

创意城市蓝皮书
北京文化创意产业发展报告（2018）
著(编)者：郭万超 张京成 2018年12月出版 / 估价：99.00元
PSN B-2012-263-1/7

创意城市蓝皮书
天津文化创意产业发展报告（2017~2018）
著(编)者：谢思全 2018年6月出版 / 估价：99.00元
PSN B-2016-536-7/7

创意城市蓝皮书
武汉文化创意产业发展报告（2018）
著(编)者：黄永林 陈汉桥 2018年12月出版 / 估价：99.00元
PSN B-2013-354-4/7

创意上海蓝皮书
上海文化创意产业发展报告（2017~2018）
著(编)者：王慧敏 王兴全 2018年8月出版 / 估价：99.00元
PSN B-2016-561-1/1

非物质文化遗产蓝皮书
广州市非物质文化遗产保护发展报告（2018）
著(编)者：宋俊华 2018年12月出版 / 估价：99.00元
PSN B-2016-589-1/1

甘肃蓝皮书
甘肃文化发展分析与预测（2018）
著(编)者：马廷旭 戚晓萍 2018年1月出版 / 定价：99.00元
PSN B-2013-314-3/6

甘肃蓝皮书
甘肃舆情分析与预测（2018）
著(编)者：王俊莲 张谦元 2018年1月出版 / 定价：99.00元
PSN B-2013-315-4/6

广州蓝皮书
中国广州文化发展报告（2018）
著(编)者：屈哨兵 陆志强 2018年6月出版 / 估价：99.00元
PSN B-2009-134-7/14

广州蓝皮书
广州文化创意产业发展报告（2018）
著(编)者：徐咏虹 2018年7月出版 / 估价：99.00元
PSN B-2008-111-6/14

海淀蓝皮书
海淀区文化和科技融合发展报告（2018）
著(编)者：陈名杰 孟景伟 2018年5月出版 / 估价：99.00元
PSN B-2013-329-1/1

河南蓝皮书
河南文化发展报告（2018）
著(编)者：卫绍生 2018年7月出版 / 估价：99.00元
PSN B-2008-106-2/9

湖北文化产业蓝皮书
湖北省文化产业发展报告（2018）
著(编)者：黄晓华 2018年9月出版 / 估价：99.00元
PSN B-2017-656-1/1

湖北文化蓝皮书
湖北文化发展报告（2017~2018）
著(编)者：湖北大学高等人文研究院
中华文化发展湖北省协同创新中心
2018年10月出版 / 估价：99.00元
PSN B-2016-566-1/1

江苏蓝皮书
2018年江苏文化发展分析与展望
著(编)者：王庆五 樊和平 2018年9月出版 / 估价：128.00元
PSN B-2017-637-3/3

江西文化蓝皮书
江西非物质文化遗产发展报告（2018）
著(编)者：张圣才 傅安平 2018年12月出版 / 估价：128.00元
PSN B-2015-499-1/1

洛阳蓝皮书
洛阳文化发展报告（2018）
著(编)者：刘福兴 陈启明 2018年7月出版 / 估价：99.00元
PSN B-2015-476-1/1

南京蓝皮书
南京文化发展报告（2018）
著(编)者：中共南京市委宣传部
2018年12月出版 / 估价：99.00元
PSN B-2014-439-1/1

宁波文化蓝皮书
宁波"一人一艺"全民艺术普及发展报告（2017）
著(编)者：张爱琴 2018年11月出版 / 估价：128.00元
PSN B-2017-668-1/1

山东蓝皮书
山东文化发展报告（2018）
著(编)者：涂可国 2018年5月出版 / 估价：99.00元
PSN B-2014-406-3/5

陕西蓝皮书
陕西文化发展报告（2018）
著(编)者：任宗哲 白宽犁 王长寿
2018年1月出版 / 定价：89.00元
PSN B-2009-137-3/6

上海蓝皮书
上海传媒发展报告（2018）
著(编)者：强荧 焦雨虹 2018年2月出版 / 定价：89.00元
PSN B-2012-295-5/7

上海蓝皮书
上海文学发展报告（2018）
著(编)者：陈圣来 2018年6月出版 / 估价：99.00元
PSN B-2012-297-7/7

上海蓝皮书
上海文化发展报告（2018）
著(编)者：荣跃明 2018年6月出版 / 估价：99.00元
PSN B-2006-059-3/7

深圳蓝皮书
深圳文化发展报告（2018）
著(编)者：张骁儒 2018年7月出版 / 估价：99.00元
PSN B-2016-554-7/7

四川蓝皮书
四川文化产业发展报告（2018）
著(编)者：向宝云 张立伟 2018年6月出版 / 估价：99.00元
PSN B-2006-074-1/7

郑州蓝皮书
2018年郑州文化发展报告
著(编)者：王哲 2018年9月出版 / 估价：99.00元
PSN B-2008-107-1/1

皮书起源

“皮书”起源于十七、十八世纪的英国，主要指官方或社会组织正式发表的重要文件或报告，多以“白皮书”命名。在中国，“皮书”这一概念被社会广泛接受，并被成功运作、发展成为一种全新的出版形态，则源于中国社会科学院社会科学文献出版社。

皮书定义

皮书是对中国与世界发展状况和热点问题进行年度监测，以专业的角度、专家的视野和实证研究方法，针对某一领域或区域现状与发展态势展开分析和预测，具备原创性、实证性、专业性、连续性、前沿性、时效性等特点的公开出版物，由一系列权威研究报告组成。

皮书作者

皮书系列的作者以中国社会科学院、著名高校、地方社会科学院的研究人员为主，多为国内一流研究机构的权威专家学者，他们的看法和观点代表了学界对中国与世界的现实和未来最高水平的解读与分析。

皮书荣誉

皮书系列已成为社会科学文献出版社的著名图书品牌和中国社会科学院的知名学术品牌。2016 年，皮书系列正式列入“十三五”国家重点出版规划项目；2013~2018 年，重点皮书列入中国社会科学院承担的国家哲学社会科学创新工程项目；2018 年，59 种院外皮书使用“中国社会科学院创新工程学术出版项目”标识。

中国皮书网

（网址：www.pishu.cn）

发布皮书研创资讯，传播皮书精彩内容
引领皮书出版潮流，打造皮书服务平台

栏目设置

关于皮书：何谓皮书、皮书分类、皮书大事记、皮书荣誉、
皮书出版第一人、皮书编辑部

最新资讯：通知公告、新闻动态、媒体聚焦、网站专题、视频直播、下载专区

皮书研创：皮书规范、皮书选题、皮书出版、皮书研究、研创团队

皮书评奖评价：指标体系、皮书评价、皮书评奖

互动专区：皮书说、社科数托邦、皮书微博、留言板

所获荣誉

2008 年、2011 年，中国皮书网均在全国新闻出版业网站荣誉评选中获得“最具商业价值网站”称号；

2012 年，获得“出版业网站百强”称号。

网库合一

2014 年，中国皮书网与皮书数据库端口合一，实现资源共享。